論集 大奥人物研究

編者
竹内誠
深井雅海
松尾美惠子
藤田英昭

東京堂出版

天璋院所用 小袖（萌黄縮緬地雪持竹雀模様牡丹紋付、徳川記念財団所蔵）

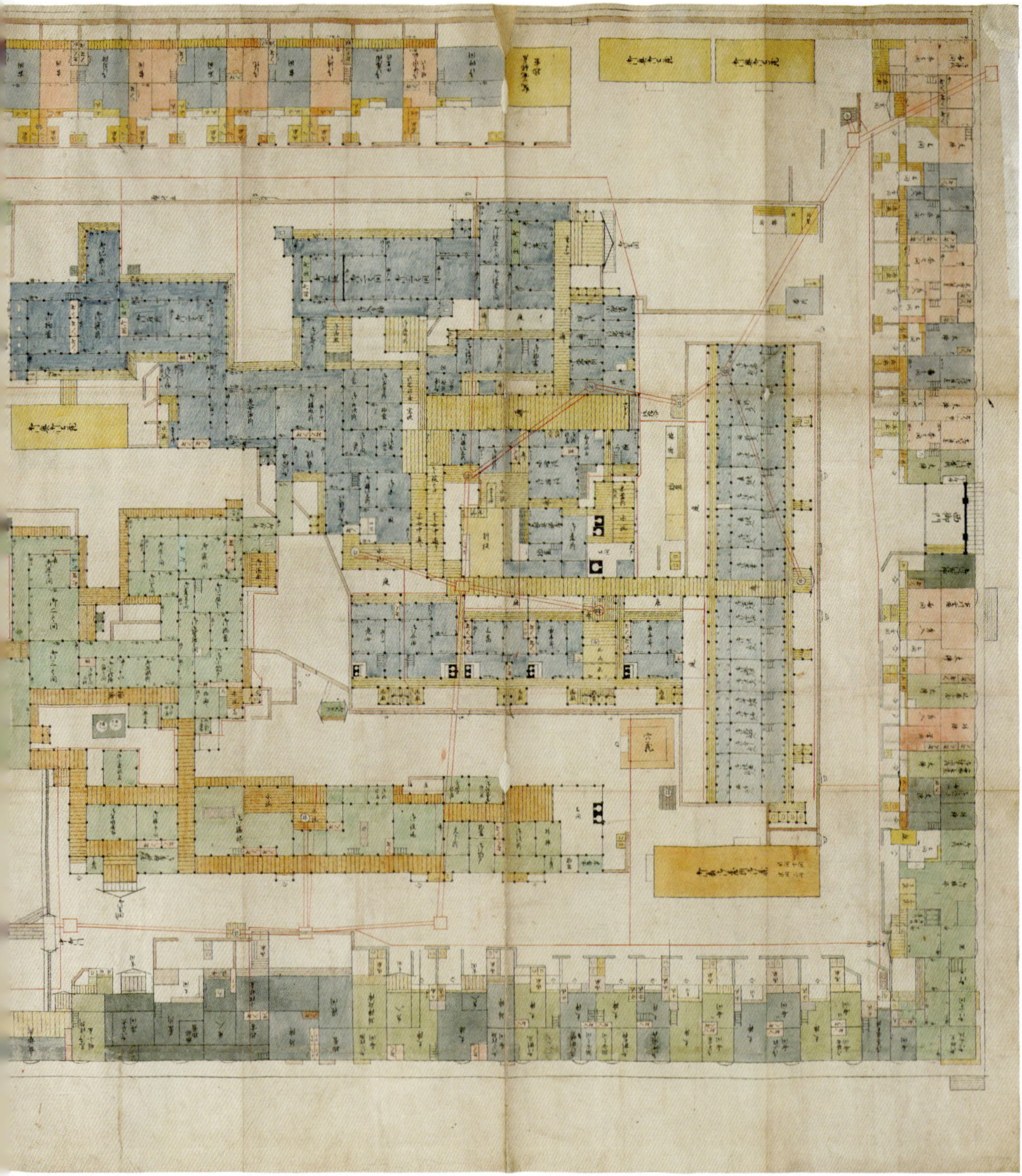

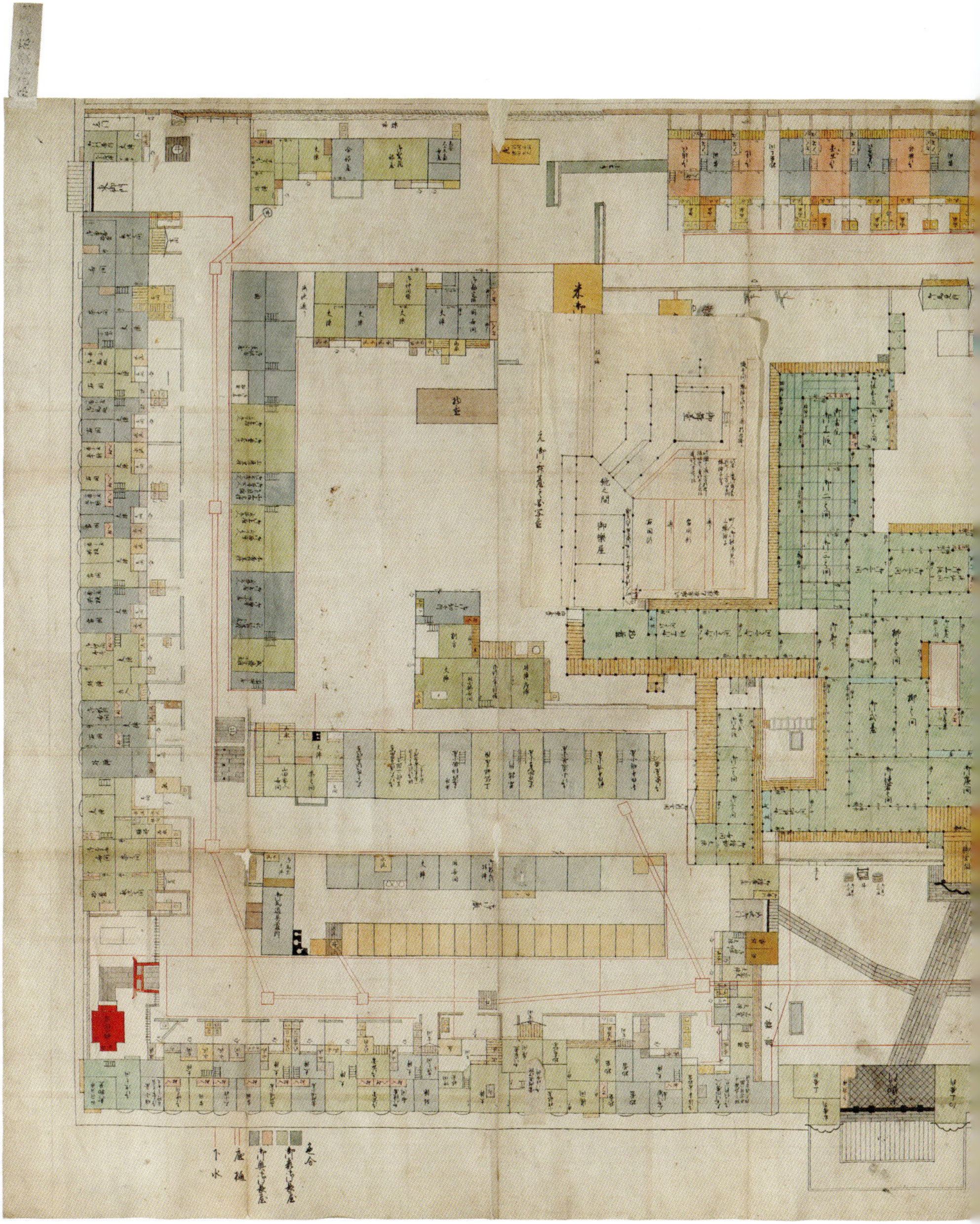

上杉家江戸藩邸図（「桜田御殿摠絵図」、米沢市上杉博物館所蔵）

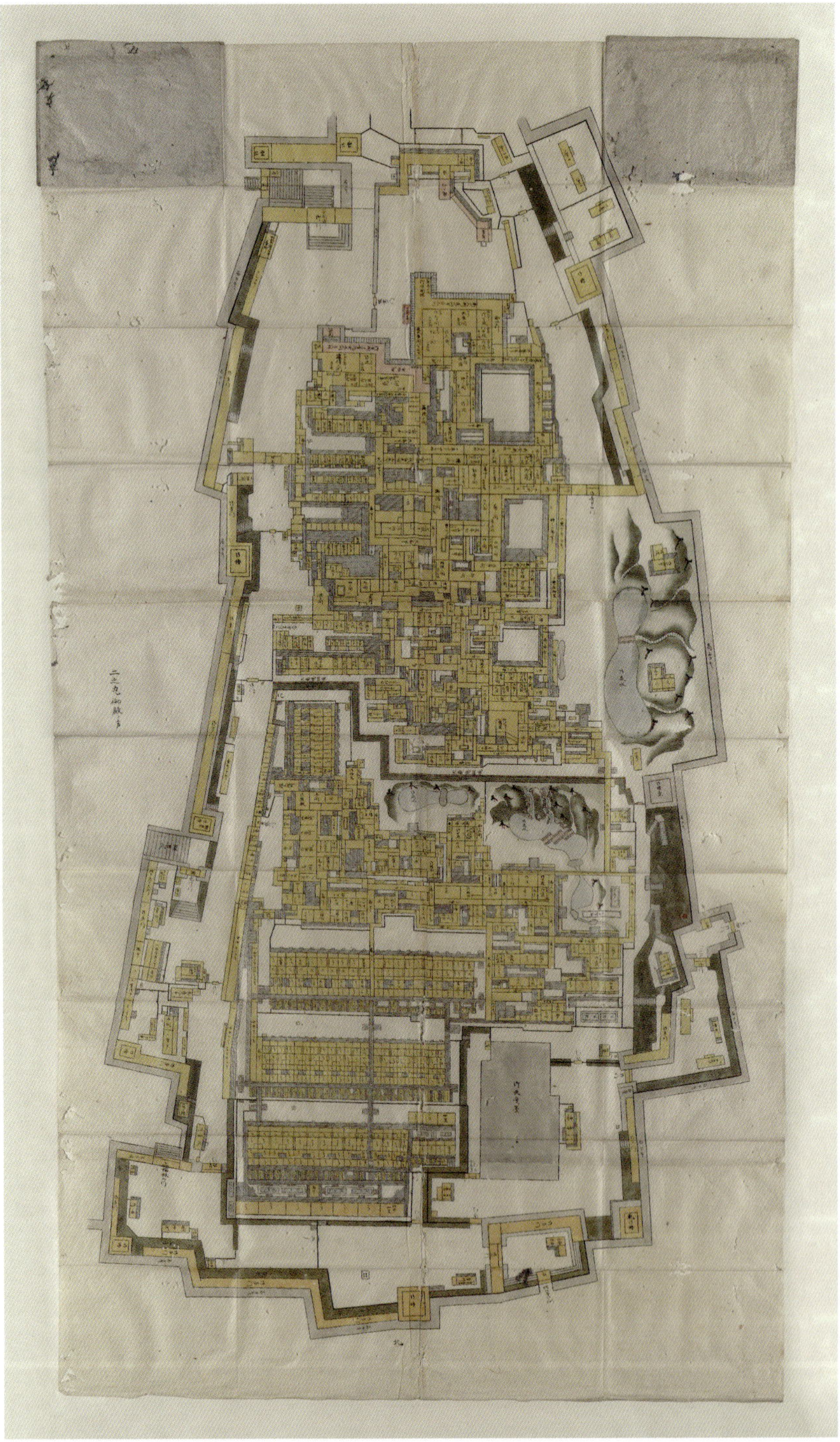

江戸城図（茨城県立歴史館所蔵　一橋徳川家文書）

まえがき

本書『論集 大奥人物研究』は、平成二十七年（二〇一五）一月に刊行した『徳川「大奥」事典』（東京堂出版）の姉妹編として、編集・刊行するものである。

既刊の『徳川「大奥」事典』の特色は、それまでの江戸城大奥の研究成果を踏まえて、大奥の制度・構造・政治・経済・文化などを総合的に叙述すると共に、大奥の世界を構成する将軍御台所《みだいどころ》や側室・女中などの人物像（略伝五〇名以上）に焦点を当てた事典である。その際将軍家に限らず、近年めざましい進展が見られる大名家の奥にまで可能な限り言及し、各大名家の奥の実態を踏まえながら、江戸城大奥との関係性をも考察した。さらに『徳川「大奥」事典』が、これまでの大奥に関する文献と大きく異なっていたのは、できるだけ典拠となる史料を明示しながら、叙述するよう努めたことである。これによって、大奥に関する初めての総合的かつ専門的・学術的な事典になったものと自負している。

このたび刊行の『論集 大奥人物研究』も、こうした姿勢を受け継ぎながら、紙数の関係等で『事典』で取り上げられなかった内容を盛り込んだ最新の成果である。とりわけ大奥に関する人物に注目して、『事典』では全く触れられなかった女性たちも、新出の史料を多く用いて具体的に論じた。

テーマについて本書では、Ⅰ「妻としての役割」、Ⅱ「政治に生きた女性」、Ⅲ「女性の著作と教養」、Ⅳ「数奇な運命に生きた女性」、Ⅴ「大奥女性の心の支え」という五章を設定し、各章に三節を配して、大奥女性の多様な生き方や活動を具体的に分析した。

第Ⅰ章「妻としての役割」では、まず、戦国から江戸初期にかけて圧倒的な存在感を放った徳川家康の正室二人をめぐる近年の研究状況を把握しながら、家康の側に仕え、政治・外交等で重要な役割を果たした女性たちの群像を取り上げた。次いで、島津家出身で十一代将軍家斉《いえなり》の御台所となった寔子《ただこ》（茂姫）の立ち位置や活動、さらには御三家尾張家に嫁いだ三代将軍家光の長女千代姫をもとに、将軍姫君が婚家にもたらした影響力などを検討した。

第Ⅱ章「政治に生きた女性」では、大奥女中第一の権力者である老女（御年寄）の特権と影響力を検討した。権力者の乳母も、古代・中世以来、その生育に関与したため、政治力を発揮することがあり、江戸初期では春日局が著名である。しかし、ここでは彼女以外の乳母にも着目し、大奥職制の中に乳母を位置づけた。さらに、近年飛躍的に研究が進んだ大名家の奥に関しては、その政治的役割を踏まえ、政治空間としての奥の役割も強調した。

第Ⅲ章「女性の著作と教養」では、大奥に関わった女性の著作物をもとにしながら、その人となりに迫った。ここでは公家出身の正親町町子《おおぎまちまちこ》（柳沢吉保《やなぎさわよしやす》の側室）、大名奥方の充真院《じゅうしんいん》（内藤政順《ないとうまさより》の正室）、旗本奥方の川路高子《かわじたかこ》（川路聖謨《としあきら》の後妻）と、身分や立場の違う女性に焦点を当てた。三人に共通するのは、古典の素養を背景にした和歌の嗜みであり、大奥女性にとって、和歌が不可欠の教養であったことが改めて浮き彫りとなる。

第Ⅳ章「数奇な運命に生きた女性」では、大奥を介在させると身分変動が生じることに着目した。ここでは、朝廷の非蔵人《ひくろうど》の娘から大名の継室となり、さらには大奥に出仕して将軍姫君付となった梅津、踊り子から大奥に入り、ついには将軍生母となった月光院、農村から大奥奉公に出て、将軍家斉の娘お美代に仕えて、引退後も身分を越えてお美代と関わりを持ち続けた関口千恵の例を用いて、大奥への出仕が彼女らの人生や周囲の人々にどのような影響を及ぼしたのかを検証した。

第Ⅴ章「大奥女性の心の支え」では、信仰・思想面から大奥女性を追究した。ここでは仏教を厚く信仰したとされる五代将軍綱吉の生母桂昌院《けいしょういん》を新たな視点で再検討すると共に、将軍家の祈禱所に注目して、寺社とのつきあいを大奥女性の重要な役割とする論考を収めた。さらに、宗教とは異なる淘宮術《とうきゅうじゅつ》（開運のための精神修養）に影響を受けた十三代将軍家定の御台所天璋院《てんしょういん》に注目して、激動の現実世界を受容しようとする大奥女性たちの生き方に迫った。

大奥やそこに生きた女性たちは、残された史料が少ないために俗説が一人歩きする傾向が古くからある。しかし、本書に収録した論考は、いずれもそれら俗説にとらわれず、史料を忠実に読み込んだうえでまとめたものである。平易に叙述しつつも新説を打ち立てた論考や、新事実を発掘した成果も少なくない。

本書に収めた一五の論考は、個別に独立したものである。しかし、本書を通読していただければ、各論考が有機的に関連して、江戸城大奥の様々な面が見えてこよう。例えば、大奥と一言でいっても、時代によって全く異なる状況であったことが改めて鮮明となる。すなわち、公家社会に生きた正親町町子（Ⅲ—1）や梅津（Ⅳ—1）など、京女が大奥に影響力を持ったり、月光院（Ⅳ—2）のように踊り子から身を立てた女性が少なくなかった元禄～正徳前後の時代と、島津家出身の寔子（Ⅰ—2）が暮らした文政期の大奥とは、全く状況を異にしていたのがわかる。そして、武家出身であった寔子が、御台所であるにもかかわらず、御年寄たちから軽んじられていたという本文の指摘は、文政期における大奥の内情の一端を示唆していよう。

本書の巻末には、利用の便を考慮し、『事典』でも収録した徳川将軍正室・側室一覧、徳川将軍子女一覧、御三家妻子一覧を再録したほか、御三卿妻子一覧を新たに加えた。また大奥に関する主要文献一覧も、補訂を加え、平成二十七年（二〇一五）以降の研究成果を追加した。文献一覧からは、大奥研究の流れを確認できるであろう。

本書を通じて、江戸城大奥や武家社会における奥への関心がますます高まり、新たな問題発見に結びつき、今後の研究・教育活動等に寄与することができれば、編者としてこれに勝るよろこびはない。

最後に、執筆者の方々をはじめ、関係各位に感謝申し上げると共に、本書の編集・刊行にあたって多大なるご尽力をいただいた東京堂出版の小代渉氏・林謙介氏に、厚く御礼を申し上げる次第である。

なお本書は、公益財団法人 上廣倫理財団による教育研究活動助成の研究成果の一部である。

令和元年九月

編者一同

論集　大奥人物研究　目次

第Ⅲ章　女性の著作と教養　163

付録

第Ⅰ章

妻としての役割

第1節　家康と生きた女性たち

小宮山敏和

多くの女性を側室として、十一男五女の子を生ませた、女好き。または、側室はすでに出産を経験した女性が多く、後家《ごけ》好き。これまで数多く世に出た小説や映画、ドラマなどの作品を通じて、徳川家康に対してはこのようなイメージが持たれていることが多いのではないだろうか。

一方で、家康の妻たちについては、個々人に対する研究がそれぞれでなされているほかは、家康時代の奥向の在り方、妻妾の存在など、全体的に捉えて評価する研究は、これまで進展しているとは言い難い。奥向の組織や構造的な部分の研究は、近世中後期に比べるとあまり進展していないと言えるのではないだろうか。そのような状況ではあるが、先行研究を踏まえつつ、いくつかの論点に絞って見ていくことにしたい。

一　家康の妻たちの全体像

家康の妻たちについては、諸書によっても記載に差異があるが、ここで全体像を把握する意味で、各人を簡略ながら確認しておきたい。

岡崎・浜松城主時代の家康の正妻（室）は、西光院（または清池院）。今川家の一族に連なる関口親永《せきぐちちかなが》（義広）の娘で、今川義元の姪にあたり、のちに築山殿《つきやまどの》と称された。弘治三年（一五五七）に駿府で家康と婚姻し、長男信康、長女亀姫をもうけている。天正七年（一五七九）八月二十九日、いわゆる信康・築山殿事件で、家康により殺害された。

結城秀康《ゆうきひでやす》の生母である長勝院《ちょうしょういん》（お万、小督局《こごうのつぼね》）は、生年不詳。父は三河国池鯉鮒《ちりゅう》明神の社人永見吉英とされるが、父を田村意斎や村田意竹とする説、あるいは永見吉英が改称し、村田意竹となったとする説もある。正妻西光院（築山殿）の侍女であったという。天正二年、於義丸《おぎまる》（のちの秀康）を産む。一説に双子であったとも言われている。長勝院は、女中の身分であり妻の扱いを受けていない。元和五年（一六一九）に死去。

三男秀忠、四男忠吉《ただよし》の生母である宝台院《ほうだいいん》（竜泉院、お愛、西郷局）は、永禄五年（一五六二）生まれ。実父は諸説あるが、西郷清員《さいごうきよかず》の養女として家康のもとに出仕。後述のように、正妻西光院（築山殿）の死去後は、南明院（朝日姫《あさひひめ》）が正妻となるまで、妻たちの中で第一位の立場に置かれていたが、天正十七年死去。何らかの事件に巻き込まれて、命を落としたとされる。

二女督姫《とくひめ》の生母である蓮葉院（西郡局《にしのごおりのつぼね》）［図1］は、生年不詳。父親については今川義元旧臣である三河国

図1　蓮葉院（西郡局）肖像（宍粟市青蓮寺所蔵）

上之郷城主鵜殿長持《うどのながもち》とされるが（『徳川幕府家譜』）、ほかに鵜殿長祐、同長忠など諸説ある。墓碑等は、鵜殿氏と関係が深い長応寺にも置かれていることから、鵜殿氏の出である可能性は高いようである〔秋元二〇〇八〕。慶長十一年（一六〇六）に死去。

三女振姫《ふりひめ》の生母である良雲院《りょううんいん》（お竹）は、生年不詳。父親は武田氏旧臣の市川昌永（あるいは昌清）、武田信玄など諸説あるが、詳細は不明。旗本市川氏の家譜にも未記載という。天正八年、浜松で振姫を産む。寛永十四年（一六三七）に死去。

二人目の正妻として迎えられた豊臣秀吉の異父妹である南明院（朝日姫）は、天文十二年（一五四三）生まれ。天正十四年、大坂より浜松城へ入輿《じゅよ》。同十六年、大政所《おおまんどころ》の見舞いに上洛し、その後は聚楽第《じゅらくてい》に留まり、同十八年、聚楽第にて死去した。家康との間に子はいない。

五男武田信吉《のぶよし》の生母である妙真院（下山の方、於津摩局《おつまのつぼね》）は、元亀二年（一五七一）生まれ。父は武田氏の旧臣である秋山虎康。穴山梅雪《あなやまばいせつ》の養女として、家康のもとに仕えた。天正十一年、信吉を産むが、同十九年に死去。

雲光院（お須和《すわ》、阿茶局《あちゃのつぼね》）は、弘治元年の生まれ。父は武田家家臣である飯田直政。今川家家臣の神尾《かんお》忠重《ただしげ》に嫁ぐが、その死後、家康に召された。のちに詳述する。

泰栄院（お仙）は、生年不詳。父は信濃国駒場村の宮崎泰景で、武田氏旧臣とされる。天正年間に召し出され、奥勤めとなる。元和五年に死去。

六男忠輝《ただてる》、七男松千代の生母である朝覚院《ちょうかくいん》（お茶阿《ちゃあ》）は、生年不詳。父は花井氏または山田氏ともされるが（『幕府祚胤伝《ばくふそいんでん》』）、不詳である。また、河村氏とする標記もある〔中村一九六五ほか〕。遠江国金谷村の鋳物師《いもじ》（または農夫）の妻であったといわれる。文禄元年（一五九二）に浜松で忠輝を出産するが、同年に忠輝と松千代を双子として出産したとの説もある（『幕府祚胤伝』、『柳営婦女伝系』）。忠輝の異父姉となる娘の初の婚家である花井家に伝来した花井家文書（長野市立博物館寄託）によると、慶長十六年に越後・信濃の忠輝領内で合計三〇〇〇石の領知を忠輝から宛行《あてが》われている。また、朝覚院（茶阿）からの音物に対する忠輝からの返書では、親子関係は良好であったと推察される。忠輝の舅である伊達政宗との書状のやりとりや、家康の晩年に、子の忠輝が父家康と不和になった際には、秀吉正妻高台院《こうだいいん》に家康への取りなしを依頼するなど（『海津城の主たち』）［図2］、朝覚院（茶阿）の交流の一端が伺い知れる。元和七年に死去。

八男仙千代、九男義直の生母である相応院《そうおういん》（お亀）は、天正元年生まれ。石清水八幡宮《いわしみずはちまんぐう》の神職清水清家の娘で、志水宗清《しみずむねきよ》の養女。前夫は竹腰正時《たけのこしまさとき》。文禄四年に仙千代、慶長五年に徳川義直《よしなお》を産んだ。尾張藩付家老となる竹腰正信は、前夫竹腰正時との間の子。寛永十九年に死去。

十男頼宣《よりのぶ》、十一男頼房《よりふさ》の生母である養珠院《ようじゅいん》（お万）は、天正八年生まれ。出自には諸説あるが、もと里見氏の家老である正木邦時（頼忠）と北条氏堯《うじたか》の娘の間に生まれ、のちに蔭山氏広《かげやまうじひろ》の養女となった

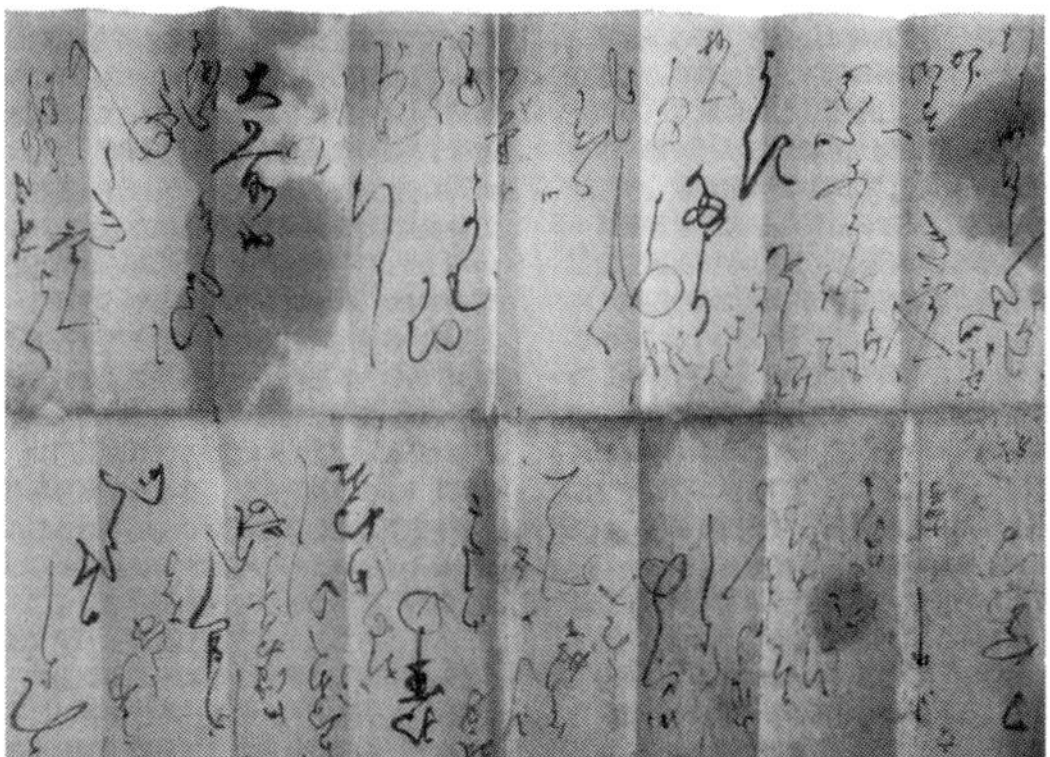

図2
茶阿宛ておね書状
（花井家文書、長野市立博物館所蔵）

とされるが〔『柳営婦女伝系』〕、実際には蔭山氏広の実子の可能性が高いという〔小山二〇一〇〕。また、出生地についても諸説あり、江川太郎左衛門家と縁があるとされる。天正十八年に奥勤めとなった。慶長七年三月に頼宣、同八年八月に頼房を生む。承応二年（一六五三）に死去。熱心な日蓮宗の信者であり、身《み》延山《のぶさん》久遠寺《くおんじ》の日遠に対する家康の処刑指示に対して、身を挺する形で抗議し、処刑を撤回させた逸話も残っている〔同前〕。

五女市姫の生母である英勝院《えいしょういん》（お勝、お梶）は、太田新六郎康資《やすすけ》の娘。十三歳の時、家康の側近として仕えるようになる。慶長十二年正月に家康五女市姫を産んだが、四歳で早世した。のちに徳川頼房らの養母となる。詳細については後述する。

正栄院《せいえいいん》（お牟須《むす》）は、生年不詳。父は武田氏旧臣の三井十郎左衛門吉正とされるが〔『幕府祚胤伝』〕、『寛《かん》政重修諸家譜《せいちょうしゅうしょかふ》』三井家の記事では、吉正の母とし、父は不詳とする。天正十年、奥勤めに上がる。文禄元年、家康に従って肥前名護屋《なごや》に赴き、同地で出産するが、難産のため母子共に死去した。

清雲院《せいうんいん》（お奈津《なつ》、お夏、阿夏）は、天正九年生まれ。父は、もと伊勢北畠《きたばたけ》氏家臣の長谷川藤直。慶長の初め頃に奥勤めとなる。奥勤めについては、兄長谷川藤広の推挙によって、家康に仕えたとする説もあるが、逆に清雲院（奈津）の推挙により、慶長四年に長兄重吉が佐渡金山奉行目付に、次兄藤広が慶長八年に推挙され、同十一年にいわゆる長崎奉行に就任したという〔三宅一九五六〕。また、末弟の藤継は、長崎に到着する外船の貿易検使として、生糸その他の売買等に従事していたとされ、長崎貿易に一族として関与していた。清雲院（奈津）自身も、朱印船貿易を行った事実があることが指摘されている〔同前〕。家康の信頼厚く、また晩年に至るまで、徳川家一門や幕閣の者から手厚く待遇されたという。万治三年（一六六〇）に死去。

養儼院《ようげんいん》（お六）は、父は北条氏旧臣の黒田五左衛門直陣。英勝院（お梶）の部屋子となり、のちに別妻となる。大坂冬の陣では家康に供奉《ぐぶ》。また、家光の世子認定に際して、春日局による家康への訴えについては、養儼院から英勝院を通じて、家康のところにもたらされたという〔福田二〇一七〕。家康歿後、秀忠の計らいで喜連川《きつれがわ》氏（義親）に嫁したともいわれる〔中村一九六五〕。寛永二年に死去。

蓮華院《れんげいん》（お梅）は、天正十四年生まれ。父はもと近江佐々木六角《ろっかく》家家臣の青木一矩《あおきかずのり》（秀以、重治とも）。慶長年間に奥勤めとなる。家康祖母華陽院《けよういん》（お大の母）の姪にあたるため、召し出されたという。のちに、本多正純《ほんだまさずみ》の妻となるが、正純配流後は駿府、のちに京都や伊勢山田に住んだ。正保四年（一六四七）に死去。

その他、諸書によってその存否に諸説あるが、京の三条某の娘という小笠原権之丞生母、松平民部の生母とされる法光院（お松）と松平重吉女も家康の子息を産んでいるとされる。法光院（お松）は、生歿年、法名等不詳。天正十年に松平民部を産んだという。松平重吉女は、生歿年、法名等不詳。父は松平次郎右衛門重吉。家康の侍女であったが、のちに松井（松平）忠次（康親）に嫁したという（『寛政重修諸家譜』）。

二　正妻二人の研究状況

ここでは、妻たち個々の研究状況をそれぞれ取り上げていきたいが、紙幅も限られているため、正妻であった二人の状況について見ておきたい。

(1) 西光院（築山殿）

西光院（築山殿）は、家康の最初の正妻であるが、前述の通り、天正七年（一五七九）八月二十九日、いわゆる信康・築山殿事件で、家康により殺害された。

この信康・築山殿事件に関しては、近年、新たな評価が出されてきている。従来、信康・築山殿事件に関しては、信康と正妻徳姫《とくひめ》（織田信長子）、西光院と徳姫の関係が、徳姫の二女出生後に不仲な状況へと変化していく中で、徳姫から実父信長に対して、夫信康の資質や振る舞い、姑西光院の密通や武田家への内通などを書き連ねた書状が出されて、信長より家康に対して両者の処罰が求められ、実行されたと諸書において説明されてきた。信康・西光院と徳姫の不仲については、『松平記』や『家忠日記《いえただ》』等から、徳姫から信長への伝達も、『三河物語』など同時代から近世初頭に成立した史料で確認できるようである。一方で、伝達された内容については、密通などは近世後期の『三河後風土記』等から記載が確認できるようであり、信憑性には欠けるものと言える。

いわゆる信康・築山殿事件に対する評価が変化したのは、『新編岡崎市史』における新行紀一氏の研究成果が大きく、事件の原因を家康と信康、信康と家臣団の対立に求め、家康主導での信康・西光院の処分と結論づけた。その後の研究の進展により、近年では、事件の原因を、家康を中心とした浜松衆と信康を中心とした岡崎衆の家臣団の対立に求め、信康・西光院の処分については、家康が主体として決定し、信長に許可を求めたものという評価が出されている。

さらに柴裕之氏は、この浜松と岡崎の対立について、単なる家臣団の対立ではなく、織田家との関係を継続するのか、織田家から離れて武田家との関係を新たに結ぶのか、徳川家内における外交方針の対立に原因を求めている。柴氏は、従来天正二年とされていた下級の家臣であった大賀《おおが》弥四郎による武田方への内通事件について、首謀者は下級家臣の大賀ではなく信康付きの重臣大岡であること、時期は天正三年であり、同年の長篠の戦いは、この大岡による武田方の岡崎城への誘引が発端となった可能性を指摘すると共に、信康・築山殿事件は、この大岡を中心とした岡崎衆の武田方への離反の流れの延長で解釈する必要を指摘している〔柴二〇一七〕。

もともと、大名今川家当主に近い血筋であり、駿府に居住していた西光院（築山殿）と信康は、現実の武田家から受ける圧力の中で、武田家と組むべきとの意見を持ち合わせていた可能性があり、最終的には、家康による信康・築山殿事件を通じた岡崎衆の粛正により、織田・徳川同盟の維持に決したと理解されよう。

また、西光院については、井伊家と血縁関係にあるとされる説も一部にある。近年のNHK大河ドラマ等の影響もあり、こちらの説のほうが通説のように周知されてしまった感が否めないが、ここで触れておきたい。

この説では、井伊直政《いいなおまさ》の曾祖父にあたる井伊直平《なおひら》の娘が関口親永《せきぐちちかなが》に嫁ぎ、その子が西光院とする。この説に従うと、徳川四天王の一人として称えられた井伊直政は、西光院および子の信康、亀姫と血縁関係にあることになるため、一度没落した井伊家が、家康のもとで再興し、譜代筆頭と言われるまでに引き立てられた理由として大変わかりやすい。しかし、野田浩子氏が指摘するように、西光院の母を井伊氏の出身とする史料は、近世中期に成立した「井伊氏系図」が一番古く、作成は井伊谷《いいのや》龍潭寺《りょうたんじ》の住持の祖山であり、当該史料の作成意図や井伊家側のみの史料に散見されることなども考えると、当該部分は祖山の創作の可能性が高いことを指摘している〔野田二〇一七〕。ただし、同時代的には、井伊氏と関口氏は比較的近い関係にあったため、実際に何らかの縁組みが存在した可能性は、否定できないようである。

また、前述の説に従った場合、西光院や信康を後ろ盾として取り立てられた井伊直政に対して、信康・築山殿事件後においても何ら立場に変化がなく、数年後に大きく取り立てられていることも、疑問な点となる。井伊家の取り立てに関して柴裕之氏は、当時、井伊氏の本拠である井伊谷に対しても、領国を接した武田からの影響力が高まっており、当該地域に長く本拠を置いた井伊氏を取り立てることにより、当該地域の安定を図ったものと評価されており〔柴二〇一七〕、井伊直政の取り立ての理由を西光院に求めていない。そのような点も踏まえると、現時点では、西光院の母が井伊氏の出身であるという説は支持できないと考えられる。

（2）南明院（朝日姫）

家康は、二人目の正妻として、豊臣秀吉の異父妹である南明院（朝日姫）を迎えている〔図3〕。

家康と南明院との婚姻については、従来、豊臣秀吉による家康臣従化政策の一環として、自身の母親である大政所の派遣と共に、当時正妻を置いていない家康のもとに異父妹を送り、姻戚関係を結んで、家康の上洛と臣従を図ったものと説明されてきた。

図3　南明院（朝日姫）肖像（京都市南明院所蔵）

一方で、家康と南明院との婚姻と、家康に対する上洛要求は別物であるとの指摘が、近年出されている。跡部信氏は、家康と南明院との婚姻は、当時、秀吉側から求めていた追加の人質提出を家康が拒んでいたことに対する交換条件として持ち出され、家康の上洛を前提としていたものではなかった可能性が高いこと、家康の上洛は同婚姻の成立により追加での人質徴収も叶い、ようやく条件が揃ったことによって、この段階で求めることが可能となったものであると評価している〔跡部二〇一六〕。

また、正妻となった南明院については、上井有規子氏の「養子同様に政略結婚で嫁いだ女性も人質とは異なる存在として扱われた」とする指摘を紹介しつつ〔上井一九九九〕、厳密な意味での人質として重要な意味を持ち得なかった可能性を指摘しているが、家康側からの追加人質提出の交換条件とされていることからも、人質に準じる存在として位置づけられていたとされる。

三　一夫多妻制から一夫一妻制へ

室町・戦国期から江戸時代への時代的変遷の中で、武家における婚姻制度も変化した。大きなところでは、一夫多妻制から一夫一妻の原則への転換である。

福田千鶴氏は、武家諸法度によって大名等の婚姻が許可制となり、一夫一妻の原則が採用されたことから、近世初頭に一夫一妻の原則が成立したとする。慶長二十年（一六一五）に発布された武家諸法度では私的婚姻を禁じており、さらに寛永十二年（一六三五）の同法では国主・城主以下の法の適用範囲が示され、のちに重婚が処罰された事例もあることから、この時点で一夫一妻の原則が成文化されたものと指摘する

〔福田二〇一八〕。武家諸法度の規定以前においては、一般的に正妻や本妻などは一人のみであるが、事実上、妻の扱いを受ける女性が同時に存在することが多かった。豊臣政権は、人質としての妻等の在京と、私的婚姻の制限による大名間の私的連帯の制限を進めたが、江戸幕府においては、将軍の実子や養女を含めた徳川家の婚姻政策とも関連して、大名等の婚姻を将軍の許可制にすることによって、女性を通じた血縁のネットワークを幕府が管理する形へと進んだ。

さらに福田氏は、江戸時代の妻妾関係を、公的・法的・身分的に妻であるもの（本妻、正室）、公的・法的・身分的には妾であるが、事実上の妻の扱いを受けるもの（側妻、側室）、性を提供しつつも家族としての扱いを受けず、奉公人として仕え続けたもの（側妾、侍女）などと概念化した上で分析する。

近世初期に成立した一夫一妻の原則は、しかし家督を継ぐ男子の存在が必要となる世襲制との矛盾を孕んでいた。世襲制の維持のためには妾は必要であり、実際には、表向き一夫一妻の原則であるが、妾は各大名家等で置かれていく。当初は妾を奥女中の組織の中に組み入れて、公認された正妻と隠された妾の関係となるが、次第に実質的な妻の扱いを受ける妾の存在が黙認され、さらに、妾の存在が公認されていく過程を経て、江戸時代の妻妾の関係が形づくられていく。

その一方で、一夫一妻原則の採用以前においては、事実上の一夫多妻の婚姻形態であり、本妻以外にも妻（別妻）が複数いることを前提とした分析の必要性を説いている。一般に語られているような正室に対する側室・妾などという形ではなく、妻という立場では複数人が存在し、また子を産んだあとも、あくまで奉公人身分として扱われる妾の存在も考慮し、徳川家康の妻たちについても、この観点を踏まえ検討する必要がある。

四　織豊時代の一夫多妻制

一夫一妻の原則が成文化される以前の時代において、婚姻関係の形態はどのような形であったのか。福田千鶴氏は、豊臣秀吉の妻淀殿《よどどの》の位置づけを検討する中で、一夫多妻や別妻などの事例を検討されているので、少し触れておきたい。

淀殿を側室または妾とする認識は、前述の武家諸法度の規定によって、一夫一妻の原則が広く浸透し、他方で跡継ぎを得るために妾を置くことが一般的になっていた、江戸時代の武家の通念の影響とみており、武家諸法度以前においては、別妻という視点の重要性を説く。

例えば慶長八年（一六〇三）に刊行された『日葡辞書《にっぽじしょ》』では、「正室」「側室」の立項はなく、「本妻」「別妻」「妾」での立項となっており、「別妻」と「妾」は、明らかに区別されて認識されているという。また、寛永二十年（一六四三）に成立した江戸幕府編纂の『寛永諸家系図伝《かんえいしょかけいずでん》』において、秀吉の側室の一人とされている京極龍子《きょうごくたつこ》は、「秀吉の北の方」と記載されているが、『寛永諸家系図伝』を受けて寛政年間に編纂され、文化九年（一八一二）に成立した『寛政重修諸家譜』においては、「豊臣太閤《たいこう》の妾」と記載が変化しており、江戸時代における認識の変化に注意する必要があるという。

史料的な面からは、同時代に成立した史料では、淀殿を側室・妾として記載するものはなく、一部、キリシタン側で記録された史料に見られるという。しかし、キリシタンは一夫一妻制を尊重する立場であること、また「妾」の訳語は、日本人の翻訳時に当てられたものであることなどから、例外的な位置づけと評価している。

また、同時代の武家での事例として、豊臣秀吉の甥で一時期秀吉の後継者に位置づけられていた豊臣秀《ひで》次《つぐ》は、池田恒興《いけだつねおき》の娘である「若政所」を正妻とし、のちに菊亭晴季《きくていはるすえ》の娘である「一の台」も正妻としたと言われている。文禄四年（一五九五）、秀次切腹事件後の秀次妻子の処刑の折、「一の台」は処刑されるも、「若政所」は兄輝政《てるまさ》のもとに送られたとされており、継室等ではなく、二人が同時に正妻として存在していたと見られている。

時代は遡るが、天皇家では皇后と中宮《ちゅうぐう》が両立するなど、天皇家・公家においても、正妻または妻が複数人存在したことはすでに知られている。当の秀吉についても、醍醐《だいご》の花見の際の行列から、御輿《みこし》に乗って現れた女性が五人おり、少なくともこの五名は秀吉の妻の位置づけであったと見られている。

五　家康の正妻と別妻

秀吉と同時代に生きた家康においても、当然、一夫多妻の婚姻形態の社会の中で妻たちを迎えていたことが前提となるが、では、複数の妻が存在することを前提として、家康の妻とされる人物はどのように区分されるのであろうか。主だったところで、何人か触れていくこととしたい。

家康の正妻としては、今川家の人質時代に結婚した西光院（築山殿《つきやまどの》）と、豊臣秀吉の妹である南明院（朝日姫《あさひひめ》）が知られている。二人が正妻として存在した時期は、弘治三年～天正七年（一五五七～七九）と天正十四年～同十八年（一五八六～九〇）となる。

一方で、正妻が存在しない際に、実質的に家康の妻の立場に置かれていた女性として、まずは秀忠生母の宝台院《ほうだいいん》（西郷局）の存在がある［図4］。彼女については諸説あるが、天正六年（一五七八）より西郷氏の養女として家康の奥仕えをするようになり、のちに秀忠、忠吉《ただよし》の兄弟を産むこととなるが、正妻として奥に入ってはいない。しかし、同時代史料である『家忠日記』では、宝台院のことを「西郷殿」と記し、また死後の法事における家忠の香典の額などからも、一女中としての処遇ではなく、西光院歿後から南明院入輿《じゅよ》までの間、実質的に家康の妻として処されていたと考えられている。

次に、南明院歿後には、家康九男義直《よしなお》生母の相応院《そうおういん》（お亀）、十男義宣《よしのぶ》・十一男頼房《よりふさ》生母の養珠院《ようじゅいん》（お万）および頼房養母の英勝院《えいしょういん》（お梶）らが、共に家康の「女中三人衆」と呼ばれている（『多聞院《たもんいん》日記』）など、実質的に家康の正妻の立場に置かれていたとされる。また、雲《うん》光院《こういん》（阿茶《あちゃ》）は、家康との間に子はいないが、前三者と同列に位置づけられ、大坂冬の陣での講和の使者として、また東福門院和子《とうふくもんいんまさこ》入内時の母親代わりを務めるなど、高度な政治的役務もこなしており、前三者と同様に実質的に家康の正妻の立場に置かれ、ほかの女性とは別格に扱われていたとされる。

この、相応院・養珠院・英勝院・雲光院らの位置づけについては、福田氏が家康および秀忠の遺金の配布状況等を中心に検討し、ほかの

図4　宝台院（西郷局）墓（静岡市宝台院）

妻妾や子などとの比較の中で明確化されている。福田氏によれば、前出四人については、同じ妻妾の中でも、最も多くの遺金の配分を受けていると共に、史料上の表記においても、敬称の「御方」が付されており、ほかの女性に比べて格上の扱いであることがわかるという。

また、秀忠の遺金配分を記している『東武実録《とうぶじつろく》』においては、良雲院《りょううんいん》（お竹）と清雲院《せいうんいん》（お奈津）も記載されている。良雲院は家康三女振姫《ふりひめ》の生母であり、清雲院は家康との間に子はもうけていない。両者共、相応院らより低額の遺金配分を受けると共に、史料表記上でも敬称が付されないなど、相応院らとの位置づけには差が設けられていると言え、同時代的な妻妾の区別を考慮しつつ評価する必要が指摘されている〔福田二〇一一〕。

また、英勝院の実家である太田家で、近世前期末から中期初頭に成立したとみられる『英勝院様御事跡』では、家康のもとで重きを置かれていた女性三人衆が、初期・中期・後期に分けて記載されている。初期は、家康六男忠輝《ただてる》の生母朝覚院《ちょうかくいん》（お茶阿《ちゃあ》）・雲光院（お須和《すわ》）・正栄院《せいえいいん》（お牟須《むす》）で、中期は相応院・養珠院・英勝院、後期は英勝院・清雲院・養儼院《ようげんいん》であるという。英勝院の事跡を書き上げている史料であるので、その点は考慮して評価する必要があるが、雲光院・相応院・養珠院・英勝院などは福田氏の指摘と重なる一方で、清雲院・養儼院（お六）などは評価が異なっている。『英勝院様御事跡』での位置づけが、厳密にはどのような基準で採用されているのかが不明であるので判断が難しいところであるが、家康との関係の長短、存命か否か、家康の子女や自身の再縁の有無などの諸要素によって、遺金配分額には差が出ていることを考慮しつつも、複数の妻が存在し、時代や世代によって構成員や位置づけも変化することを前提にする必要があることがわかる。

六　妻の役割――英勝院を事例に

家康の妻たちが、実際にはどのような役割を担っていたのか。そのことについて、詳らかにすることは、なかなか史料的には難しい。ここでは、前出の『英勝院様御事跡』に則して、英勝院（お梶）［図5］を例にとって、書かれている内容を概観してみたい。

英勝院は天正六年（一五七八）に生まれている。同十八年に家康が江戸に入部して以降、家康のもとに出仕した。『英勝院様御事跡』によれば、その後、豊臣秀吉の朝鮮出兵に伴う家康の名護屋《なごや》在陣に供奉《ぐぶ》すると共に、関ヶ原の戦いや大坂の陣にも供奉していたとされる。

一説に、英勝院の名が、はじめの「八」から「勝（梶）」に家康の命で改名した理由として、戦争での勝利による験《げん》を担いだとするものがあり、比較的戦争の場に供奉することが多かった印象を持たれた女性であったのだろう。また、慶長十六年（一六一一）の二条城における家康と豊臣秀頼《ひでより》の対面の際にも、家康に同道して二条城に在城し、秀頼への配慮から、奥の子供などが表に出ないように家康から申しつかっているが、戦争時のみではなく、外交上の重要な局面でも同道させていることから、家康から厚い信頼を得ていた女性の一人であると

図5　英勝院（お梶）木像（鎌倉市英勝寺）

考えられる。このあたりは、これまでの聡明で家康に重く用いられた英勝院のイメージとなっているところであろう。後年、将軍家の家督を巡って家光派と忠長《ただなが》派で争いが勃発するが、家光を推す乳母の春日局（お福）は、英勝院を通じて家康に訴えており、奥側からの家康へのルートとしての役割を担っていたことが窺われる。

英勝院と家康との間には、慶長十二年に市姫（一照院）が生まれているが、同十五年に死去している。その後、実子には恵まれていないが、同年に家康十一男の徳川頼房（『徳川実紀』等による。『英勝院様御事跡』では元和二年とする）と甥の太田資宗《おおたすけむね》を養子とすることが家康から命じられ、翌十六年に池田輝政《いけだてるまさ》の娘で家康の孫にあたる振姫が英勝院の養女として迎えられて、のちに仙台の伊達忠宗《だてただむね》の正室として嫁いでいる。また、結城秀康《ゆうきひでやす》の次男松平忠昌《ただまさ》も養子にしていたとされる（『柳営婦女伝系』）。家康の実子である頼房や実の孫にあたる振姫や松平忠昌を養子にするなど、内証ではなく表向きに関わる部分で養子関係が結ばれており、家康の正妻ではないものの、のちの江戸時代での正室に準ずる扱いを受けていることがわかる。

一方で、女中も養子としているが、これは内証にて養子としたとされるため、表向きの系図の世界には出てこない。さらに、家康の女中であったものを英勝院の養子分として他家に嫁がせるなどしている例も記載されている。土井家などの大名・旗本や眼科医などに嫁いでいる例、または奉公人分として行きつつも、当主の子を産み生母の扱いとなっている人物の例など、合計七名の事例を挙げている。これらの女性が、どのような点で英勝院の養子分として結びついていたのかは判然としないが、擬似的な親子関係を結ぶことによって、表向とは異なる奥向独自のネットワークが構築され、その中心の一つに英勝院がいた可能性を示唆している。

また、英勝院の従者は、どのような人物たちであったのであろうか。『英勝院様御事跡』では、詳細がわかる人物だけではあるが記載がある。

まず、男性の従者。ここでは、三名の人物を記載しているが、注目は、三名共に祖父も仕えていたとされているところ。代々で仕えていたことが窺われる。また、女性では、七名の人物を記載する。うち二人は、英勝寺関係者の姉妹であり、ほかの二人は、親族が藤堂《とうどう》家の家中に関わりを持つ者、ほかの一人は、親族が豊臣秀次の家中に関わっていた者などである。また、誰々母との記載がある者もいることから、既婚者または奉公後に嫁いだと思われる者が複数存在する。わかる範囲での記載でしかないが、様々な属性を持った人物が英勝院のもとに仕えていたことがわかる。

七　政務等で活躍する妻

家康との間に子はもうけなかったが、家康の別妻の一人で、のちに奥向の重鎮として活躍したとされる人物に、雲光院《うんこういん》（阿茶《あちゃ》）がいる［図6］。雲光院の生年や実父などは、前述の通りである。慶長十九年（一六一四）の大坂冬の陣において、秀忠正室崇《（すう）》源院《そうげんいん》（お江）の姉である常光院《じょうこういん》（お初）と共に大坂城内に至り、和議の交渉を行い、また元和六年（一六二〇）の秀忠五

図6　雲光院（阿茶局）肖像（徳川記念財団所蔵）

女和子《まさこ》の入内に際しては、和子に同行し、その「母代」として従一位《じゅいちい》に叙されている。さらに、諸大名らから家康への取次《とりつぎ》としては、表の本多正純《ほんだまさずみ》らに対して、奥向の相手として雲光院が選ばれている例も多く、奥向の財政管理に関しても、雲光院（阿茶）の書状が発給されている例もあるという〔白嵜ほか二〇一五〕。このように、政務や行政的な業務を処理する有能な女性であったことから、福田氏は、家康の別妻であるとしつつも、老女や役女（上級女中）としての位置づけとみている〔福田二〇一一・二〇一七〕。

すでに触れてきたように、家康および秀忠の遺金の配布状況等や公家の日記等から、家康の別妻として認識されていたことは、首肯されるところであるが、一方で、別妻でありつつ女中である老女としての位置づけとの理解は若干疑問が残る。ただ、これはのちの老女に相当する役目も負っていたという意味であろうか。

なお、雲光院は、和子の母代わりということが知られているが、中院通村《なかのいんみちむら》の日記によれば、和子の父である秀忠の母代わりの存在として、和子入内以前から認識されており、家康の別妻との認識と共に、家康存命中に決まった和子の入内に際して、家康の妻が同道したとの理解をすべきとの指摘もある〔白嵜ほか二〇一五〕。母の立場である崇源院が存命であり、家康の妻が家康の孫にあたる和子の母代わりとして入内に同行し、さらに崇源院より上位の位階に叙されるという点は、純粋に崇源院の代理として雲光院が遣わされたのであれば、話の整合性がつかないのではないだろうか。家康の妻としての同行との指摘は、一考の価値があると言えよう。

雲光院のみではなく、前述の英勝院（お梶）も同様に関わっていたことに、寺院争論への関与という面がある。例えば雲光院は、下鳥羽伝法寺が代々浄土宗であることについての確認を幕府が求められた際、知恩院からの依頼によって本件を担当していた金地院崇伝《こんちいんすうでん》に取りなしを依頼している。雲光院は黒谷金戒《こんかい》光明寺《こうみょうじ》との関係が知られているが、法伝寺以外にも奈良法輪院《ほうりんいん》、普門寺《ふもんじ》、清光寺などの争論にも関与するなど、特に浄土宗寺院の争論に関与しているようである。

また、同様に英勝院も大和多武峰般若院《とうのみねはんにゃいん》の事例があり、寺院からの依頼を後藤光次《ごとうみつつぐ》が英勝院に繋ぎ、英勝院から崇伝や家康に取り次いでいるなど、英勝院が口添えをして積極的に関与した姿が窺えるという〔鍋本二〇一六〕。

奥の女性と寺院との関わりでは、例えば朝覚院（茶阿）は、実弟が住職であったとされる遠江国能満寺《のうまんじ》に対して慶長九年（一六〇四）に寺領三〇石が家康より寄進されているが、この寄進に向けて尽力していたことが、同寺に残る文書から知ることができる（茶阿消息、能満寺文書）。

また、養珠院《ようじゅいん》（お万）〔図7〕は、日蓮宗への信仰心が厚く、日蓮宗の日遠に師事して、伊豆・甲斐・紀伊の三国を中心に寺院の建立や修繕に尽力していたとされているなど〔小山二〇一〇〕、奥と寺院との関係の事例は多い。このような側面からの研究も、今後、その進捗が期待されるところではないだろうか。

八　家康の養女

最後に、家康と生きた女性たちの一つとして、家康の妻ではないが、

図7　養珠院（お万）肖像（静岡市蓮永寺所蔵）

徳川家および江戸幕府の婚姻政策に乗って、養女として嫁ぎ、大名等の妻として生きた家康の養女たちについても少し触れておきたい。『幕府祚胤伝』や『徳川幕府家譜』、『寛政重修諸家譜』等からわかる範囲で表にまとめている。

家康・秀忠の遺金分配の検討を通じて福田千鶴氏は、その配分額の差異から、養女に限らず全体の傾向として、表向きの縁戚関係、系図上の親子等の関係が重視され、その次に実質的な血縁関係の有無や親疎の差が加味されていると指摘する。養女は、外様大名を中心にした幕府の婚姻政策の重要な要素となっており、表向きの「公儀」の世界では、徳川家の一員としての扱いを受けていること、実際の血縁関係より系図上の関係が重視されていたことなどを考慮すると、形式的な意味合いではなく、実質的に重い意味を持っていたと指摘されている〔福田二〇一一〕。

前述のように、妻等の政権中心部への集住と大名らの私的婚姻の制限によって、豊臣政権は、大名の離反や大名間の私的な結合を防止し、政権による大名統制を進めた。江戸幕府においては、同様に婚姻を許可制とすると共に、さらに進んで、実子のみならず多くの養女を用いて、有力な外様大名を中心に徳川の擬似家族の枠内に取り込み、さらに生まれた子も同様に養女として嫁ぐ例もあるなど、女性を通じた家族や奥向の側面からの大名管理も進めていくこととなった。

養女についての研究は、秀忠の場合も含めて、妻たちの研究に比べてさらに進んでいない状況であり、今後の研究の進展が待たれるところである。

表　家康の養女

養女	実父	家康との血縁	備考
真田信幸室	本多忠勝	なし	
小笠原秀政室	徳川（松平）信康	孫	
岡部長盛室	松平康元	姪	
福島忠勝室のち津軽信牧室（葉縦院、満天姫）	松平康元	〃	
田中忠政室のち松平成重室（久松院）	〃	〃	家康の姪にあたると思われるが、「幕府祚胤伝」では康元の娘のうち彼女のみ「実御姪」との記載がない。
中村忠一室のち毛利秀元室（浄明院）	〃	〃	家康の養女とされるが、秀忠の養女としたとの説もある。
大須賀（榊原）忠政室のち菅沼定芳室	〃	〃	
黒田長政室（大凉院、栄姫、ねね姫）	保科正直	〃	
小出吉英室（貞松院）	〃	〃	
安部信盛室	〃	〃	
加藤明成室	〃	〃	
山内忠義室（阿姫、光照院）	松平定勝	〃	
有馬豊氏室（蓮姫、長寿院）	松平康直	〃	
井伊直政室	松平康親	なし	
鍋島勝茂室	岡部長盛	〃	
堀忠俊室のち有馬直純室	本多忠政	曾孫	
小笠原忠脩室のち小笠原忠政（忠真）室	本多忠政	〃	
加藤清正室（清浄院）	水野忠重	従兄弟	
蜂須賀至鎮室（万姫、氏姫）	小笠原秀政	曾孫	
戸田氏鉄室	戸田康長	姪の子	
大久保忠常室	奥平信昌	孫	
京極高広室	池田輝政	なし	輝政の継室に家康娘の督が嫁いでいるため、系図上は家康の孫にあたるが督の実子ではないという。

【参考文献】

秋元茂陽『徳川将軍家墓碑総覧』（星雲社、二〇〇八年）
跡部信『豊臣政権の権力構造と天皇』（戎光祥出版、二〇一六年）
安城市史編集委員会編『新編安城市史』通史編原始・古代・中世（安城市、二〇〇七年）
上井有規子「戦国時代の人質——近世証人制度の歴史的前提」（『国史談話会雑誌』四〇、一九九九年）
大石学・佐藤宏之・小宮山敏和・野口朋隆編『現代語訳徳川実紀　家康公伝』第一～五巻（吉川弘文館、二〇一〇年～一二年）
大石学編『徳川歴代将軍事典』（吉川弘文館、二〇一三年）
笠谷和比古『徳川家康　われ一人腹を切て、万民を助くべし』（ミネルヴァ書房、二〇一六年）
笠谷和比古編『徳川家康　その政治と文化・芸能』（宮帯出版、二〇一六年）
小山譽城「徳川頼宣の母養珠院について」（『南紀徳川史研究』九号、二〇一〇年）
柴裕之『徳川家康　境界の領主から天下人へ』（平凡社、二〇一七年）
白嵜顕成・田中祥雄・小川雄『阿茶局』（文芸社、二〇一五年）
新編岡崎市史編集委員会編『新編岡崎市史』中世二（岡崎市、一九八九年）
竹内誠・深井雅海・松尾美恵子編『徳川「大奥」事典』（東京堂出版、二〇一五年）
長野市立博物館編『海津城の主たち』（企画展「川中島を行き交った武将たち」図録、二〇一六年）
中村孝也『徳川の族葉』（講談社、一九六五年）
鍋本由徳「慶長期の争論事例からみる取成依頼——寺院争論での「奥」、大名家争論の事例」（日本大学通信教育部『研究紀要』二九号、二〇一六年）
日本史史料研究会監修・平野明夫編『家康研究の最前線　ここまでわかった「東照神君」の実像』（洋泉社歴史新書y、二〇一六年）
野田浩子『井伊直政　家康筆頭家臣への軌跡』（戎光祥出版、二〇一七年）
畑尚子『徳川政権下の大奥と奥女中』（岩波書店、二〇〇九年）
平野明夫『徳川権力の形成と発展』（岩田書院、二〇〇六年）

福田千鶴『淀殿　われ太閤の妻となりて』（ミネルヴァ書房、二〇〇六年）
福田千鶴『徳川秀忠　江が支えた二代目将軍』（新人物往来社、二〇一一年）
福田千鶴『春日局　今日は火宅を遁れぬるかな』（ミネルヴァ書房、二〇一七年）
福田千鶴『近世武家社会の奥向構造――江戸城・大名武家屋敷の女性と職制』（吉川弘文館、二〇一八年）
本多隆成『定本徳川家康』（吉川弘文館、二〇一〇年）
三宅英利「長崎奉行長谷川左兵衛論考――近世外交政策の一考察」（『史淵』六九輯、一九五六年）

第2節　武家から輿入れした御台所　——十一代将軍家斉の御台所寔子

崎山健文

一　将軍正室の出自

江戸時代、島津家から二人の御台所《みだいどころ》が生まれる。十一代将軍家斉《いえなり》の御台所寔子《ただこ》（茂姫《しげひめ》・広大院《こうだいいん》）と十三代将軍家定《いえさだ》の御台所敬子《すみこ》（篤姫《あつひめ》・天璋院《てんしょういん》）である。武家出身の者が将軍正室となるのは異例のことであった。

表をもとに、歴代将軍の正室の出自を見てみよう。このうち、開幕以前の初代家康の正室築山殿《つきやまどの》・旭姫《あさひひめ》（朝日姫）、婚約中に七代家継《いえつぐ》が歿したため入輿《じゅよ》に至らなかった八十宮《やそのみや》、八代吉宗《よしむね》の正室で、吉宗が将軍家を相続する以前に歿した真宮《さなのみや》、九代家重《いえしげ》の正室で、家重が将軍世子のうちに歿した比宮《なみのみや》、十三代家定の正室で、これも家定が将軍世子のうちに歿した任子《ただこ》・秀子は、御台所と称されることはなかったことをあらかじめ断っておく。

さて、正室の出自をまとめてみると、開幕以前の婚姻で戦国期の典型的な政略結婚であった初代家康・二代秀忠の正室を除けば、皇女二人、宮家五人（伏見宮《ふしみのみや》家三人・閑院宮《かんいんのみや》家一人・有栖川宮《ありすがわのみや》家一人）、摂家《せっけ》五人（鷹司《たかつかさ》家三人・近衛《このえ》家一人、一条《いちじょう》家一人）、今出川《いまでがわ》家一人、島津家二人となる。ただし、今出川家の一人は一条家の、島津家の二人はいずれも近衛家の養女となり入輿しているので、これを含めて考えると、皇女二人、宮家五人、摂家八人となる。

表　徳川歴代将軍正室一覧

	将軍	正室（法号）	実父（養父）
1	家康	築山殿（西光院・清池院）	関口義広
		旭姫（南明院）	筑阿弥
2	秀忠	逹子（崇源院）	浅井長政（豊臣秀吉）
3	家光	孝子（本理院）	鷹司信房
4	家綱	浅宮顕子（高巌院）	伏見宮貞清親王
5	綱吉	信子（浄光院）	鷹司教平
6	家宣	熙子（天英院）	近衛基熙
7	家継	八十宮吉子内親王（浄琳院）	霊元天皇
8	吉宗	真宮理子（寛徳院）	伏見宮貞致親王
9	家重	比宮培子（証明院）	伏見宮邦永親王
10	家治	五十宮倫子（心観院）	閑院宮直仁親王
11	家斉	寔子（広大院）	島津重豪（近衛経熙）
12	家慶	楽宮喬子（浄観院）	有栖川宮織仁親王
13	家定	任子（天親院）	鷹司政熙（鷹司政通）
		秀子（澄心院）	一条忠良
		敬子（天璋院）	島津忠剛（島津斉彬・近衛忠熙）
14	家茂	和宮親子内親王（静寛院）	仁孝天皇
15	慶喜	美賀子（貞粛院）	今出川公久（一条忠香）

このうち皇女二人について考えてみると、八十宮は、わずか五歳で将軍職を継いだ家継の権威づけのために、幕府が望んで婚約に至ったが、それ以降、幕府が長い間皇女の降嫁《こうか》を請うことはなかったことから、これが異例の縁組であったことがわかる。和宮《かずのみや》の場合は、幕末という極めて特殊な状況の中で、公武合体を推し進めて政情を安定させる意図をもって、幕府が願ったものである。平時であれば必要のない縁組であろう。将軍家は武家最高の家柄として、それに相応しい家と縁組することが必要であったが、幕府にとって、それは通常、宮家・摂家と認識されていたのである。

将軍家以外から将軍職を継いだ場合はどうであろうか。五代綱吉《つなよし》（館林家）、六代家宣《いえのぶ》（甲府家）、八代吉宗（紀州家）、十一代家斉（一橋家）、十四代家茂《いえもち》（紀州家）、十五代慶喜《よしのぶ》（一橋家）がこれにあたる。家斉・家茂以外は、将軍就任以前の結婚であるが、その場合でもやはり宮家・摂家と縁組している。

江戸時代中期以降の御三家・御三卿の当主の正室を調べると、養子として家督相続し、それ以前に婚姻していた者を除き、すべて宮家・摂家、もしくは将軍家一門との縁組である（『徳川諸家系譜』二・三）。将軍職を継ぐ可能性のある者は、これらの家柄と縁組することが通例であったと思われる。

このように見てくると、島津家から入輿した寔子と敬子の事例が特殊であることが浮かび上がる。二人は近衛家の養女となり、将軍家との家格の釣り合いは取れたとはいえ、武家、殊に外様大名の出身である。ほかの正室が皆京都で生まれ、その文化を背景に持つのに対し、両名共に生まれは鹿児島で、敬子に至っては十九歳まで鹿児島に育った。また、武家最高の家柄である将軍家との縁組は、外様の島津家にとって、地位向上など種々恩恵を授かるという大きな利点があり、それは、宮家・摂家が授かった恩恵とは性質が異なるものであろう。

以上を踏まえ、次項以降、島津家から御台所が輩出されるまでの経緯を確認し、同家に残された史料をもとに、寔子に絞り、これまで知られることのなかった大奥での姿や、島津家との関係について述べたい。

二　将軍家と島津家の縁組

これまで述べたように、将軍家は宮家・摂家から正室を迎えることが通例であった。十一代家斉に至り、外様大名の島津家の娘が御台所になったのは、いかなる経緯によるものであろうか。

その端緒となったのは、五代藩主島津継豊《つぐとよ》と将軍家養女竹姫との縁組であった［系図1］。

竹姫は宝永二年（一七〇五）、前大納言清閑寺熙定《せいかんじひろさだ》の娘として生まれた。父の死後、同五年、わずか四歳で叔母大典侍《おおすけ》（寿光院）のもとに下り、五代綱吉の養女となる。大典侍は綱吉の側室であった。この年六月、継豊との縁組が幕府より内々に打診されるが、前例もなく、島津家は丁重に断りを入れ、沙汰止みとなった。その後、竹姫は、同年七月に会津藩主松平正容《まさかた》の嫡男久千代と婚約するが、十二月に久千代は死去。同七年には有栖川宮正仁親王と再び婚約するが、享保元年（一七一六）に親王が死去し、いずれも婚礼には至らなかった。

一方、継豊は萩藩主毛利吉元《よしもと》の娘皆姫を正室に迎えるが、皆姫は享保十二年に死去。その後は正室を置かなかった。

これより以前、島津家と近衛家との間に初めての縁組が成立し、宝永二年六月、継豊の叔母亀姫（三代藩主綱貴《つなたか》娘）が近衛家久《いえひさ》の正室となる。島津家が元祖忠久《ただひさ》以来の近衛家との由緒を主張し、これを近衛家・幕府が認めることで成立した縁組であった〔林二〇〇八〕。島津家は家格向上を期待し、近衛家は経済的支援を期待する等、双方積極的な意図があった。

亀姫は同年十月に十六歳で早世するが、家久の後室に近衛家は継豊の姉満姫（のち

系図1
将軍家・近衛家・島津家の婚姻関係

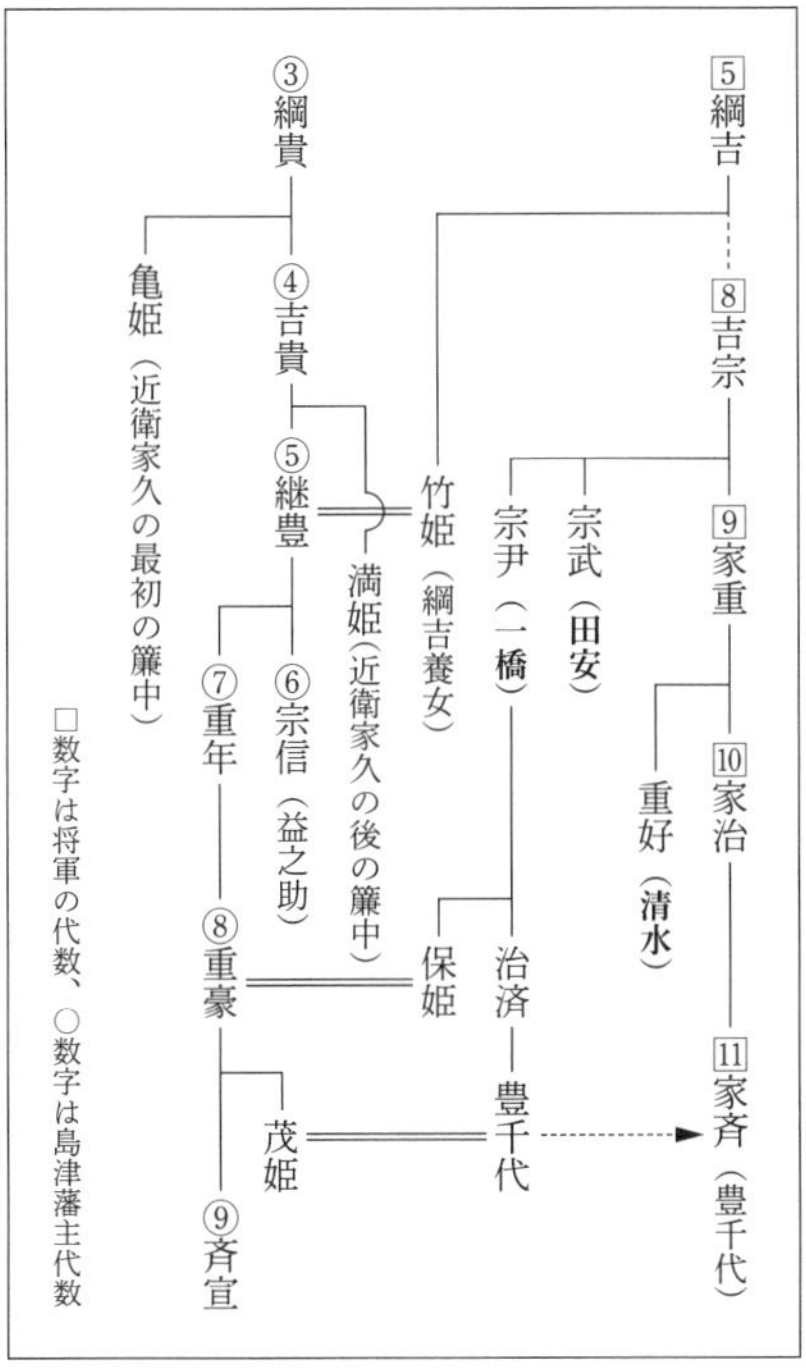

満君）を望んだ。島津家は亀姫歿後間もないことから遠慮するが、近衛家出身の熙子（天英院《てんえいいん》、六代将軍家宣御台所）の尽力もあり、宝永三年十一月に満姫の近衛家養子成《ようしなり》と家久との縁組が幕府に認められ、正徳二年（一七一二）に入輿した。同五年、娘（延君）を出産直後に満君は歿するが、その後も両家は親密な関係を維持した。文政八年（一八二五）には、九代藩主斉宣《なりのぶ》娘（十代斉興《なりおき》養女）郁君《いくぎみ》が近衛忠熙《ただひろ》正室となっている。

また、近衛家との縁組は御台所熙子との関係を深め、江戸城大奥と島津家の関係も進展させた。宝永六年には、四代藩主吉貴《よしたか》の正室福姫に、家宣・熙子夫妻への献上物について女使《おんなづかい》を許され、将軍家との間に奥向の特別なルートを持つこととなった〔林二〇一三〕。

さて、継豊のもとに、八代吉宗の内意として竹姫との縁組が持ち込まれたのは、享保十四年四月六日のことであった。この時、竹姫はすでに二十五歳で婚期が遅れており、また大奥の縮小を図る意図もあり、吉宗にとって必ず成立させなければならない縁組であった〔山本二〇〇五〕。そのため吉宗は、島津家の事情を踏まえた譲歩を示す。

継豊には、前年側室が生んだ男子益之助（宗信《むねのぶ》）があったが、竹姫との間に男子が誕生しても、益之助を嫡子とするようにとしたのである。将軍の内意を拒絶することは通常できないが、これに対して継豊はすぐに御請をせず、何とか謝絶の道を探ろうとする。その理由は、益之助が嫡男と認められても、竹姫に男子が誕生すれば、御家騒動の原因となりかねないこと、竹姫入輿となれば相応しい屋敷の準備などで莫大な経費がかかること、側室嘉久が正室同然の扱いであること、などであった。

この状況に、吉宗の意を受けた大奥の天英院が動く。天英院は夫の歿後、幼い七代家継の後見となり、従一位《じゅいちい》に叙せられた。皇女八十宮と家継の縁組を橋渡ししたり、吉宗の将軍擁立に深く関与したりするなど、その存在は別格であった〔久保一九九三〕。先に述べたように、近衛家との縁組以来、天英院は島津家と交際関係にあり、継豊の父吉貴は、天英院の甥近衛家久の舅にあたる。島津家に対する説得者として最も適した人物である。天英院は、竹姫を妹同然に思っていることなどを交えて吉貴を説得し、これが決め手となって縁組は成立した。

竹姫は、享保十四年十二月に島津家に入輿する。その居所は芝の藩邸の隣接地で、幕府から下賜された地へ新たに建築され、御守殿《ごしゅでん》と称された。御守殿とは、将軍家の娘が三位以上の大名家に嫁した際のその居所の呼称である。従四位上《じゅしいじょう》が極位《ごくい》の島津家にとって、格別の扱いであった。享保十八年五月に菊姫を出産した竹姫は、同二十年二月、猶子《ゆうし》となった益之助と菊姫を伴って江戸城大奥に上り、吉宗・世子家重に直接挨拶をする。それまでの女使を介した交際のみに比べ、江戸城大奥との関係は一層深まった。

将軍の孫となった益之助は、元文四年（一七三九）十二月に元服し、松平薩摩守宗信と名乗った。翌五年八月には、竹姫猶子であることにより、以後嫡子は代々「松平」を称することが許された。同年、宗信は尾張家の徳川宗勝《むねかつ》の娘房姫と婚約する。婚礼前の寛延元年（一七四八）、房姫は早世するが、続いて妹嘉《か》知姫《ちひめ》との婚約が成立した。同年七月に宗信が二十二歳で死去したため、婚礼には至らなかったが、この尾張家との縁談も竹姫入輿の所産である。

宗信の跡を継いだのは、弟重年《しげとし》であったが、宝暦五年（一七五五）六月、急死する。同年七月、嫡子忠《ただ》洪《ひろ》が十一歳で襲封し、同八年六月には元服。重豪《しげひで》［図1］と改称した。若くして藩主となった重豪であったが、同十年に継豊が死去し、後見役を失う。その重豪を支えたのは、継豊の死後に落飾《らくしょく》し、竹姫から改称した浄岸院《じょうがんいん》であった。

宝暦十二年十二月、重豪は御三卿一橋宗尹《むねただ》の娘で、将軍吉宗の孫にあたる保姫《やすひめ》と婚礼を挙げた。保姫は折々に江戸城大奥に登ることを許され、将軍家治《いえはる》から拝領物もあるなど、将軍家の女性としての処遇を受けた。一橋家から正室を迎えたことは、島津家の将軍家縁戚としての立場を維持・強化することになった。しかし、保姫は明和六年（一七六九）九月に死去する。

その後、重豪は綾姫（多千姫・甘露寺《かんろじ》規長《のりなが》娘）を継室に迎えるが、この縁組には浄岸院が積極的に関与している。保姫は宝暦十三年に悟姫（早世）を産んだが男子はなく、浄岸院は国許に側室を置くことを勧めた。しかし、重豪は側室を置こうとせず、そのため浄岸院が主導し、綾姫が選ばれたのである。綾姫は明和四年、京都より国許に下るが、保姫の死去を受けて出府。同七年には多千姫と改称し、正室として迎えられた。

将軍家と島津家との間に大きな架け橋を築いた浄岸院は、安永元年（一七七二）十二月、死去する。浄岸院は、保姫が死去し、自らが歿したのち、将軍家と縁遠くなることを憂えたのであろう。重豪に女子が誕生したら、将軍家一門と縁組すべきことを遺言した。この遺言は、のちに島津家から御台所が誕生する大きな鍵となる。

図1　島津重豪肖像（鹿児島県歴史資料センター黎明館所蔵　玉里島津家資料）

三　十一代家斉の御台所寔子

寔子《ただこ》は、安永二年（一七七三）六月、島津重豪の三女として鹿児島に生まれた。初名を篤姫という。実母は大坂居付の薩摩藩士市田貞行の娘お登勢である（「君家累世御城代御家老記」『鹿児島市史』三）。この年十月には一橋家に長男豊千代《とよちよ》が誕生する。浄岸院の遺言に従い、篤姫は翌三年三月に鹿児島を出立して江戸へ上った。

その後、島津家から一橋家へ豊千代との縁組が申し込まれ、一橋家は了承。安永五年七月十九日、「浄岸院様仰せ置かれ候訳もこれ有り」として幕府から命じられ、正式に婚約が成立した（『鹿児島県史料　旧記雑録追録』六、以下『追録』と記す）。名は篤姫から茂姫へと改められた。この時点では一橋家と島津家の縁組［系図2］であったが、同八年、将軍家治の世子家基《いえもと》が急死したことにより、状況は一変する。

天明元年（一七八一）閏五月十八日、豊千代は家治の養君に定められ、江戸城西丸に入った（同年十二月、家斉と改称）。同日、茂姫も「御縁女様」として一橋邸に入り、同年九月には豊千代と同じく西丸へ移った。この時わずか九歳であった。これにより、この縁組は将軍家と島津家の縁組となった。先

系図2
一橋家・島津家略系図

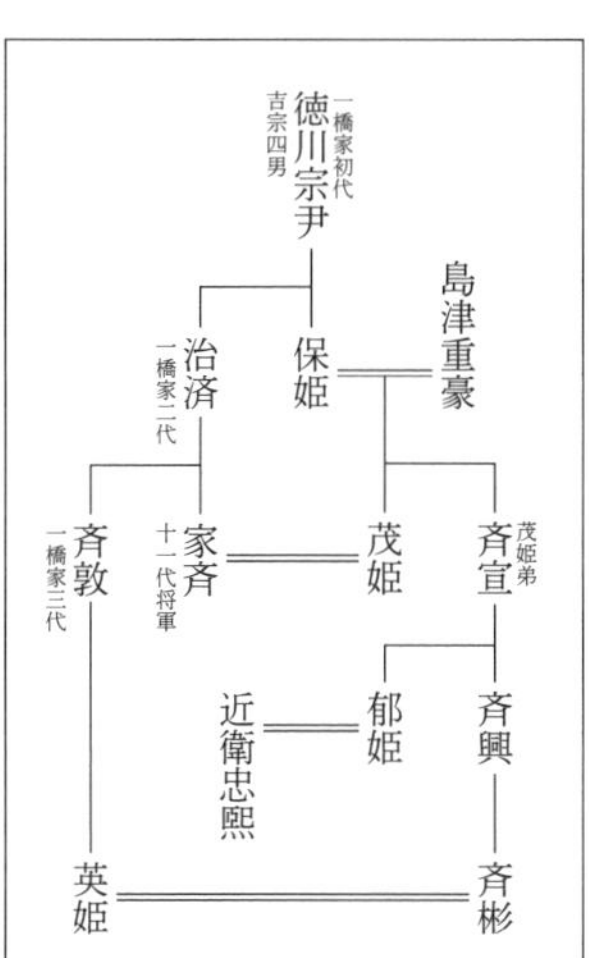

に将軍継嗣となり得る者は宮家・摂家と縁組することが通例と述べたが、このケースは浄岸院の遺言による異例のもので、その遺言は将軍家との縁組に進展しても枉《ま》げられることはなかった。浄岸院の影響力がいかに大きかったかが窺える。

さて、西丸に入った茂姫だが、これに対して島津家から直ちに贈答儀礼が開始された。天明二年二月には重豪から年中の献上物伺いが提出され、これにはかつて天英院に対して島津吉貴・継豊が献上した品目が先例として添えられた。天英院との交際が、ここでも活きている〔林二〇一四〕。

五年後の天明七年四月十五日、前年九月の将軍家治の死を受けて、家斉は十一代将軍となった。これに先立ち、島津家は重豪の隠居と茂姫の近衛家養女成を幕府に申し出る。いずれも、慣例を破って外様大名家から御台所が誕生することに批判的な空気を封じる狙いがあった〔山本二〇〇五〕。これらは認められ、同年正月二十九日、重豪は隠居し、嫡男斉宣が襲封する。ただし、斉宣は茂姫と同年生まれの弟で、この年十五歳と若く、重豪はその介助という形で引き続き藩政の中心に位置した。一方、近衛家養女成についても、元祖忠久以来の由緒が認められ、同年十一月十五日、茂姫は近衛経熙《つねひろ》の養女となり、「寔子」の名を賜った。この背景として、天英院・亀姫・満姫以来の由緒が作用したことは言うまでもない。こうして婚礼へ向けた状況が整い、翌八年四月に結納が済み、寛政元年（一七八九）二月四日に婚礼が行われ、寔子は「御台様」と称されるようになった。

御台所となった寔子は、寛政八年（一七九六）、敦之助《あつのすけ》を出産する。すでに側室が産んだ敏次郎（家慶）が世子に定められていたため、敦之助は清水徳川家の養子となるが、四歳で早世する。寔子が産んだのはこの一人のみであるが、家斉には五五人の子女がおり、そのすべてが「御台様御養」とされ、寔子の子として育てられた。また、家斉の在職期間は、歴代将軍の中で最も長い五〇年であり、寔子の御台所としての期間も歴代最長であった。これらのことから、寔子は確固たる地位を築くこととなった。

寔子の官位に目を向けてみると、寛政九年に従三位《じゅさんみ》、文政五年（一八二二）に従二位《じゅにい》を叙位されている。御台所と称されるうちに従二位を授けられたのは、歴代で寔子一人だけである。家斉歿後の天保十三年（一八四二）には従一位に叙せられるが、これも天英院と並んで二人のみであり、寔子の地位の高さを物語っている〔松尾二〇一三〕。

四　寔子と島津斉宣

さて、それまでとは異なり武家から御台所となった寔子は、その実家島津家に多くの恩恵をもたらした。すでに、贈答儀礼の活発化や江戸城内での殿席の変化、官位の上昇などが指摘されているが〔畑二〇〇九・松崎二〇一二〕、本稿では、寔子と島津斉宣《なりのぶ》との書状のやりとりを軸に、その背景となる両家の関係、また寔子の大奥での姿の一端を紹介したい。

その前提として、斉宣の略歴と寔子との関係について述べておこう。

島津斉宣［図2］は、安永二年（一七七三）十二月六日、重豪《しげひで》の長男として生まれた。寔子とは六ヵ月違いの弟である。実母は側室で、堤中納言代長の娘お千万であった。先述のように、重豪の隠居を受けて天明七年（一

図2　島津斉宣肖像（尚古集成館所蔵）

七八七）に十五歳で襲封。父重豪の介助は寛政四年（一七九二）まで続いた。斉宣在職中は藩財政が非常に厳しく、数度にわたって倹約令を出すなど逼迫《ひっぱく》していた。文化二年（一八〇五）に「亀鶴問答」を著し、財政再建の決意を示した斉宣は、「近思録」を重んじる樺山久言・秩父季保《ちちぶすえやす》らを積極的に登用し、改革を開始した。しかし、これは従来の重豪の政策の否定に通じるものであった。これに激怒した重豪は、同五年、近思録党に類する者に処罰を加え、翌年斉宣を隠居させた。替わって斉宣嫡男斉興《なりおき》が襲封し、重豪は再び藩政を介助することとなった。

隠居となった斉宣は、文化十一年に芝から白金《しろかね》に移居し、同十四年には総髪して渓山《けいざん》と号した。この頃、寔子との私的なやり取りは見られないが、文政二年（一八一九）、突如内密の書状のやりとりが開始される。その契機は、斉宣の国許隠居一件であった。当時藩財政はさらに行き詰っており、大坂の銀主は薩摩藩への貸し付けを拒否。斉興の帰国費用も差し支えるほどであった。その頃、江戸には芝に斉興が、高輪には大隠居重豪が、白金には隠居斉宣がそれぞれ暮らしており、これが財政逼迫の一因とみられていた。この年二月、家老らの進言を容れた重豪は、まず寔子に対し、重豪・斉宣帰国の願書を差し出す。これより以前、高齢の重豪の体調を気遣う寔子が、旅行を控えるよう求めていたためである。寔子は重豪の帰国を認めず、斉宣については「勝手次第」と回答した（『追録』七）。重豪はこれをあらかじめ想定しており、願書作成前に斉宣を高輪に呼び、斉宣一人の帰国になるであろうことを告げた。これに対し、斉宣は承諾するものの、老年の重豪を置いての帰国は避けたい、白金の住居を取り壊し、芝もしくは高輪に「軽き」住居を建て、少人数召し置くことはできないかと抵抗している（「町田久視口上覚」東京大学史料編纂所所蔵）。

斉宣はその後も抵抗の構えを示したが、重豪は親類の脇坂安董《わきさかやすただ》を以て何とか説き伏せることに成功した。

しかし、一旦承知したことに不服を唱える姿勢に接した重豪は、自らの歿後に斉宣が台頭することを憂慮し、同年四月四日、脇坂を通じて一橋治済《はるさだ》へ内々の願いを伝えている（「雑書」五、東京大学史料編纂所所蔵）。これには斉宣隠居時に重豪へ差し出された、今後一切国政への指図を行わない旨の証文写が添えられており、これを重豪歿後も堅持するよう将軍家斉または寔子の沙汰を蒙りたいとの内容であった。その中には、斉宣が重豪の反対を押し切り白金邸を建設したこと、最初は手軽な住居と話していたにもかかわらず奢侈を極め、この噂は藩内のみならず大坂の銀主にも聞こえ、貸し付け拒否の一因となっていることなど、辛辣な斉宣批判も記されていた。これは重豪の願いにより一橋家を経由して寔子にも伝えられた。

　帰国は逃れられない状況に見えたが、如何《いか》なるわけか、文政二年閏四月、「御拠んどころ無き御訳合いこれ有る」により帰国は見合わせられ、大崎に「手細」に住居することとなった（『鹿児島県史料　斉宣・斉興公史料』）。詳細は不明であるが、斉宣の内用について記された「極内用留」（東京大学史料編纂所所蔵）によると、「私罷り下り候よう仕るべき旨御受け申し上げ置き、其後段々六《む》ヶ《か》敷《しく》相成り、脇坂中務大輔殿中ニ入り取り扱いこれ有り、何事も相済み候て、大崎屋敷え引き移り候筋ニ相決し候」とあり、脇坂の関与は明らかであった。

　脇坂は播磨龍野《たつの》藩主で、文化年間に寺社奉行兼奏者番であった頃、重豪の唐物《からもの》販売拡大に便宜を図るなどして島津家と昵懇《じっこん》となり、この年二月には娘寿《ほき》姫が重豪養女となり、親類にもなっていた。島津家と幕閣を繋ぐパイプ役として重豪・斉宣が共に信頼を寄せる人物であった。その後、脇坂は天保七年（一八三六）に老中となる。外様大名から願譜代となった同家にとって、異例の出世であった。文政八年（一八二五）から寔子と斉宣の間の極内用の取次を行った森山りさが天保十二年に記した「風のしるへ」（国文学研究資料館マイクロ所蔵）には、「脇坂様も、かねて老中御願い御大願は老君（重豪）へ仰せ上げられ、雲上へも老君より御願い遊バし」とあり、老中就任の背景には島津家の力が作用していたことが窺える。

さて、帰国を免れた斉宣は、文政二年六月以降、老中水野忠成《みずのただあきら》・土井利厚《どいとしあつ》、そして寔子に積極的に接近を図るようになる。老中二名については紙幅の都合により割愛し、「極内用留」により、寔子への接近に絞って見ていこう。六月二十七日、斉宣は脇坂に内談する。厳しい倹約中につき、重豪は好きな飼鳥も減らすなど「甚だ不自由」である。自ら援助したいが、倹約中ゆえそれもできないので、重豪には内密に寔子の「御声」がけ（拝領金）を願いたいというものであった。脇坂は了承し、七月一日に奥医師堀本一甫を白金へ行かせる。

堀本は、少なくとも江戸城大奥・一橋家・島津家・脇坂家へ出入りしていた人物で、寔子・斉宣間の情報伝達のみならず、様々な意思決定に助言を求められる存在であった。また、その職柄ゆえ、直接大奥へ入り直談で連絡を取れるという利点もあった。『寛政重修諸家譜《かんせいちょうしゅうしょかふ》』によると、堀本家は代々一甫と称しており、いずれに該当するか確証を得ないが、「彝珍《つねたか》」の項に、明和五年（一七六八）九月二十一日、「竹姫君広敷の療治」とあり、島津家との繋がりを窺わせる。のちに文政十年に急病により役目を果たせなくなるが、その際寔子が、事情を知る桂川甫筑《かつらがわほちく》を内用の後任にしてはと斉宣に伝える。これに対して斉宣は、「御沙汰などの事をもらし候様ニこれ有り候ては如何敷《いかがわしく》」として、酒を飲んだ時どうなるか、甫筑と話してみると回答する。奥医師が伝達・助言した情報の極秘性と、堀本の信頼度が窺える〔崎山二〇一六〕。

さて、内々の願書の作成は、斉宣の下書に脇坂・堀本が添削を加える形で進められた。例えば、慰みのための下賜と願うよりも「老年心配」と孝道を前面に出したほうがよいとか、寔子よりの「御声」がけを願うという表現では、声だけかけてあとは島津家の計らいとなりかねないなど、三者によって詳細に検討がなされた。こうして完成した願書は、堀本によって大奥へ差し出され、寔子も尤《もっとも》との意向を示す。その後、曲折はあったが、文政二年九月二十七日、重豪に黄金五枚が下賜される。これを受け、斉宣は堀本と相談し、寔子や奥女中へ御礼の品を選定、進上し、交流が活発化していく。

　こうした一連の動きを経て、同年十一月十二日、寔子から初めての直書《じきしょ》が斉宣のもとに届いた。これには「白金御住居の事、是迄のとをりに（通り）と申す事、わたくしよりぞんじ付き候つもりにて高輪（重豪）へ申し上げ候やうニとの御事、ま事に〱有がたき思し召し」（「徳川家斉室広大院直書」東京大学史料編纂所所蔵）［図3］とある。将軍家斉の意を受けて、寔子の発案という形で、斉宣のこれまでと同規模での白金居住が命ぜられたのである。

　重豪のもとへも同様の直書が届くが、倹約どころではないとこれに驚き、即日斉宣を呼び、「極内々相願い候ようなる事ハこれ無き哉」と、斉宣が寔子に密かに依頼したのではと疑うが、斉宣は「誠ニ存じ寄らぬ事、曽《かつて》も一向ニ存ぜざる旨申し上げ」と否定する（「島津斉宣書状」町田久視宛て、文政二年十一月十三日、東京大学史料編纂所所蔵）。大崎移居は幕府にも届け出ていたと見え、重豪は脇坂に依頼し、老中土井利

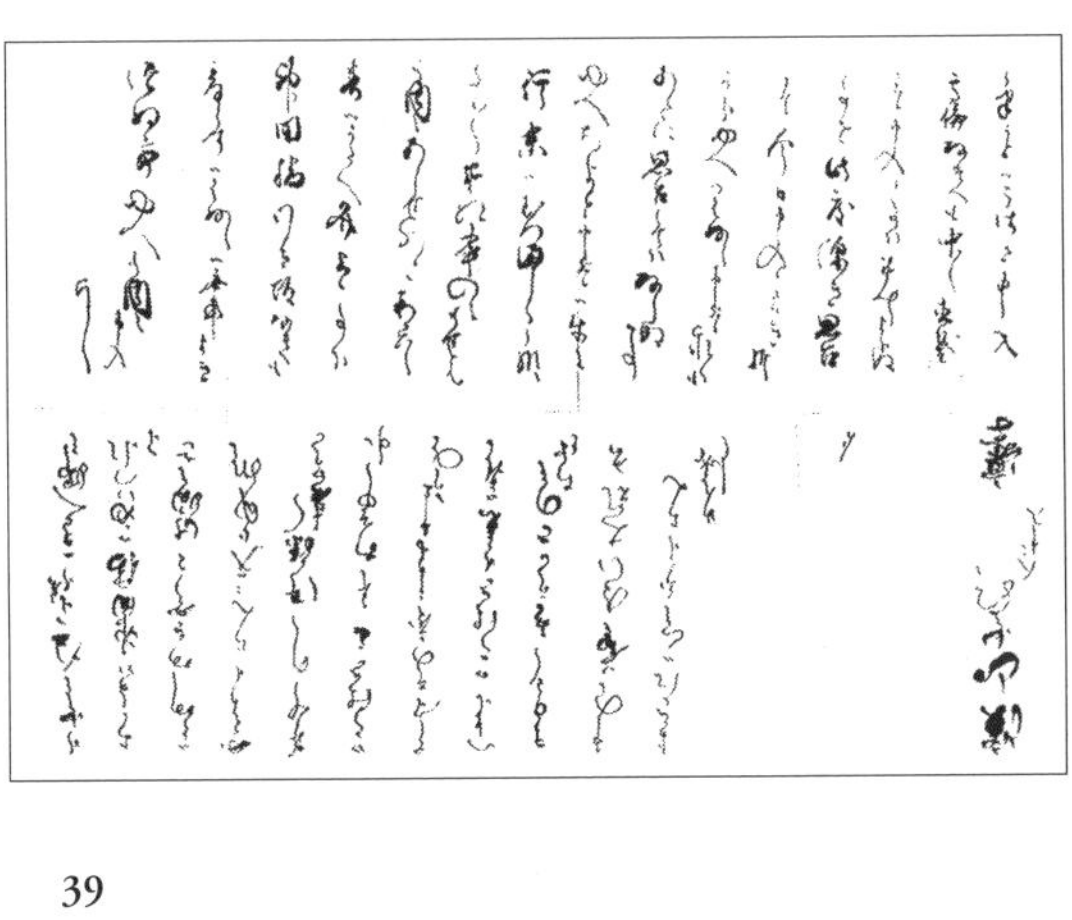

図3
徳川家斉室広大院直書(部分)　島津斉宣宛て
(文政2年11月12日請け)
(東京大学史料編纂所所蔵　島津家文書)

厚の意向を確認しようとするが、土井は病気を理由に面会を拒んだ。斉宣は「最早此一段ニて白金住居ニ相成り候所ニて候」と綴っている。

このように見ていくと、斉宣はこれまでと同規模での白金居住を維持するために、寔子ひいては将軍家斉の力が必要と見て、重豪への下賜金願いを機に寔子への接点を作り、これを糸口に寔子の直書に繋げたと考えてよいだろう。重豪と斉宣との間には、斉宣の隠居一件以来、一種の緊張状態が続いており、それを寔子は憂えていた。先の寔子書状には「御互いに行く末御むつまじく候ようニ、たゞ〳〵その事のミ御せ（世話）は御内々あらせられ候」と、家斉が二人の仲を案じて白金居住を維持させたと強調している。斉宣はこの状況を巧みに利用し、下賜金願いという形で重豪へ孝行の姿勢を示すことで、寔子の心情に訴え、家斉の命を引き出したのである。これをより確実にするため、同時に幕閣へも接近し、土井には贈り物を送ることに成功している（六月十七日）。これらには脇坂・堀本が重要な役割を果たしていたことも再度確認しておきたい。

五　寔子の書状

このようにして始まった寔子と斉宣のやり取りであるが、文政二年（一八一九）十一月十二日から同八年正月十三日にかけての四九通の寔子書状が、東京大学史料編纂所に収蔵されている。これらはすべて極内々の書状である。しばしば、読後は火中に投じるよう記され、「わたくしも、そなたの御文ハすぐに手づから火中致しまいらせ候」（文政四年六月二日）ともあり、斉宣からの書状も極密扱いであった。書状を認めるのも苦労したようで、人目を憚り、大急ぎで認めたことがしばしば記され、認めるタイミングを失い返信が遅くなったとたびたび詫びている。また、目が悪く眼鏡をかけ、時には持病や心持ちにより手が震える中で記したとあり、文字が乱れたものもある。重豪・奥医師・佐川（寔子付奥女中。役職未詳だが島津家との窓口役）らへも内密にするよう記されている場合も多い。書状の内容は多岐にわたるが、ここではまず、大奥での寔子の姿が窺える部分を見ていこう。

文政七年二月十八日付（二月十九日請け）の書状［図4］に、老女花町に関する次の記述がある。

扨《さて》は花まち事ずい分何もかもよく致し候へども、とかくわたくしの心ニ合いかね、どふも〳〵少しずゝ何かいやな所御座候て、何事も内〳〵事いろ〳〵心づかい御座候て、そなたかたへ致す事も先ハあまり申さず候様ニ致し申さねバ、とかくじやま《（邪魔）》致し候て、是まで何事も致しにくく、うち〳〵の事に心つかへ御座候てこまり候、

花町の仕事ぶりは認めつつも、考えが合わず、寔子が島津家に対して何かしようとすると邪魔をし、何事もやりにくく困っているとの内容である。一例を挙げれば、先に文政二年に寔子から重豪へ黄金五枚が下賜された一件に触れたが、寔子は当初三〇〇〇両を下賜したい意向であった。ところが花町は吝嗇《りんしょく》家《か》でその必要はないと言い、堀本の奔走によって黄金（大判）五枚に落着したものであった（「極内用留」）。

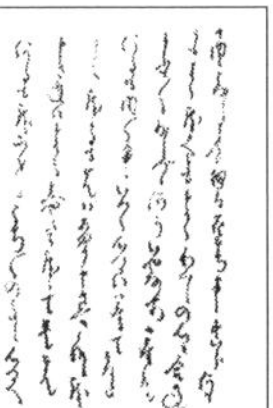

図4　徳川家斉室広大院添書（部分）島津斉宣宛て（文政7年2月18日）（東京大学史料編纂所所蔵島津家文書）

ちなみに、幕府は享保十年（一七二五）に大判一枚に対して金七両二分と相場を公定したが、その後相場は高騰し、寛政三年（一七九一）頃は二十二、三両であったという（『国史大辞典』）。

また書状には、「年寄四人ながらあまりよろしからず、是ニこまり候」とも記し、老女衆すべてに不信感を示している。寔子はこれを義父である一橋治済に伝えたところ、これがまた寔子の悩みを生む。治済は、家斉にも話した上で花町を「らくづとめ」にしてはどうかと回答するが、寔子はそこまで望んでおらず、寔子と同心であり、事情を理解していると思われた堀本を一橋家へ遣わし、断りを入れさせた。寔子は、花町以外の三名の老女衆のうち、一名は花町とは距離を置いているが「あしく」とし、残り二名は「町印と一方致し、何もかもつげぐち計」（文政七年五月三日書状）と評し、仕事を一人で仕切る花町が解任されれば、状況はさらに悪化すると考えていた。

さらに、文政七年四月二十一日（四月二十四日請け）の書状では、「一甫事、花町へもしやだまされハ致し申さず候哉」と堀本の心中を疑うようになる。堀本が佐川に、近頃花町は良いなどと褒めたことが耳に入り、同人が一橋家で花町寄りの姿勢を示せば「わたくし申し上げ候事、ひとりうそのやうニなり」というのである。そこで寔子は斉宣に、自身が頼んだということが知れぬよう、堀本の心中を確かめてほしいと依頼する。また「ひとりにていろ〳〵ぞんじ、何か心ぼそくぞんじおりまいらせ候」ともあり、この件に関する寔子の孤独と、斉宣との親密な関係が窺い知れる。

これを受けて斉宣は堀本と話す。五月三日の書状には「やうぞ〳〵御はなし下され承り候、神田ばし（一橋治済）にてハ御きらいのよしニ申し候よし、先々安心致し候」とあり、堀本が一橋家で花町に批判的な姿勢を崩さなかったことが斉宣より伝わり、寔子が安堵したことが記されている。また別件に関してではあるが、同書には、重豪へは心配させるので話せないこともある。互いに「心にかなハぬ」ことも伝え、力になり合いたいと記されており、ここでも斉宣への深い信頼が窺える。

それまでの書状で様々なやり取りがあったが、大奥内部の極内密の悩みを打ち明けたのはこの案件が初めてであり、それを共有できる確実な存在として、斉宣との距離がさらに縮まったと考えられる。花町ら四名の老女衆の出自は未だ検討できていないが、武家出身の御台所を軽んずるところがあったのではないか。いずれにせよ、その対応に寔子は苦慮していた。

この花町一件はその後も尾を引いており、文政九年には、斉宣が「町印の心の直り申し候よう、私の心得ニて祈禱申し付け候」と、三河島密厳院《みかわしまみつごんいん》の僧鑁随《ばんずい》に密かに祈禱させている〔崎山二〇一六〕。また「風のしるへ」にも、「町印ハ御家（島津家）をよけたがり候間」などとあり、花町との関係が窺い知れる。

前後するが、斉宣から寔子へ宛てた書状は、先に触れたように火中に投じられたと見え、現存しないが、文政八年十一月から同十三年十二月までと天保十年正月から同十二年九月二十一日までの書状の下書留六点（「御直請御直申上之下書」ほか、東京大学史料編纂所所蔵）が残されており、これにより見ることができる〔崎山二〇一五〕。

次に、将軍家斉夫妻と重豪の良好な関係が窺える箇所を取り上げてみよう。文政三年八月に重豪は藩政後見を辞し、名実共に隠居となるが、その頃から重豪個人に対する特別な計らいが顕著になってくる。同年、藩政後見辞任直後には「老年に付」という名目で寔子から三〇〇両が下賜され、以後は毎年正月の恒例となった（『追録』七）。

文政五年十月十三日には吹上《ふきあげ》御庭見物を許されている。同所は将軍とその家族の憩いの場であり、幕府高官や将軍近臣が稀に観覧を許された特別な空間である。これが幕府から告げられたのは九月朔日であるが、早速その日に寔子から斉宣へ書状が届けられている。それには、吹上で自らも面会したいが、一橋治済の計らいもあり実現したことで、今さら申し出ても印象を悪くし、今後願いごとをする際の障りになるので諦めるとある。

また、これに関する家斉への進上物の助言を行っており、最上の品でなく中程の品で良いとしている。その理由として「上《家斉》ハ人に先をとられ候事や何か御きらい、とかく御自ぶんよりの品計よい、人のハわるいと申すやうな御心ゆへ」と述べている。表には出せない表現だが、御台所でなければ不可能な助言であり、島津家にプラスに作用するものである。

十月十三日・十八日の書状には、訪問当日前後の家斉［図5］の様子が綴られている。それによると、前日十二日には夜まで吹上にて準備を指揮し、「老人ゆへとかく気のつまらぬよう、どふぞほやう《保養》ニも成り候やうに」と案内箇所などを検討し、御茶屋の飾り付けや植木には以前重豪が進上した品を用い、「御大切ニ御賞美あそバし候所を御ミせ遊ばされたく」とするなど、熱心であった。この家斉の姿勢について、寔子は次のように綴っている。

ま事に〳〵上《家斉》の御せは《世話》さま、どふぞ〳〵御めにかけたく、中〳〵筆紙にハ尽しがたき御事に御座候、ことの外高輪御ふり合よくもひようばん《評判》よく、上にていろ〳〵御せはあらせら

図5　徳川家斉肖像（徳川記念財団所蔵）

れ候まゝ、をのづから誰も〳〵ほめ、ま事に〳〵時を得て有がたさ、官位よりも何かかやうなり候てハ何か花やかなる事に候と、打ち寄り申し居りまいらせ候、

家斉の姿勢は、周囲の者の重豪の評価を上げ、寔子はそれを、官位を授かるよりも華やかなことと受け留めていた。また家斉は、重豪をよく思っていない者がいることを知っており、それを考慮に入れての振る舞いであろうと感謝していることも綴られている。

十月十五日には別件で祝宴が開かれたが、そこで家斉は重豪の話題を多く取り上げた。重豪・斉宣の御礼の文を気に入り、何度も読み、周囲にも読ませ、「白かね・高輪の文ハたのしミ」と話した。寔子は進上物のみならず礼状についても事前に助言を行っており、その賜物であろう。また、重豪への拝領物も家斉が一人で長持に詰め、寔子は「中〳〵かやうな事にてハなく」と綴っている。

翌文政六年三月二十八日には、一橋邸において寔子と重豪の対面が行われた。これは、一橋治済の取り計らいにより、家斉が命じたものであった。二人の対面は寔子が「御縁女様」であった頃以来のもので、寔子は「さぞ〳〵どのやうに御惣たい御かハり《変わり》成られ候哉と、初ニハちかくミ候も何かこハき《怖き》やうニぞんじ候」（四月二日書状）と、当初不安も感じたが、感動的な対面となった。

同様の対面は翌文政七年三月二十七日にも実施され、同九年にも命ぜられたが、この時は重豪の体調不良により、実現には至っていない（『追録七』）。

さらに、文政六年十一月十六日の書状によると、家斉が寔子に、外へ遠慮して重豪に対して遠々しいのではないか、老年でもあるのでよく孝行するようにと話し、自らの羽織の紐を渡し、これに羽織地を添えて遣わすよう命じた。これも周囲には効果的だったと見え、翌七年五月三日の書状には、これによって花

町の姿勢が多少よくなったと記されている。また寔子は、これは家斉のみならず、一橋治済の計らいもあったとしている。

　文政七年正月十五日には、高輪で重豪八十歳の寿莚《じゅえん》が催され、家斉・寔子から拝領物もあった。この前日の夕刻、家斉の急な命によって、当日寔子付奥女中の佐川が遣わされることとなった。十六日に佐川は帰城するが、待ちわびていた家斉は、寔子が話を聞く前に直ちに召し出し、翌日にも再び召し出し、「渓山ハどのやう、誰ハどのやうと段々御はなし御聞きあそバし」（正月十九日書状）と話を聞くほどであった。

　ちなみに、この時佐川は家斉から二泊してもよいと言われており（実際は一泊）、また島津家が作成した拝領物・贈物書上には、「当日俄《にわか》ニ佐川御使ニて」「佐川事今日は逗留にて」と記されている（『追録七』）。佐川は重豪・斉宣が大奥へ進上等を行う際に窓口に立つ人物で、その際は「様」付で記されるが、ここでは敬称がない。これらを鑑みるに、佐川は島津家から寔子に付けられた可能性が高い。

　以上、将軍家と島津家との親密な関係を確認したが、そこには家斉の実父であり後見でもある一橋治済の計らいも窺え、一橋家も含めた三家の関係と言ってもよい。また、家斉の重豪への姿勢は、周囲の重豪への評価を高め、老女衆の姿勢の改善に繋がるなど、寔子の大奥での地位向上に結び付いていたことにも注目しておきたい。

　なお、寔子と斉宣の書状の伝達ルートについては、文政八年以降は、先述の森山りさを軸に、斉宣―りさ―寔子付中年寄嶋沢（りさ妹）―寔子というルートが機能するが〔崎山二〇一五〕、それ以前については未だ確証を得ない。いずれにせよ斉宣とのやり取りは、女使を介した正式の交際とは異なる、半ば私的な部分を含んだもう一つの交際であった。

六　寔子が島津家にもたらしたもの

さて、このような親密な関係を背景として、先に述べたように、島津家は種々恩恵を授かる。中でも顕著なのは官位の上昇である。天保二年（一八三一）の重豪の従三位昇進、同五年の斉彬《なりあきら》（斉宣孫）の家督前の少将昇進、同九年の斉興《なりおき》の宰相《さいしょう》昇進は、いずれも家格を超えた異例のものであり、いずれも寔子の存在がそれを可能にしていた（「風のしるへ」）。このうち重豪の従三位昇進については、すでに別稿で検討を加えたが、要点のみ記しておこう〔崎山二〇一五〕。

事の起こりは文政九年（一八二六）十月の一橋治済の提案で、島津家からの願いに寔子・近衛家からの願いも加えれば、従三位昇進の取り計らいができるというものであった。しかし翌十年二月、治済の死去などもあって、いったん立ち消えになる。同十一年には寔子の発案によって再び動き出すが、重豪自身の拒絶により頓挫する。同十三年には諦めきれない斉宣の意を受けた脇坂が重豪を説得し、承諾を得ることに成功。斉宣は寔子や脇坂と連携を取り、老中首座水野忠成・御側御用取次土岐朝旨《ときともむね》に働きかける。ちなみに寔子は、これより以前、一橋邸で重豪と面会する際に斉宣も同席させたいと画策しており、そのために水野へ「よく〳〵手入れ」しておけば万事都合よいと助言している（文政六年十一月十六日・同七年四月二十一日書状）。

さて、水野・土岐の引き受けはよく、このままうまくいくかに見えたが、剃髪の者の昇進は前例がないということがわかって困難となり、近衛家へも手を回すが、あとは家斉の思し召しにすがるしかない状況になった。これ以降の詳細は明らかでないが、翌年正月には昇進が実現しており、これまで述べた両家の関係を考えれば、家斉の命によって前例を覆すこととなったのであろう。

このような島津家の栄達は、当然のごとく同家への評価を上昇させ、それは先に見たように、寔子の大奥内での地位向上に結び付いており、双方にとって利益に繋がるものであった。

寔子は、竹姫同様に、将軍家と島津家との縁が続くことを強く望んでいた。すでに文化九年（一八一二）には重豪の曾孫斉彬と一橋斉敦《なりあつ》（家斉弟）の娘英姫《ふさひめ》との婚約が成立してはいたが（文政九年に婚礼）、寔子はさらに強固な関係を模索していた。

文政七年二月四日の寔子書状によると、家斉二三男恒之丞（斉彊《なりかつ》）を一橋家の養子とし、島津家女子と縁組させるのではないかとの噂があった。寔子は、「一つばしへわたくしのやう二御重縁ニもなり候事ゆへ、つね之丞の御簾中に御縁くミ候様致したく」と綴り、夢のようだと喜んでいる。そして自分が一橋家へ入った時のような物入りは不要なので、正式にその沙汰が重豪へ下ったら断わることのないよう、斉宣からも勧めてほしいと依頼している。寔子は重豪の孫斉興の代となって次第に縁遠くなることを危惧し、特に今であれば自分がいるので輿入れすれば世話もできると綴っている。しかし、結局恒之丞は清水徳川家に入り、寔子の思いは現実とはならなかった。

ここで斉宣から重豪へ勧めてほしいとあるが、これには伏線があった。二年前の文政五年、家斉一九男の直七郎（斉温《なりはる》）が尾張家養子となる際、寔子は重豪に、島津家の娘を縁組させたいと内々に打診した。しかし重豪は、すでに内々縁組が決まっているからと断っているのである。寔子は一橋家も世話すると言っているのに、残念だとしている（文政五年六月十日書状）。

また天保五年には、寔子から家老市田義宜に、家慶五男初之丞（慶昌《よしまさ》）を斉彬の養子としたいと内々の打診がある。市田は寔子の甥にあたる。島津家の血が途絶えることを危惧した市田は穏やかに断りを入れ、これも実現には至らなかったが（「島津氏世録正統系図斉興譜」東京大学史料編纂所所蔵）、いずれも寔子の意思を確認できる事例である。

その後、天保八年に家斉が将軍職を譲って大御所《おおごしょ》となると、寔子も大御台様《おおみだいさま》と称され、ともに西丸へ移った。同十二年に家斉が死去すると、落飾して広大院《こうだいいん》と名乗り、世子家定に西丸を譲り、本丸へ戻る。この時、将軍家慶《いえよし》の正室楽宮《さざのみや》はすでに逝去し、本丸大奥は主《あるじ》不在であった。翌十三年には従一位に叙され、「一位様」と称された。そして同十五年、七十二年の生涯を閉じた。

その後、島津家との縁を重ねたいという広大院の遺志は、思わぬ形で実現する。嘉永三年（一八五〇）、将軍世子家定の継室選びに際し、島津家に適当な女子はいないかと斉彬に打診が届く。家定は公家出身の御台所を二人迎えたがいずれも病弱で、長命で多くの子女の嫡母となった広大院の先例にあやかりたいという将軍家の意向によるものであった。

斉彬は、広大院存命中に比べ縁遠くなり、海防強化を望んでも疑惑の目を向けられると感じており、この輿入れが整えばその憂いなく奉公できるとし、婚礼が整っていく（『鹿児島県史料　斉彬公史料』四）。斉彬は、世子時代の弘化四年（一八四七）、先に述べた斉宣と広大院との間の極内々の下書留や内用留の厳重な保管を藩記録所に命じている〔崎山二〇一五〕。斉宣と広大院の親密な関係と、それがもたらした恩恵を斉彬はよく承知していたのである。

こうして島津家から二人目の御台所敬子《すみこ》（篤姫《あつひめ》・天璋院《てんしょういん》）が誕生し、広大院の願いは最高の形で結実することとなったのである。

【参考文献】

芳即正『島津重豪』（吉川弘文館、一九八八年）
久保貴子「武家社会に生きた公家女性」（林玲子編『日本の近世15　女性の近世』中央公論社、一九九三年）
崎山健文「島津重豪従三位昇進にみる島津斉宣と御台所茂姫」（鈴木彰・林匡編『島津重豪と薩摩の学問・文化』勉誠出版、二〇一五年）
崎山健文「史料紹介『島津斉宣極内密用留』」（『黎明館調査研究報告』二八号、二〇一六年）
竹内誠・深井雅海・松尾美恵子編『徳川「大奥」事典』（東京堂出版、二〇一五年）
土田美緒子「竹姫入輿一件」（『尚古集成館紀要』一号、一九八七年）
長野ひろ子「幕藩制国家の政治構造と女性」（近世女性史研究会編『江戸時代の女性たち』吉川弘文館、一九九〇年）
畑尚子『徳川政権下の大奥と奥女中』（岩波書店、二〇〇九年）
林匡「島津吉貴の時代」（『黎明館調査研究報告』二一号、二〇〇八年）
林匡「近世島津氏の縁組」（『島津重豪』「島津重豪」実行委員会、二〇一三年）
林匡「島津家の縁組」（『黎明館調査研究報告』二六号、二〇一四年）
松尾美恵子「将軍御台所近衛熙子（天英院）の立場と行動」（『歴史評論』七四七号、二〇一二年）
松尾美恵子「将軍御台所と生母の位置」（『幕末の江戸城大奥』徳川記念財団、二〇一三年）
松崎瑠美「大名家の正室の役割と奥向の儀礼」（『歴史評論』七四七号、二〇一二年）
柳谷慶子「武家社会と女性」（大石学編『日本の時代史16　享保改革と社会変容』吉川弘文館、二〇〇三年）
山本博文『徳川将軍家の結婚』（文春新書、二〇〇五年）

第3節 将軍姫君の婚姻とその特権 ——千代姫の生涯をめぐって

吉川美穂

一　将軍姫君とは

「将軍家の女子は、三家・三卿および諸大名等へ婚嫁ののちも臣下の礼を用いず。すべて将軍家族の扱いなり。邸内、別に門戸をもうけて御守殿《ごしゅでん》（三家・三卿において称す）、御住居《おすまい》（他諸大名）において称す」と『徳川盛世録《とくがわせいせいろく》』に記されるように、将軍の息女は大名家に嫁したあとも、将軍家の家族として特別に遇された。大名の娘とは区別されて「姫君」と尊称され、婚嫁した大名の江戸屋敷内に藩主の屋敷とは独立して設けられた「御守殿」、もしくは「御住居」と呼ばれる姫君専用の居住空間で、幕府から派遣された役人や女中たちと共に生活を送った。毎年、年始には江戸城へ年賀挨拶として登城し、将軍家の主要な年中行事に贈答を行い、将軍宣下や大喪などの重要な儀式には、将軍家の一員として参加した。生涯にわたり、将軍家の威光を象徴する存在であり続け、歿後も将軍家の菩提寺に埋葬されるのが一般的であった。

江戸時代の将軍姫君については、その具体的研究が進み、特権や嫁ぎ先の大名家における待遇だけではなく、婚家における政治的な働きなどが明らかになっており、御守殿の格式や空間構造、そこで働く公儀付人の存在や年間経費などの分析も進んでいる。

本節では、三代将軍家光の長女として誕生し、尾張徳川家に嫁いだ千代姫（寛永十四年〈一六三七〉～元禄十一年〈一六九八〉）を取り上げる（以下、尾張徳川家は「尾張家」と略称する）。千代姫は、生まれた時にはすでに父家光は将軍となっており、秀忠五女の和子《まさこ》を除き、将軍となる以前に生まれた家康・秀忠時代の姫君とは一線が引かれる。いわば、生まれながらの将軍姫君であった。数え三歳で、十二歳年上の尾張家初代義直《よしなお》の世継ぎ光友《みつとも》に嫁いだが、夫に先立ち六十二歳で歿するまで落飾《らくしょく》することなく、生涯にわたり「姫君様」と呼称された稀有な存在である。

また、尾張家に婚嫁した際に持参した婚礼調度は、江戸時代の大名婚礼調度として、唯一国宝に指定された「初音《はつね》の調度《ちょうど》」として有名である。婚礼調度制作の観点から、千代姫の婚礼が検証され〔小池二〇〇五〕、また千代姫の御守殿における公儀付人が、歿後に幕府に返された事例などが報告されている〔大塚一九九三〕。千代姫の婚儀および御守殿は、幕藩体制の確立期にあたり、千代姫を先例として、将軍姫君の格式が整えられたとされるが〔畑二〇〇一〕、将軍姫君の地位や特権がいかに確立され、婚家でどのような役割を果たしたかについては、十分に解明されたとは言い難い。本節では、千代姫の生涯を紐解きつつ、江戸時代初期の将軍家の婚姻政策における千代姫の婚姻の位置づけを試み、将軍姫君の権威や特権、婚家での政治的役割等を検証していきたい。

二　家光の婚姻政策

徳川家康は、将軍となる以前から、積極的に娘や養女を大名へ嫁がせ、諸大名と姻戚関係を結んだ。関ヶ原の戦い前後には、家康が伊達政宗・福島正則《ふくしままさのり》・蜂須賀家政《はちすかいえまさ》・加藤清正《かとうきよまさ》・黒田長政《くろだながまさ》らの諸大名と縁辺を結ぶ約束をしたことで、四大老・五奉行との間の溝を深めさせ、関ヶ原の戦いの引き金になったことはよく知られる〔中村一九五九〕。関ヶ原の戦い後も、家康は養女や跡継ぎである秀忠の娘や養女たちを、有力大名に次々と嫁がせ、婚姻関係を結んで傘下に取り入れ、自らの政治戦略に利用した。数にして家康は三人の実娘に、一六人の養女を加えて計一九人を、秀忠は四人の実娘に、姉妹の娘や家門の娘九人を養女とし、計一三人を諸大名へと嫁がせ、実娘のうち五女の和子は後水尾《ごみずのお》天皇へ入内させている（次頁の表。養女の数は『幕府祚胤伝』による。早世した娘は省略した。福田千鶴氏によれば、家康の養女は一四人、秀忠の養女は八人である〔福田二〇〇八〕）。家康と秀忠は婿に迎えた大名（あるいはその世継ぎ）や、出生した子（家康や秀忠の外孫）たちに対して、松平の称号や諱《いみな》の一字（偏諱《へんき》）を与え、徳川一族の氏神的性格を有していた東照宮を分祀するなどの方法を通じて、徳川の准一門としての待遇を与えた。

家康・秀忠の娘・養女たちは、政略結婚による人質の意味合いが強く、参勤交代制度が確立していなかったため、相手の領国へ嫁いだ。その後、諸大名が江戸城下に屋敷を構えるようになると、正室として江戸屋敷に住むようになり、江戸城の大奥に登城して将軍への御目見を許されるなど、婚家と徳川家の実質的な橋渡し役として、重要な役割を担っていくようになった。

秀忠の遺産分けを通して、その家族と婚姻戦略について検証した福田千鶴氏によれば、将軍の養女は実娘と変わらず、外様大名を中心とした婚姻政策の重要な要素であり、実際の血縁関係よりも、系図上の関係が重要視され、徳川家の一員としての扱いを受けるなど、実質的に重い意味を持っていた〔福田二〇一二〕。

家光も家康・秀忠同様に、千代姫以前に二人、以後に一人の養女を迎え、有力大名や公家に嫁がせたが、家康・秀忠時代に比べれば、婚姻数の減少が著しい。幕藩体制が整い、経済的・精神的負担の大きい将軍

将軍名	子女名	院号	実父	生歿年	享年	夫	婚姻年	初葬寺
家康	亀姫(森姫、加納殿)	盛徳院		永禄三〜寛永二年	六六(六八)	奥平信昌	天正四年	盛徳寺(岐阜)
	督姫	良正院		天正三〜元和元年	四一	北条氏直 池田輝政	天正十一年 文禄二年(再縁)	知恩院(京都)
	振姫	正(松)清院		天正八〜元和三年	三八	蒲生秀行 浅野長晟	慶長三年 元和二年(再縁)	金戒光明寺(京都)
	女子(養女)	大倫院	本多忠勝	天正元〜元和六年	四八	真田信之	天正十四年	大英寺(長野)
	女子(養女)	未詳	松平信康	天正四〜慶長十二年	未詳	小笠原秀政	未詳	未詳
	女子(養女)	未詳	松平康元	?〜寛永六年	未詳	岡部長盛	慶長四年養女	未詳
	満天姫(養女)	葉縦院	松平康元	?〜寛永十五年	未詳	福島忠勝 津軽信枚	慶長四年養女 慶長十六年(再縁)	長勝寺(青森)
	栄姫(ねね姫)(養女)	大梁院	保科正直	天正十三〜寛永十二年	三六	黒田長政	慶長五年	天徳寺(東京)
	女子(養女)	久松院	松平康元	?〜寛永六年	未詳	田中忠政 松平(大給)成重	未詳 未詳	未詳
	女子(養女)	浄明院	松平康元	?〜承応二年	未詳	中村忠一 毛利秀元	慶長九年 慶長十七年(再縁)	泉岳寺(東京)
	女子(養女)	未詳	松平康元	不詳	未詳	榊原忠政 菅沼定芳	未詳 未詳(再縁)	未詳
	阿姫(養女)	光照院	松平定勝	文禄四〜寛永九年	三八	山内忠義	慶長十一年	霊巌寺(東京)
	蓮姫(養女)	長寿院	松平康直	天正十〜慶安五年	六二	有馬豊氏	慶長七年	祥雲寺(東京)
	女子(養女)	唐梅院	松平康親	?〜寛永十六年	未詳	井伊直政	未詳	大泉寺(群馬)
	女子(養女)	高源院	岡部長盛	天正十六〜寛文元年	七四	鍋島勝茂	慶長十年	賢崇寺(東京)
	国姫(養女)	栄寿院	本多忠政	文禄四〜慶安二年	五五	堀忠俊 有馬直純	慶長十年 慶長十五年(再縁)	天徳寺(東京)
	女子(養女)	円照院	本多忠政	慶長二〜寛永二十年	四七	小笠原忠脩 小笠原忠真	未詳 元和二年(再縁)	海禅寺(東京)
	女子(養女)	清浄院	水野忠重	天正十〜明暦二年	七五	加藤清正	慶長四年	本国寺(京都)
	万姫(養女)	敬台院	小笠原秀政	文禄元〜寛文六年	七五	蜂須賀至鎮	慶長五年	敬台寺(徳島)
秀忠	千姫	天樹院		慶長二〜寛文六年	七〇	豊臣秀頼 本多忠刻	慶長八年 元和二年(再縁)	伝通院(東京)
	子々姫(珠姫)	天徳院		慶長四〜元和八年	二四	前田利常	慶長六年	天徳院(石川)
	勝姫	天崇院		慶長六〜寛文十二年	七二	松平忠直	慶長十六年	天徳寺(東京)
	初姫	興安院		慶長七〜寛永七年	二九	京極忠高	慶長十一年	伝通院(東京)
	和子	東福門院		慶長十二〜延宝六年	七二	後水尾天皇	元和六年	泉涌寺(京都)
	土佐姫(養女)	龍照院	結城秀康	慶長二〜明暦元年	五九	毛利秀就	慶長十五年	天徳寺(東京)
	千代姫(養女)	保寿院	小笠原秀政	慶長二〜慶安二年	五三	細川忠利	慶長十四年	妙解寺(熊本)
	女子(養女)	雲松院	奥平家昌	?〜慶安三年	未詳	堀尾忠晴	慶長十五年	東海寺(東京)

表　将軍姫君一覧

	振姫(利久姫)(養女)	孝勝院	池田輝政	慶長十二〜万治二年	五三	伊達忠宗	元和三年	孝勝寺(仙台)
	女子(養女)	未詳	蒲生秀行	慶長七〜明暦二年	五五	加藤忠広	慶長十九年	本国寺(京都)
	亀姫(養女)	宝珠院	松平忠直	元和三〜延宝九年	六五	高松好仁親王	寛永七年	長恩寺(新潟)
	女子(養女)	福照(正)院	榊原康政	?〜寛文十二年	未詳	池田利隆	慶長十年	霊厳寺(東京)
	女子(養女)	梅溪院	松平忠良	?〜寛永五年	未詳	黒田忠之	元和八年	興雲寺(東京)
	勝姫(養女)	円盛院	本多忠刻	元和四〜延宝六年	六〇	池田光政	寛永五年	霊厳寺(東京)
家光	千代姫	霊仙院		寛永十四〜元禄十一年	六二	尾張徳川光友	寛永十六年	増上寺(東京)
	亀姫(鶴姫、大姫)(養女)	清泰院	水戸徳川頼房	寛永四〜明暦二年	三〇	前田光高	寛永十年	伝通院(東京)
	鶴姫(養女)	廉貞院	松平忠直	元和四〜寛文十一年	五四	九条道房	寛永九年	東福寺(京都)
	通姫(輝子)(養女)	靖厳院	池田光政	寛永十三〜享保二年	八二	一条教輔	慶安二年	東福寺(京都)
綱吉	鶴姫	明信院		延宝五〜宝永元年	二八	紀伊徳川綱教	貞享二年	増上寺(東京)
	八重姫(養女)	随性院	鷹司輔信	元禄二〜延享三年	五七	水戸徳川吉孚	元禄十一年	寛永寺(東京)
	松姫(磯姫)(養女)	光現院	尾張徳川綱誠	元禄十二〜享保五年	二二	前田吉徳	宝永五年	伝通院(東京)
	竹姫(養女)	浄岸院	清閑寺熙定	宝永二〜安永元年	六八	保科政邦	宝永五年(縁組)	福昌寺(鹿児島)
						有栖川宮正仁親王	宝永七年(縁組)	
						島津継豊	享保十四年	
吉宗	利根姫(養女)	雲松院	紀伊徳川宗直	享保二〜延享二年	二九	伊達宗村	享保二十年	大年寺(宮城)
家治	万寿姫	乗台院		宝暦十一〜安永二年	一三	尾張徳川治休	明和五年(縁組)	東叡山春性院(東京)
	種姫(養女)	貞恭院	田安宗武	明和二〜寛政六年	三〇	紀伊徳川治宝	天明七年	長保寺(和歌山)
家斉	淑姫	清湛院		寛政元〜文化十四年	四五	尾張徳川五郎太	寛政二年(縁組)	増上寺(東京)
						尾張徳川斉朝	寛政十一年	
	綾姫	麗玉院		寛政八〜同十年	三	伊達周宗	寛政九年(縁組)	増上寺岳連社(東京)
	峯姫	峰寿院		寛政十二〜嘉永六年	五四	水戸徳川斉脩	文化十一年	瑞龍山(茨城)
	浅姫	松栄院		享和三〜安政四年	五五	伊達周宗	文化四年(縁組)	天徳寺(東京)
						越前松平斉承	文政二年	
	元姫	貞鑑院		文化五〜文政四年	一四	会津松平容衆	文政四年	伝通院(東京)
	文姫	霊鏡院		文化六〜天保八年	二九	讃岐松平頼胤	文政九年	伝通院(東京)
	盛姫	孝盛院		文化八〜弘化三年	三七	鍋島斉正	文政二年	増上寺(東京)
	和姫	貞惇院		文化十〜文政十三年	一八	毛利斉広	文政十二年	円珠院(東京)
	溶姫	景徳院		文化十〜慶応四年	五六	前田斉泰	文政十年	天徳院(石川)
	末姫	泰栄院		文化十四〜明治五年	五六	浅野斉粛	天保四年	青松寺(東京)
	喜代姫	晴光院		文政元〜弘化元年	五一	酒井忠学	天保三年	景福寺(兵庫)
	永姫	誠順院		文政二〜明治八年	五七	一橋斉位	天保六年	凌雲院(東京)
	泰姫	泰明院		文政十〜天保十四年	一七	池田斉訓	天保十一年	増上寺(東京)
家慶	暉姫	貞明院		文政九〜天保十一年	一五	田安慶頼	天保十年(縁組)	東叡山(東京)
	精姫(養女)	未詳	有栖川韶仁親王	文政八〜大正二年	八九	有馬頼咸	嘉永二年	未詳
	線姫(養女)	線教院	有栖川韶仁親王	天保六〜安政三年	二二	水戸徳川慶篤	嘉永五年	瑞龍山(茨城)

姫君の入輿が、嫁ぎ先の大名で敬遠されたこともあるだろうが〔氷室二〇〇五〕、次に述べるように家光の個人的な事情にも原因があったとみられる。

家光が、元和九年（一六二三）七月二十七日に将軍宣下を受けると、同年十二月二十日には鷹司信房《たかつかさのぶふさ》の娘・孝子（本理院《ほんりいん》）が江戸に下向した。秀忠正室で家光生母のお江《ごう》が、家光の正室候補に孝子を猶子《ゆうし》として迎えたのである。孝子はお江に認められ、二年後の寛永二年（一六二五）八月九日に二人の婚礼が行われた。

しかし、家光は孝子を本丸大奥ではなく、江戸城吹上《ふきあげ》内にあった中の丸の御殿に住まわせたと諸記録が伝えるように、孝子とは疎遠で、側室も含めて長らく子宝には恵まれなかった。同年二月、家光に「若君様」が誕生したとの記録もあるが（『本光国師日記』）、徳川将軍家の系図や系譜類には記録がなく、御七夜《おしちや》を迎える前に早世したらしい〔福田二〇一一〕。

家光自身が病弱であったため、継嗣問題は将軍家を揺るがしかねない重大な問題であり、家光は寛永十二年から養子を考えていたとされる〔朝尾一九九四〕。家光の乳母・春日局は側室となる女性探しに奔走し、その甲斐あってか、側近である祖心尼《そしんに》の姪にあたるお振の方（自証院）と家光との間に、寛永十四年閏三月五日に第一子の千代姫が誕生した。これを皮切りに、ほかの側室との間にも寛永十八年に家綱《いえつな》（竹千代）、同二十一年に綱重《つなしげ》（長松《ちょうまつ》）、正保二年（一六四五）に亀松、同三年に綱吉《つなよし》（徳松）、同五年に鶴松と、男子が相次いで誕生した。しかし、千代姫誕生時には家光はすでに三十四歳を数え、待望の第一子とはいえ女子であった。家綱が誕生するのはこの四年後であり、この時点で継嗣問題が根本的に解決したわけではなかった。

肥後熊本藩隠居の細川忠興《ほそかわただおき》は、千代姫が誕生した二ヵ月後に息子の藩主細川忠利《ただとし》に宛てた書状（寛永十四年六月二十五日付）で、確かではないと前置きしながらも、千代姫がお腹の中にいる時から、もし女児であれば尾張家へ縁組することが望まれており、その縁談を進めるため、春日局が何度も尾張家へ使者として遣わされていたことを報じている（「三斎様御書条文」）〔山本一九八九〕。

これを証するかのように、翌年二月二十日に、尾張家の世継ぎである光友と千代姫との縁組が仰せ出された。そして寛永十六年九月二十一日には、千代姫は数え三歳、満でいえば二歳六ヵ月という幼さで、十二歳年長の光友に嫁いだのである。この早すぎる婚礼の理由として、『金城温古録《きんじょうおんころく》』には千代姫は「天下にも替え難き御大切の姫君」だが、尾張殿の特別の希望で嫁に出すのであると家光が述べたと記されている。

しかし、世間の見方は異なっていたようで、旗本の阿倍正之は縁組の翌日に毛利秀就《もうりひでなり》に宛てた書状（山口県文書館所蔵）で、「万一、若君様御座無く候らはば、右兵衛様（光友）ニ天下御譲り成さるべく候、重ねて姫君様御誕生においては、常陸様（徳川光貞）へ遣わさるべき旨、上意の由、風聞仕り候」と述べ、万が一家光にこのまま男子が誕生しなかったら、千代姫の夫となる尾張徳川光友に将軍職を譲り、再び女子が誕生したら、紀伊徳川家へ嫁がせるとの風聞を報じている〔白根二〇一五〕。

光友が将軍継嗣になるとの噂は、『オランダ商館長日記』一六三九年五月七日条にも記されており、国内外にこうした見方が広まっていたことがわかる〔野村二〇〇六〕。これまで、千代姫の入輿先に尾張家が選択された理由として、幕藩体制の確立期にあたり、支配体制を支えるため、御三家筆頭の尾張家が選ばれ、同家との結び付きを強化する意図があったとされていた〔小池二〇〇五〕。しかし、将軍家の継嗣が絶えた時に継嗣を出すという御三家の役割を考えれば、家光は次期将軍候補となった尾張家の世継ぎに実娘を嫁がせることで、自らの血筋の保全を図ったといえよう。なお、家光の継嗣問題は、寛永十八年八月三日に長男家綱が誕生したことで解決をみるが、この時、次のような落首が流れたという（『豊橋市史』第六巻所収「大野治右衛門定寛日記」上、寛永十八年八月十七日条）。

将軍の　いへ見つくへき　子をもちて　やうし《（養子）》のさた《（沙汰）》ハ　おはりそうなり

家綱が誕生し、尾張の光友が将軍の養子となる件は沙汰止みになったとの意で、「おはり」に「尾張」と「終わり」を掛けている。

ところで、千代姫の誕生以前に、家光は寛永八年に松平忠直《ただなお》の娘鶴姫を養女にして翌九年に九条道房《くじょうみちふさ》に嫁がせ、また同年には、水戸の徳川頼房《よりふさ》の娘大姫《おおひめ》（亀姫）を養女にして、翌十年に加賀の前田光高《まえだみつたか》に嫁がせている。鶴姫の母は秀忠三女の勝姫、夫九条道房の母がお江の娘完子《さだこ》であり、母同士が異父姉妹で二人は従兄妹の関係であった。大姫の夫前田光高の母も秀忠次女の子々姫（珠姫）であり、鶴姫・大姫の婚姻はいずれも重縁であった。新たに婚姻関係を築いたのではなく、すでに姻戚関係にあった大名・公家との関係を補強する婚姻であり、家康・秀忠が築いた婚姻政策の延長線上にあったといえよう。

また、養女の婚礼・縁組が相次いだ寛永九年は、正月二十四日に秀忠が江戸城西丸に歿し、家光の実質的な政治運営が始まった年でもある。翌十年十二月六日には、弟忠長《ただなが》を幽閉中の高崎において自害させたことにより、家光政権を揺るがす危機要因の一つが減り〔下重二〇〇六〕、積極的に政略結婚を行う必要がなくなったためであろう。政略結婚といえるものは、千代姫の婚嫁から一〇年後の慶安二年（一六四九）に、池田光政《いけだみつまさ》の次女輝子（通姫）を養女として、公家の一条教輔《いちじょうのりすけ》に嫁がせた一件を数えるのみである。

輝子の婚姻は、光政の娘が多いことを理由に、家光が光政の義母にあたる姉の天樹院《てんじゅいん》（千姫《せんひめ》）と相談し、上意として光政に命じたものであった〔朝尾一九九四、倉地二〇一二〕。婚約先の決定は、光政も幕府年寄衆も知らぬところで決まり、光政へは家光近臣の松平信綱《のぶつな》から伝えられたという。家光は正保四年（一六四七）に輝子を養女とし、知行二〇〇〇石と下賜品多数を与え、慶安二年に一条教輔に嫁がせた。輝子上洛の御用人足入用は、幕府上方《かみがた》天領（直轄領）が負担した。

一条家との縁組は将軍家には初めてのことで、この婚姻がどのような政治的意図のもとで行われたかは不明だが、先に見た養姉鶴姫の夫九条道房が正保四年一月に歿している。道房という公家方の有力な足掛かりを失ったため、家光は輝子を五摂家の一つである一条家に嫁がせ、公家を抑える布石としたとも考えられる。

しかし、輝子の婚姻先決定の手順と天領からの負担金は、酒井忠清《さかいただきよ》ら年寄衆の反発を呼んだようで、朝尾直弘氏が指摘するように、寛文の武家諸法度に私の婚姻を禁じた条の付則に、「公家と縁辺を結ぶにおいては、向後《こうご》奉行所に達し、指図を受くべき事」の一行が付け加えられる遠因ともなった〔朝尾一九九四〕。以降、将軍の養女や御台所《みだいどころ》を宮家や公家から迎えることはあっても、養女も含めて将軍姫君の婚姻は、財政的な負担が大きかったためか、嫁ぎ先としては公家が一切なくなり、御三家・御三卿や有力大名家に限定されるようになる。

中でも注目されるのが、将軍の血を分けた長女の嫁ぎ先である。千代姫以降、五代綱吉の長女鶴姫が紀伊徳川綱教《つなのり》に嫁いでいる。十代家治《いえはる》の長女千代姫が二歳で夭逝《ようせつ》したため長女格となった次女万寿姫は、十三歳で死去したため婚礼には至らなかったが、尾張徳川治休《はるよし》と縁組し、結納を交わしている。十一代家斉《いえなり》の長女淑姫《ひでひめ》は、尾張徳川宗睦《むねちか》の世継ぎ治行の長男五郎太と縁組し、結納を交わしていたが、五郎太が逝去したため、その後、尾張家養子に決まった尾張徳川斉朝《なりとも》（縁組当初は一橋家）に嫁いだ。いずれも御三家・御三卿の世継ぎに縁組もしくは婚嫁しており、将軍家に実娘があった場合には、御三家の世継ぎがその受け皿となったことが指摘されている〔山本二〇〇五〕。子宝に恵まれた十一代家斉を除き、適齢期まで成長した将軍姫君は数も少なく、また歴史上、将軍姫君が産んだ男子もしくは孫が将軍の座に就くことはなかったが、将軍の血筋を保持するため、千代姫の婚姻を先例として、将軍の血を受け継いだ長女は、御三家・御三卿の世継ぎに嫁がせることが慣例となったと思われる。

家光の婚姻政策は、戦国時代の遺風が残る家康・秀忠の婚姻政策を受け継ぎ、当初は、娘の嫁ぎ先も有力外様大名や公家であったが、自身の継嗣問題解消のため、実子の嫁ぎ先を身内の御三家へと変えた最初の例が千代姫であり、以降の将軍姫君の嫁ぎ先の先例になったことからも、千代姫の婚姻は、まさしく将軍家の婚姻政策の転換点にあったと言えよう。

三　千代姫の生い立ちと結婚

寛永十四年（一六三七）閏三月五日、千代姫は家光の第一子として江戸城に誕生した。念願の第一子であったが、寛永十四年は丑年にあたり、当時の丑年生まれを忌む風習によって、千代姫は江戸城桔橋門《はねばしもん》の前にいったん捨てられた。捨てるといっても形式的なことで、すぐさま紅の糸に通した銀銭五八七文で買い取られ、大名牧野《まきの》信成《のぶしげ》を仮親として養育されたという（『寛政重修諸家譜』六）。この銀銭と見られる銀の寛永通宝五七七枚（一〇枚少ない）が、後年増上寺《ぞうじょうじ》の墓所から発掘されている［図1］。寛永通宝を銀で鋳造した特注品であり、生涯大事にされたとみられる。

七月十六日に江戸城内の紅葉山東照宮で宮参りを済ませたのち、神前にて天海《てんかい》大僧正より「千代姫君」と名を奉られた。同日、山王社《さんのうしゃ》に立ち寄ったあと、春日局のもとで「真魚始《まなはじめ》（喰初《くいそめ》）」の儀式が執り行われている（『徳川実紀』三。以下、本節において特に注記しない場合は、同書からの引用による）。この宮参りから間もなく、千代姫は病に罹かったらしく、年寄衆が日夜を問わず城に詰めたため、事情を知らない者は将軍が患っていると勘違いしたほどであったという（『細川家史料』十二、寛永十四年七月二十二日条）。

翌十五年二月二十日に、光友と千代姫の縁組が仰せ出されると、二十三日に縁組が決まったことを祝して、将軍家・尾張家の両家で太刀・金品などの贈答が行われ、二十五日には諸大名から千代姫へ樽酒・肴などが献上された。一〇万石以上は金一〇〇〇疋、六万石以上は五〇〇疋、九〇〇〇石以上は三〇〇疋であった。三月三日には江戸城半蔵門内にあった尾張家の上屋敷（鼠穴《ねずみあな》屋敷）［図2］隣りの閑地が、新邸造営のために光友に下賜された。「これは姫君御入輿あるべき故とぞ聞こえし」とあるように、千代姫入輿《じゅよ》に伴う下賜であった。八月十日には、千代姫の御守殿を上屋敷に新築するにあたり、担当奉行が決定された（『事蹟録』徳川林政史研究所所蔵）。御守殿の建設をめぐっては、幕府から再三にわたって倹約を言い渡されたが、詳細は後述する。

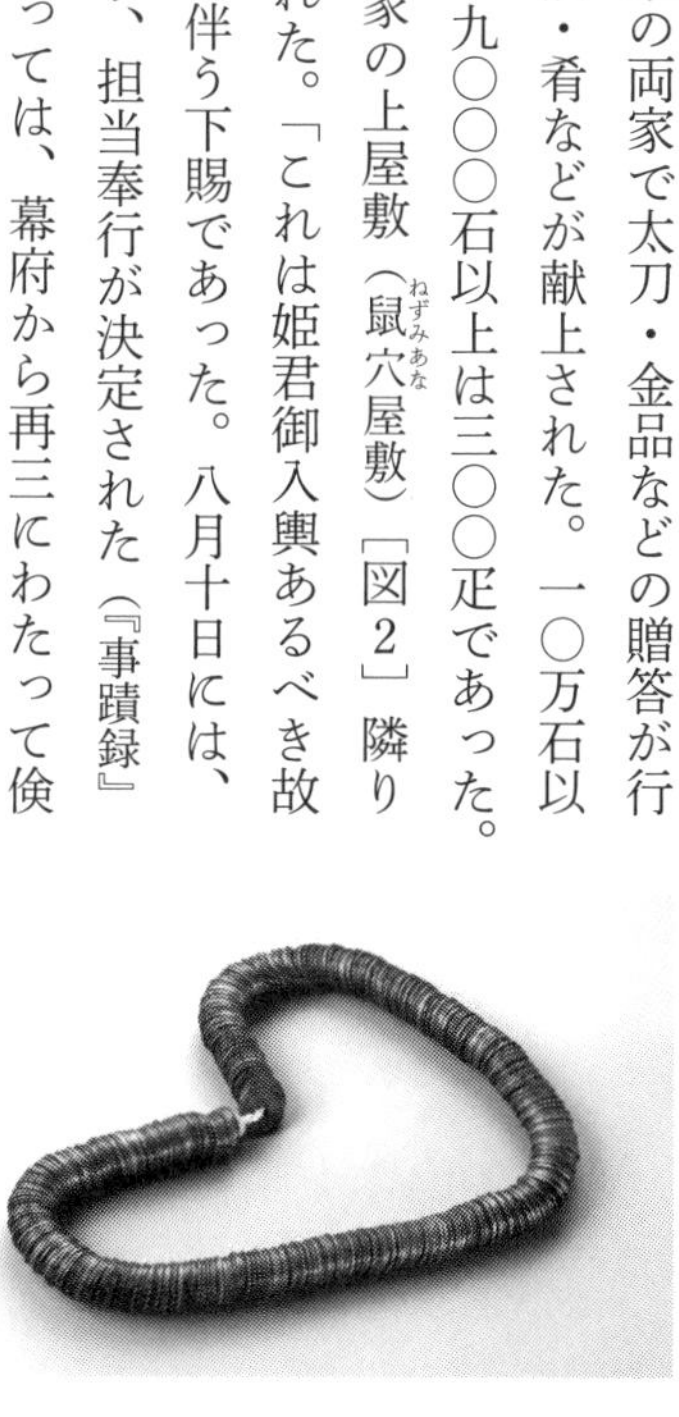
図1　永楽通宝　銀銭（徳川美術館所蔵）

寛永十六年八月八日に、千代姫の入輿の日取りが九月二十一日と仰せ出されると、婚礼の準備が俄かに活発となる。八月十四日に江戸城本丸が炎上したが、入輿の日取りは変更されることなく婚礼準備は進められ、二十七日には紀伊家から長持二〇棹、諸大名から布帛《ふはく》の類・調度品が献上された。また、讃岐高松藩四代の生駒高俊《いこまたかとし》からは、いかなる所以か未明だが、銀盥《ぎんだらい》・手巾架《てぬぐいかけ》が献上された。

九月十八日には、千代姫の執事に大橋親善《おおはしちかよし》が選ばれ、一〇〇〇石を加増して二一二〇石としたのをはじめ、台所頭となる鈴木伝左衛門には三〇〇石が与えられ、千代姫付の侍五人、庖所賄方《ほうしょまかないかた》はそれぞれ加増、金銀が下賜された。また婚礼に先立ち、十六日と十九日に山崎正信を目付として、嫁入り道具が尾張家へ搬送され、入輿時の辻固《つじがため》に牧野忠成《ただなり》が仰せ付けられた。

図2　『江戸図屏風』のうち鼠穴屋敷
（国立歴史民俗博物館所蔵）

九月二十一日はいよいよ婚礼当日である。千代姫は江戸城西丸から数百メートルの同じ江戸城内にあった尾張家の鼠穴屋敷に入輿した。入輿当日には、千代姫を載せた輿《こし》の前後を英勝院《えいしょういん》（家康側室）・春日局らの輿で守り、左右を十数名の大名・旗本、四〇人余りの御家人が固め、千代姫付の役人、予備の輿、貝桶《かいおけ》、手箱《てばこ》、衣桁《いこう》、挟箱《はさみばこ》、長刀《なぎなた》二振などの嫁入り道具に、千代姫付の女中たちを乗せた長柄輿《ながえこし》二〇挺、席包《せきづつみ》乗物二〇挺が続いた。

千代姫の輿が尾張家に到着すると、最初に姫君の輿を尾張家に渡す「輿渡し」、次いで「貝桶渡し」の儀が行われた。輿渡し・貝桶渡しは、入輿の際の二大重要任務で、重臣・家老が務める慣例である。この時も将軍家側は、のちに「下馬《げば》将軍」と呼ばれた酒井忠清と時の大老酒井忠勝《ただかつ》、尾張家側は付家老の成瀬《なるせ》正虎《まさとら》・竹腰《たけのこし》正信《まさのぶ》が務めた。

千代姫の婚礼調度は『幸阿弥家伝書《こうあみけでんしょ》』により、千代姫が誕生した寛永十四年に、「千代姫君様御祝言道具」として幕府御用蒔絵師《まきえし》の幸阿弥十代長重《ちょうじゅう》に早くも注文され、三年目に完成したことがわかる。

この婚礼調度が、現在、徳川美術館に所蔵される「初音の調度」［図3］である。『源氏物語』「初音」の帖に取材した初音蒔絵の調度四七種［図4］、同じく「胡蝶《こちょう》」の帖に題材を求めた胡蝶蒔絵の調度一〇種、そして様々な意匠の香道具や刀剣類、これらの調度を運搬、収納してきた長持《ながもち》など一三種、計七

図3
国宝　初音蒔絵三棚飾り（初音の調度）千代姫所用（徳川美術館所蔵）

図4
国宝　初音蒔絵硯箱　蓋表　千代姫所用（徳川美術館所蔵）

図5
国宝　葵紋亀甲繋唐織油箪　千代姫所用（徳川美術館所蔵）

○種が現存している。このほか刀剣・長刀《なぎなた》や、緋の袴・唐織の文箱袋《ふばこぶくろ》・油箪《ゆたん》［図5］などの染織品といった附《つけたり》二一種が現存し、江戸時代初期を代表する大名婚礼調度として一括、国宝に指定されている。精緻な蒔絵技術を駆使して、金銀をふんだんに使用し、珊瑚《さんご》を散りばめた絢爛豪華な婚礼調度で、将軍家の威信と財力を傾注して製作されたことが一目瞭然である。家光の継嗣問題と絡めてみれば、千代姫が将来将軍御台所となる可能性も十分にあり、「初音の調度」は、御台所の婚礼調度を想定して製作されたがゆえに、最高峰の技と贅《ぜい》が尽くされたとみることもできよう。

婚礼の三日後と五日後には、「三ツ目」「五ツ目」の祝いとして老中以下諸士を招き、能が催された。九月二十八日には輿入れが済んだ祝いとして、義直と光友は江戸城に登城し、白書院《しろしょいん》にて将軍家光に謁見して三献《さんこん》の祝儀があり、太刀・金品などを贈答すると共に、千代姫が西丸大奥に登城して祝儀が行われた。

嫁いだあとも、千代姫が麻疹《はしか》に罹れば、諸大名が江戸城に登城して気色伺いが行われ、幕府から尾張家に医師が派遣された（寛永十七年十一月十一・十二日条）。舅の義直も千代姫が病の際には鷹狩りを控えるほど、将軍並みの特別な配慮が必要であった（「源敬様御代御記録」正保元年九月十七日条）が、こうした手厚い養育のもとで、千代姫は順調に成長し、五歳の深曾木《ふかそぎ》、七歳の紐直《ひもなおし》、十三歳の鉄漿《かね》始《はじめ》などの通過儀礼が、尾張家で執り行われた。ちなみに三歳の髪置《かみおき》は将軍家で行われたとみられ、宮中の作法に従い、儀

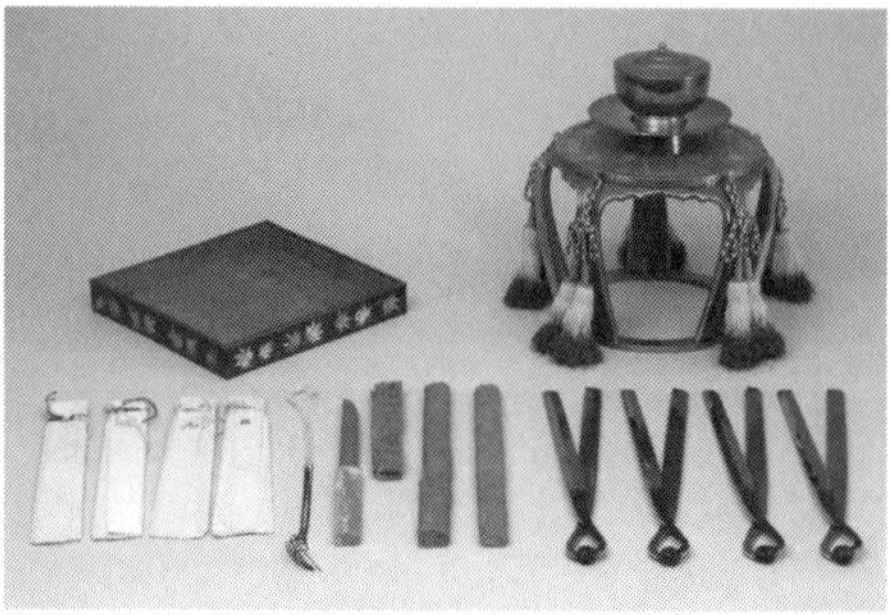

図6　鬢曾木道具　千代姫所用（徳川美術館所蔵）

式に用いられる白髪の造り物は、叔母にあたる東福門院和子《とうふくもんいんまさこ》から贈られた（『視聴草』六集七）。五歳の深曾木は、おそらく尾張家で初めて執り行われた千代姫の通過儀礼であり、舅の義直が周到に準備を進め、特別に誂《あつら》えられたとみられる鬢曾木《びんそぎ》道具一式［図6］と、二条康道《にじょうやすみち》ら公家から贈られたとみられる儀式の次第書が現存している。

なお、嫁いだ姫君には、化粧料などの名目で、御守殿における年間生活費が将軍家から送られることが多い〔伊東一九七二〕。しかし、千代姫の場合は幼年だったためか、あろうことか家光が失念しており（『源敬様御代御記録』正保元年十二月九日条）、婚儀から五年経った正保元年（一六四四）十二月十六日になって、翌二年より「賄領《まかないりょう》（料）」として毎年五〇〇〇両ずつ送ることが申し渡された（『事蹟録』）。

四　将軍姫君の権威と特権

慶安三年（一六五〇）に舅の義直が歿すると、夫の光友が尾張家の家督を継ぎ、千代姫も藩主夫人の座に就いた。翌四年には父家光が歿し、千代姫は養姉にあたる大姫と共に、六月十八日に家光の遺物としてそれぞれ金二万両と茶壺を拝領した（家光の養女のうち、輝子は存命だったが、『徳川実紀』四には遺物対象者の中に輝子の記載はない）。

明けて承応元年（一六五二）に千代姫は十六歳となり、八月二日には鼠穴屋敷で長男となる綱誠《つななり》（五郎太）を出産した。綱誠は家光の孫、家綱の甥にあたり、光友には銀三〇〇枚、袷《あわせ》二〇に対し、千代姫は銀五〇〇枚、紗綾《さあや》二〇巻、そして綱誠には産衣《うぶぎ》二〇［図7］、国次《くにつぐ》の脇差《わきざし》が贈られた。この後、千代姫は同三年に長女豊姫《とよひめ》、明暦二年（一六五六）に次男義行《よしゆき》（源次郎）、万治元年（一六五八）に次女直姫《なおひめ》を出産した。女子は二人とも早世したが、男子二人は無事に成長し、のちに綱誠は尾張家三代の家督を継ぎ、義行は美濃高須松平家の分家を創設した。尾張家で正室の産んだ嫡男が当主になったのは綱誠が唯一の例である。千代姫は将軍姫君としてだけでなく、藩主生母としてもその地位を盤石なものとした。

随筆『趨庭雑話《すうていざつわ》』［図8］には、千代姫の人となりについて、「剛強」な性格で、常々次のように語っていたと伝えられる。

> 天子にも女帝、地下《じげ》にも巴《ともえ》ごときのもの有り、我ハ正しく台徳公《（秀忠）》の子にして、今の将軍の姉也、女故にこそ弟に天下を宰配させり。今にも異変起らば、女なりとも天下の仕置に任ぜん。

「台徳公の子」は明らかな誤伝だが、この記事からは家光の死後、千代姫が将軍姫君としてだけでなく、「将軍の姉」として権勢を奮ったことが窺える。事実、寛文三年（一六六三）十月二十五日には、女院・姫宮および幕府女中方の衣服の値段について触が出され、将軍御台所の衣服は銀四〇〇匁を上限とすることが定められた（『御触書寛保集成』）。千代姫の衣服にはこれまで銀四〇〇匁がかかっており、触以降は御台所に憚るべきか、夫の光友が老中に尋ねたところ、千代姫が「公方様姉君様」であることを理由に、これまで通り御台所と等しく四〇〇匁で小袖を作るよう指図があった（『事蹟録』寛文四年正月二十六日条）。千代姫は「公方様姉君」として一目置か

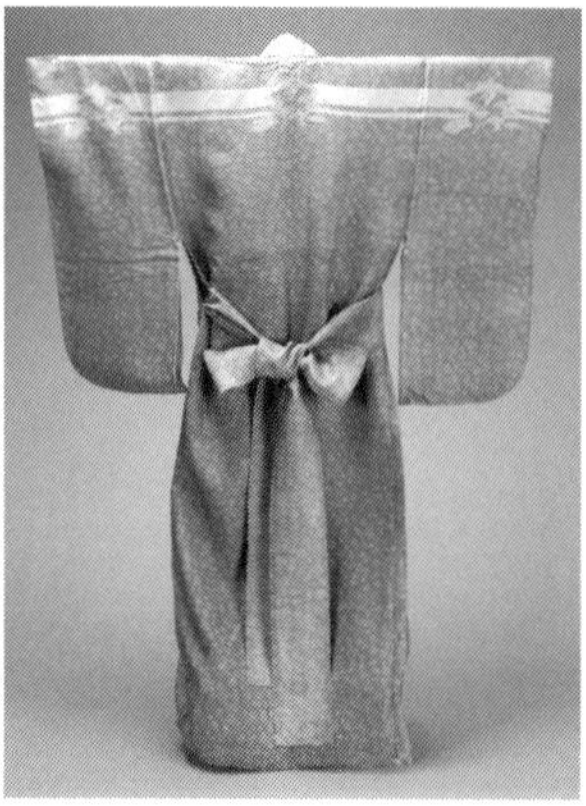
図7　綱誠の産衣（徳川美術館所蔵）

れただけでなく、御台所と同等の権威を備えた存在であったことを示しているといえよう。

『徳川盛世録』には、将軍姫君の年始登城は三月に行われ、大名以上の格式を誇ったとある。しかし、『徳川実紀』や『事蹟録』によれば、千代姫の年始登城は大名や旗本と同様、毎年正月中に行われ、寛文四年以降は、ほぼ正月九日に決まって行われた。将軍・御台所に対面し、その都度、香木をはじめ、香合《こうごう》や香《こう》炉《ろ》といった香道具、硯箱、布帛などを下賜された。千代姫の年始登城は、元禄十一年（一六九八）に六十二歳で歿するまで半世紀以上にわたって続けられ、将軍姫君の権威を長く誇示することにもなった。

また千代姫は、年始登城のみならず、たびたび江戸城大奥へ登城したが、時に子女を伴い、将軍や御台所に対面させた。承応元年八月二日に出産した長男綱誠（五郎太）の宮参りを、十一月二十二日に山王社で済ますと、そのまま綱誠を同伴して江戸城へ登城し、将軍家綱に初対面させている。家綱は四ヵ月あまりの赤子である綱誠を膝の上に抱き寄せ、手ずから代金七〇枚の貞宗の脇差と印籠《いんろう》と巾《きん》着《ちゃく》を下賜したという（『事蹟録』）。水戸徳川家へ嫁した綱吉の養女八重姫が、将軍の代替わりごとに娘の美代姫を同伴して将軍に御目見させた例や、また島津家へ嫁した綱吉の養女竹姫が嫡子の益之助（宗信《むねのぶ》）と娘の菊姫を連れて大奥に上り、吉宗に御目見させた例が

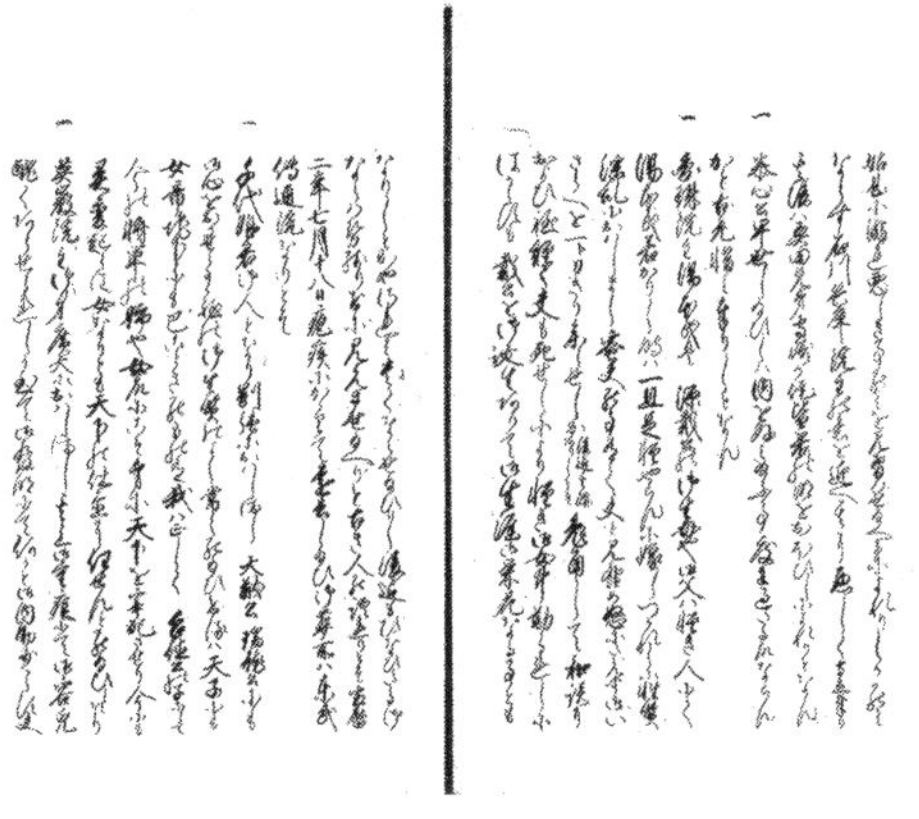

図8 『趨庭雑話』（名古屋市蓬左文庫所蔵）

報告されているが〔氷室二〇〇五　土田一九八七〕、千代姫はその先駆けであったと言えよう。

綱誠を同伴した登城は、明暦三年に綱誠が元服するまで続き、これと入れ替わるように明暦二年生まれの次男義行と万治元年生まれの次女直姫も、宮参りが終った直後から同伴して登城し、将軍への御目見を果たしている。綱誠の元服も江戸城に登城して将軍の御前で行われ、家綱から「綱」の偏諱と「右兵衛督」の名乗りを許され、左文字《さもんじ》の刀を下賜された。将軍姫君のみならず「将軍の姉」の特権を利用して、尾張家の子女を将軍に引き合わせ、叙任や縁組など諸事にわたり、尾張家の有利となるように将軍に働きかけをしたとみられる。寛文四年正月九日には、千代姫が次男義行を同伴して年始登城し、その二日後に将軍より義行に松平の称号の名乗りが仰せ出されており、やはり千代姫からの政治的な働きかけがあったと考えられる。こうした千代姫の将軍姫君としての影響力は、実子のみならず養子にも及んだ。

千代姫は、光友と側室との間に生まれた三男義昌《よしまさ》（次郎太）、十男友著《ともあき》（大蔵）の養母にもなっている。慶安四年生まれの義昌は、綱誠より一歳年長で光友の長男であったが、妾腹《しょうふく》だったため三男とされた。千代姫が養母となった年次は不明だが、寛文六年十二月四日に義昌は千代姫と対面を果たし、二十九日には次男義行と共に従四位下《じゅしいげ》少将に任じられ、義昌は出雲守、義行は摂津守の名乗りを許されている。以降、義昌と義行は「両少将」と呼ばれ、江戸城に連れだって登城するなど行動を共にしており、義昌は義行とほぼ同格の扱いを受けたと言ってよい。

寛文十年には、共に屋敷地拝領願いを出し、同年十月二十五日に義行が四谷内藤新宿に一万二一三四坪、義昌は角筈《つのはず》に一万坪あまりの屋敷地を拝領した（但し、角筈屋敷は同年十二月に大久保にあった水野兵部屋敷と替えている）。また延宝九年（一六八一）八月十三日に義行が信州高井《たかい》に新知三万石、天和三年（一六八三）

八月四日に義昌が奥州梁川《やながわ》に新知三万石を拝領した。義昌が拝領した時期は、義行とは二年の開きがあるが、領地はいずれも三万石である。またその際、「御懇之上意」(『事蹟録』)によって拝領したとあり、領地拝領には養母千代姫の後ろ盾があったとみてよいだろう。

一方、千代姫が光友十男友著の養母となったのは、晩年の元禄七年である。『事蹟録』によれば、二月二十九日に友著の将軍御目見願いと松平の称号の下賜、千代姫の養子となることを老中戸田氏昌《とだうじまさ》に願い出、同日、友著は千代姫と初めて対面した。三月二日には養子願いが聞き届けられ、翌三日に友著は正式に千代姫の養子となり、兄綱誠の同席のもと、千代姫へ御礼を述べた。これにより、千代姫からも御守殿付の女中と用人の大久保金兵衛忠倫《ただとも》を通じ、改めて将軍御目見を願い出ており、四月十八日になって友著は義行に伴われて江戸城へ登城し、将軍との初御目見を果たした。同年中には諸大夫に任じられ、但馬守の名乗りを許された。友著は千代姫の養子となることで、千代姫の口添えを得、大名の子息としての一歩を踏み出したのであった。千代姫の歿後となるが、宝永三年(一七〇六)に友著は大窪に屋敷を拝領し、川田久保家を興した。実子のみならず、千代姫が養母となった光友の子息は、すべて分家を創設したことになる。

五　御守殿の造営と千代姫の財政援助

将軍姫君の権威を示す指標には、御守殿の造営が挙げられる。千代姫の御守殿は『事蹟録』寛永十五年(一六三八)八月十日条に、「来卯年(寛永十六年)上屋敷ニ　千代姫君様御守殿出来之筈ニ付、奉行として西郷久大夫、星野七右衛門、安藤五助、上野小左衛門、平岩善右衛門仰付らる」と記載され、千代姫の御守殿を尾張家の上屋敷（鼠穴屋敷）に新築するにあたり、担当奉行が決定されたことがわかる。ここに「御守殿」という言葉が使われているが、畑尚子氏が指摘するように、『事蹟録』は宝暦期の編纂物であることから、将軍姫君の住まう殿舎に対し、当時から「御守殿」の言葉が使われたかどうかは確証がない〔畑二〇〇九〕。また、『事蹟録』では、三代綱誠の正室新君《にいぎみ》の居住空間も「御守殿」と呼称しており留意される。

同年九月二十九日、千代姫の「第宅《ていたく》華麗に結構せらるゝ」ことを耳にした幕府は、舅となる名古屋の義直のもとへ阿部重次《あべしげつぐ》を遣わし、「天下へ教戒」するためにも、華麗を省くよう申し入れている。翌十六年六月十八日には、改めて酒井忠勝・松平信綱・阿部忠秋《ただあき》・阿部重次の四名を義直のもとに遣わし、世の中が華奢《かしゃ》の風習となり、再三倹約令を出している中であるから、千代姫の婚礼もすべてを省略するようにと申し入れをしている（『源敬様御代御記録』）。

裏を返せば、幕府の目にあまるほどに、千代姫の御守殿に華麗が尽くされたということなのであろう。『事蹟録』によれば、御守殿建築にかかった費用は合計で銀六七〇貫九九五匁三分三厘であり、三歳の女児の住居作事にしては破格の入用であった。落成は定かでないものの、寛永十六年九月の入輿までには完成していたとみられる〔渋谷二〇〇四〕。

しかし、この御守殿は婚儀の翌十七年十一月十五日に、御守殿上台所からの出火で表向きの殿舎と共に焼失した。千代姫は、水戸徳川家の屋敷にいったん仮住まいしたのち、その一年後の十一月二日に新築された上屋敷に移徙《いし》した（『事蹟録』）。

さらに、明暦三年の大火で江戸城本丸が焼失し、吹上にあった鼠穴屋敷を含む御三家の上屋敷は焼失を免れたものの、江戸城の防火の観点から幕府は、郭内の屋敷を郭外に移転させることを決定し、鼠穴屋敷は召し上げられた〔渋谷二〇〇〇〕。

翌万治元年には、明暦二年に拝領していた市谷に尾張家の上屋敷が移るが、その中に千代姫の御守殿も新築された。千代姫の御守殿がある市谷屋敷は、天和三年（一六八三）にも類焼したため、千代姫は戸山屋敷に避難したあと、翌貞享元年（一六八四）十一月三日に新造された市谷屋敷内の御守殿に移徙している。つまり、千代姫の御守殿は生涯に四度、建て直されたことになる。

宝永三年の記録になるが、江戸幕府の作事に関わった甲良向念《こうらこうねん》「大広間雛形并覚書」によれば、最初の御守殿は、江戸城本丸の格式通りで作事され、寛永十七年に再建された御守殿も、元の通りの格式に普請された〔渋谷二〇〇四〕。市谷屋敷における三度目の御守殿は、同様に最高格式であったとみられ、寛文期の屋敷図（徳川林政史研究所所蔵）によれば、光友の御殿（中奥）と廊下一本で繋がり、独立した造りとなっていることが確認される〔畑二〇〇九〕。このほか、寛文八年に尾張家が避災用に購入した和田戸山屋敷四万六〇〇〇坪に加えて、同十一年十月八日には、千代姫の病気養生の名目で添地の下賜を願い出て八万五〇〇〇坪余を拝領した（『御日記頭書』）。

さらに『事蹟録』元禄八年二月八日条には、千代姫の赤坂下屋敷が紀伊家の赤坂屋敷と共に類焼した記事があり、赤坂下屋敷なる屋敷があったことが知られる。しかし、この屋敷は千代姫の歿した翌年の元禄十二年二月二十六日に幕府へ返上しており、千代姫個人に与えられた屋敷であったことが窺える。

御守殿には、幕府から用人をはじめ、大勢の役人と医者・駕籠舁《かごかき》などの公儀付人および御付女中が派遣された。千代姫の場合、歿後の記録だが、男性の公儀付人は四八名、女中は七三人を数えた〔大塚一九九三〕。

これらの公儀付人は千代姫が長寿だったため、途中で付人の交替があり、中には親子で数代にわたって仕える者もあった。

先述の通り、婚姻当初の執事（用人）は大橋親善で、千代姫の付人となる際に一〇〇〇石が加増され、二一二〇石取りとなった。以下、『事蹟録』によれば、寛文六年に大橋の跡を承けて用人となった斉藤次郎右衛門が采地一七〇〇石（寛文七年六月十九日条）、大番組頭から斉藤の跡に就いた山田太郎右衛門は、一〇〇〇石の加増を受けて一五五〇石となった（延宝元年二月十二日条）。元禄六年には用人中山茂兵衛が、千代姫付女中の関野を刺殺し、職を解かれたのを受け、大番組頭であった大久保金兵衛忠倫が一〇〇〇石加増され、一五〇〇石で千代姫に付けられた（元禄六年十月十五日条）。

用人は中級旗本が勤め、その知行は当初は二一二〇石であったが漸減し、千代姫の晩年には一五〇〇石が基準となっていた。千代姫が歿した翌元禄十二年には大久保忠倫をはじめ公儀付人は基本的に幕府に召し返された。

こうした公儀付人の知行は基本的に幕府から支給されたが、嫁ぎ先からも支給された。大塚英二氏によれば、公儀付人は幕府から切米《きりまい》を得ていたが、尾張家からも合力米《ごうりきまい》が支給されていた。召し返しの時点で、尾張家側では引き続き付人に合力米の支給を検討したが、家中の反対もあり、慰労金としての一時金を与えることで決着をみている。

このように、格式の高さを誇る御守殿の度重なる建築や公儀付人への合力米等、尾張家側の経済的負担は決して軽くはなかったが、次の二つの史料に見られるように、千代姫自身が婚家である尾張家に対し金銭的な援助を行うことがあった［図9］。

一、中将様（綱誠）四ツ谷御下屋敷御作事切り組み　仰せ付けられ、奉行として阿知波五右衛門（糀町御屋敷奉行）・酒井孫十郎（同上）これを仰せ付けらる、右四ッ谷御下屋敷の儀は、中将様糀町御屋敷詰り御家中ヲも町屋に差し置かれ候程の儀に付、去冬御屋敷地を御求め、四谷の下朝倉平十郎殿屋敷ト御替えこれを進ぜらる、但し殿様（光友）御勝手御不如意《ふにょい》にて御拝借金の御願いもこれ有る節に候故、姫君様御助成にて御求め進ぜらる旨、公辺えも御届けこれ有る金弐千三百両、姫君様にて御借用、則ちこの金子を以て御求めこれを進ぜらる（『事蹟録』寛文八年七月六日条）

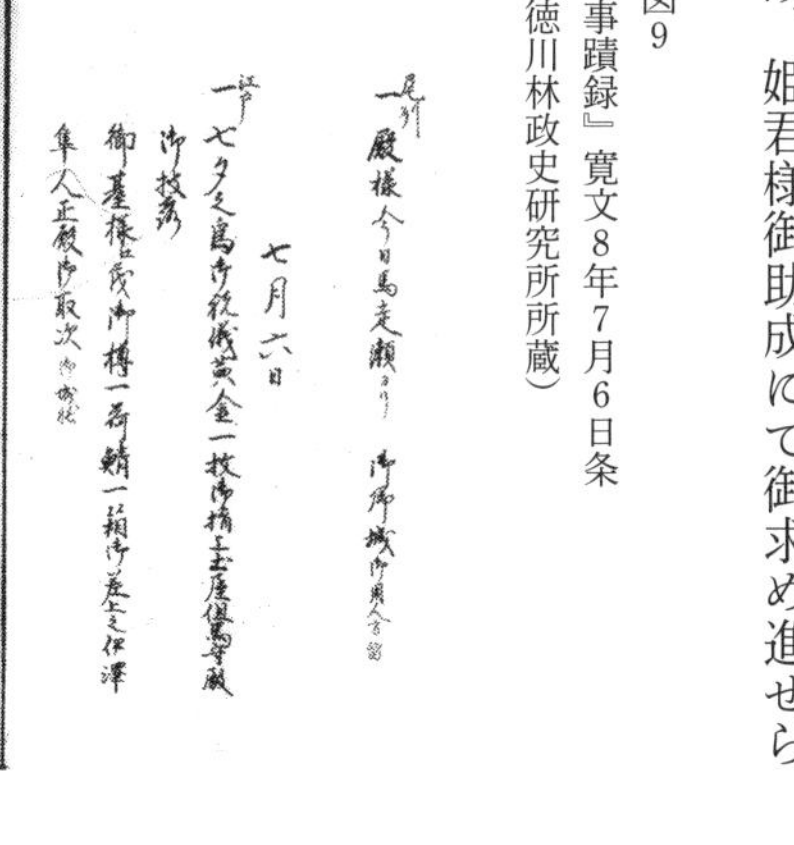

図9　『事蹟録』寛文8年7月6日条（徳川林政史研究所所蔵）

光友の世継ぎ綱誠の麹町屋敷が手狭となったため、四谷に下屋敷を作事することとなった。この四谷下屋敷は、旗本の朝倉平十郎屋敷と替地して屋敷地を求めようとしたが、「殿様御勝手御不如意」であり、また幕府へすでに拝借金を願い出ているため、幕府へ届け出ていた二三〇〇両を千代姫から借用し、屋敷地を手に入れたのであった。

光友の代には、藩の財政状況は寺社の建立や城下の火災、度重なる天災で悪化していた。寛文六年に金銀の通用を停止し「判書《はがき》」と呼ばれる藩札を発行したが、かえって経済活動の停滞を招いたため、一年半後には廃止、この藩札回収に幕府から一〇万両を借用した〔白根二〇〇七〕。この拝借金が、わずか半年前の寛文八年正月十八日のことであったため、やむを得ず千代姫へ借金を願ったのであろう。

その後、一〇万両の拝借金は藩財政を圧迫し、また同年九月の戸山屋敷の土地購入や、寛文十年十月に次男義行・三男義昌の屋敷地拝領願いが通り、屋敷地を拝領したため、何かと物入りとなったとみられ、同十二月には再び千代姫に借金を申し込む事態となった。

一、姫君様え御金御借用遊ばされ度旨　仰せ入れられ候処、姫君様御遺料金年々　公儀より四千両宛進ぜられ候へ共不足ニ付、大猷院（家光）様御遺物金弐万両の内も御指し加えの事候、これに依り御金御払底ニハ候へ共、殿様御儀ト申し、殊ニ中将様ニも御苦労思し召さる由ニ候間、今年金五千両進ぜらるべく候、去年追々進ぜられ候壱万両ハ戌亥（寛文十・十一年）両年御返納の筈候へ共、今年ハ御延引遊ばされ、来亥（寛文十一年）暮御返進遊ばされ、今年の五千両ハ来々年御返納候様ニトの御事様ニテ、御金五千両御借用遊ばさる、

（『事蹟録』寛文十年十二月条）

千代姫に借金を申し込んだところ、毎年遺料として幕府から千代姫に送られる四〇〇〇両では不足のため、家光の遺物金二万両に手をつければ千代姫の「御金」は払底してしまう。しかし、光友だけでなく、息子綱誠の負担を案じ、今年の分として五〇〇〇両を貸与することが述べられている。この五〇〇〇両は、おそらく幕府への拝借金返済に充てられたのであろう。最終的に、千代姫からの拝借金は一万両になったらしく、寛文十二年十月二十六日にはこのうち五〇〇〇両が千代姫へ返済されている（『事蹟録』）。

これらの記事により、千代姫と尾張家とは財政を別としていたこと、また千代姫には貸し付けできるほどの蓄財があり、それは毎年幕府からの「遺料」と、父家光の遺物金から成っていたことが判明する。「遺料」が、前述の「賄領（料）」と同一かどうかは不明だが、同一だとすれば、当初は年五〇〇〇両であっ

たが、ある時点より四〇〇〇両に減額されたとみられる。

後年の例となるが、尾張家十代斉朝《なりとも》の正室淑姫の御守殿では、収入をすべて使いきることなく、残金をつくって運用する例も報告されている〔吉成二〇〇九〕。千代姫の場合、運用というほどではないが、将軍姫君の財産をもって、婚家を救済した例として特筆できよう。

六　千代姫の死

元禄十一年は、三月に家光以来五四年ぶりとなる将軍綱吉の御成《おなり》を麴町屋敷で迎え、尾張家にとって華々しい一年となるはずであった。

三月十八日の御成の際には、綱吉は綱誠・世継ぎ吉通《よしみち》の出迎えを受け、御成書院で三献の儀や贈答を済ませたのち、御守殿へも赴き、奥にて千代姫と対面した。今回の御成は、姉の千代姫に会うことが大きな目的であったが、これに加えて綱吉は、尾張家の姫君を養女とする上意を申し渡した。将軍養女として名が挙がった喜知姫《きちひめ》は生後四ヵ月の幼女で、尾張家中では名の披露もされていなかったが、大奥女中の高瀬に抱かれ、早速綱吉に披露された。喜知姫は千代姫からその婚礼調度の「初音の御輿」を贈られ、これに乗輿して、御成からわずか十日あまりあとの四月朔日に江戸城大奥へ上がった〔『昔咄』〕。喜知姫養女の一件にも、千代姫の介在があったと見なされ、さらに将軍家と尾張家との緊密な関係が構築されるはずであったが、七月七日に喜知姫は早世した〔白根二〇一五〕。

尾張家の不幸は重なり、千代姫が十月六日に体調を崩した。十一月には、たびたび庭園に出られるほど回復したが、十二月に入り再び病に倒れ、十日夜にそのまま帰らぬ人となった。六十二歳であった。

喜知姫の江戸城大奥入りを見届けて江戸を発ち、当時、国許の尾張にあった光友と綱誠は、千代姫危篤の知らせを受けると、綱誠が看病のための特別の参府を願い出たが、許可を受けた直後に千代姫は急逝し、綱誠の参府も取り止めとなった。

千代姫の死は、将軍家家族の死と見なされ、十二月十二日には江戸に鳴物停止令《なりものちょうじれい》が出され、十八日に解除された。十二日には、千代姫の遺骸は将軍家の菩提寺である増上寺に埋葬されることになり、幕府から尾張家に上使が差し向けられた。上使の米倉昌尹《よねくらまさただ》は、光友・綱誠が不在で、江戸に残った世継ぎ吉通が幼少のため、増上寺埋葬の上意を光友の子息である義行・義昌の二人に申し渡している。

> 姫君様、常々増上寺方丈《ほうじょう》え御懇ろニ遊ばされ、御逝去以後御寺の義　公義より　仰せ出され候えば、各別左もこれ無く候えば、大殿様（光友）・殿様（綱誠）え申し上げ、増上寺え入らせられ候様遊ばされ度由、三人の女中衆え仰せ置かれ候段、今朝上聞に達し、御尤　思し召し候由ニテ本文の通り　仰せ出され候旨、両少将様（義行・義昌）え丹後守申し上げらる
>
> （『事蹟録』元禄十一年十二月十二日条）

米倉が二人に伝えたところによると、千代姫は生前に増上寺方丈と懇意にしており、自分が死去し、公儀より埋葬する寺の問い合わせを受けた場合には、差し支えなければ光友と綱誠に増上寺に埋葬するようにと伝えてほしいとの希望を三人の女中に言い残しており、その言葉が十二日の朝になって綱吉の上聞に達したとのことであった。千代姫以降、将軍姫君は将軍家の菩提寺に埋葬される例が多いが、この時点では確たる取り決めはなく、増上寺埋葬は千代姫の希望であったことがわかる。千代姫付の女中たちが、千代姫の言葉を尾張家ではなく将軍へ進言し、将軍から申し渡すという形をとったことは注目に値しよう。

将軍からの上意となれば、尾張家はその決定に従わざるを得ない。ここに、死してなお、自らは将軍家の一員であるとの千代姫の強い意志、あるいは将軍姫君の格式を守ろうとする姫君付女中たちの思惑を汲み取ることができる。

このように誕生から逝去まで六十年あまりに及び、将軍姫君としての生涯を送った千代姫だが、その死から三年あまりが経った元禄十五年二月に綱吉の生母桂昌院《けいしょういん》が従一位《じゅいちい》叙任という破格の待遇を受けた時、江戸で次のような落首があった。

西陣之　織屋之女　一位織　尾張之姫か　おらハなるまい　（『鸚鵡籠中記《おうむろうちゅうき》』）

桂昌院が西陣の織屋の女だったとの風説に絡めた落首で、尾張の姫とは千代姫のことを指す。千代姫が生きていたら、桂昌院が破格の高位に就くようなことはなかっただろうとの意である〔松尾二〇一三〕。死から三年経ってなお、その名が出るほどに、千代姫の意見が尾張家のみならず徳川将軍家にさえ及んでいたことを裏づける一件であり、将軍姫君の権威を当時の人々がどのように認識していたかをよく示していると言えよう。

家光の第一子に生まれ、家綱・綱吉の将軍二代にわたって「将軍の姉」であった千代姫は、江戸時代を通じても稀に見る恵まれた境遇の姫君であったが、彼女を先例として将軍姫君の婚姻、婚家における御守殿をはじめとする待遇面が整えられていったとすれば、将軍姫君の規範としての千代姫の存在は大きい。しかし、中には千代姫のみの特例もあったはずである。今後の課題としては、千代姫以降の将軍姫君の地位や特権がいかに継承、あるいは変容を遂げたかを検証する必要があろう。

【参考文献】

朝尾直弘『将軍権力の創出』（岩波書店、一九九四年）
伊東多三郎「御守殿の生活費」（『日本歴史』二九二号、一九七二年）
稲垣知子「近世大名の家格と婚姻」（『法学研究論集』一二―二、一九九七年）
大塚英二「光友夫人死去に伴う公儀付人の召返しについて」（『金鯱叢書』二〇輯、一九九三年）
久保貴子「武家社会に生きた公家女性」（林玲子編『日本の近世15　女性の近世』中央公論社、一九九三年）
久保貴子「大名家・公家の婚姻ネットワーク」（『歴史読本』七七八号、二〇〇四年）
倉地克直『池田光政』（ミネルヴァ書房、二〇一二年）
小池富雄「千代姫の形見分」（『金鯱叢書』二四輯、一九九八年）
小池富雄「初音の調度について」（『初音の調度』徳川美術館、二〇〇五年）
渋谷葉子「幕藩体制の形成過程と大名江戸藩邸」（『金鯱叢書』二七輯、二〇〇〇年）
渋谷葉子「尾張藩江戸上屋敷の殿舎と作事」（『金鯱叢書』三一輯、二〇〇四年）
下重清『幕閣譜代藩の政治構造』（岩田書院、二〇〇六年）
白根孝胤「財政」（『尾張の殿様物語』徳川美術館、二〇〇七年）
白根孝胤「将軍養女をめぐる尾張徳川家と幕藩関係」（岸野俊彦編『尾張藩社会の総合研究』六篇、清文堂出版、二〇一五年）
高橋博「近世中期における大名婚礼交渉の一側面」（『論集きんせい』一六号、一九九四年）
土田美緒子「竹姫入輿一件」（『尚古集成館紀要』一号、一九八七年）
豊橋市編集委員会『豊橋市史』六巻（豊橋市、一九七五年）
長島淳子「武家女性の行列におけるジェンダー」（『総合女性史研究』三三号、二〇一六年）
長野ひろ子「幕藩制国家の政治構造と女性」（近世女性史研究会編『江戸時代の女性たち』吉川弘文館、一九九〇年）
中村孝也『新訂　徳川家康文書の研究』（日本学術振興会、一九五九年）
野村玄『日本近世国家の確立と天皇』（清文堂出版、二〇〇六年）

畑尚子『江戸奥女中物語』（講談社、二〇〇一年）
畑尚子『徳川政権下の大奥と奥女中』（岩波書店、二〇〇九年）
氷室史子「大名藩邸における御守殿の構造と機能」（『お茶の水史学』四九号、二〇〇五年）
福田千鶴「家康の婚姻戦略――泰平の世へ」（『徳川家康　天下人への跳躍』別冊歴史読本七八五号、二〇〇八年）
福田千鶴『徳川秀忠』（新人物往来社、二〇一一年）
松尾美恵子「近世武家の婚姻・養子と持参金」（『学習院史学』一六号、一九八〇年）
松尾美恵子「将軍御台所と生母の位置」（『幕末の江戸城大奥』徳川記念財団、二〇一三年）
柳田直美「将軍家の婚姻」（『徳川将軍家の婚礼』徳川記念財団、二〇一七年）
柳谷慶子「武家社会と女性」（大石学編『日本の時代史16　享保改革と社会変容』吉川弘文館、二〇〇三年）
山本博文『寛永時代』（吉川弘文館、一九八九年）
山本博文『徳川将軍家の結婚』（文春新書、二〇〇五年）
吉川美穂「徳川家の姫君」（『徳川家の姫君――華麗なる世界　徳川美術館名品展』徳川美術館名品展実行委員会、二〇〇七年）
吉成香澄「将軍姫君の婚礼の変遷と文化期御守殿入用」（『学習院史学』四七号、二〇〇九年）

第Ⅱ章

政治に生きた女性

第1節　大奥老女・姉小路の政治力

深井雅海

一　老女とは

（1）職務

大奥の女中のうち、老女には上臈《じょうろう》御年寄《おとしより》、小上臈《こじょうろう》、御年寄の三種類があった。このうち、上臈御年寄と小上臈は京都の公家衆の出身であり、上臈御年寄は公家衆の苗字を名前に用いたという。しかし、職階最上位の上臈御年寄には権力はなく、通常「権威頗《すこぶる》盛ン」なのは、旗本出身の御年寄のほうであった（『幕儀参考稿本』〔『松平春嶽全集』一所収〕）。

安永七年（一七七八）頃の十代将軍家治《いえはる》付の『女中分限帳』（朝倉市秋月博物館所蔵）を見てみよう〔深井一九九六〕。

上臈年寄

一、御切米百石

一、御合力金百両

一、拾五人扶持　上壱人ハ上々白男扶持
下六人ハ中白男扶持

下八人ハ中白女扶持
一、薪三拾束
一、炭弐拾俵
一、湯は(場)木　五月ゟ八月迄二拾束ツヽ
　　　　　　　九月ゟ四月迄弐拾束ツヽ
一、油　有明弐
　　　　半夜三
一、五菜銀三百目
宿　本所林町　高岳
浦賀奉行　局　久尾
又従弟　林藤五郎
上﨟年寄
一、御切米五拾石
一、御合力金六拾両
一、拾人扶持　内五人男扶持
　　　　　　　五人女扶持　内壱人上々白
一、薪弐拾束
一、炭拾五俵

一、湯は《（場）》木　　五月ゟ八月迄弐拾束
　　　　四（九）月ゟ九（四）月迄拾五束
一、油三ケ所　有明一ツ、半夜弐ツ
一、五菜銀弐百目壱分
　　右一ヶ月分
宿　松平大和守　　花園
　　局　仲津
宿　元飯田町　　飛鳥井
　寄合三枝源之助　　局　いちの
　又従弟
宿　番町　　滝川
　小納戸武藤庄兵衛　　局　梅の
　弟
宿　弐番町　　花島
　大御番牧野伊予守組　　局　冬野
　甥　正木九郎次
宿　八代渕《（ママ）》河岸　　野村
　西丸御留守居　　局　おりの

父　笹本靫負佐
　小上臈
一、御切米四拾石
一、御合力金六拾両
一、五人扶持　上白男扶持壱人扶持
　　　　　　　四人女扶持
一、炭拾俵
一、薪拾五束
一、湯木（ママ）　五月ゟ八月迄拾七束
　　　　　　九月ゟ四月迄拾三束
一、五菜銀弐百目壱分
一、油　有明一
　　　　半夜一
宿　下谷広小路　ふじ
　中川御番　局　いわ崎
　姉聟　溝口大膳

老女の職階・名前・宿元（身元引受人）を、わかりやすいようにまとめてみると、表1の通りである。小上臈を除けば、家治付は上臈御年寄に統一されている。しかし、名前から見て、花園《はなぞの》と飛鳥井《あすかい》が公家出身と思われる。花園の宿元松平大和守（忠恕《ただひろ》）は肥前国島原藩主（六万五九〇〇石余）であるが、その娘が公家の梅渓《うめたに》少将通同に嫁いでいるので、花園はその関係者と考えられる。また、飛鳥井の宿元三枝《さいぐさ》源之助（守恭《もりたか》、家禄六五〇〇石）の祖母と妻は公家の平松《ひらまつ》家の出身であるので、飛鳥井も平松家の関係者と推測される（『寛政重修諸家譜』巻二九・一一四八）。したがって、公家出身の上臈御年寄の名前は、生家の苗字を用いたのではなく、いくつか通り名があり、その中から賜ったと言えよう（なお、『旧事諮問録』にも「通名がありまして、上〔将軍〕から下さる」とある）。

旗本出身の御年寄は、高岳・滝川・花島・野村の四名となるが、中でも別格は高岳である。これは、『分限帳』の上臈御年寄筆頭に記され、諸手当がほかの御年寄よりも増額されていることからもわかる。すなわち、高岳の手当は、切米で五〇石、合力金で四〇両、扶持で五人扶持、薪で一〇束、炭で五俵、その他湯場（之）木・油・五菜銀《ごさいぎん》に至るまで、ほかの御年寄よりも多い。このうち、切米と合力金は年俸、扶持は女中自身と自室での召使の食料、湯場（之）木は風呂の燃料、油は終夜燈・半夜燈の油、五菜銀は味噌・

表1　将軍家治付の老女（安永7年〔1778〕頃）

職階	名前	宿元		
		続柄	名前	役職名
上臈御年寄	高岳	又従弟	林藤五郎	浦賀奉行
	花園		松平大和守	
	飛鳥井	又従弟	三枝源之助	寄合
	滝川	弟	武藤庄兵衛	小納戸
	花島	甥	正木九郎次	大番士
	野村	父	笹本靫負佐	西丸留守居
小上臈	ふじ	姉聟	溝口大膳	中川番

深井雅海「江戸城本丸御殿図に見る中奥・表向・大奥（下の二）」により作成。

塩の代銀、および長局向での男性の使用人ゴサイの給金である。

また高岳は、陸奥国仙台藩主伊達重村《だてしげむら》が明和二〜四年（一七六五〜六七）頃、幕府有力者に対して官位昇進運動を行った際、老中首座松平武元《たけちか》・御側御用取次田沼意次《たぬまおきつぐ》両名と共に裏工作を受けたことが知られており（『大日本古文書　伊達家文書之八』）、政治的影響力があったことが窺われる。

このように、将軍付の御年寄は大奥女中第一の権力者であった。奥向の万事を差配し、「表」の長官老中、「奥」の長官御側御用取次に匹敵する役職という。月番制で職務をこなしており、月番は毎日朝四ツ時（午前一〇時頃）に「千鳥之間《ちどりのま》」へ出勤してこの部屋から出ることなく、表使《おもてづかい》や右筆《ゆうひつ》を呼び出して御用を申し付け、夕七ツ時（午後四時頃）に退出した。ほかの御年寄の勤務は、泊番《とまりばん》（宵番）・明番《あけばん》（朝番）・当番の三交代制になっていた。当番は朝四ツ時より出勤し、明番は朝の内から詰め、当番と交代した。泊番は夕七ツ時より出勤したという。

御年寄の補佐役は、表使と右筆である。例えば、将軍から御三卿や姫君に品物を下賜する場合は、右筆を呼び寄せて書状などを申し付けた。御三卿や諸家より伺いなどが出た時は、表使から御年寄に伺い、その指図によって右筆が付札《つけふだ》を作成し、表使へ下付したという。

さらに御年寄は、大名などに対し、連署書状を発給していた〔石田二〇一五〕。一例を示そう（『鹿児島県史料　旧記雑録追録六』）。

御口上書下され候、

公方様　大納言様ますます御機嫌よく成らせられ、

種姫君様いよいよ御機嫌よく入らせられ、めでたく思しめし候よし、さてハ昨日、御同氏　虎寿丸殿え有馬上総介殿御縁組、御ねがひの通り　仰せ出され、有り難き御事に思しめし候由、右の御礼御申し上げ成され候御口上書の趣、よろしく申し上げまいらせ候、

大納言様　種姫君様へもよろしく申し上げまいらせ候、めでたくかしく、

返〳〵何もよろしく申し上げまいらせ候、めでたくかしく、

より

高をか

はなその

あすか井

たき川

はなしま

野むら

松平　御返事

薩摩守様

人々御中

安永五年十一月、薩摩鹿児島藩主松平（島津）重豪《しげひで》の世子虎寿丸と筑後久留米藩主有馬頼僮《ありまよりゆき》の世子頼貴《よりたか》の娘との縁組が幕府から許された。こうした時、内証《ないしょう》よりの御礼として、大名家は大奥に女使《おんなづかい》を差し出すのが先例であったが、当時御年寄が病気であったため、どうすべきかを大奥に伺ったところ、老女（＝御年寄）衆より口上書を提出するよう命じられたので、その指示に従った。その返書が、掲示した史料である。表1に示した高岳以下六人の御年寄が連署していることがわかる。

「表」の老中は、将軍の命を奉じて文書を発給していたが、大奥の御年寄も、同じように「老女奉文《ほうぶん》」などと称される文書を出していた。こうした権能が、「表」の老中に匹敵する役職とされる所以であろう。

（2）生活

御年寄は、御殿向での執務が終わると、ほかの奥女中と同じように長局向に移動し、一の側の部屋で「部屋方」もしくは「又者《またもの》」と呼ばれる使用人と一緒に生活していた。「部屋方」は、奥女中の給金や扶持米の中から雇われ、町人や百姓の娘たちが行儀見習いの目的で務めることも多かったという。「部屋方」には、「局《つぼね》」、「アイノマ（相の間）」、「小僧」、「タモン（多門）」、「ゴサイ（五菜）」の別があった。局は部屋の万事を引き受け、賄の一切を取り仕切る役である。冒頭の『女中分限帳』にも、御年寄名の下に、「高岳　局久尾」のごとく、各御年寄の局の名前が記載されている。アイノマは局を助け、主人の髪を結ったり、衣装の世話をしたりする係である。小僧は十二歳くらいまでの小間使いの少女、タモンは炊事・掃除などの下働き一切を担当する下女である。ゴサイは部屋付きの下男で、女中の宿元への使いや買物など、外の用事を受け持った。もちろん、男性であるため長局の部屋に来ることはできなかったが、広敷《ひろしき》と長局の境にある七ツ口の詰所に詰めて主人の用向を務めた。ゴサイの給金は一年に一両二歩、株になっていて、売買する際は「頗ル高値」であったという。

かかる「部屋方」の人数も女中の格式により異なっており、年寄の場合は、局一人、アイノマ五

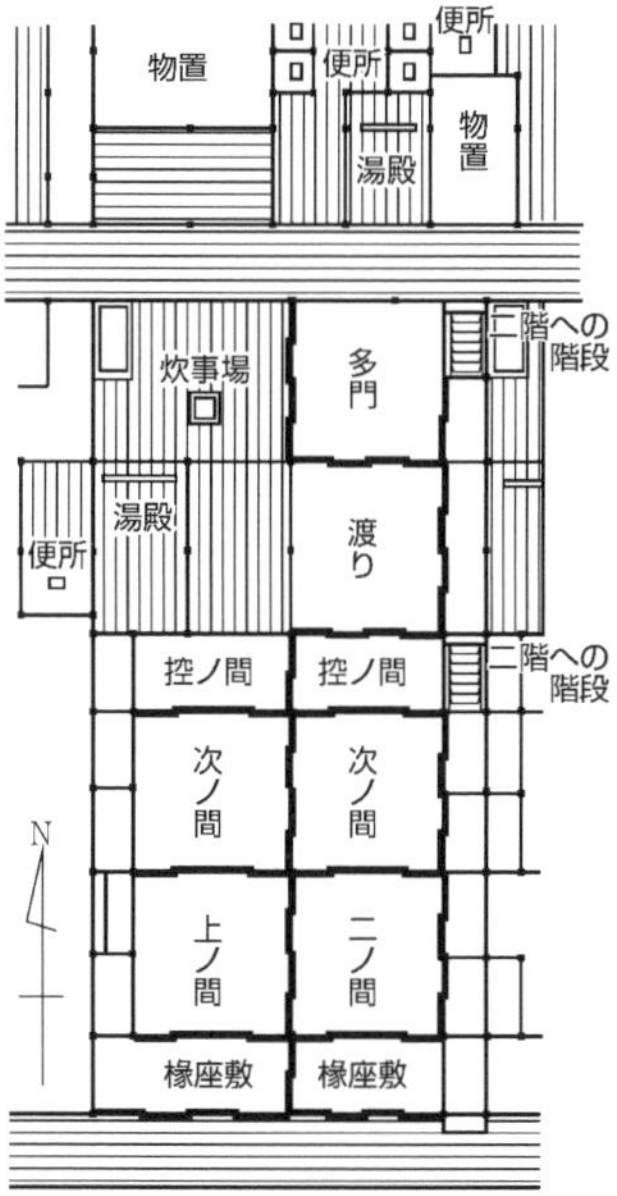

図1　一の側の部屋間取図
（竹内誠ほか編『徳川「大奥」事典』22頁、図7より引用）

〜六人、小僧二人、タモン四人、ゴサイ二〜三人を使っていたという。また格の高い女中は、七、八歳から一四、五歳くらいまでの親類縁者の娘を預かって養育していた。これを「部屋子」といい、成長ののちは御三之間や中﨟《ちゅうろう》などの女中になる者もあったという。

では、一の側の部屋の間取りを見てみよう。図1に見えるごとく、椽座敷《えん》(約五畳)二間、上ノ間(約八畳)、二ノ間(同上)、次ノ間(約六畳)二間、控《ひかえ》ノ間(相ノ間、約四畳)二間、渡り(約八畳)、多門(同上)、炊事場、湯殿、便所、物置などによって構成され、総二階である(ただし、炊事場と多門の部分には二階がなかったという)。このうち、椽座敷は化粧室、上ノ間は仏間兼書斎兼応接間、次ノ間が主人の居間、控ノ間(相ノ間)・渡り・多門などが「部屋方」の詰所であったという。また湯殿や便所は、炊事場の下に設けられたものを主人が、廊下の上に見えるものを「部屋方」が使用したものと思われる。

(3)町屋敷と休息所下賜

右に見たごとく、御年寄は大奥の長局で暮らしていたが、別に、江戸市中に町屋敷を下賜され、また、幕府御用屋敷内に「休息所」を借地として与えられていた。

女中への町屋敷下賜は、元禄期(一六八八〜一七〇三)頃から顕著になってきたという。その多くは、神田・日本橋・京橋とその周辺、および甲州街道沿いの麹町で与えられている。表2は、幕末の安政三年(一八五六)頃の町屋敷拝領を示す。これによると、下賜されているのは、当時の十三代将軍家定《いえさだ》付の御年寄と表使のほか、十一代将軍家斉《いえなり》・十二代将軍家慶《いえよし》付であった比丘尼《びくに》たちである。つまり、町屋敷を下賜される者は、主に、将軍付の御年寄と表使、およびそれらの職に在職していた剃髪《ていはつ》・隠居女中と言えよう。

ただし、彼女たちは町屋敷を別荘として使用したわけではない。町人に貸して、地代《ちだい》や店賃《たなちん》を取っていたのである。そのため、より高い収入を求めて、町屋敷の引替願を出す者もいた。例えば、十一代将軍家斉付の御年寄瀧山は、二葉町《ふたばちょう》（東京都港区）の町屋敷（一〇〇坪）を返上して、中橋広小路町《なかばしひろこうじまち》（同中央区）の町屋敷（二五八坪余）を拝領することに成功し、地代の手取額が三六両から六三両に増額になったという〔杉森二〇〇四〕。

　では、御用屋敷内の休息所はどこに設けられ、どのように使われたのであろうか。ここでは、桜田御用屋敷と虎之門内御用屋敷に設けられた休息所を見よう。文政七年（一八二四）の桜田御用屋敷の絵図によると、一万二〇〇〇坪近い敷地には、鶴見又吉預りの厩《うまや》、御庭番の長屋などのほか、当時の将軍付の御年寄万里小路《までのこうじ》（八七五坪）・花園（六〇〇坪）・花町（四〇〇坪）・亀岡（四

表2　安政期における女中の拝領町屋敷

肩書/分限帳記載の職階	名　前	場　所	坪　数
女中/(家定付)上﨟御年寄	万里小路	麹町五丁目	261坪
〃 /　　〃	歌橋	中橋広小路	258坪
〃 /　　〃	飛鳥井	両国吉川町	160坪
〃 /(家定付)御年寄	岩岡	牛込牡丹屋敷	257坪余
〃 /　　〃	瀬川	麹町山元町	191坪余
〃 /　　〃	浜岡	木挽町四丁目	240坪
〃 /　　〃	瀧山	元飯田町	238坪余
〃 /(家定付)表使	小山	芝口二葉町	100坪
〃 /　　〃	藤野	麹町山元町	224坪余
〃 /　　〃	村瀬	幸橋御門外二葉町	75坪
〃 /　　〃	川井	元数寄屋町三丁目	137坪8合6勺
文恭院様(家斉)附比丘尼	善王院	永富町三丁目	140坪余
慎徳院様(家慶)附比丘尼	勝光院	幸橋御門外二葉町	112坪
〃	妙泉院	神田松枝町	188坪余
〃		富槇町(拝領添町屋敷)	217坪余
〃	妙昌院	芝新町	130坪余
〃	暁覚院	元飯田町中坂	163坪余
〃	祐清院	元数寄屋町一丁目	114坪余
広大院様(家斉室)比丘尼	善智院	牛込牡丹屋敷	144坪余
隠居	三澤	芝口二葉町	76坪余

典拠　『諸向地面取調書』二
杉森玲子「江戸二葉町沽券図と大奥女中の町屋敷拝領」の表4より引用。

○○坪）それぞれの休息所と、「女中養生所」が設置されていた。ところが、同年と三年後の同十年に、約一万坪が南隣の鍋島家と西隣の毛利家の添地となり、敷地が大幅に縮小したため、その代わりに虎之門内にも御用屋敷が設けられた。図2と図3は、幕末の文久二年（一八六二）当時の桜田御用屋敷と虎之門内御用屋敷の図面である。桜田御用屋敷には大奥を退職した比丘尼、虎之門内御用屋敷には万里小路・花園など当時の上﨟御年寄と見られる拝借地が描かれている。こうした「休息所」は、現役や退職した御年寄が、病気などの際に下がる屋敷として貸与されたものといわれる〔渋谷二〇一五〕。

事実、宝暦十年（一七六〇）頃から十代将軍家治付の御年寄筆頭として権勢を振るった松島は、病気になって桜田御用屋敷内の「休息所」に移り、そこで歿したことが『川越藩松平大和守家記録　三』に見える。貴重な例であるので、関係部分を引用してみよう。

安永二年（一七七三）五月二十二日条

一、松島様御義、閏三月十一日桜田御屋敷え御下り成られ候て、今以て御逗留成られ候処、二月中旬頃より御勝れ成られず、御医師河野仙寿院殿御薬、御針療坂幽玄老にてこれ有る、（後略）

同年六月二十一日条

一、松島様御病気の処、御養生叶わせられず、昨廿日酉中刻御卒去成らるの旨これを申し来たる、

一、殿様には御養祖母様の御忌服受けさせられ候に付き、来月十日まで御朦中の旨これを申し来たる、

一、松島様是迄御養生のため御用屋敷御休息所え御下がり御坐成られ候に付き　此方様にて御引き受け、御世話進らせられ候よう成られたき段、松島様よりお願い成られ候趣、花園様より御取り計らい仰せ込まれ、其の御筋え仰せ達せられ候に付き、此方様よりも御世話成られ進らせられ候段、御

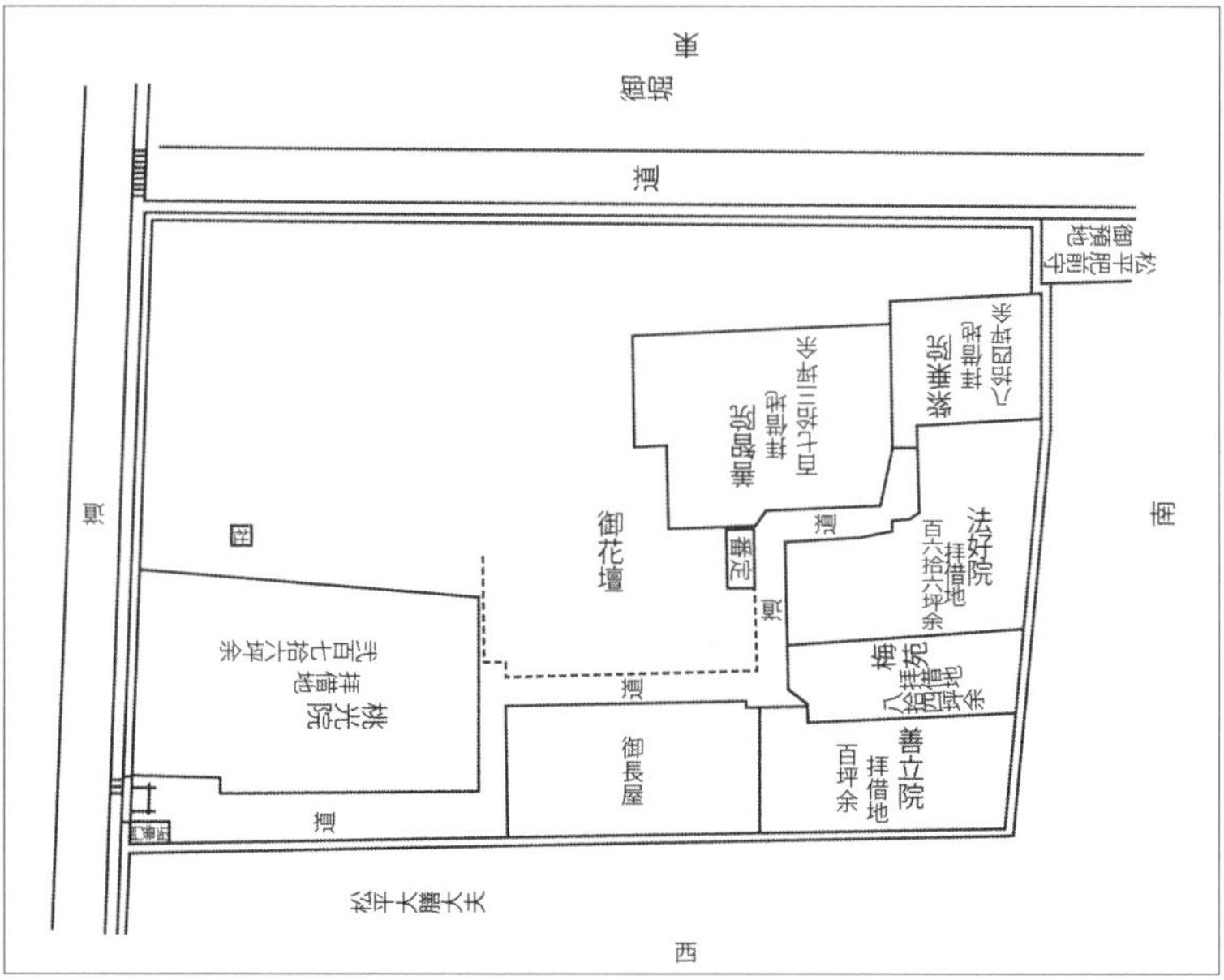

図２　桜田御用屋敷（「屋敷渡預絵図証文」文久２年閏８月18日）

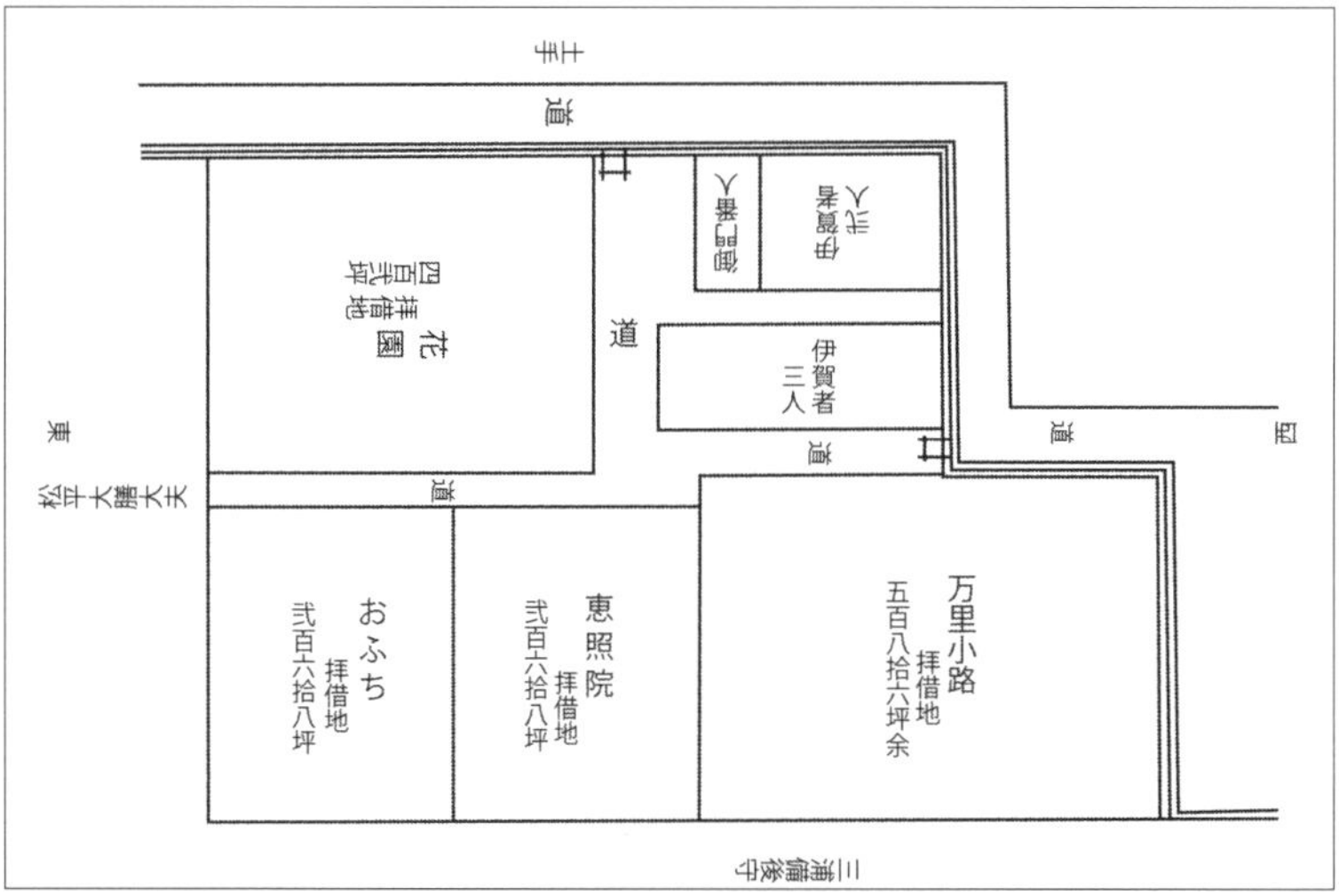

図３　虎之門内御用屋敷（「屋敷渡預絵図証文」文久２年閏８月18日）
図２・３とも竹内誠ほか編『徳川「大奥」事典』35頁、図15・16より引用。

留主居方ならびに御用御頼みの御目付、御用番の御老中え御届け成られ候段これを申し来たる、

同年六月二十八日条

一、松島様御法号到来、左記之、

奉称　戒浄院殿盛誉清香貞幹大姉

一、戒浄院様昨廿六日桜田御用屋敷より午刻御供揃にて御出棺、芝西応寺え入らせられ、夜五時迄に御葬式相済み候旨これを申し来たる、

同年七月二日条

一、御本丸より白銀拾枚　西御丸より同五枚　戒浄院様え　御香奠、御城老女中方より奉文を以て御内々花園様迄御頂戴成られ候付き、御備の義は此方様より西応寺え御備えこれ有る旨、尤も　花園様御上より殿様　栄運院様にも有り難く思し召さるの旨、御内々御礼も仰せ述べらるの旨申し来たる、

一、戒浄院様糀町町御屋敷差し上げられ候よう、桜田御用屋敷迄申し来たり候に付き、此方様より御作事方差し出し、町御奉行え御引き渡し相済み候旨これを申し来たる、

一、栄運院様御忌服の義　御養母様の義に付き、御定式の通り受けさせられ候処、戒浄院様には格別の御事に付き、御内々にて　御実母様通りの御忌服受けさせられ候段、御付を以て仰せ出され候段これを申し来たる、

すなわち、松島は安永二年二月中旬頃から病気になり、閏三月十一日に桜田御用屋敷内の休息所に下がって療養生活に入った。松島は武蔵川越藩主松平直恒《なおつね》の母栄運院の養母であったため、六月二十一日条の後半に見える通り、川越松平家のほうで世話をすることになった。しかし結局、六月二十日の午後六時頃

に亡くなり、二十六日に芝西応寺で葬式が行われた。戒名は、「戒浄院殿盛誉清香貞幹大姉」である。本丸より白銀《しろがね》一〇枚、西丸より同五枚、香奠が下賜され、老女奉文も届けられたことが、七月二日条に見える。また、松島が与えられていた麴町（糀町）の町屋敷は、松平家が幕府の作事方に返却し、そこから町奉行に引き渡されたことが同日条よりわかる。

このように、町屋敷の下賜や、休息所を借地として与えられることは、御年寄の特権であったと言えよう。

二　姉小路の人物像

こうした将軍付の御年寄（老女）は、大名などから依頼されて、政治力を発揮することがあった。前述の松島や高岳は、十代将軍家治付の老女として権勢があったことが知られているが、ここでは、十二代将軍家慶付の上﨟御年寄であった姉小路《あねがこうじ》の政治力を見てみよう。本稿の冒頭でも紹介したように、通常、公家出身の上﨟御年寄に権力はなく、権勢があったのは、松島・高岳のような旗本出身の御年寄とされる。姉小路は、かかる意味でも異例の存在であった。

姉小路の政治力については、家慶時代に奥女中（「御次《おつぎ》」）を務めた佐々《さ さ》鎮子《しずこ》の次のような証言がある（『旧事諮問録』（上）「大奥の事」）。

姉小路という御人は（将軍に）直に何か申し上げたことがあったり、そういうこと（政事・表方の役替）に口を出したそうでございます。なかなか強い人でございました。絵になって町へ出た位の人でございます。

まず姉小路位な人は、前後にございませんようでした。かの人のことは私どもが申しませんでも誰でも御存じですが、姉小路の比丘尼になりましたのは三十四、五でございました。最初から御年寄に上った人で、西京から御出になった御方でございました。

姉小路の（長局の）部屋に使います局《つぼね》などは、種々御取次《おとりつぎ》をしたりいたしていたという話でございました。御大名から菓子折が来たということです。その菓子折の中に、金が塡充《いっぱい》に這入《はい》っていたということでございます。


姉小路［図4］は、「西京から御出になった御方」とある通り、京都の出身とされる。『国史大辞典』（吉川弘文館）の「姉小路」の項には、次のように記されている。寛政七年（一七九五）に堂上《とうしょう》公家の橋本実誠《はしもとさねなり》の娘として生まれ、文化六年（一八〇九）に有栖川宮喬子《ありすがわのみやたかこ》が将軍世子家慶に輿入れする時に従って江戸に下り、大奥で務めたのち、文政十二年（一八二九）、将軍家斉の娘和姫が長門山口藩主毛利斉広《なりとお》に嫁いだ際、これに従って毛利家に移った。翌年和姫が亡くなったため、江戸城西丸に戻り、天保八年（一八三七）に家慶が将軍に就任すると、本丸大奥の上﨟御年寄になったという。

図4　きたいな名医難病療治（東京都立中央図書館所蔵）

これに対し、その誤りを正したのが、畑尚子氏である。畑氏は、橋本家の系譜により、生年が文化七年二月十二日であること、したがって有栖川宮喬子に同行して江戸に下るのはあり得ないこと、江戸下向は東海道二川宿《ふたがわじゅく》（愛知県豊橋市）の記録により、文政九年三月、十七歳の時であること、この下向は将軍家斉の娘和姫の輿入れのためであり、同十一年六月六日に小上臈「しん」として和姫付女中になったこと、同年十月四日に上臈御年寄に昇格して「庭田」と名を改め、翌十二年十一月に和姫の婚姻により毛利家の桜田上屋敷に移ったこと、同十三年十一月、和姫死去により江戸城に戻ったこと、『七宝《しっぽう》御右筆間御日記』の天保二年正月元日条に、名を改め、将軍家斉付の小上臈「いよ」として確認できること、同七年九月四日、西丸に移って世子家慶付の上臈御年寄となり、「姉小路」という名を下賜されたこと、などを明らかにした〔畑二〇一〇〕。

しかし、佐々鎮子の「比丘尼になったのは三十四、五」「最初から御年寄に上った人」という証言を信用すれば、姉小路の経歴はかなり変わってくる。比丘尼になったのが、家慶歿年の嘉永六年（一八五三）とすると、その生年は文政二年か同三年になる。橋本家の系譜の文化七年とは九年か十年の開きが出てくる。

しかも、これはすでに氏家幹人氏が『江戸の女の底力』の中で指摘していることであるが、水戸藩士高橋多一郎編著『遠近橋《おちこちばし》』には、姉小路の過去について、驚くべき内容が出てくる。すなわち、将軍家斉付の御年寄（藤沢）であった比丘尼の経定院は、奥医師伊東宗益の用人杉浦金次郎たちに次のように語っている。

姉の小路事は我等部屋子にて養育致し、取り立て候ものに候所、至て下の情に通し候者ゆえ、斯迄《かくまで》御

政事掛をも仰せ付けられ候訳也、（中略）一体は軽き者の娘に候へ共、発明ゆえ御取り立て遊ばされ候儀にて（後略）、

右の経定院の証言が事実だとすれば、姉小路は「軽き者の娘」に生まれ、御年寄藤沢の部屋子として養育され、以後は公家の橋本家の養女となり、その家柄を背景に上臈御年寄に取り立てられたことになる。もう一つ注目すべき点は、上臈でありながら「御政事掛」に任命されたことである。

このように、姉小路は謎の多い人物ではあるが、大奥の政事掛として、大名などの依頼に応じ、様々な政治力を発揮したものと思われる。次に、その実例を見ていきたい。

三　徳川斉昭一件と姉小路

水戸藩主徳川斉昭《なりあき》は、天保十五年（一八四四）五月六日、藩政改革と党争によって藩内を混乱させたとして、幕府から隠居謹慎を命じられた。家督は、十三歳の鶴千代（慶篤《よしあつ》）が相続し、水戸家連枝《れんし》の讃岐高松藩主松平頼胤《よりたね》・奥州守山藩主松平頼誠《よりのぶ》・常陸府中藩主松平頼縄《よりつぐ》の三人が後見することになった。斉昭の謹慎は同年十一月二十六日に一応解除されるが、三連枝の後見はそのままで、斉昭の藩政への参与は認められなかった。

そこで、斉昭の藩政復帰を幕府に承認させようと、斉昭を支持する改革派によって幕府有力者への運動が展開された。その中心になって活動したのが、水戸藩士高橋多一郎たちである。高橋自らは主に水戸にいて、同志の板橋源介が江戸に在って周旋の任にあたったという。斉昭はこれを聞き、歌を詠んで二人に

与えた。

　をちこちに二つの橋をかけ置きて　あやうかるべき世を渡るとは

二つの橋とは、水戸にいる高橋と江戸にいた板橋をいう。高橋は、主君から下賜された歌に基づく『遠近橋』を題名にして、幕府工作の顛末を記した。したがって同書には、同志や協力者の手紙、対談内容などが記載されているが、中には、権力中枢に係わる極秘内容も記されている。

この『遠近橋』を使って、姉小路を中心とする大奥工作の内情を明らかにしたのが、氏家・畑両氏である。殊に、畑氏の研究は詳しい。結局、幕府は嘉永二年（一八四九）三月十三日に三連枝の後見を解除して斉昭の藩政参与を容認し、斉昭は一応復権を果たした。

しかし、斉昭の本意は藩政復帰ではなく、幕政参与と思われる。これは、斉昭が弘化三年（一八四六）六月以降、たびたび海防に関する意見書を老中阿部正弘に送ったり、同年八月以降、姉小路を頼って将軍家慶［図5］に進言していることからも窺える（表3参照）。

すでに徳富蘇峰《とくとみそほう》は、『近世日本国民史』の中で、斉昭が大奥老女姉小路に送った書を紹介し、将軍家慶の心を動かそうと試みたことを指摘している。そして、八月六日付けの姉小路の返書も掲載しているが、その中に「今日御しづかにも御座候ゆえ、御書の御まま一つ一つ申し上げ候処、段々の御書き取りの御趣、御尤もにも思し召し候との御事」とあるように、姉小路は将軍家慶の耳に入れ、家慶も承知はしたものの、「御

図5　徳川家慶肖像（徳川記念財団所蔵）

心付かせられ候御事は、おひおひ御沙汰も遊ばされ候との御事」と、早急に斉昭の意見を取り上げようとはしなかった（なお、斉昭と阿部正弘および姉小路の往復書状は、『新伊勢物語』（『茨城県史料　幕末編Ⅰ』）にも収録されている）。

表3　徳川斉昭の幕府関係年表

年　月　日	事　項
天保十五年（一八四四）五月六日	幕府、斉昭に致仕・謹慎を命じ、世子慶篤家督を相続す。
十一月二十六日	幕府、斉昭の謹慎を解く。
弘化三年（一八四六）八月一日	斉昭、幕府老女姉小路に頼り、海防および製艦の議を将軍家慶に進言す。
八月八日	斉昭、老中阿部正弘に書を贈り、対外策並びに大船の製造解禁を促す。
八月十二日	老中阿部、斉昭に書を返し、その建言せし海防意見は将軍家慶が嘉納することを伝える。
	この年、斉昭、再三書を姉小路に送り、幕府の対外方針および国情を訴え、大砲製造並びに大船建造の急務を説く。
弘化四年（一八四七）五・六月頃	水戸藩士板橋源介、幕府の奥医師・老女らを頼り、斉昭の雪冤に尽力す。
嘉永二年（一八四九）三月十三日	幕府、三連枝の後見を解くも、水戸藩主徳川慶篤が幼少のため斉昭が藩政に参与することを許す。
嘉永五年（一八五二）十一月二十二日	将軍家慶、斉昭に不時登城を命じ饗する。
嘉永六年（一八五三）六月三日	ペリー、浦賀に来航。
六月六日	将軍家慶、老中阿部に命じて斉昭に米艦の事を相談させる。
六月十四日	阿部、海防掛二人を斉昭邸に遣し、米艦退去後の措置を相談させる。幕府目付三人連署して、斉昭を幕政に参与させることを幕府に建議する。
六月二十二日	家慶死去。
六月三十日	阿部、斉昭を訪ね、幕政に参与することを求める。
七月三日	幕府、斉昭に海防の幕政参与を命じる。幕府、斉昭に隔日の登城を命じ、海防の議に参与させる。

『茨城県幕末史年表』（茨城県、1973年）により作成。

結局、徳川斉昭が海防に関する幕政参与を命じられるのは、表3に示した通り、嘉永六年七月三日、ペリーの浦賀来航以降のことであった。

ここで注意すべきは、御三家の徳川斉昭が、姉小路の将軍への影響力に期待したことである。実際、斉昭の望みはすぐには叶わなかったものの、姉小路は斉昭の考えを将軍家慶に伝え、一応その返事を引き出している。将軍の代弁者の役割を果たしたと言えよう。

当時の幕府の実力者は、江戸城本丸御殿の「表」では老中首座の阿部正弘［図6］、「奥」では御側御用取次の本郷泰固《ほんごうやすかた》、「大奥」では老女の姉小路と思われる。問題は、三者の中で、誰が最も将軍家慶に影響力があったのかということである。

そこで注目されるのは、『遠近橋』に見られる記述である。「巻六」には、姉小路と本郷との関係について、次のように記されている。

御側衆本郷丹後守殿◎泰固にて、姉（姉小路）様御部屋へ御出にて、中納言（徳川斉昭）様御事、御長く御気詰めに入らせられ候へば、何卒此上御開きに相成り候よう致したく候間、御骨折り下され候ようにと、御咄成られ候へば、姉様御挨拶には、水戸様一条の儀は委細承知にて、是迄もかれ是と心配いたし居り候儀に御座候、併しながら上様の御程を見合わせおり候が、折を見て申し上げ候ように致し申すべく存じ居り候事に御座候、仲々急急には

図6　阿部正弘肖像
（広島県立福山誠之館高等学校所蔵）

参り申す間敷くと相咄候由、是又梅田どのより承り候と、経定様御咄に御座候、

すなわち、比丘尼の経定院が梅田から聞いた話として、御用取次の本郷が、将軍の徳川斉昭への疑念が解けるように骨を折ってほしいと姉小路へ依頼したことがわかる。これに対して姉小路は、この件はなかなか急には参り兼ねると答えているが、将軍最側近の本郷でさえ、姉小路を頼りにしていることが窺える。事実、姉小路はこの件に関し、将軍家慶の本心を聞き出していることが、「巻四」に見える。これは、姉小路本人が経定院に話した内容である。

上様へ内々申し上げ候処、如何にも御胸に解し兼ね候御模様にて、水戸殿の儀は申す間敷き旨、表立て御達しに相成り申し候趣にこれ有り候、夫に付き何ゆえ左様御不通りこれ有るべき哉と、内々尋ね申し候へば、外の儀にもこれ無く、根元と申すは、何共恐れ入り候へ共、先達て御隠居様◎烈公御自作の御刀、奥向より内々上様御覧に入れたき尊慮にて、御献じに相成り候処、上様御意には、自作の刀ならば、矢張り表向より遣し然るべし、奥向より遣し候は、我を殺し候ようの含みにこれ有る哉との御邪推より、何も歟《か》も水戸様の遊ばされ候事は御胸に当り、ケ様の御方、又候《またぞろ》世の中へ御現在に相成り候ては、如何様《いかよう》の事仕出すかも計り難しと、一円に御凝り成られ候御様子に、相察し候との事に御座候、一体恐れながら御疑察の深き御生まれ付きの処へ、讒言《ざんげん》にても脇より持ち込み候気味もこれ有るべく、それに付き、一旦に御腹の和らぎ候ようにも相成り間敷く、それを六《（無理）》りに推解申し上げ候へば、御胸に当り、御勘気を蒙り申し候ゆえ、誰にても取り仕切り申し上げ候ものもこれ無く罷り成り居り候趣に御座候、

将軍家慶が、徳川斉昭に疑念を抱いた根本は、斉昭が自作の刀を奥向より内々に献上したことにあった。家慶の考えによれば、自作の刀ならば表向より献ずるのが筋で、奥向から献上するのは自分を殺そうとする意図があるのではないかと邪推し、こうした人間を世の中に出せば、どのような事を仕出かすかもわからない、と疑いを持ったとのことである。家慶は、もともと疑い深い性格で、思い込みの激しい人物であったようである。そのため、疑いを解くのは容易ではなく、最側近の本郷もこの件を言上し兼ねていたのであろう。しかし、こうした家慶も、女性の姉小路には気を許し、本音を語ったものと思われる。したがって、姉小路が最も将軍家慶に影響力のある人物ということになり、左のような世評も生まれたのであろう。

一、大奥姉之小路、御用掛り老女、阿部◎正弘へ殊の外同腹にて、大将軍様◎家慶より出候事、一より十迄姉（姉小路）へ御廻し遊ばされ、阿（阿部）へ御相談これ有り、何事も此両人にて内密相謀り候由申す事に御座候

これは、「巻一」所収の小杉荘左衛門（高橋多一郎の隠名）から中村平三郎宛ての書簡控の中に出てくる文言である。「大将軍様（家慶）より出候事、一より十迄姉（姉小路）へ御廻し遊ばされ」とある通り、世間では、姉小路を当時の第一の実力者と見なしていたようである。大名から内願の依頼が多かったのもそれゆえと思われる。次に、越前福井藩の内願に、姉小路がどのように係わったのか見てみよう。

四　越前福井藩の内願と姉小路

越前福井藩（三二万石）の内願については、馬喰町《ばくろちょう》貸付金一件と仮養子一件に、姉小路がどのように関わったのか見てみよう。

十五代藩主松平斉善《なりさわ》（徳川家斉の二四男）は、天保九年（一八三八）七月に十九歳で歿し、田安徳川斉匡《なりまさ》八男の慶永《よしなが》が、十一歳の若年ながら十六代藩主となった。同藩では慢性的な財政窮乏が続き、天保七年の借財総額は実に九〇万両余に達し、しかも、毎年二万六〇〇〇両余の赤字を繰り越す有様であったという。この藩財政の立て直しに最初に取り組んだのが、勝手掛に任命された中根雪江《なかねゆきえ》であった。中根は、藩の歳出が歳入を超えないような厳密な予算を組むことに没頭し、弘化二年には、二四〇〇両余の黒字になるほど収支が好転したという。また、借財を減らす努力も行われ、元利合計九五万八〇〇〇両余に膨らんでいた借財も、同年には八八万四〇〇〇両余に減少している。しかし、なお巨額の債務が残っていた（『福井県史　通史編4　近世二』）。

慶永が、人事や藩政全般について中心的な役割を果たすようになるのは、天保十五～弘化二年の十七、八歳の頃からであるという（『同上書』）。こうした中、財政の補填に馬喰町貸付金を活用しようとする動きが出てきたものと思われる。同貸付金を扱う貸付役所は、文化十四年（一八一七）に成立し、幕府勘定奉行以下の勘定所役人が「貸付掛」を担った。その貸付額は、天保十三年時点で約二〇〇万両にも達し、幕府の公金貸付総高の五〇％以上に上っていた（竹内一九七四）。

では、慶永自身の日録である『政暇《せいか》日記』（『松平春嶽全集』三）により、拝借金成就の経緯を見ていこう。大奥老女姉小路へ依頼した訳は、もちろん、彼女が幕府の実力者であったからである。慶永も、『日記』の弘化二年十月十七日条に、「是ハきゝ物ゆえ、賄賂抔多く取り候て、御政治ニも携り候」ためと記し、「右ケ様な抔ニ頼ミ候儀は、七里ケツハイニ（嫌って寄せ付けないことのたとえ）候得共、しかたなし〳〵、嗚呼残念〳〵〳〵」と嘆いている。正義感の強い青年君主にしてみれば、老女が賄賂をとって、政治に強い影響力を持つことが許せなかったのであろう。しかし、現実は受け入れざるを得ず、そのくやしい気持ちが表れた言葉と言えよう。

姉小路への依頼は、十四代藩主斉承《なりつぐ》の未亡人松栄院《しょうえいいん》付の老女染村を通して行われた。これは、松栄院（浅姫）が十一代将軍家斉の娘（一一女）で、姉小路へも影響力があると思われたからであろう。慶永が越前松平家の養子になったのも、この松栄院の意向が大きく働いていたからという。そのため、慶永は松栄院を敬愛していたという〔藤田二〇一五〕。

染村が最初に姉小路に接触したのは、弘化二年八月十一日のようであるが、十五日に再び出向いた際、姉小路は、拝借のことを「委細呑み込まれ、引き受け心配いたす」と話し、内願を承知した。その後、姉小路には、多葉粉盆《たばこぼん》・反物《たんもの》・縮緬《ちりめん》・交肴《こうこう》などが贈られている。金貨の贈与については、三〇〇〇疋（七両二分）くらいでよろしいのではないか、と染村は話した（十月十七日条）。また、表方の老中首座阿部正弘には交肴と信国作の刀、勘定奉行石河《いしこ》政平《まさひら》には肴一台と樽代二〇〇〇疋（五両）が贈呈された。

結局、翌弘化三年二月十六日に、松平家の留守居役は、月番老中阿部正弘邸に呼び出され、左の書付を渡された。

馬喰町之事

馬喰町御貸付金壱万七千両、追々御貸し渡しこれ有るべく候間、委細の儀は、御勘定奉行え申し置き候よう仕るべく候事、

すなわち、一万七〇〇〇両の馬喰町貸付金の拝借に成功したのである。同時に、留守居はもう一つ書付を渡された。

　　仮養子之事

　書面内願の趣ハ定例の通り、当分養子の願書指し出し候よう致さるべく候事、

越前松平家では、仮養子の内願も行っていた。こちらについては、「当分養子の願書指し出し候よう」とあるごとく、当座の内願は却下された。

　実は、二月十六日当日、別に、松栄院付老女染村は、午後二時頃、姉小路に呼び出されて、左のような将軍の上意を伝えられていた。

　　上意

　表より越前守当夏国許へ罷り帰り候ゆえ、仮養子の内願差し出し候所、尤もの儀に思し召され候得共、然しながら、田鶴若様《たづわかさま》と申せども、御幼冲の義、且つ　西丸にも御誕生これ無く候間、成され難く、御三卿方の御子様方もこれ無く候間、御気の毒ながら成られ難く、此段越前守へ申し聞くべしとの上意に候、

　右の上意から、松平家では、将軍家慶の息子田鶴若を養子にすべく内願を出していたことになる。しかし、この田鶴若は、昨年の十二月九日に生まれたばかりであり、三ヵ月も経っていなかった。しかも、将軍世子の家祥《いえさち》（のちの家定）にも、御三卿にも子供がなく、跡継ぎがいない状況であり、養子には出せないとの上意であった。

　では、何ゆえ松平家では将軍の子供の養子願いを出したのであろうか。当主の慶永はまだ若く、養子をとるには早すぎる。しかも、養子は将軍の子供である必要はない。おそらく、将軍の子供を養子に迎えることによって、幕府から公金を引き出し、財政補塡にあてようとしたのであろう。

つまるところ、注目すべきは、この一件でも、将軍家慶の意向を伝えたのが姉小路であったということである。このように姉小路は、将軍の本音を引き出せる唯一の存在として、幕政に大きな影響力を与えていたと言えよう。

【参考文献】

石田俊「御年寄発給文書」（竹内誠ほか編『徳川「大奥」事典』東京堂出版、二〇一五年）
茨城県史編さん幕末維新史部会編『茨城県幕末史年表』（茨城県、一九七三年）
岩下哲典「幕末風刺画における政治情報と民衆」（大石慎三郎編『近世日本の文化と社会』雄山閣出版、一九九五年）
氏家幹人『江戸の女の底力』（世界文化社、二〇〇四年）
渋谷葉子「御用屋敷」（竹内誠ほか編『徳川「大奥」事典』東京堂出版、二〇一五年）
杉森玲子「江戸二葉町沽券図と大奥女中の町屋敷拝領」（『日本歴史』六七二号、二〇〇四年）
竹内誠「馬喰町貸付役所の成立」（徳川林政史研究所『研究紀要』昭和四十八年度、一九七四年）
徳富蘇峰著、平泉澄校訂『近世日本国民史　開国日本（一）』（講談社学術文庫、一九七九年）
畑尚子「姉小路と徳川斉昭 内願の構図について」（『茨城県史研究』九四号、二〇一〇年）
深井雅海「江戸城本丸御殿図に見る中奥・表向・大奥（下の二）」（徳川林政史研究所『研究紀要』三〇号、一九九六年）
深井雅海『図解・江戸城をよむ』（原書房、一九九七年）
福井県編『福井県史　通史編4　近世二』（福井県、一九九六年）
藤田英昭「浅姫」（竹内誠ほか編『徳川「大奥」事典』東京堂出版、二〇一五年）
三田村鳶魚『御殿女中』（青蛙房、一九六四年）

第2節　徳川幕府における〈乳母〉――大奥女中職制の中にみる授乳・養育者

高田綾子

一　徳川将軍家の〈乳母〉

平安時代以来、〈乳母《めのと》〉として歴史に名を残す女性たちがいる。後鳥羽《ごとば》上皇の乳母といわれる藤原兼子《ふじわらのかねこ》、源頼朝の摩々尼《ままのあま》・山内尼《やまのうちのあま》・寒川尼《さむかわのあま》・比企尼《ひきのあま》、足利義政の乳母今参局《いままいりのつぼね》などである。

江戸時代では、春日局がつとに著名であろう。二代将軍徳川秀忠の長男家光を養育し、次期将軍とするよう家康に直訴したり、後水尾《ごみずのお》天皇の中宮和子《ちゅうぐうまさこ》と共に朝廷とのパイプ役を務めたり、大名の妻子の証人を統轄するかと思えば、家光の長女千代姫の誕生から婚姻までを世話するなど、秀忠の御台所《みだいどころ》お江《ごう》亡きあとの徳川家の奥向の取り締まりを務め、かつ子女の哺育から後見までを担った。それは、養君の授乳・養育・教育・後見という古代以来の〈乳母〉の姿であると同時に、江戸幕府の女性出頭人の姿をも併せ持ち、歴史上の〈乳母〉の中でも大きな存在感がある。そのためか、春日局以降の徳川将軍家の〈乳母〉については不明な点も多く、家綱の乳母とされる矢島局《やじまのつぼね》など、数名が知られるのみである。

一方で、将軍の子女に授乳を行った「御乳持《おちもち》」が乳母として紹介されることも多い。この認識は江戸時代当時からあったようで、例えば、十八世紀の初頭、天明末から寛政の初めに、時の老中松平定信《さだのぶ》の家臣によって編まれた風聞集『よしの冊子《ぞうし》』には、「御乳持」が「天下の御乳母様」と記され（別条では「うば」

という ひらがな表記がある)、ほぼ同時期に旗本森山孝盛《もりやまたかもり》が記した『蜑の焼藻の記《あまのたくものき》』でも、「御乳持」を「御乳母」と称している。これらの記録を見ると、幕府役人の監視のもと、御乳持は非常に不自由でストレスの多い生活を強いられていた様子が窺われ、そのため、江戸時代前期の春日局などに比べると、後期には〈乳母〉の地位が大きく低下していたという評価もある。

もちろん、授乳が〈乳母〉の第一の役割であったことは間違いない。しかしここでは、授乳という役割を中心としながらも、もう少し広く、養育という視点も含めて、徳川将軍家の子女の〈乳母〉のあり方を見てみたい。これまでほとんど触れられることのなかった「御乳人《おちのひと》」や「御さし」という存在にも注目しながら、個別に〈乳母〉として紹介されることの多い「御乳持」も含めて、幕府大奥の女中職制の中に〈乳母〉の位置づけを探ってみたい。

(1)『寛政重修諸家譜《かんせいちょうしゅうしょかふ》』に見る〈乳母〉

初めに、幕府が大名・旗本から系譜を提出させて編纂した『寛政重修諸家譜』(以下、『寛政譜』と略記)を見てみよう。公的な編纂物なので、幕府による〈乳母〉の認識のあり方を確認できる。以下、年代順に呼称と略歴を列記してみる。

[家康の子]

①秀忠の「御乳人」……大姥局《おおばのつぼね》

父は岡部貞綱、夫は川村善右衛門。夫の死後、駿河国岡部に暮らし、豊臣秀吉の召し出しを受けて子の重久と共に大坂に赴く。道中で嵐に遭うも、泰然としていた勇気に感心した秀吉が、家康にその話を伝えたことで秀忠の乳母に召し出される。廩米《りんまい》三〇〇俵を与えられ大姥局と称した（のち廩米を采地《さいち》に改められ、二〇〇〇石に加増される）。

［秀忠の子］

②和子（東福門院《とうふくもんいん》）の「御乳母」……瑞閑院《ずいかんいん》

父は東本願寺に仕えた山名左衛門。のちにお江に仕え、次いで秀忠に仕える。秀忠死後に剃髪《ていはつ》して瑞閑院と称し、家光より食禄を与えられた。

③家光の「御めのと」……春日局［図1］

父は斎藤利三《さいとうとしみつ》、養父は稲葉重通《いなばしげみち》。稲葉正成《まさなり》に嫁し、正勝《まさかつ》・正定《まささだ》・正利《まさとし》などを産んだのち離縁。家光誕生の時、生母お江の侍女である民部《みんぶ》卿局《きょうのつぼね》の取りなしで「御めのと」となる。寛永六年（一六二九）十月に上洛し、武家《ぶけ》伝奏《てんそう》三条西実条《さんじょうにしさねえだ》の取りなしによって参内《さんだい》し、この時和子から室町将軍家の例に倣って「春日局」の称号を許される。また、堀田正盛《ほったまさもり》の三男正俊《まさとし》は、家光の命によって寛永十二年から十八年まで大奥で春日局に養育されたという。

［家光の子］

④家綱の「御乳人」……川崎

父は川崎某。大橋氏に嫁し、のち飯田氏に再縁。家綱の誕生時に

図1　春日局肖像（徳川記念財団所蔵）

「御乳人」に召し出され、のちに老女となり、川崎を称す。前夫大橋氏との間に生まれた女子は、家綱の正室浅宮《あさのみや》（顕子《あきこ》、高巌院《こうげんいん》）に仕え、老女となって外山と称し、のちに夫飯田氏との間に生まれた知高《ともたか》・長《なが》賀《よし》兄弟は、川崎の願いによって召し出され、共に慶安三年（一六五〇）に家綱付となり小十人《こじゅうにん》になっている（知高・長賀兄弟は、川崎を名乗る）。

なお、家綱の乳母として紹介されることの多い矢島は、『寛政譜』には「八島氏の女にして、はじめ豊田清左衛門に嫁し、清左衛門死して大奥につかへ老女となり、八島とめされ、後仰せによりて矢島に改む」と記され、乳母に類する記述は見られず、「老女」という扱いである。

また、家綱に仕えた三沢という女性がいるが、「厳有院殿《げんゆういんでん》（家綱）御生誕のとき、御乳母の選にあげられ、其後御局《おつぼね》となり三沢とめされ」という『寛政譜』の記述からは、実際に「御乳母」となったかは判然としない。三沢は、家綱に仕える前は小堀政一《こぼりまさかず》（遠州）に仕えており、小堀政貞を産んでいる。

⑤綱重《つなしげ》の「乳母」……矢田氏の女

父は本多家の家臣の矢田正省。夫の詳細は不明だが、出産前に離婚し、実家で子（大久保忠政）を産む。のちに召し出され、綱重（家光の次男）の「乳母」となる。子の忠政は母に従って竹橋屋敷におり、明暦元年（一六五五）に召し出されて小性となっている。

なお、綱重の乳母として知られる松坂局は、初め秀忠の息女千姫《せんひめ》に仕え、綱重が千姫の養子となった際に「松坂の局御素立て申し」たというが（『柳営婦女伝系』、『徳川諸家系譜』一）、『寛政譜』には記載がない。

⑥綱吉の「御乳母」……河内

父は川井正元。初め三枝守知《さいぐさもりとも》に嫁ぎ、守興《もりおき》を産んだのちに離婚し、同人を連れて実家の川井家に戻った。

のちに仁木《にっき》氏へ再嫁し、その後は綱吉の「御乳母」となり、河内と名乗って神田屋敷に勤めた。

⑦綱吉の「御乳」……中村氏の女

夫の詳細は不明だが（辻井氏ヵ）、綱吉誕生時に「御乳」に召し出され、二歳の息子勝行も共に近侍し、勝行はのちに神田屋敷へ出仕している。

［家宣《いえのぶ》の御台所・養女・子］

⑧近衛熙子《このえひろこ》（天英院《てんえいいん》、家宣正室）の「御乳母」…下村氏の女

父は近衛家の家司《けいし》の下村某。夫は近衛家に仕えた石川保之。熙子の江戸下向《げこう》の際に、子の盛行と共に随行する。盛行は桜田屋敷で家宣の小性などを務めた。

⑨政姫（近衛家熙《いえひろ》息女、家宣養女）の「乳母」……清田

父は平野長敏。政姫が家宣の養女となった際に江戸へ同行し、桜田屋敷で仕える。家宣の将軍就任と同時に大奥へ入り、老女となって清田と称す。夫の詳細は不明だが、子の平野氏長は、母の願いによって家宣に仕え、のち田安宗武《たやすむねたけ》に仕えている。

⑩家継《いえつぐ》の「御乳人」……野村

蘆屋《あしや》氏の女。村井久弥を養子として家を継がせる。

『間部《まなべ》日記』（国立公文書館所蔵）によると、野村は家継付の御年寄の一人であり、先代家宣の死去から二ヵ月ほどのちの正徳二年（一七一二）十二月五日の女中の役替えの際に、「御乳人」と改称していることがわかる。

［家治の子］

⑪家基《いえもと》の「御乳人」……初崎

大奥に仕え、老女となったのち、家基の「御乳人」となって初崎を称す。

『寛政譜』では、秀忠から家基までの、一一人の〈乳母〉が確認された。史料上の表記としては、「御乳人」、「御乳母（御めのと）」（⑤や⑨のように、「御」がつかない例もある）、「御乳」の三種類が見られる。「御乳母・御めのと（乳母）」は六人、「御乳人」は四人、「御乳」は一人である。姫君の場合はすべて「御乳母（乳母）」（②⑧⑨）とあり、将軍家の男子については区々であるが、⑩家継「御乳人」を境に、「御乳母」「御乳人」の性質が異なっているようである。すなわち、③〜⑦はいずれも夫や子があり、⑥のように哺乳中の幼児がいる例もあることから、授乳および養育を行っていた可能性があるのに対し、⑩⑪は夫や子の記載がないことから、授乳は行わず養育のみに携わっていたとみられる。

なお、①の大姥局は、『寛政譜』には慶長十八年（一六一三）に八十九歳で亡くなったとあり、逆算してみると、秀忠が誕生した天正七年（一五七九）時点で五十五歳であったことになる。年齢から考えると、大姥局は養育者であったのだろう。

また、⑧近衛熙子の乳母の例から、養君が成人したあとも近侍した元〈乳母〉の呼称として「局《つぼね》」があったことがわかる。『間部日記』（徳川宗家文書）の宝永七年（一七一〇）七月十三日条に、「おつほね死去に付き、香奠として白銀《しろがね》二十枚下され、石川摂津守方まで大奥年寄衆よりこれを遣す」とあり、閏八月二日条には「つほね跡」を「石川摂津守」が継ぎ、「局跡御切米御扶持方弐百石に御直し、これを下され、局拝領の町屋敷孫女に下さる旨」を老中が本丸御殿の土圭間《とけいのま》で申し渡したことが記される。「石川摂津守」

は石川盛行のことなので、ここでの「局」は、近衛熙子の〈乳母〉であった盛行の母を指すことが確認できる（『寛政譜』一九）。

『寛政譜』には、前記の〈乳母〉に関する三種類の呼称のほかに、「御乳付《おちつけ》」という語が見られるが、これは〈乳母〉とは性格が異なると考えられるため、後述したい。

（2）御乳人と御さし

次に、文化十一年（一八一四）成立の『明良帯録《めいりょうたいろく》』（東京大学史料編纂所所蔵）を見てみよう。これは幕府役職の職掌などをまとめたもので、著者の蜻洲《せいしゅう》無学山人《むがくさんじん》は小田原藩士の山形豊寛と言われている。「巻之二」の巻末に掲載された大奥女中職制表の中に、「御乳人」、「御さし」、「御乳持」という三役の記載が見られる。序列は「御乳人」が上役で、「御さし」、「御乳持」の順である。それぞれ簡単な説明が付されており、「御乳人」は「初御乳上り式（或ヵ）ヲ云フ」、「御さし」は「西丸ニテハ遣トイフ、一段ヨシ」、「御乳持」は「諸向以下軽キモノニテモ、乳ヨロシキハ選マル」とある。

一般的には、「御乳人」は幼児の保育全般に関わり、「御さし」（「御差」、「御指」とも書く）は授乳を行っていたとされる。「御乳持」は、冒頭で述べたように、幕府に雇われて授乳を行う者である。『明良帯録』の説明は不明瞭な部分もあるが、少なくとも江戸時代後期の時点で、大奥女中の職制の中に、将軍の子女の授乳・養育に関する役として、「御乳人」、「御さし」、「御乳持」が存在したことが確認できる。「御乳人」は『寛政譜』にも見られた役名である。

「御乳人」については、幕府の正史である『徳川実紀』の記述から、「乳母」と同義であると考えられる

（なお「乳人」には「めのと」という読みもある）。

例えば、家光の子供たちの御七夜《おしちや》祝儀において、大名からの献上として、家綱の時（寛永十八年八月九日）は「上臈《じょうろう》・おちの人・介添《かいぞえ》へ二〇万石以上（銀）一〇枚づゝ、一〇万石以上五枚づゝ、六万石以上三枚づゝ、三万石以上二枚づゝ」、夭折《ようせつ》した亀松の時（正保二年三月五日）は「三〇万石以上は御生母へ銀二〇枚、かひぞへ・御乳人へ五枚、さしへ三枚、惣女房へ五〇枚、二一万石以上御生母へ一〇枚、かひぞへ・御乳人三枚、さしへ二枚、惣女房へ三〇枚、一〇万石以上御生母へ五枚、かひぞへ・御乳人へ二枚、さしへ一枚、惣女房へ二〇枚、五万石以上御生母へ三枚、かひぞへ・御乳人へ金五〇〇疋づゝ、さしへ三〇〇疋、惣女房へ銀一〇枚、三万石以上御生母へ二枚、介添・御乳人へ金三〇〇疋づゝ、さしへ二〇〇疋、惣女房へ五枚遣す」、綱吉の時（正保三年正月十四日）は「三一万石以上より御生母へ銀二〇枚、介添・乳母へ銀五枚づゝ、さしへ三枚、惣女房へ五〇枚（以下、二一万石以上から三万石以上までは亀松と同様であるため略す）」、夭折した鶴松の時（慶安元年正月十六日）は「介添幷御乳人へ、三万石以上金三〇〇疋づゝ、五万石以上五〇〇疋づゝ、一一万石以上銀二枚づゝ、二一万石以上三枚づゝ、三一万石以上五枚づゝ贈遣す」とある。なお、介添は、御台所や姫君付の女中に見られることが多く、教育係的な役割を果たしたようである。

一方、幕府の法令である触書《ふれがき》には「乳母」という語は見られず、すべて「御乳人」とあるため（『御触書寛保集成』ほか）、役名としては「御乳人」が公的なものであったと考えられる。

「御乳人」と「御さし」については、その存在が確認できるのは、ほとんどが祝儀献上の触書などの中である。そこで次に、江戸幕府の男子の祝儀献上において、「御乳人」と「御さし」がどのような場面に現れるのかを見てみよう。女子に関する記録は少ないため、ここでは男子を取り上げる。

触書や誕生関係の記録を見てみると、御七夜、御色直《おいろなおし》、御宮参《おみやまいり》、御髪置《おかみおき》、御袴着《おはかまぎ》、元服などの通過儀礼に関する祝いにおいて、諸大名から「御乳人」や「御さし」への献上の規定が見られる。例えば御七夜の祝儀では、三代将軍家光の子供たちの場合は、前述の通りであるが、宝永四年（一七〇七）、六代将軍家宣の子の家千代《いえちよ》の時に出された事前通達では、「御かいそへ・御乳人」および「御さし」に対して、三万石から九万九〇〇〇石の大名は銀二枚と銀一枚、一〇万石以上は銀三枚と銀二枚という献上規定になっている（『御触書寛保集成』二二五号、以下『寛保集成』と略記）。

一方、元文二年（一七三七）二月、九代将軍家重《いえしげ》の子の竹千代（家治《いえはる》）の御七夜の事前通達では、献上先が「御乳人・年寄」、「表使《おもてづかい》・御さし」の二区分となる。「御かいそへ」の代わりに御年寄が入り、表使が御さしと共に対象者に加わっている。

家宣の代までは、男子の御七夜祝儀の献上先に、御乳人と共に介添が見られるが、家治の御七夜祝儀に関して四月に出された触書には、「先達て相触れ候御七夜御祝儀贈物の内、御介添は相止候」と記されており（『寛保集成』三二七号）、これ以降、介添は献上の対象外となっている。

家治の御七夜祝儀では、献上対象だけでなく、献上者の大名の石高区分も異なり、五万石以上、一〇万石以上、三〇万石以上の三区分となる。献上内容は、五万石以上は「御乳人・年寄」へ銀一枚、「表使・御さし」へ金二〇〇疋、一〇万石以上は「御乳人・年寄」へ銀二枚と「表使・御さし」へ金三〇〇疋、三〇万石以上は「御乳人・年寄」へ銀三枚と「表使・御さし」へ金五〇〇疋であった（『寛保集成』三二五号）。

家治以降、御乳人への献上内容は変わらなくなるが、御さしに関しては、家治の子の万寿姫《ますひめ》の御七夜祝儀の二度目の通達（宝暦十一年〈一七六一〉八月布達）に、「御さしえの贈物は、相止候事」とある（『天明集成』

一六五号）。四月に出された一度目の通達では、御さしは献上の対象となっており、八月に対象外となった理由は不明である。触書の上では、文政十一年（一八二八）の家定《いえさだ》元服までは御さしも献上の対象に含まれていることが確認できるが、この時期になると前代と同じ書式の触書が繰り返し出されるようになるため、実態と合わせて検討する必要がある。

大奥女中への祝儀は、大名からだけではなく、将軍や御台所からも与えられた。表1は、宝暦十二年十月二十五日に生まれた、家治の嫡子家基［図2］の通過儀礼に際して、将軍から家基付の大奥女中に与えられた祝儀をまとめたものである（紙幅の関係上、御台所からのものは省略した）。

家基は安永八年（一七七九）に十八歳で死去するが、誕生（御七夜）から御宮参、御髪置、御袴着、元服、御袖留《おそでとめ》、前髪執《まえがみとり》までの祝儀が確認できる。総じて、大名からの献上より額が多い。御乳人はすべての儀式で祝儀を与えられているが、御さしは元服を最後に下賜の対象には見られなくなり、代わって袖留から中臈《ちゅうろう》が登場している。明和三年（一七六六）の元服時、家基は五歳であり、当時の授乳期間はおよそ三歳までであるので、授乳期間が終わってからも、御さしはしばらく養君に仕えていた様子が窺われる。

御さしの人数については、家治の「御七夜之節贈物有之女中人数」（『竹千代君御誕生記』元文二年、国立公文書館所蔵）の対象者の中に、本

図2　徳川家基肖像（徳川記念財団所蔵）

表１　将軍から家基付大奥女中への祝儀の下賜

祝儀名＼宛先	岩橋・御乳人(初崎)・室津	御客応答	中臈	御錠口	表使	御さし	惣女中
七夜(一歳) 宝暦十二年 十月二十九日	銀五枚・巻物三	—	—	—	—	—	—
宮参(二歳) 宝暦十三年 九月七日	銀三枚	銀二枚	—	—	—	—	銀三〇枚
髪置(三歳) 明和元年 十一月四日	銀五枚	銀三枚(一人)	—	銀二枚(一人)	—	金一両一分(四人)	銀三〇枚
袴着(五歳) 明和三年 正月二十七日	銀五枚	銀三枚(一人)	—	銀二枚(一人)	銀二枚(二人)	金一両一分(四人)	銀三〇枚
元服(五歳) 明和三年 四月十七日	銀一〇枚	銀五枚(一人)	—	銀三枚(一人)	銀三枚(二人)	金一両一分(四人)	銀五〇枚
袖留(十五歳) 安永五年 五月二日	銀五枚	銀三枚(三人)	銀三枚(四人)	銀三枚(四人)	銀三枚(三人)	—	銀五枚
前髪執(十七歳) 安永七年 三月十七日	銀五枚	銀三枚(三人)	銀三枚(四人)	銀三枚(四人)	銀三枚(三人)	—	—

註　『若君様御誕生ニ付雑留』・『恩賜例』(国立公文書館所蔵)により作成。祝儀名の次の(　)は家基の数えの年齢を表す。年月日は下賜のあった日付であり、儀式が行われた日付とは異なる場合がある。年寄のうち、室津は明和元年の髪置祝儀から記載され、安永五年の袖留祝儀から御乳人は初崎に名が戻っている。

丸御年寄の豊岡・八島・浦尾・藤野・岩野・春野・深野、西丸御年寄の梅園・瀬川・滝津、家治付の「御乳人一人」・御年寄一人、西丸表使の平尾・富尾・幾田・町野、家治付の「御さし一人」が見られ、次いで四年後の元文六年正月の御袴着には、大名からの献上対象の大奥女中として「御乳人・いさの」、「御さし四人」とある（『寛保集成』三四九号）。御さしは、誕生時の一名から順次増員され、最大四名となったようである。

次に、家治の御宮参における御乳人と御さしを『竹千代君御誕生記』より見てみよう。元文二年九月二十七日に、江戸城内の紅葉山東照宮と、赤坂の山王社《さんのうしゃ》（日枝《ひえ》神社）へ御宮参が行われた際、「御宮参の節御供女中」として、御年寄滝津、「御添乗御乳人」砂野、表使平尾、抱守《だきもり》二人、御さし（「御指」）二人、供の使番二人が随行している。山王社には先行して表使幾田、抱守・御さし・中居・使番が一人ずつ詰めた。また、帰路に立ち寄る井伊《いい》直定《なおさだ》の屋敷にも、御年寄梅園、表使富尾、抱守・御さし・御中居・使番が一人ずつ待機している。家治の御乳人は砂野であることと、常に家治に付き従っていることがわかる（ただし、前記の『寛保集成』では御乳人と砂野とが並記されており、混乱が見られる）。御さしは、この時すでに四人いたことが確認され、二人が家治に常時随行し、一人は山王社、一人は井伊家の屋敷で控えるという分担がなされていた。

最後に、再び家基の例に戻って、御年寄の御乳人任命状況を見てみよう。家基誕生の二日後、宝暦十二年十月二十七日に、江戸城大奥の御広敷において、御年寄・留守居同席のもと、老中井上正経《いのうえまさつね》から役替えの申し渡しが行われた。本丸御年寄の岩橋は家基付となり、同じく本丸御年寄の初崎が「若君様（家基）御乳人」、御客応答《あしらい》の梅田は本丸御年寄に任じられた［図3］。以降、初崎は史料上では「御乳人」と記されるようになる。表1の各祝儀の中で、御七夜から元服までの表記は御乳人であり、初崎に戻るのは、安永五年の御

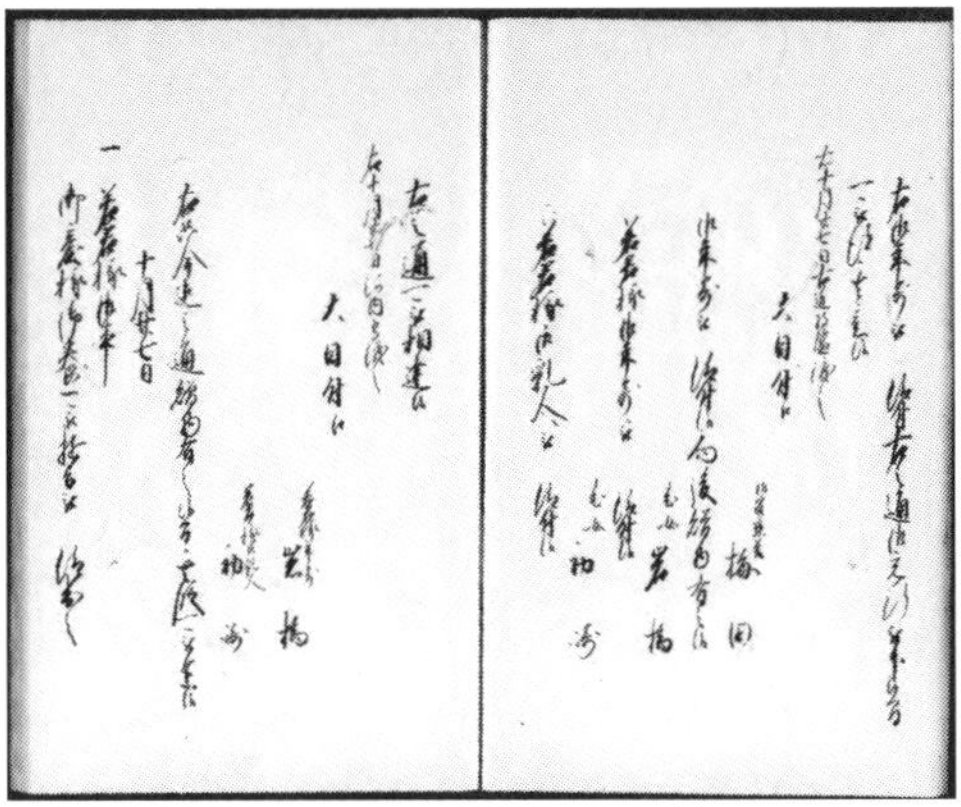

図3　初崎の御乳人任命（『女中帳』国立公文書館所蔵）

袖留祝儀以降である。御袖留は男子の元服の折、振袖《ふりそで》を普通の袖の長さにとどめる儀式であり、十五歳の時に行われた。

以上、徳川将軍家の〈乳母〉として、大奥女中の御乳人・御さしについて見てきた。将軍家の子供には二人の御年寄が付けられ、そのうちの一人が御乳人に任じられた。御乳人は、本丸御年寄の中の一人から選ばれ、主君が成人するまでの呼称は「御乳人」であり、主君の成人後は元の二字名に戻った。御さしは、不明な点が多いが、御乳人の下役と見られ、人員は最大で四人であった。

なお、御乳人の役割は、江戸時代前期と中期以降で変化していた可能性もある。家綱の御乳人の川崎（④）は、御乳人として召し出されてから御年寄になっている。川崎には子供もいることから、前期の御乳人は授乳を行っていたとも考えられる。中期以降、大奥女中の職制が確定してからは、御年寄をはじめとする上級女中は生涯奉公となる。御年寄から選ばれた御乳人は、授乳を行っていたとは考えにくく、幼君の養育を専門にし、それに関わる諸事を統括するような立場になっていったのではないか。

また、御さしについては、朝廷の女官《にょかん》制度の中にも同名の役職があり、これは、もとは授乳者であったが、江戸時代の朝廷においては、天皇の厠《かわや》に随従したほか、勾当内侍《こうとうのないし》の事務の補佐も行ったという〔久保二〇一三〕。幕府大奥の女中の職階・職名が、天皇家の女官制度、親王《しんのう》家・摂家《せっけ》の女房《にょうぼう》制度をモデルにしていたことや〔山本二〇〇八〕、祝儀の際に、下賜品が表使と同格で与えられたことなどから考えると、大奥の御さしも中期以降は御乳人を補佐するような事務方の役職であったかもしれない。

御乳人などの奥女中たちが養育に専従していく中で、授乳の役割を担うようになったのが、次に見る臨時雇いの御乳持だったのではないだろうか。

二　徳川将軍家の御乳持

(1) 御乳持の採用

将軍家の御乳持について、史料上で確認できるのは、家治《いえはる》の誕生時からである。元文二年(一七三七)五月二十二日に江戸城西丸で家治が誕生すると、二十八日には竹千代と名づけられ、男性役人の御側二名・抱守二名と、奥女中の御付御年寄一名が任命される。そして、六月二十三日に徳川(一橋)宗尹《むねただ》の添番を務める牛窪千次郎の妻が、御乳持として採用されている(『竹千代君御誕生記』)。

次に記録上で確認できるのは、宝暦十二年(一七六二)七月二十四日の御乳持募集の触書である。十月二十五日に家治の嫡子となる家基《いえもと》が誕生しているので、その準備として布達されたと考えられる。大目付と目付に対し、「御目見《おめみえ》以下にて、御乳持に召し出され然るべき向々、先格を以て書き出さるべく候」と通達されていることから、御乳持は御目見以下の者の妻から選ばれていたことが確認できる(『若君様御誕生ニ付雑留』国立公文書館所蔵)。

以上は、将軍嫡子の御乳持の例である。次に、姫君について見よう。

『恩賜例』(国立公文書館所蔵)の「四番よ」の冊に、宝暦十三年から天明三年(一七八三)までの間に、将軍家と御三家・御三卿との間で交わされた贈答と、奥女中へ与えられた祝儀がまとめて記されている。この中に、姫君の御乳持の免職に伴う銀子下賜の記事がある。

まず、明和三年正月二十八日と三月朔日に、大奥の役所である御広敷へ、「御乳持壱人御暇下され候に付、姫君様より之を下さる」として、銀二枚が渡されている。「姫君様」は、明和二年七月五日に御三卿田安家で生まれ、安永四年に将軍家治の養女となった種姫《たねひめ》を指すと考えられる。明和四年三月十五日には、御乳持一人の「御暇」に伴って種姫から銀二枚が与えられている。同年九月五日と明和五年二月十一日にも、それぞれ御乳持一人に同様の褒美が与えられており、複数名の御乳持が奉仕していたことがわかる。

家治の実子は四人であったのに対し、十一代家斉《いえなり》は五七人、十二代家慶《いえよし》も二九人の子をもうけ、寛政期以降、大奥は例を見ない多産時代に入っていく。

冒頭にも紹介した旗本森山孝盛の『蜑《あま》の焼藻《たくも》の記《き》』によると、当時の将軍家斉には子供がたくさん生まれるため、幕府女中の統括役である留守居が「乳母」に事欠き、様々に探し集めていたという。ここでの「乳母」は御乳持と同義であろう。以下、同書や幕府の法令などに拠りながら、寛政から文化期における家斉の子女の御乳持をめぐる状況を見ていこう。

まず、寛政年間に出生した家斉の子女を確認すると、以下の通りである。

①淑姫《ひでひめ》（寛政元年〈一七八九〉三月二十五日）
②女子（同二年十月一日、誕生の翌日卒去）
③竹千代（同四年七月十三日）
④敏次郎（家慶、同五年五月十四日）
⑤男子（同六年五月九日、即日卒去）
⑥敬之助《たかのすけ》（同七年十二月十日）
⑦敦之助（同八年三月十九日）

⑧綾姫（同八年七月十一日）
⑨総姫《ふさひめ》（同八年十月十五日）
⑩「御流体」（同十年正月十三日）
⑪「御流体」（同十年正月十六日）
⑫豊三郎（同十年二月晦日）
⑬格姫《ただひめ》（同十年八月五日）
⑭五百姫《いおひめ》（同十一年十二月十六日）
⑮峯姫（同十二年閏四月四日）

長女淑姫が三歳の時の寛政三年三月五日に、大目付の松浦《まつら》信程《のぶきよ》から御目見以下の者に対して、御乳持募集の通達が出されている（『天保集成』四九六八号）。対象となるのは、御目見以下の者の妻のうち、一年から三ヵ月前に出産し、乳が出る者である。部屋住みの者の妻も対象とされた。審査の上、該当者は次のような書式の書類を提出することになり、該当者がいない場合も、その旨を書付にして差し出すこととされた。

何之誰 組支配
何役
何之誰妻
亥何歳

一、去戌年四五月頃より同十二月までの内何月 男子 女子

但、何度目
一、乳能か細か
一、常々持病並びに病身の有無
亥三月

記入事項は、夫の役職と氏名、妻当人の年齢、直近の出産月と男子・女子の別、何度目の出産であるか、母乳の状態（多いか少ないか）、持病の有無である。書類を提出したあと、乳の出が悪くなったり、出なくなったりした場合や、病気などの支障が生じた場合は、その時々に届け出るようにとあり、確実に授乳可能な者を把握できるようになっていた。

御乳持の採用時に作成された書類の一例として、少し時代は下るが、文化七年（一八一〇）に大奥御年寄から老中へ提出された書類を挙げておこう［図4］。

西丸御先手
天野勘左衛門組同心
田中才司妻
せい

右此度
御子様方御乳持被　召抱候間、御答申候、以上

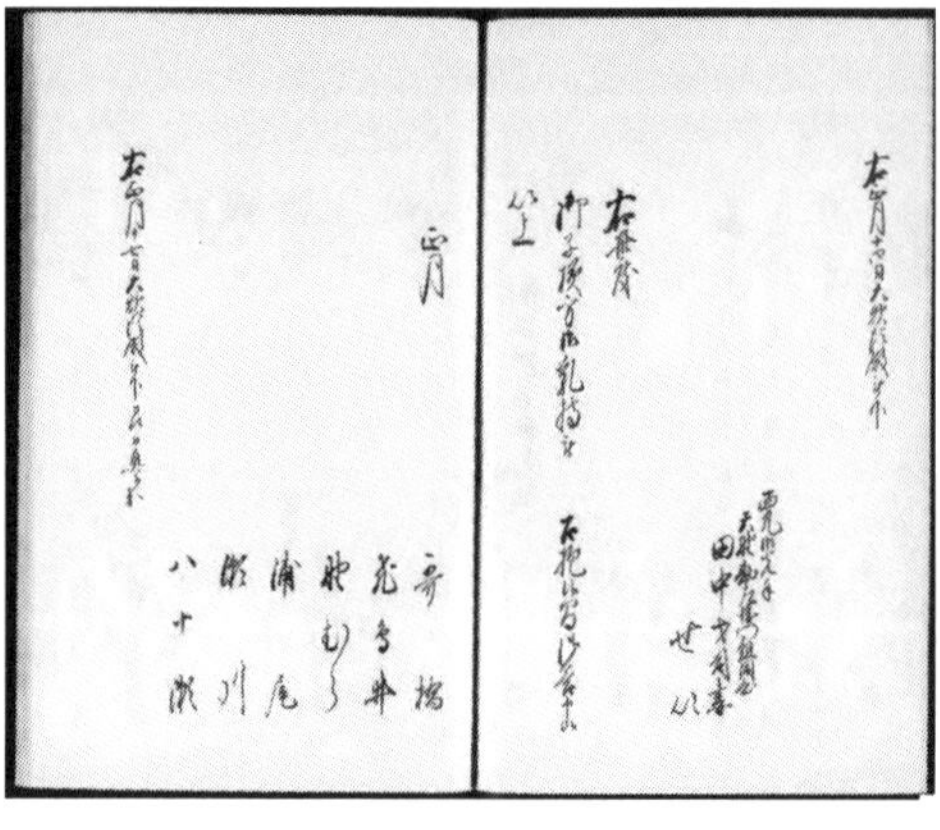

図4「せい」の御乳持任命

正月

哥橋
飛鳥井
野むら
浦尾
瀬川
八十瀬

右正月十七日大炊頭《おおいのかみ》殿被下、即日奥江出、

（『女中帳』国立公文書館所蔵）

寛政四年六月、③竹千代出生の一ヵ月前には、御乳持の身分規定が改定されている。以前は、大番《おおばん》以上の妻・娘の場合は御三之間格《おさんのまかく》であったが、今後は御次格《おつぎかく》とすることになった。その他の者は、従来通り御三之間格のままである（『天保集成』四九七〇号）。

右の通達から、御目見以上の大番士の妻・娘も御乳持の選定対象となっていることがわかる。御三之間は、新規採用の女中が就く御目見以下の下級役職であり、御次は大奥の道具や献上物を扱う御目見以上の中級役職である。

（2）御乳持不足と対策

『蜑の焼藻の記』には、昔からどのようなわけか、お乳を差し上げる者は、御徒《おかち》・与力・同心など、御目見以下の小給の御家人の妻のみが採用されたが、引き続き子供が多く生まれるため、間に合わず、大番や小十人組の者の妻も、相応の乳があれば採用することになったと記される。これは、同書によると、御乳持の採用担当であった目付の矢部定令《さだのり》の上申によるところが大きいようである。矢部は、老中松平定信に対し、御目見以下の者の妻を採用するだけでなく、大番・書院番・小性組・寄合までも審査の対象とし、一般のように抱き寝などもさせるようにして、御乳持当人がくつろいで十分に育てられるようにすべきではないか、もし子供がなついて、将来側仕えをやめさせなかったとしても、主君のためになることであるので、当人もその夫も困るようなことはあるまい、子供のためにも非常によいことである、と意見具申した。これが、定信の兼ねてからの考えにも合い、御目見以上からも採用されることになったというのである。『蜑の焼藻の記』の著者森山孝盛の娘りさは、数日間ではあったが実際に竹千代に乳を差し上げており、記述の信憑性は高い。

御乳持不足はかなり深刻化していたようで、寛政九年には、少なくとも正月・三月・四月・五月と立て続けに御乳持関連の触書が出されている。この時に生育している子女は、前記の①淑姫・④敏次郎・⑥敬之助・⑦敦之助・⑧綾姫・⑨総姫の六人であり、三歳以下の⑥〜⑨の四人が授乳者を必要としていたことになる。

寛政九年正月・三月の触書は、御乳持募集に関するものであり、六年前の寛政三年に出された達書（『天保集成』四九六八号）とは内容に大きな違いが見られるが、正月の触書は詳細が不明であるため、三月のものを見てみよう。

最も大きな差異は、「此度、御指・御乳持御用に付き、御目見以上・以下の者妻、去る辰正月より此節まで出産、乳これ有り候はば、御乳持召し出さるべく」という冒頭の一文に表れている（『天保集成』四九七三号）。つまり、寛政三年は御目見以下が選考対象であったのに対し、同九年は御目見以上も対象になっており、採用身分が拡大されている。御目見以上が御さし、御目見以下が御乳持と呼ばれていたことも確認でき、この史料から見ると、御さしは授乳者を意味したとも考えられる。また、選考対象者の出産時期も、前後三ヵ月に拡大されている。

その他の規定として、以前に御乳持の審査（「御《お》乳《ち》持《もち》吟《ぎん》味《み》」）を受けた者と、一度御乳持として採用された者が今回も応募する場合は、その旨を書き記すこと、正月の募集で対象者となった者は今回は除くが、その時に病気などで対象とならなかった者のうち、回復して乳の出る者は、今回は対象となることが記されている。また、身に着ける帯の規定も定められた。御乳持の募集がかけられた三月には、「御乳持吟味」の参加者への手当ての規定も出されている。その対象となったのは、三〇俵以下の小禄の者であり、吟味を受ける当日に金三〇〇疋が与えられることになった（『天保集成』四九七二号）。

しかし、なかなか人が集まらなかったようで、翌四月には一段強い語調の触書が出されている。曰く、御乳持の該当者は大勢いるはずなのに、「御乳持吟味」のたびに毎回該当者はいないという申し立てである。「御厚恩を蒙る」家臣として、いずれは主君の御用を勤めようと思わない者はなく、特に小禄の者には格別の手当ても与えられ、将軍家へ御乳を差し上げるというのは、「誠に冥《みょう》加《が》に叶」うことであり、「此上もなき儀」である。進んで応じるべきところ、「雑説」を聞いて、御乳持に上がるとかえって苦労するように考え、そのような心得違いにより、たくさん乳が出て健康に問題のない者でさえも、病気などと理由をつけて書類を出さない者もあるようだ。

当時の御乳持をめぐる「雑説」というのは、例えば『よしの冊子』の中に見出せる類のものであろう。

同史料の寛政元年六月二十七日から閏六月二日の間に集められた風聞の中に、「此度姫君様御乳持に出で候ものは、色々勝手道具までも自分より持ち出し、わずかの間三、四十金も借金を致し候」や、「御年寄其外《そのほか》女中に気を遣い、又部屋は四人相部屋ゆえ気兼ねいたし、いかようの者にても十四、五日、廿日も勤め候えば乳あがり申候」、「御乳を上げ候も覆面をいたし、御抱き申し候事も相成らず、人に御いだかせ申し候て上げ候」とあり、金銭的負担の大きさや、精神的なストレスに関する噂があったことがわかる。

中でも問題とされていたのは食事のようで、朝夕の食事は、一人一人順番に用意するため、時間が大幅に遅れるとか、おかずは「あらにまめ、八はいどうふ、菜のひたしもの」程度の粗末なもので、母乳のためにはよくないようなものであったとか、三日に一度、幕府台所から五、六寸の鯛が一人に一枚まわってきたが、いつも古くなって食べられたものではなかったとか、五日に一度饅頭が出されたが「御麁末《おそまつ》成る品」の上、極少量であったなど、「犬猫に食らえと申」さんばかりの扱いであったという噂が書き留められている。

寛政九年四月の触書では、「雑説」から心得違いをする者は、「不埒《ふらち》の趣意」にもあたるとして問題視しており、重ねて次のような通達が出されている。

①前年の正月以降に出産した者はすべて調べること、②病気や乳不足などの問題は、実際そうである場合に記載すること、③上役は、配下の者一人一人と面談して確認し、特別の手当てが出ることと、名誉な役目であることなどを言い聞かせること、④身分の低い者が、乳が出なくなって御乳持を免職になった時も、その子が一定の年齢（四歳）になるまでは三人扶持が与えられるので、経済的負担はなくなるはずだが、ほかにも負担になるようなことがあれば、遠慮なく意見を出させ、それについても記載すること（『天保集

成』四九七四号)。

しかし、ここまでしても実効が薄かったようで、④のように自分の子への養育手当てが支給されるという条件がついていてもなお、御乳持を務めようとする者は少なく、寛政九年五月に、「御乳持吟味」を受ける三〇俵以下の者に与えられる手当てが銀三枚に増額されることになって、ようやく事足りるようになったという(『天保集成』四九七五号、『蟹の焼藻の記』)。

しかし、享和二年(一八〇二)十月の達には、「乳細く候ても、乳筋に寄り、御用立ち候もこれ有り候間、是又書き出しこれ有るべく候」とあり、引き続き人材確保には苦労していた様子が窺われる(『天保集成』四九八五号)。

ここまで御乳持が忌避される理由は、気苦労の多さが第一であったようである。

『よしの冊子』では食事の悪評が目立ったが、『蜑の焼藻の記』によると、朝夕の食事は仕える主人と同じで、美味であったけれども、冷めてしまって出来立てのものではなかったとあり、実際はそこまでひどいものではなかったことが窺われる。むしろ問題は、食事をする環境のほうであり、広敷番頭《ひろしきばんがしら》や広敷添番《ひろしきそえばん》などの役人の立ち合いのもと、大奥の台所で食事をするため、育ちがよく弁えのある女性は、快く食事ができなかったという。その上、自室でも湯茶を自由に飲むことができず、飲む時は目付の立ち合いのもと、「御茶所」へ行って飲み、薬を飲む時も同様であった。そのため、小給の者の妻など、こうしたことを何とも思わず「弁へなきそだち」でなければ、母乳の状態を良く保つことができなかった。主君のためとはいえ、小給の身で自分の子供は里にやり、御乳持に出仕したにもかかわらず、わずか三、四ヵ月の間に自分の乳は出なくなり、出仕中は夫も家事に不便を生じ、また辞めてからは、里にやった実子へ手当てを出す貯えもできず、多くの者は御乳持を務めることを好まなかったという。

実際、森山家でも、当の孝盛の娘りさは御乳持に出ることを渋り、夫で婿養子の盛年も乗り気ではなく、当主の孝盛が「よくよく教訓して」娘を勤めに出させたが、結局「様々の心づかひにやつれて、忽《たちま》ち乳も細くなり」、仕えていた竹千代も四五日で亡くなったため、娘は実家に戻ることになった。

（3）御乳持の階層

最後に、実際に御乳持となったのは、どのような階層の妻たちであったのかを、表2から見てみよう。表2は、文化二年（一八〇五）から同七年までの大奥女中の人事などの諸記録である『女中帳』をもとに作成したものである。

この時期に生育していた子女の数は、文化二年が三人（うち誕生一人）、三年が五人（誕生三人）、四年が四人、五年が四人（誕生一人）、六年が七人（誕生三人）、七年が八人（誕生一人）であり、八年には正月と三月に女子が誕生している。ほぼ毎年出生があるため、文化三年・四年にも御乳持の採用があったと考えられるが、『女中帳』には記録が見られないため、表2は実質四年分の事例となる。

一部判読不明文字や詳細が不明の部分もあるが、記録に残っている限りでは、四年間で採用された御乳持は、延べ五七人に上る。役職の詳細がわからない者を除くと、すべて御目見以下の妻からの採用であり、同心クラスが最も多い。ほとんどが本丸勤務の者であるが、西丸勤めの者や、御台所付の者も見られる。部屋住みからの採用もあり（③⑯）、再任される場合もあった（⑳㉕）。五七件中、唯一免職の記録が見られるのが㉖「ひよ」である。採用からちょうど三ヵ月後の七月に、「御乳御用立ち申さず」として暇を与

表2　江戸幕府の御乳持採用者（文化2年〜7年）

採用年月		No.	妻名	夫氏名	夫の役職
文化2年	閏8月	1	たち	市川茂左衛門	御徒
	10月	2	ひよ	小松仲右衛門	一橋家小普請支配世話役
		3	せん	近田三之丞	中間近田半左衛門忰
文化5年	9月	4	かほ	山崎幸七	火消役同心
文化6年	7月	5	きす	小宮山十助	鷹匠同心
	9月	6	つけ	宮田幸右衛門	先手組＊
		7	かふ	栗栖文五郎	富士見宝蔵番
		8	けし	加藤沢右衛門	西丸裏門番同心
	10月	9	まこ	青木伝蔵	細工所同心
		10	せん	大貫弥三郎	百人組同心
		11	鍋	平吉	御台様(近衛寔子)用人支配用部屋陸尺
	11月	12	なさ	高沢十右衛門	御徒
		13	いな	広瀬三右衛門	材木奉行支配材木手代
		14	こい	田畑勝三郎	小普請組
	12月	15	ふね	岡田喜平次	書替奉行手代
文化7年	正月	16	いつ	島村重五郎	先手組島村幸右衛門忰
		17	せい	田中才司	西丸先手組同心
	2月	18	ひやく	池田清次郎	百人組頭同心
		19	かふ	館野周八郎	普請役
		20	くき	冨沢林蔵	普請奉行支配普請方同心肝煎役
	3月	21	しは	橋本彦右衛門	先手組同心
		22	たち	高久平兵衛	西丸先手組同心
		23	けし	柳沢増五郎	御台様（近衛寔子）仕丁
		24	くき	冨沢林蔵	普請奉行支配普請方同心肝煎役
		25	ひよ	中根式五郎	書院番同心
	4月	26	たて	竹原五左衛門	先手組同心
		27	こん	田中文左衛門	大番組同心
		28	せん	茂八	吹上奉行支配普請方之者
		29	にせ	田中和三郎	西丸広敷番頭支配御小人
	5月	30	きり	岡島久三郎	鉄炮箪笥奉行同心
		31	とる	浅野平四郎	賄六尺
	6月	32	やと	青柳伊兵衛	腰物奉行同心
		33	ひこ	内山所左衛門	小普請組
		34	かふ	上杉嘉平太	書院番頭同心
		35	こて	杉原勘兵衛	持筒組同心
		36	さゑ	徳五郎	西丸表陸尺
		37	むく	岸又五郎	持筒組同心
	7月	38	りつ	江添市郎右衛門	大番組＊
		39	いの	原三右衛門	御徒
		40	めん	後藤市五郎	百人組同心
		41	とる	若菜鉄蔵	持筒組同心
	8月	42	るた	小林正助	先手組同心
		43	こふ	内川和作	裏門番頭同心
		44	まめ	古屋佐伝次	表小間遣
	9月	45	おき	小磯長十郎	先手組同心
		46	やて	星野清大夫	先手組同心
		47	ふな	真下勇右衛門	西丸持弓組同心
		48	はと	米田市次郎	御徒
		49	はき	豊岡吉兵衛	書院番同心
	10月	50	きす	桐生三右衛門	西丸切手門番頭同心組頭
		51	にき	中［　　］郎	駕籠頭組（忰ヵ）
	11月	52	はせ	坂倉重蔵	明屋敷番伊賀者
		53	よの	金子半五郎	西丸御徒
	12月	54	そろ	阿部［　　］	持弓組同心
		55	きり	佐藤幸右衛門	火消役同心
		56	なへ	岡田武左衛門	先手組同心
		57	つけ	岡本巳之助	小普請組

註　『女中帳』(国立公文書館所蔵)により作成。［　　］は虫損により判読不明の箇所である。＊は役職の詳細(与力か同心かなど)がわからない者を表す。一部採用月を補訂した。また、No.53の「よの」とNo.54の「くろ」の間に一名「十月」採用者が記されているが、夫婦とも名前が不明であることなどから、煩を避けるため本表には載せていない。

えられ、禄高が一〇〇俵以下で二歳の娘がいるため、養育費として文化九年まで三人扶持が支給されることが記されている。

享和二年（一八〇二）十月に出された御乳持募集の触書では、「御乳持の儀、御目見以上・以下の者・同部屋住みの者妻」を対象者として記すが、御目見以上の者が対象になっているにもかかわらず、寛政九年の触書に見られた「御指」の語が消えており、採用対象を旗本まで拡大したものの、文化期の状況を見ると、結局のところ授乳役のなり手は、御家人の妻しかいなかったようである。

以上のように、寛政期頃には、「御乳持」として大奥に上がった者は、自分の子供は実家などに預け、自身は御殿内に住み込みで働いた。食事は上等ではあるが、生活は役人たちの監視下にあり、不自由で気苦労が多く、三ヵ月ほどで乳の出が悪くなり、免職となる者がほとんどであった。出産ラッシュによって御乳持不足は深刻化し、幕府は採用対象者を御家人以下から旗本まで広げたが、勤めの辛さから、依然として旗本クラスからは忌避され、御家人以下にしても、「御乳持吟味」参加者への手当ての支給や増額、小禄の者には実子の養育費を支給するなどして、ようやく人材を繋ぎ留めておくような状態であった。寛政の世から一〇年以上経っても、養育費の支給は続いており、家斉が設けた子女の数とそこに仕えた御乳持の数を考える時、御乳持への手当や養育費が幕府財政に与えた影響は少なくなかったと思われる。

三　徳川将軍家の「御乳付」

最後に、「御乳付」について検討しておきたい。

「御乳付」は、古くは十世紀からその存在が確認され、天皇に皇子や皇女が生まれた際に伺候《しこう》し、新生児の口中の清掃と投薬を行い、そのあと儀式的に乳首を含ませる役であったという。実際に授乳を行う役ではないため、乳の有無は無関係であり、老練な経験者がその役を務めた〔吉海一九九五〕。誕生儀礼の際の一回限りの役目であり、養育を行う〈乳母〉とは別のものである。一方で、江戸時代の旗本の間では、親族間で「乳付」が行われ、新生児が上手に哺乳できるよう、経験豊かな女性がしつける慣習であったことが指摘されている〔氏家二〇〇九〕。では、徳川将軍家における御乳付とはどのような存在であったのだろうか。

表3は、徳川将軍家の御乳付を務めた女性たちについてまとめたものである。六代家宣から十二代家慶の時代までの、二一名の子女の御乳付九名が確認できた。

③小出英貞の妻を除くと、すべて旗本の妻である。①家宣の子家千代の御乳付の夫岡部長興は、家宣が甲府藩主であった時代からの家臣であり、小性、用人と側近く仕えた経歴を持つ。家千代の誕生の三日後には同人の抱守となっており、夫婦で家千代の生育に関係している。④吉宗の子小五郎の御乳付の夫鈴木安貞も、吉宗の紀州藩主時代からの家臣であり、長く身辺に仕えている者の妻から御乳付が選ばれる例が見られる。

家重の子の代からは、連続して御乳付を務める例が見られる。⑤松平忠根《ただね》の妻は、家重・家治のそれぞれ第一子の御乳付を務め、家治の第二子・第三子は、⑥大久保《おおくぼ》忠翰《ただなり》の妻が御乳付になっている。そして、家治の第四子から家斉の第一子・第二子までの御乳付を⑦溝口直之の妻が、第三子から第一〇子までは直之の子の⑧直旧《なおもと》の妻が二代にわたって務め、家慶の第一子と第三子は、⑨押田勝長の妻が務めている（第

表3　徳川将軍家御乳付

	御乳付の夫氏名（役職）	子女の父	子女名	誕生年月日	備考
1	岡部長興（桐間番頭）	家宣	家千代	宝永四年七月十日	
2	三浦便次（貞次）（百人組頭）		大五郎	宝永五年十二月二十二日	
3	小出英貞（園部藩主）	吉宗	小五郎（一橋宗尹）	享保六年閏七月十五日	
4	鈴木安貞（西丸小納戸頭取）		万次郎（清水重好）	延享二年二月十五日	延享元年十一月十一日御乳付に任命
5	松平忠根（書院番頭）（西丸側衆・家治付）	家重	竹千代（家治）	元文二年五月二十二日	元文二年二月二十五日御乳付に任命
		家治	千代姫	宝暦六年七月二十一日	
6	大久保忠翰（西丸小性組番頭）（本丸小性組番頭）		万寿姫	宝暦十一年八月一日	宝暦十一年四月二十一日御乳付に任命
			竹千代（家基）	宝暦十二年十月二十五日	宝暦十二年七月十九日御乳付に任命
7	溝口直之（寄合）	家斉	貞次郎	宝暦十二年十二月十九日	直之と直旧は父子。妻当人は上臈年寄梅園の養女
			淑姫	寛政元年三月二十五日	
			女子（瓊岸院）	寛政二年十月一日	誕生の翌日逝去
8	溝口直旧（中奥小性）		竹千代	寛政四年七月十三日	妻当人は上臈年寄常磐井の養女
			敏次郎（家慶）	寛政五年五月十四日	
			敬之助	寛政七年十二月十日	
			敦之助	寛政八年三月十九日	
			綾姫	寛政八年七月十一日	
	溝口直旧（小普請組支配）		総姫	寛政八年十月十五日	
			豊三郎	寛政十年二月三十日	
			格姫	寛政十年八月五日	
9	押田勝長（西丸新番頭格）	家慶	竹千代	文化十年十月晦日	
			儔姫	文化十二年二月十七日	

註　『寛政重修諸家譜』、『幕府祚胤伝』（『徳川諸家系譜』二）、『竹千代様御誕生記』（元文二年）・『万寿姫君様御誕生記』（国立公文書館所蔵）などにより作成。

二子達姫は未詳）。溝口家では、当主の妻が二代にわたって御乳付を務めているだけではなく、二人とも上﨟御年寄の養女である。溝口家の妻が代々御乳付に選ばれた理由は詳らかではないが、直旧は明和七年に八歳で家基の御伽《おとぎ》となり、安永五年から八年まで家基の小性を務めていることは一要因だろう。

次に、御乳付任命の様子を、誕生前の御用掛の任命から誕生に至る一連の動きと併せて見てみよう。史料から判明するのは、⑤松平忠根の妻と、⑥大久保忠翰の妻の場合である。前者は、家重の子の竹千代（家治）誕生時、後者は、家治の子の竹千代（家基）の場合を取り上げてみたい。煩を避けるため、以下、竹千代はそれぞれ諱《いみな》で記す。

家治の場合は、元文元年十二月十九日に誕生御用掛の老中と、誕生儀式の蟇目《ひきめ》・矢取《やとり》・箆刀《へらがたな》などの諸役の担当者が決まり、翌年二月十二日に、誕生（御七夜）祝儀の献上品に関する規定が出された。次いで、御乳付の任命が二月二十五日に行われている。書院番頭松平忠根に対し、「其方妻、西丸に於いて御誕生の節、御出生様御乳付仰せ付けらる」［図5］として、本丸御殿の羽目之間《はめのま》で、若年寄同席のもと、老中の本多忠良《ほんだただなが》が申し渡しを行った（『竹千代様御誕生記』元文二年）。四月四日には、誕生時に伺候する医師が決められ、四月十六日に箆刀と蟇目の献上があり、四月二十六日に誕生の際の惣出仕の規定が出されている。

そして、五月二十二日に家治が誕生し、同日、松平忠根の妻が御乳付を務めた。『竹千代君御誕生記』に、「松平肥前守忠根妻、今朝　西丸え登城、　若君様（家治）え御乳付相済み、大納言家重公御目見、御手自《おてずから》御熨斗《のし》頂戴、拝領物これ有り、退去」とあり、松平忠根の妻が御乳付を務めたあと、将軍に拝謁し、直接熨斗を与えられ、ほかにも下賜品を貰っていることがわかる。

次に、家基の場合を見てみよう。宝暦十一年六月二十五日から七月六日にかけて、留守居をはじめ、勘定奉行・目付・納戸頭《なんどがしら》・賄頭《まかないがしら》などの一五の役職で誕生御用掛の任命があり、七月十九日に御用掛の老中、蟇目・矢取・篦刀役の大名が決まっている。御乳付も同日に任命があり、家治の時と同様、本丸御殿の羽目之間において、若年寄同席のもと、老中が申し渡しを行った。この時は、留守居の大久保教明の「御誕生之節御初剃」の任命に次いで、小性組番頭の大久保忠翰に対して、誕生の際に「其方妻　御乳付仰せ（付脱ヵ）らる」と申し渡されている。十月三日には、誕生の際の惣出仕の規定が出された。残念ながら、翌十二年十月二十五日の家基誕生の際の御乳付の様子は記されていないが、十一月朔日の御七夜の祝いの際に、誕生御用を勤めた諸役人と同様に、大久保忠翰の妻は将軍や御台所から褒美を与えられている。具体的には、将軍から巻物一〇、御台所から巻物五、家基から銀五〇枚と一種一荷、生母（「御産婦」）から一種と金五〇〇疋である。

家基の場合で興味深いことは、家治・千代姫の誕生時に御乳付を務めた松平忠根の妻が再び登場していることである。ここでは、御乳付ではなく、懐妊した女中が着帯《ちゃくたい》の儀で使用する帯を献上している。宝暦十一年六月二十三日に、側衆松平忠根に「其方妻より帯差し遣わし候様に」と老中から申し渡しがあり、宝暦十二年十一月

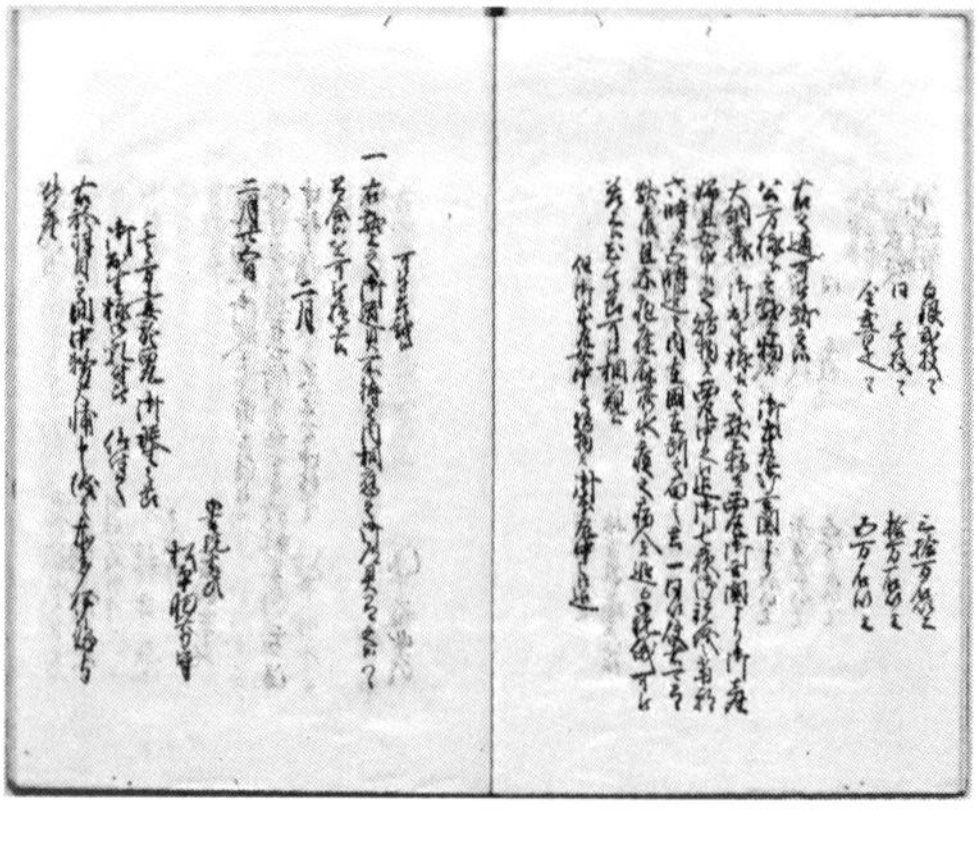

図5　松平肥前守妻の御乳付任命（『女中帳』国立公文書館所蔵）

朔日の御七夜の祝儀の際には、将軍から巻物一〇、御台所から巻物五、家基から銀三〇枚と一荷、生母から一種と金五〇〇疋を賜っている。

御乳付を務めた者に褒美が与えられた例は、④鈴木安貞の妻・⑦溝口直之の妻・⑧溝口直旧の妻などにも見られる。鈴木安貞の妻の場合は、御乳付を務めてから「年々誕辰《たんしん》には大奥に参りて宴をたまひ、品々の恩賜あり」と、誕生日ごとに大奥に参上して、色々な下賜品を頂戴していたようである（『寛政譜』二一二）。将軍家における御乳付は、蟇目・箆刀・矢取などと同じ誕生儀礼の中の一役であり、儀式的な意味合いが強かったと言えるだろう。

以上、授乳を中心とした養育という側面から、徳川将軍家の大奥女中の中に〈乳母〉の存在を探ってきた。子女の授乳・養育に関係した大奥女中に御乳人・御さし・御乳持の三役があり、誕生儀礼に関わる役として、御乳付があった。平安時代以来の授乳・養育・教育・後見という〈乳母〉の機能は、江戸時代には授乳・養育（教育）に限定され、中期以降、少なくとも御乳人は養育専門、御乳持は授乳専門と役割が大きく二分化する様子が見られた。子女の養育を分業化したことで、春日局のように、一個人に権力が集中することはなくなったと言える。将軍の子女の養育には、傅役《もりやく》など、男性役人も関わっており、大奥女中の守役などを含め、より包括的な検討が必要である。

【参考文献】

氏家幹人『江戸の病』（講談社選書メチエ、二〇〇九年）
氏家幹人『幕臣伝説』（洋泉社歴史新書y、二〇一四年）
久保貴子「禁裏女房の人事と職務」（総合女性史学会編『女性官僚の歴史』吉川弘文館、二〇一三年）
国立公文書館編集・発行『平成二十五年特別展　旗本御家人Ⅲ』（二〇一三年）
沢山美果子『江戸の乳と子ども』（歴史文化ライブラリー、吉川弘文館、二〇一七年）
田端泰子「春日局に見る乳母役割の変質」（『女性歴史文化研究所紀要』一〇号、二〇〇二年）
田端泰子『乳母の力』（歴史文化ライブラリー、吉川弘文館、二〇〇五年）
畑尚子『江戸奥女中物語』（講談社現代新書、二〇〇一年）
深井雅海『図解・江戸城をよむ』（原書房、一九九七年）
松尾美恵子「江戸幕府女中分限帳について」（『学習院女子短期大学紀要』三〇号、一九九二年）
三田村鳶魚『御殿女中』（中公文庫、一九九八年）
山本博文『大奥学』（新潮文庫、二〇〇八年）
吉海直人『平安朝の乳母達』（世界思想社、一九九五年）

第3節　大名の奥

浅倉有子

一　榊原家と上杉家

近年、大名家の奥に関する研究が目覚ましい進展を見せている。特に、柳谷慶子、松崎留美の両氏は、精力的に論考を発表されているのが目を引く。本節はそれらに多くを学びながらも、若干の私見を付け加えるものである。具体的には、大名家の婚姻、正室の表空間における位置づけ、また奥空間の構造等について検討していく。それらによって、正室の政治性を考察する一助としたい。なお、本稿脱稿後、福田千鶴氏の著書『近世武家社会の奥向構造――江戸城・大名武家屋敷の女性と職制』（吉川弘文館、二〇一八年）が刊行された。本稿と関連の深い論点も多々あるが、それらを組み込んでの検討は、次の機会としたい。

まず、二で最近の研究を紹介し、三で婚姻の問題を、四で表空間における正室の位置づけと、奥空間の構造について若干の考察を行っていく。なお本節で取り上げるのは、傑出した女性が不在の大名家の事例である。具体的には、譜代大名の榊原家と外様大名の上杉家を取り扱うことにしたい。

榊原家は、初代康政《やすまさ》（一五四八～一六〇六）が徳川四天王の一人とされた武門の家で、幕末に至るまでこれを誇りとした。領知は、初代康政が天正十八年（一五九〇）に家康の関東入国に際して上野館林《たてばやし》で一〇万石を給与され、三代忠次《ただつぐ》（一六〇五〜六五）が陸奥白河《しらかわ》を経て、慶安二年（一六四九）に播磨姫路《ひめじ》に所替えとなり一五万石を領した。その後、越後村上《むらかみ》、姫路と転封を繰り返し、寛保元年（一七四一）から越後高田《たかだ》を城地とした。本稿で取り扱うのは、元禄八年（一六九五）に越後村上藩主の榊原政邦《まさくに》が、肥前佐賀藩鍋島《なべしま》家から正室を迎えた事例を対象とする。

また上杉家は、関ヶ原の戦いにて西軍に与したことから、初代景勝《かげかつ》の時に陸奥会津若松《あいづわかまつ》一二〇万石から出羽米沢《よねざわ》三〇万石に領知を削減された。さらに、三代綱勝《つなかつ》が継嗣《けいし》を決めないまま急死したことで、一五万石にまで削封された。正室の出自を見ると、四代綱憲《つなのり》室は紀伊藩徳川光貞《みつさだ》女子、五代吉憲《よしのり》室が筑後福岡藩主の松平（黒田）右衛門佐綱政《つなまさ》の娘、後室松平（鍋島）丹後守吉茂《よししげ》養女、六代宗憲《むねのり》室が土佐藩主の松平（山内）土佐守豊常《とよつね》妹、七代宗房《むねふさ》室が尾張徳川宗春《むねはる》養女、八代重定《しげさだ》室が尾張徳川宗勝《むねかつ》養女、九代治憲《はるのり》室が八代重定の女子、十代治広《はるひろ》室が尾張徳川宗睦《むねちか》養女である。御三家、あるいは家門・外様の大藩から正室を迎えているのが特徴である。本稿では、十代治広室が尾張徳川宗睦養女を正室に迎えた時期を中心に取り扱う。

二　大名正室の役割とは

一般に大名家の正室の役割は、まず当主の血筋に連なる子女、とりわけ跡継ぎの男子を産むことにあるが、側妾《そくしょう》の産んだ子女や跡継ぎに迎えた養子と擬制的な母子関係を結び、嫡母・養母ともなった。併せて正室には、奥向を統括するという役割があり、親族との交際も正室の役割であった〔柳谷二〇一〇〕。さらに最近では、正室が政治的な役割を担っていたことも指摘されている。年頭祝儀をはじめとする年中行事、家督相続、初御目見《はつおめみえ》など、公の政治的儀礼に正室が関わることが、明らかにされている。例えば、薩摩藩島津家、仙台藩伊達家、また佐賀藩鍋島家の大身給人の家や、高田藩などを領知した榊原家の附家老家でもこのような事例が確認されている〔高野一九九七ほか〕。さらに、大名当主が不在時の江戸屋敷においては、正室が最高責任者であったという見解も出されている〔山本一九九一〕。

まず、諸氏の研究を紹介したい。柳谷慶子氏の研究により、仙台藩伊達家の事例を見よう〔柳谷二〇一〇〕。伊達家七代当主重村《しげむら》正室の惇姫《あつひめ》（観心院）の場合、年頭祝儀、歳暮祝儀、寒暑御機嫌伺の三度、家臣団からの挨拶を受けていた。このうち年頭祝儀においては、御一門衆、同隠居、同子息、同内室、同母、御一家、准御一家、御一族、家老、家老筋目の着座の輩、若老、小姓頭、頭年寄が、便書により肴一種を正室に献上するとされていた。家臣団の最高序列に位置する一門衆は、家臣本人のみではなく、その内室と母も惇姫への挨拶を求められた。すなわち、一門衆は、その当主夫妻、母子ぐるみで大名当主夫妻に仕えるという奉公関係が結ばれていたのである。

また正室は、家臣の家督相続において、家臣からその返礼である「継目家督之御礼《つぎめかとく》」を受ける対象でもあった。さらに藩主への初御目見を果たした家臣は、藩主正室へも挨拶や肴代《さかなだい》の献上を行った。家督御礼・初御目見は、大名当主と家臣の間の主従関係の確認・更新という意義を持つ政治儀礼であったが、正室との間にも同様の行為が行われており、正室が家臣との間に主従関係を結んでいたことがわかる。家臣から見れば、正室は大名当主、世子と同様に奉公の対象であった。

同じく柳谷氏の研究によれば、出羽秋田藩佐竹《さたけ》家の江戸藩邸においては、表方の重職や側廻りの役人は、正室と謁見することが可能であった〔同前〕。通常は上屋敷奥の広敷が謁見の場所である。また、謁見の対象家臣は、通常婚礼直後の時期に決定された。明和四年（一七六七）の規定からは、正室が表方の重臣にも直接に命を下す場合が想定されている。

さらに正室が直接に表に出向く場合もあった。八代秋田藩主義敦《よしあつ》正室の賀姫《よしひめ》（貞明院）は、婚礼から一ヵ月後の明和四年三月に表に出御し、祝いの儀式が執り行われた。婚姻後に正室が表に出向くことは、政治的儀礼としてこの時期にはすでに慣例化していたという。柳谷氏は、正室が表と奥の性別分離により、奥空間から表空間に出ることがないとされてきた従来の説は、見直される必要があると述べている。首肯できる見解である。

出産後に表で執り行われた産屋明けの儀礼も、明暦元年（一六五五）には確認できるという。この祝儀の主催者は、出産した正室であった。佐竹家においては、出産が家の繁栄をもたらす公的な行事として位置づけられ、母である藩主の正室も公的存在として、儀礼の主体に位置づけられていたことが知られる。

次に、薩摩藩島津家と将軍家の縁組を研究した松崎留美氏によれば、島津家では、三代藩主綱貴《つなたか》の次女の縁組を契機として将軍家との儀礼が開始され、その後、藩の重要な政治ルートとして定着したという〔松崎二〇一二〕。将軍家との交際は、島津家の正室の重要な役目であった。六代藩主継豊《つぐとよ》の継室竹姫（八代将軍吉宗養女）は、養子とした継豊世子の宗信《むねのぶ》を江戸城大奥に伴い、将軍吉宗から脇差を拝領し、のちに松平の称号を許されるなど、島津家と将軍家との結びつきの強化に寄与した。また、宝暦十二年（一七六二）に島津家の江戸上屋敷が焼失した際には、幕府から復興資金を引き出すことに成功した。正室や前藩主の正室の上級女中が女使《おんなづかい》として江戸城大奥に登城し、将軍の家族に献上し、書状を送るなどの奥向のルートは、将軍家との姻戚関係に基づくもので、大名家の権威づけや名誉に大きく貢献した。

また柳谷氏よれば、仙台藩の八代藩主斉村《なりむら》が急逝した際に、嫡子政千代の擁立とその後の藩政の安定に尽力したのは、七代藩主重村の正室観心院であった。彼女は、伊達家の親族大名との協議を重ね、了解と支援を取りつけて政千代の襲封を実現させた。さらに藩政の後見役を依頼し、重要事項の決定の仕方を定めるなど、幼君の補佐体制を整えた。とりわけ当時、幕府若年寄の要職にあった親族大名の堀田正敦《ほったまさあつ》を藩政の後見役に任じた意義は大きいとされる。彼女は、家臣団に対しても藩祖政宗以来の御恩を説くなど、結束して奉公することを説き諭した。正室が、跡目相続、藩政の危機や御家の大事に、少なからぬ影響力を行使したことが窺える。

さらに、維新期の奥の問題も研究対象として取り上げられているのが、現状である〔松崎二〇一七〕。版籍奉還や廃藩置県などの維新政府の政策に対して、諸藩の藩邸と奥向がいかなる改変を余儀なくされたのかについて、論考が上梓されるようになった。例えば、藩邸の処理〔星野二〇〇六ほか〕や奥女中の再就職の問題〔長野二〇〇二〕が論じられている。

ところで、文久の幕政改革が打ち出した参勤交代の緩和によって、大名の正室も帰国が可能になった。それによって、藩邸の奥向は多大な変質を余儀なくされたはずであるが、残念ながら、まだあまり研究がないようである。例えば、加賀藩主前田斉泰《まえだなりやす》に嫁ぎ、御守殿《ごしゅでん》が設けられた十一代将軍家斉《いえなり》の娘溶姫《ようひめ》が、金沢に帰国している。溶姫帰国後の江戸藩邸の奥は、どのような状況になったのであろうか。興味深い問題である。

三　榊原政邦の婚姻

さて、ここでは前述したように、元禄八年（一六九五）に越後村上藩主の榊原政邦が、肥前佐賀藩主の鍋島家から正室を迎えた事例を検討する。史料は、主に同年の「御婚礼覚書」（上越市立歴史博物館寄託・高田和親会寄託榊原家文書）と、元禄八年から同九年の榊原家の「江戸日記」（上越市立高田図書館所蔵。本稿では、上越市公文書センター所蔵のマイクロフィルムを利用）を用いて記述する。

榊原政邦と鍋島家の息女（天輪院）との婚礼は、元禄八年八月十二日に行われた。婚礼の当日、貝桶《かいおけ》を先頭とする花嫁の行列は、表玄関から奥方の玄関へと進み、花嫁が乗った輿が、奥玄関からそのまま座敷内に舁《か》き入れられた。その後、当日に行われた主だった婚礼祝儀の儀礼は、すべて奥方で執り行われた。奥方の上段の間の床には、蓬萊《ほうらい》、置鯉《おきごい》、置鳥《おきどり》などの婚礼の諸道具が飾り付けられた。花嫁の箸初《はしぞ》め儀礼ののち、婚姻儀礼は、雑煮を初献の肴とした式三献《しきさんこん》などへと進み、そのあとで色直しとなった。花嫁の介添え役と想定される「御待付」は、榊原太郎兵衛の妹が勤めた。

入輿《じゅよ》の際には、玄関右方の塀際縁に、迎え御付きの使者として、松平摂津守義行《よしゆき》、松平淡路守定直《さだなお》（伊予松山藩主）、松平主殿頭忠雄《ただお》（肥前島原藩世子）、池田丹波守輝録《てるとし》（備中生坂《いくさか》藩主）、酒井河内守忠挙《ただたか》（上野厩橋《うまやばし》藩主）、松平備前守正久《まさひさ》（相模玉縄《たまなわ》藩主）、一族で一八〇〇石取りの旗本榊原越中守喬長《たかなが》の七名が並んで輿を迎えた。松平義行は、尾張藩主徳川光友《みつとも》の男子で美濃高須《たかす》藩主、その継室が榊原政倫《まさみち》の妹だったので、政邦とは縁戚関係にあった。また、上野厩橋藩主酒井忠挙が見えるのは、同家の第二代当主忠世《ただよ》に榊原康政の娘が嫁いでいる縁による。彼ら七名もその後、広間使者座敷で饗応された。また、輿の送り役を鍋島熊之助（直称《なおのり》、のちの肥前蓮池《はすいけ》藩主）と島津駿河守が、迎え役を井上大和守正岑《まさみね》（美濃郡上藩主）と本多三弥正永《まさなが》（下総舟戸《ふなと》藩主、寺社奉行）が勤めた。

ここでは、家と家の結びつきという最も政治性に満ちた婚姻に関する儀礼が、基本的に奥で執行されている意味を、今まで見逃していたのではないかという点を強調したい。もちろん、表においても客を迎えて祝宴等の饗応が行われる。しかし、婚姻の主要な儀礼が奥で行われる意味を、もっと重要視する必要があるのではないだろうか。

さて、次に婚礼当日に客として榊原家の表を訪問した者の一覧を表に掲げた。酒井忠挙の嫡子忠貞《ただざだ》をはじめ、四〇名以上の客が訪れている。酒井忠貞を除けば、ほかの客は大藩の当主ではなく、旗本が中心の顔ぶれとなっている。榊原家の殿中席は、基本的に帝鑑間《ていかんのま》であるが、表に示したように、殿中席の異なる大名も含まれており、雁間《かりのま》の井上正岑が招かれているのが目を引く。前述のように、井上は輿の迎え役でもあった。付言すると、例えば元禄十七年正月元日の榊原家「江戸日記」では、政邦は年頭御礼に登城し、御礼を済ませたあとに井上正岑方で従四位《じゅしい》の礼服である狩衣《かりぎぬ》を裃《かみしも》に着替え、老中やほかの若年寄らの部屋を年始に訪れている。正岑は、当時若年寄の職にあった。元禄期の榊原家の「江戸日記」には、井上正岑方で衣服を改める旨の記事が散見される。このような正岑との関係を考えると、断言はできないものの、江戸城内での作法等を後輩の大名に指南する関係が想定されようか。同じく輿の迎え役の本多正永も客として招かれている。

一方、政邦が日頃挨拶回りに余念のない老中クラスの客は、この中には見えない。それに対して、江戸

表　婚礼当日の客一覧

番号	客の氏名	諱	出自等
1	酒井内匠頭	忠貞	上野厩橋藩130,000石嫡子、帝鑑間
2	岡部内膳正	長敬	和泉岸和田藩53,000石藩主、奏者番、帝鑑之間
3	井上大和守	正岑	美濃郡上藩47,000石藩主、のちに老中、雁間
4	酒井下野守	忠寛	上野伊勢崎藩20,000石藩主、帝鑑間
5	植村出羽守	家言	大和高取藩20,500石藩主、帝鑑間
6	本多三弥	正永	下総舟戸藩10,000石藩主、寺社奉行、菊間広縁
7	小笠原丹後守	長定	小性組、3,000石
8	小笠原主計	長郷	長定息子
9	中山平右衛門	勝阜	御先鉄砲頭、1,000石
10	能勢惣十郎	元之	御先鉄砲頭、1,500石
11	大久保喜六郎	忠次	旗奉行、2,000石
12	梶和泉守	正容	書院番士、家督相続以前（1,000石）
13	黒川与兵衛	正敦	御先鉄砲頭、500石＋1,300俵
14	岡部土佐守	正綱ヵ	1,500石、元禄5年致仕
15	岡部庄左衛門	重矩	正綱男子、1,500石、使番
16	大久保荒之助	忠照	小性組、1,200石
17	大久保甚左衛門	忠門	書院番、忠照男子
18	小栗五大夫	忠珍	裏門切手番頭、400石
19	八木勘十郎	高補	無役、4,000石
20	久世三四郎	広隆	無役、家督相続以前（7,110石）
21	榊原太郎兵衛	久勝	小普請、300俵
22	小笠原猪兵衛		不明
23	戸川玄蕃	□富	交代寄合、5,000石
24	大久保甚兵衛	忠香	小性組、1,100石
25	安倍権八郎	政恒	政重息子、家督相続以前（400石）
26	松平新九郎	正朗	小性組、家督相続以前（1,500石）
27	村上主馬	義全	大番、100石＋200俵
28	余語恕庵	元善	小普請、300俵
29	榊原七左衛門	久利	小普請、300俵
30	野間安節	成之	寄合、200俵
31	天野(大原)門兵衛	長行	小性組、300俵
32	榊原幸之助		孝之助ヵ、後の喬長
33	佐橋内蔵之助	佳純	道奉行、600石余
34	木村春湖左老		
35	日野九郎兵衛		敬称殿
36	喜多川十郎左衛門		敬称殿
37	板倉喜庵老		元禄8年『本朝武林長鑑』によれば、御坊主組頭
38	板倉喜春老		
39	川野辺宗雲老		
40	佐藤玄恭老		
41	星野円寿老		
42	坂部弥内		以下、敬称なし
43	狩野柳吉		
44	狩野梅雲		
45	狩野柳伯		
46	佐野養庵		

城の御坊主組頭の職にある板倉喜庵が招かれているのが目を引く。星野円寿以下については不詳であるが、やはり坊主である可能性が高いと思われる。さらに、日野九郎兵衛と喜多川十郎左衛門は敬称が「殿」であるが、不詳である。『寛政重修諸家譜《かんせいちょうしゅうしょかふ》』や『本朝武林長鑑《ほんちょうぶりんちょうかん》』（深井雅海ほか編『江戸幕府役職武鑑編年集成』五）にも名が見えないことから、彼ら二人は両家の縁を取り持つ江戸の商人か医師と考えておく。松尾美恵子氏によれば、大名家の婚姻は、両家の事情に通じた商人や医師、江戸城中の坊主などが縁結びをすることが多かったという〔松尾一九七九〕。彼ら二人には、別途下賜品も与えられており、婚礼について何らかの役割を担ったことは間違いない。

さて、前頁の表に示したように、迎えた客が旗本中心になっているのは、榊原政邦が分家の旗本榊原伊織勝直《かつなお》（一〇〇〇石取り）の長子から本家の正倫の末期養子《まつご》になった所為と考えられる。客のうち岡部重矩《しげのり》は、しばしば榊原邸を訪れており、政邦と親しい間柄にある。

婚礼当日には、奥向の上﨟《じょうろう》・介副《かいぞえ》・局《つぼね》・年寄・中﨟《ちゅうろう》、次いで並女中・御小性・表役・右筆・物縫、さらに御次《おつぎ》・中居頭・茶之間・中居・御半下《おはした》から、女中が召使っている下女に至るまで、職階に応じた馳走があった。これらの職階が、元禄八年当時の奥の職階であったことが知られる。上﨟から中﨟までの女中たちには、雑煮三種、三汁八菜の料理、酒、菓子が馳走された。十三日には、「御奥様衆御目見仰せ付けられ候」として、実家の鍋島家から政邦室に付属して榊原家に赴いた家臣たちの、政邦への御目見が執り行われた。勝屋五郎右衛門が大書院で太刀目録をもって御礼を行ったあとに、相良伝右衛門ら五名が大書院で一名ずつ御目見し、その後は福田善兵衛ら六名が広座敷で並んで御目見をし、さらに中嶋千右衛門ら四名が御目見をした。政邦室への付属家臣は、合計一六名にのぼる。

八月十五日には、三ツ目祝儀が行われた。この祝儀は、一般に婚礼後の新婦の初めての里帰りを指すが、今回の事例では実際に里帰りをせずに、皆子餅《みなこもち》等の贈答のみが行われている。皆子餅は、総計五八〇個を鳥形の餅と丸餅に半分ずつ作り、行器《ほかい》の中に交ぜて積むのである。行器に収まらなかった餅は、藁の叺《かます》に入れた。行器の上蓋には、松竹と鍋島家の紋を胡粉《ごふん》で描いた。行器、叺のみならず、塩鯛、鰑《するめ》、昆布、角樽と、白木の長持《ながもち》に納めた置鳥、置鯉、瓶子《へいし》が、新婦の実家鍋島家の藩邸へと運搬された。一五荷に及ぶ大荷物である。

榊原家と鍋島両家の使者は、それぞれ朝六つ時に屋敷を出て、途中で行き逢うようにされた。榊原家使者の大河内五左衛門は、鍋島綱成《つなしげ》に御目見をし、手ずから熨斗《のし》を与えられ、三汁八菜の料理で労われた。また、鍋島家からも、松竹と榊原家の家紋の源氏車を胡粉で蓋に描いた一対の白木の行器と藁の叺に収めた五八〇の餅、塩鯛、鰑、昆布、角樽が贈られた。鍋島家の使者・丹羽喜左衛門も、榊原政邦に御目見をして手ずから熨斗を渡され、饗応を受けた。

鍋島家から贈られた餅・肴・樽は、表で披露されたあとに奥へ運ばれ、松平義行と継室の松姫（嶺松院）や、榊原家分家で旗本の伊織勝直らに進呈された。さらに、大中老や用人、奥家老らに餅や肴が下賜された。

この日には、正室付の家臣らと奥女中に褒美の時服《じふく》や金銀が下賜された。また三ツ目祝儀として、「御表より奥方侍分残らず、御歩行《おかち》迄、二汁五菜御料理奥方においてこれを下さる」とある。奥方の負担で振る舞われたということであろう。正室付の勝谷五郎右衛門と、上﨟おまき、介副岡村、表局、奥局、小倉、川崎からは、肴一種が政邦へ進上された。

九月一日、政邦は登城して、婚礼が終了した御礼を言上し、袷《あわせ》六つを献上した。

四　奥と表

三では、大名家の奥の政治性について、若干の提言を行った。四では、奥と表空間の問題について、提言を行いたい。ここで取り上げるのは、以下の二点である。一点目は、柳谷慶子氏の提言について、二点目が奥の空間の問題である。

まず、柳谷氏の提言について取り上げる。柳谷氏は、正室がしばしば表空間に出向いたとする一方で、「将軍家でも大名家でも、表の公的な行事に当主と正室が居並ぶことはなかった。表は当主、奥はその正室の領域とする表と奥の性別分離のシステムにあって、正室は表の政治領域に当主と行動を共にすることはなかった」と述べ〔柳谷二〇一〇・二〇一四〕、その点に大名家の大身給人との相違を見出している。果たしてそうであろうか。また、前近代において、どのような指標をもって、「公的」な行事とそうでないものを分けるのであろうか。大きな問題があると思われる。以下、検討していこう。

(1) 榊原家の事例

まず、前述した榊原政邦の正室（天輪院）の事例を掲げよう。元禄八年（一六九五）十月五日、「御奥様初て御表え御出、御料理出、御囃子」（「江戸日記」）と、婚礼後に正室が初めて表空間に出御《しゅつぎょ》し、御囃子《おはやし》が催されたとする。夫政邦は、同席しないのであろうか。十二月六日には、「御奥様御表え御出遊ばされ、御慰として狂言仰せ付けられ、夜更《よふけ》迄御座なさる也」（同前）と、政邦夫人が表に出て、狂言を楽しんだと記載する。翌元禄九年正月三日、政邦が増上寺《ぞうじょうじ》仏詣や年礼から帰駕したあと、「御奥様御表え御出座、夕御料理召し上がられる」（同前）と、正室が表に出御し、夕食をとった。

さらに事例を挙げよう。元禄十七年正月六日、政邦は奥で祝儀の膳を食べ、その次の間では重臣の中老が相伴《しょうばん》した（「江戸日記」）。翌朝も政邦は奥方で祝膳をとり、次の間で大中老に料理が振る舞われた。翌宝永二年（一七〇五）正月七日には、逆に正室が表で祝膳をとった。政邦は在府中であり、表方の対面所で諸士の年礼を受けたあとで、同じく祝膳をとった。また、次の間で奥付の者（男女不明）にも料理が下賜された。さらに、宝永元年（元禄十七年三月十三日に改元）六月十四日に政邦室は表に出て、越後村上から播磨姫路へ所替えになった祝儀の料理を政邦に進上した。

以上、榊原政邦の正室の事例を掲げた。正室がしばしば表空間に出向いていることがわかる。しかも、おそらく夫政邦が同座していると想定するほうが自然であろう。

また、親族の男性は、奥空間に立ち入ることが可能であった。例えば、三で取り上げた松平義行は、夫人と共にしばしば榊原邸の奥を訪れている。同様に、榊原政邦夫妻も松平義行邸を訪問している。ほかには、元禄十七年正月四日と五日の両日、政邦は「尾張宰相様、同御簾中様」「松平摂津守様 幷《ならびに》 御前様」（「江戸日記」）に年礼の挨拶を行った。それぞれの奥方に出向いて挨拶をするものと思われる。奥のどのような場所で挨拶をするのであろうか。さらに、榊原家の事例からは、重臣もまた奥に入ることが可能である。これらの諸点については、以降でさらに検討を深め、併せて奥空間についても考察する。

（2）上杉家の事例

次に、十八世紀後半の上杉家の事例を示したい。上杉家の分析については、基本的に『上杉家御年譜』（本稿で主に用いるのは、第十一巻『治広公御年譜』である。なお適宜読点を付した）を用いる。

米沢藩上杉家の十代当主治広《はるひろ》は、前述のように、尾張徳川宗睦《むねちか》の養女純姫《すみひめ》を正室に迎えた。天明二年（一七八二）十一月末のことである。翌三年正月十五日、「純姫君初テ御表へ出サセラル、ニ付、御祝ノ御料理進セラレ、随テ内外ノ諸臣へ御祝ノ御酒成下サル」と、純姫が江戸藩邸の表に出て料理を献じられ、諸臣に祝いの酒を下賜した（『治広公御年譜』）。天明四年正月にも「純姫君御年礼トシテ御表へ出サラレ、御献酬アリ」（同前、天明四年正月十七日条）と、純姫が表に出て献酬《けんしゅう》が行われた。おそらく重臣との間で献酬が行われたのであろう。夫の治広は在府中である。治広もその場に同席していたと想定される。年始の儀礼は、武家儀礼の中でも大切な行事の一つである。

同年四月から純姫は、「細井先生参殿、小学ノ講談初ニ付、定弘《さだひろ》君（勝定《かつさだ》、重定《しげさだ》男子。支藩米沢新田藩主上杉勝承《かつよし》養子）御上リ、且純姫ニモ御表へ出サセラレ、御内々御聴聞」（『治広公御年譜』天明四年四月二十九日条）と、九代藩主治憲《はるのり》が深く傾倒した儒者細井《ほそい》平洲《へいしゅう》の講談を表で内々に聴聞した。

上杉家は、七代宗房《むねふさ》、八代重定、十代治広の三代の藩主が、尾張徳川家から正室を迎えている。そのためか、尾張藩主徳川宗睦もしばしば上杉家の奥を訪れている。天明七年三月、宗睦は、奥で饗応を受けたあとで、表御座之間で饗応を受けた（同前、天明七年三月十一日条）。

他方、上杉治広は、「菜姫君へ御対顔ノタメ土州邸御奥へ入ラセラル」（同前、天明八年十二月六日条）と、菜姫と対面、あるいは饗応を受けるためにしばしば土佐藩山内家邸を訪問した。菜姫は、九代治憲の男子で将来を嘱望されながら、寛政六年（一七九四）に十九歳で死去した顕孝《あきたか》（当時世嗣）の婚約者であった（「上杉氏系図」、米沢市上杉博物館所蔵）。

ところで、純姫には、毎年江戸城から歳暮が届いた。彼女が、尾張家出身の所為であると思われる。例えば、天明四年十二月二十一日には、「純姫君ヘ上使田村金左衛門ヲ以《もって》歳暮ノ御拝領物可有之《これあるべき》ニ付、御送迎御取扱ノタメ御奥ヘ入セラル、右了《おわり》テ御礼トシテ老中鳥居侯、牧野侯ヘ入セラレ」（『治広公御年譜』）とあり、田村金左衛門という男性の使者が、奥へ入ったことがわかる。夫の治広がその対応のために奥へ出向き、終わってから老中へ御礼に赴いている。治広の家督相続後にも、「君夫人ヘ上使田村金左衛門ヲ以テ銀子二十枚、綿二十把御拝領ニ付、御奥ヘ入セラレ、上使ヘ御挨拶、了テ御用番水野侯ヘ入セラレ拝謝シ給フ、其他老中ヘ御使者、御城御女中ヘハ御文ヲ以テ展謝シ給フ」（同前、天明五年十二月二十五日条）とある。治広が老中らと奥女中へ礼を述べていることから、君夫人（純姫）には、江戸城の奥から歳暮が届いたと考えられる。なお、使者の田村金左衛門は、広敷番頭である。

天明五年二月七日、前藩主治憲（鷹山《ようざん》）が隠居し、治広が家督を相続した。それによって、治広と純姫らは、上屋敷の桜田御殿に移徙《いし》することになる。口絵にも掲げた屋敷である。その後、純姫は、『治広公御年譜』では、前掲の史料のように「君夫人」、あるいは「御前様」（例えば、『治広公御年譜』天明八年四月十一日条）と称されることになる。純姫の移徙にあたって奥の普請が行われ、天明五年八月に成就した（同前、天明五年八月十四日条）。移徙にあたって、家老や小姓頭らが奥の玄関で彼女たちを迎えた。

なお、「上杉家系図」（米沢市上杉博物館所蔵）によると、治広には純姫が産んだ久千代という男子がいたが、天明四年五月に誕生し、翌年十二月に早世（法名華月院殿）している。ほかには、前藩主治憲の子で、治広の跡を継ぐことになっていた養子の顕孝と六名の女子がいるが、彼女らはすべて米沢で出生している。したがって、江戸藩邸の奥には、基本的に純姫が住まうのみであった。久千代は、純姫と共に新築なった藩邸の奥に移徙し、そこで死去した。

以上、十七世紀末の榊原家と十八世紀後半の上杉家の事例から、当主とその正室は、しばしば表空間の儀礼に共に加わったものと想定する。また、同様に親族の男性や男性の上使が奥を訪問することも可能で、さらに重臣が奥へ出向くことも可能であった。

(3) 上杉家桜田御殿の奥空間

次に視点を変えて、二つ目の課題を検討したい。口絵掲載の図1は、寛政十二年(一八〇〇)の上杉家の「桜田御殿摠絵図」(米沢市上杉博物館所蔵)から、奥の部分を中心に示したものである。この図によって、上杉家江戸上屋敷の奥空間について検討したい。

江戸城大奥の絵図は複数紹介されているが、大名家の江戸藩邸の奥の図面は、従来あまり紹介されていない。紀伊家三代綱教《つなのり》に嫁いだ五代将軍綱吉の娘鶴姫、加賀藩前田家に嫁いだ松姫(綱吉養女)と溶姫(家斉娘)には、いずれも御守殿として図面を基にした研究がある〔宮崎一九八八、氷室二〇〇二ほか〕。また尾張藩邸についても、渋谷葉子氏の研究がある〔渋谷二〇〇〇・二〇〇四〕。しかし、一般の大名家の奥に関する空間的な研究は、管見の限りあまりないようである。したがって、大名家の藩邸の奥の図を紹介することは、研究上意義あることと考える。なお、絵図には方角が明記されていないが、奥の玄関の先に「西御門」が記されていることから、こちら側が西側と思われる。すると、奥の「御上段」がある方角が南側、

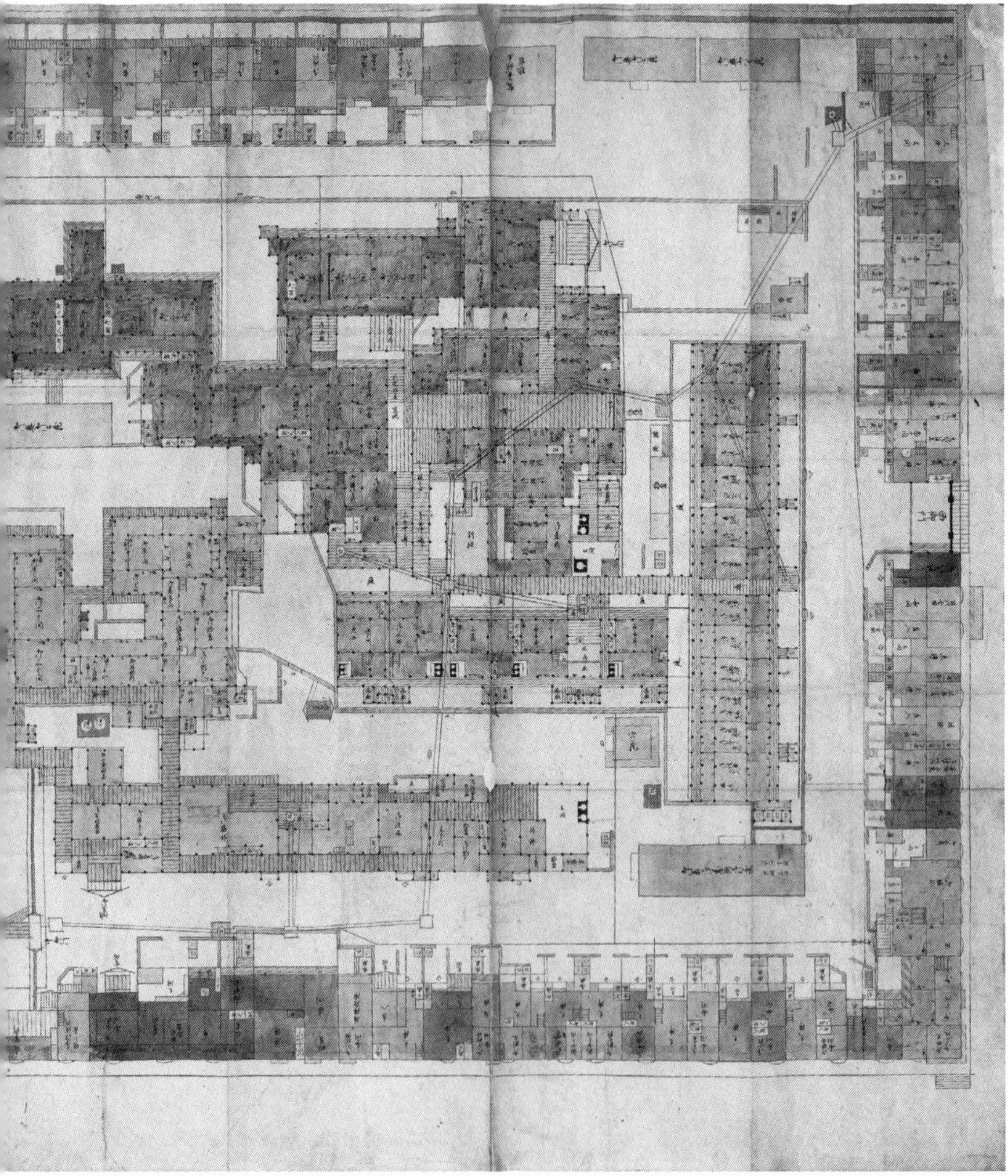

図1　上杉家江戸藩邸図（「桜田御殿摠絵図」、米沢市上杉博物館所蔵）

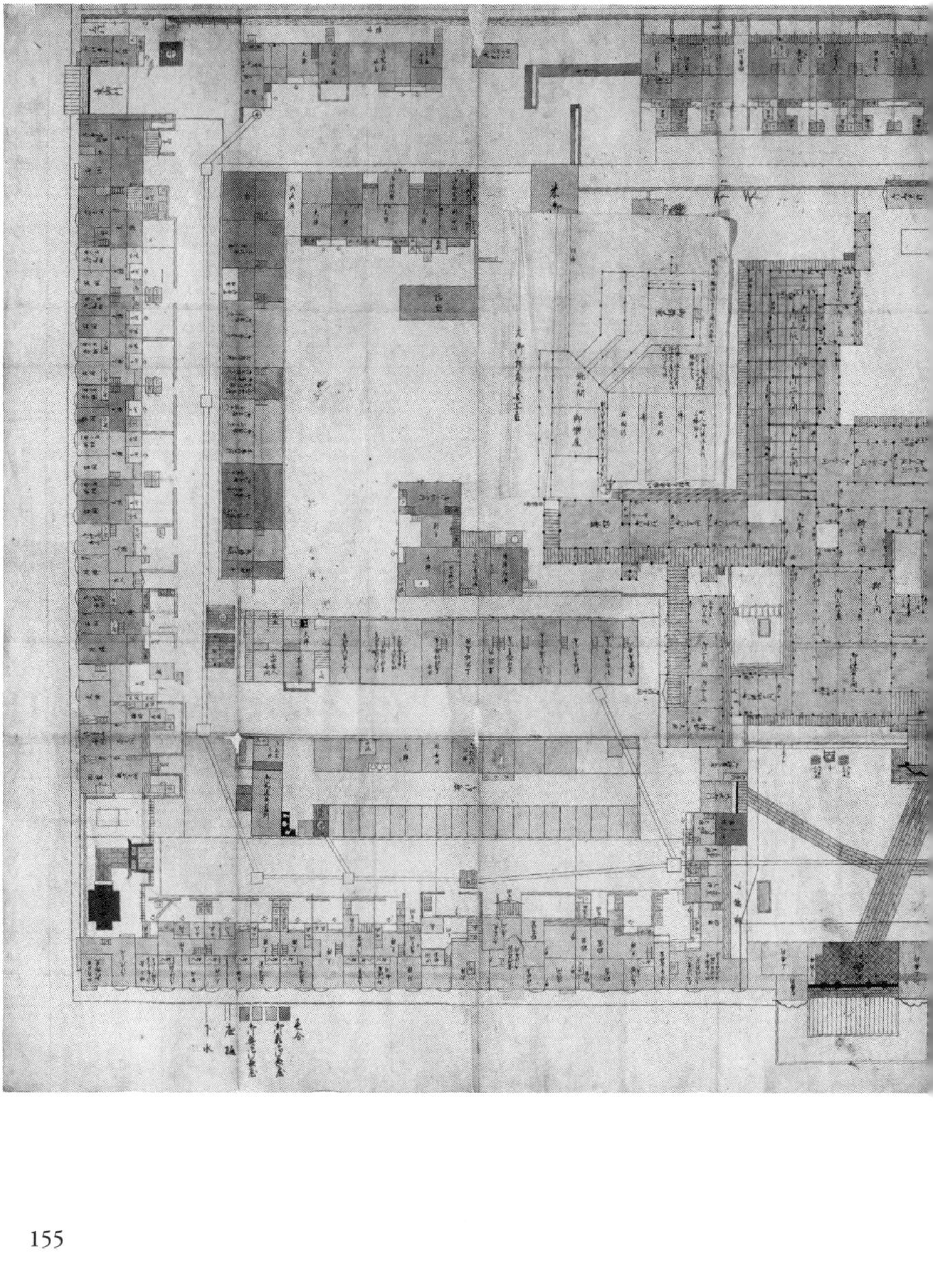

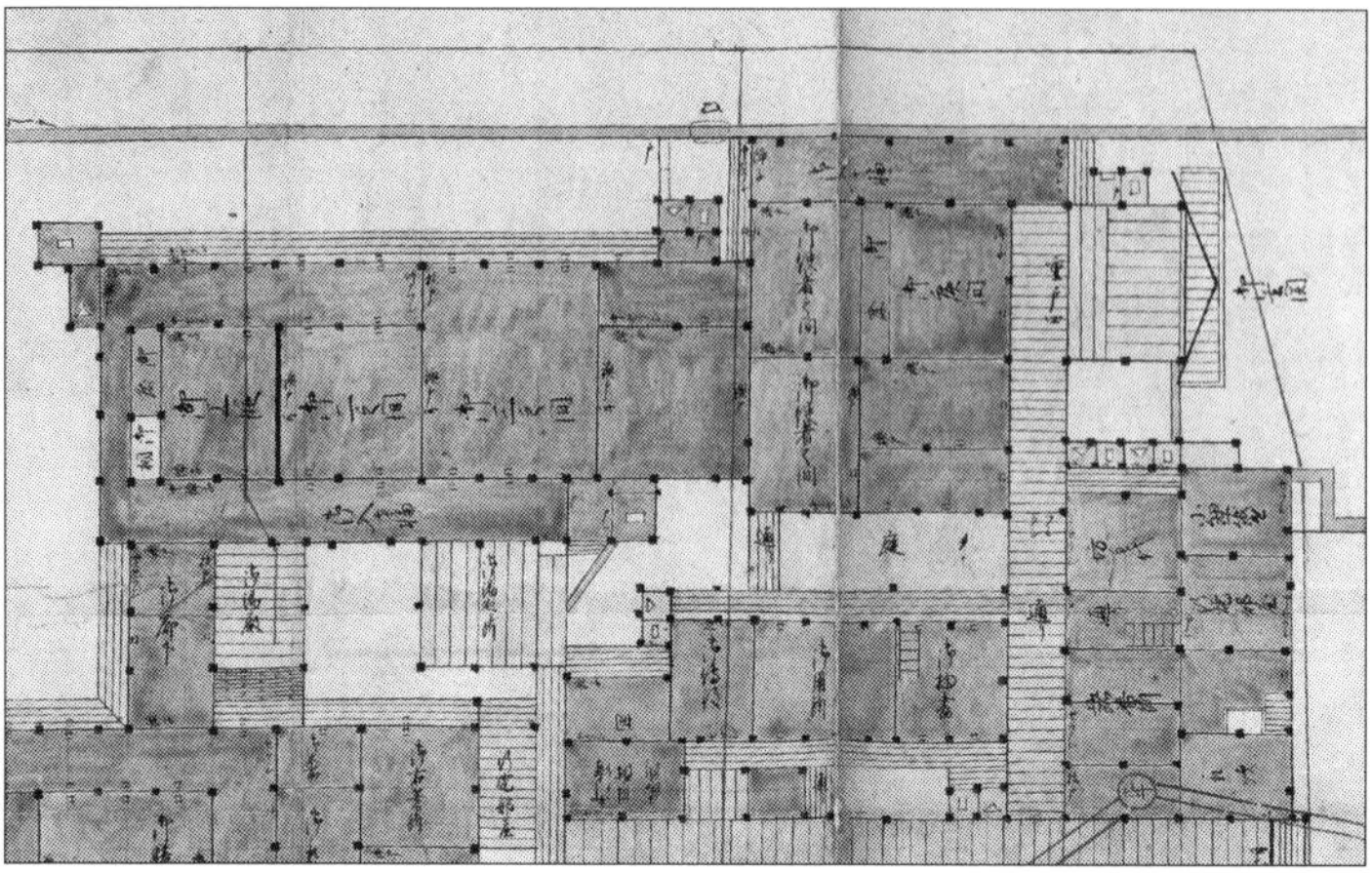

図２　奥の玄関部分から上段の間まで（「御広間」「御使者之間」「御上段」など儀式の空間）

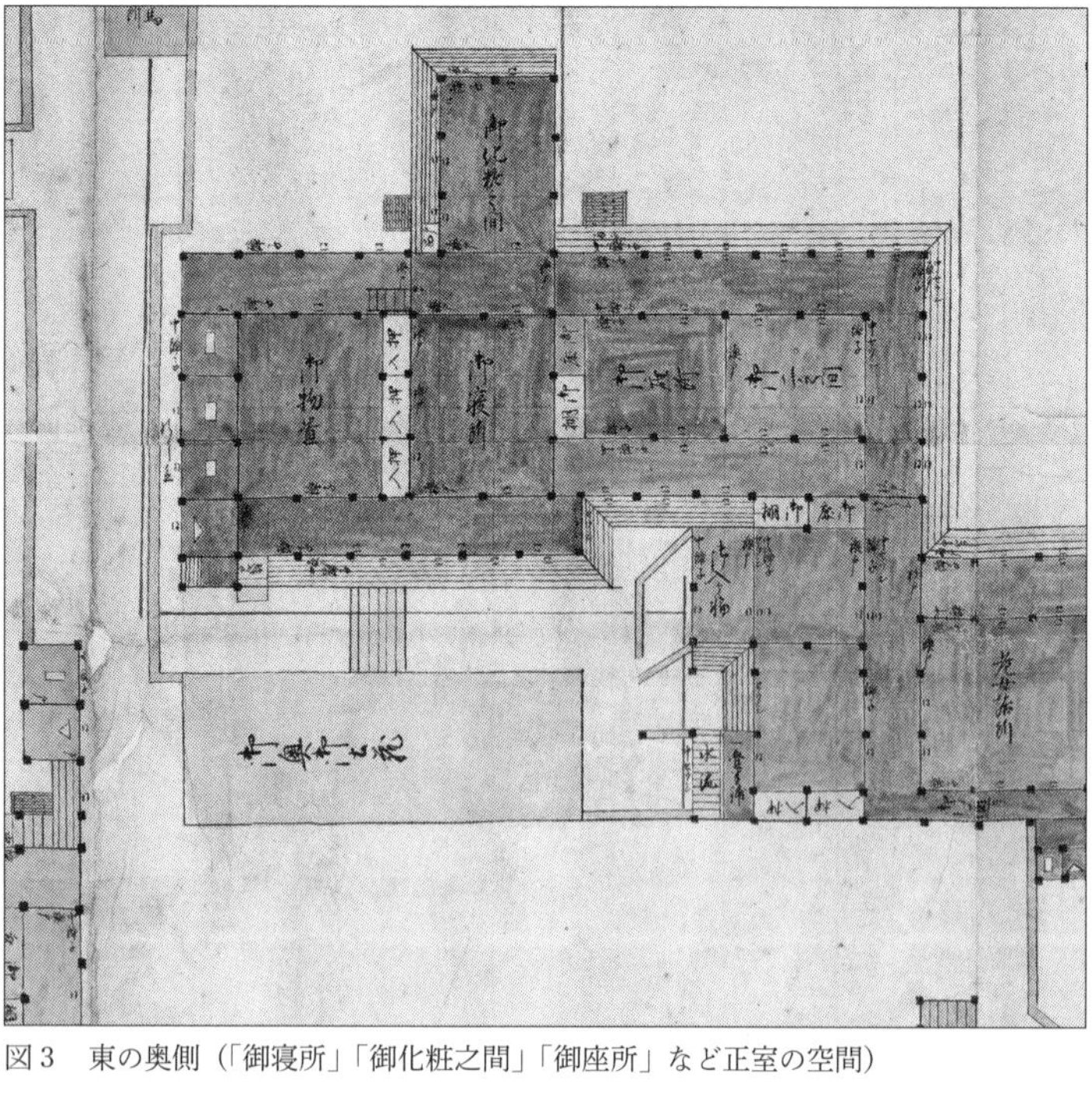

図３　東の奥側（「御寝所」「御化粧之間」「御座所」など正室の空間）

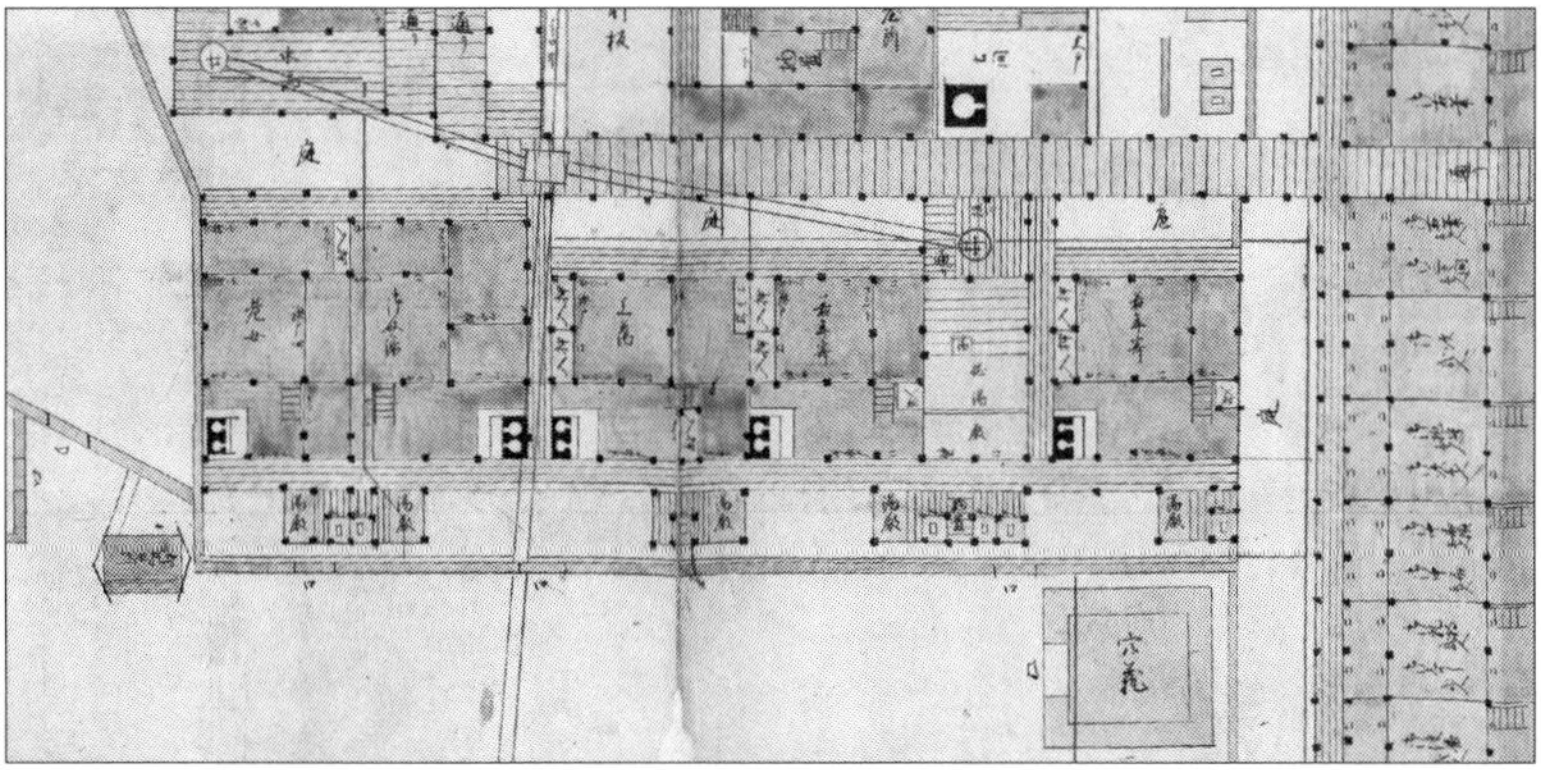

図4　奥の北側(純姫に仕えた老女、御介添、上臈、若年寄の部屋)

「御表御台所御蔵」がある方角が北側、「御鈴通り」が東側ということになる。この絵図では、奥空間が青色、表空間が緑、廊下等が黄色、蔵が薄い茶色で着色されており、空間が識別できる。藩主の「御寝間」など、いわゆる中奥に相当する部分は、青色で着色されている。

　以下、分割した絵図を用いて述べていく。図2は、奥の玄関部分から上段の間までを縦（東西方向）に示したものである。奥の玄関を入ると、正面が床の間付きの「御広間」、その奥に「御使者之間」が南北に二間続きで設けられている。玄関から北に折れると、「諸番所」と「御物書」部屋が廊下を挟んで向かい合っている。奥詰の広敷番の部屋が見えないので、おそらく広敷番が「御広間」に詰めているものと考えられる。「御広間」「御使者之間」の奥に、「御上段」「御二之間」「御三之間」が縦（東西）に配置されている。おそらくこれらのスペースが奥で催される儀式の空間とされたのだろう。また、正式の客もここで迎えたものと考える。

　図3は東の奥側を示したもので、「御寝所」「御化粧之間」「御座所」「御二之間」が見える。これらが正室の空間であると考え

られる。それらの東側に、「御奥御土蔵」が配置されている。「御二之間」の手前側（北西側）には、「老女詰所」が、その西側に「御膳廻シ所」「表使」の部屋が見え、廊下を挟んで、「御茶所」「御取次所」「御三之間詰所」が、それらの背後に、「御右筆所」「物置」「御使番詰所」が配置されている。

図4は、奥の北側部分で、純姫に仕えた老女、御介添、上臈、若年寄の部屋がある。上臈は、徳川将軍家や御三家・御三卿、または公家の女子が大名家に嫁ぐ場合に、格式の高い上臈という女中を付けて送り出したものであり、公家出身の女性がこの役を勤めたという〔福田二〇一〇〕。部屋の配置を見ると、おそらく最も上位に位置するのが老女であり、上臈は第三位の役職であろう。また前述のように、老女は正室の空間近くに詰所を持っていた。一般に老女は、大名家の奥を司る最高位の女中で、奥向きの取り締まりなどを担当した。『御年譜』の記述が簡略であるので、老女と上臈、若年寄等との職掌の相違は不明である。

図4を見て興味深いのは、それぞれの部屋には湯殿《ゆどの》が付属し、また竈《かまど》がそれぞれ描かれていることである。女中の給与の中には薪代や菜代が含まれているが、消費の実態が窺え、興味深い。例えば、畑尚子氏が紹介した越前松平家から津山松平家に嫁いだ箏姫の事例では、扶持のほかに仕着代、菜銀、椀代、味噌代、薪、水油、炭が老女に給与されている〔畑二〇〇七〕。なお、図中に記されている二重の赤線は、凡例によれば「底樋」で、一重の赤線が「下水」である。

（4）奥の利用

最後に奥の利用のされ方について、若干の考察をしたい。まず、先ほども紹介した『治広公御年譜』天明七年三月十一日条を示し、純姫の父である尾張宗睦が、普請の成就した上杉邸の奥を訪ねた時の状況を見よう。

尾張大納言宗睦卿御奥へ入セラル、西御門御座敷向御取飾アリ、御奥御玄関下座敷マテ御出迎、御上段へ御案内、御二ノ間ニテ御会釈、夫《それ》ヨリ御同座へ入セラル、御熨斗、御膳、御二方様御自身進セラル、種々御饗応アリ、了テ御表へ出サセラレ、表御座之間ニ於テ尚又御饗シ、御熨斗、御茶、御煙草盆、御膳等御自身進セラレ、御二方様モ御相伴《しょうばん》大納言様ヨリ御会釈ノ上遊ハサル、終テ御物見ニ入セラル、御帰後御家老ヲ以テ御伺アリ、

まず、尾張宗睦の経路である。彼は、飾り付けられた西門から邸内に入り、奥の玄関の下座敷で出迎えられ、その後、上段の間に案内された。治広らは下方の「二ノ間」で挨拶したあとに、同じ上段の間で宗睦と一緒に座り、そこで種々の饗応をし、さらに表に出て、「御座之間」で饗応した。表に移ったあとにも、「大納言様ヨリ御会釈ノ上」で「御二方様モ御相伴」とあるので、「御二方様」が、治広とその正室を指すのは、間違いない。したがって、治広と正室が、表空間の饗応に加わっていることになる。

それに先立って、天明六年二月十九日、宗睦の養嗣子治行《はるゆき》が、上杉邸を訪れた（同前）。

尾張宰相治行卿、当御奥へ御年礼トシテ入セラル、ニ付、御奥御玄関下座敷へ御出迎、重臣ノ面々御白洲左右へ列シ、御出迎相勤、夫ヨリ御座所へ御案内、御会釈了テ御自身ニ御熨斗進セラレ、続テ御本膳ハ君夫人、御二ノ膳ハ御自身ニ供セラル、御饗応 酣《たけなわ》ニシテ御表へ出サセラル、ニ付、御煙草盆並ニ御薄茶等御手ヅカラ供セラル、種々御饗シ《（ママ）》ノ上御帰殿、御見送等都テ御出迎ノ式ノ如シ、

やはり上杉治広が、「御奥御玄関下座敷」で出迎えている。その場所は、どこになるのだろうか。図1の玄関右側（南側）に「御入ケ輪」と記された部分がある。同じ記載は、上段の間の左側（北側）にもある。

「おいりがわ」とでも読むのであろうか。これらの空間が、治広らの動線であったと想定される。重臣らは、玄関の前面の白洲で左右に並んで治行を迎えた。奥の饗応では、「君夫人」、すなわち純姫が本膳を供しているのが明確である。

さらに付言すると、家斉の十一代将軍職の就任にあたって、新将軍から純姫へ、「将軍家ヨリ　君夫人へ、此度ノ御祝儀トシテ上使ヲ以テ緞子《どんす》十巻、干鯛《ひだい》一箱、御樽一荷ヲ賜ハルニ付、西御門・御奥御白洲・御座敷向御取飾、且上使入来ノ節ノ取扱、都テ先規ノ如シ、右御礼老中へ御使者ヲ以テ仰入ラル、御城女中へ御文ヲ以テ同断」（『治広公御年譜』天明七年四月二十五日条）と、緞子等が贈られた。西門と白洲、座敷向は飾り付けられ、上使を迎えた。留意したいのは、奥へ上使を迎えることが前提で諸事が取り決められていることである。

以上から、奥という空間構造の一端が明らかになったと考える。上段の間等、正式な使者や来客を迎えるための空間が奥に設けられていることは、これまであまり指摘されていないのではないかと思う。婚礼のみならず、上使を迎えるなど、奥はまた政治空間としても機能していたのである。

本節では、必ずしも十分な検討ではないが、いくつかの問題提起を行えたと考えている。奥の機能や表と奥との関係については、史料の発掘も含め、さらに検討を重ねる必要がある。

【参考文献】

浅川清栄「高島藩主の妻妾・子女——その藩政との関連」（『信濃』四四巻二号、一九九二年）

浅倉有子「上級家臣の家と交際――越後高田藩榊原家の三家老を事例として」（大口勇次郎編『女の社会史』山川出版社、二〇〇一年）
江後迪子「武家の江戸屋敷の生活Ⅱ――鹿児島藩島津家中奥日記から」（『港区立郷土資料館研究紀要』五号、一九九八年）
大塚英二「光友夫人死去に伴う公儀付人の召返しについて」（徳川林政史研究所『研究紀要』二七号、一九九三年）
渋谷葉子「幕藩体制の形成過程と大名江戸藩邸――尾張藩を中心に」（徳川林政史研究所『研究紀要』三四号、二〇〇〇年）
渋谷葉子「尾張藩江戸屋敷の殿舎と作事――一七世紀前半の様相」（徳川林政史研究所『研究紀要』三八号、二〇〇四年）
高野信治『近世領主支配と地域社会』（校倉書房、一九九七年）
高橋　博「大名家の奥附に関する一試論――久保田藩・盛岡藩を事例に」（『学習院史学』四四号、二〇〇六年）
高橋　博「大名佐竹家の儀礼構造――儀式・親類書・御取持」（『学習院史学』四八号、二〇一〇年）
長野ひろ子「幕末維新期の奥女中――一橋徳川家の場合」（『茨城県史研究』八六号、二〇〇二年）
長野ひろ子『日本近世ジェンダー論』（吉川弘文館、二〇〇三年）
根津寿夫「徳島藩蜂須賀家の『奥』――正室・こども・奥女中」（徳島史学研究会『史窓』三八号、二〇〇八年）
畑　尚子『徳川政権下の大奥と奥女中』（岩波書店、二〇〇九年）
氷室史子「大名藩邸における御守殿の構造と機能――綱吉養女松姫を中心に」（『お茶の水史学』四九号、二〇〇五年）
福田千鶴「近世中期における彦根藩井伊家の奥向」（村井康彦編『彦根博物館叢書6　武家の生活と教養』サンライズ出版、二〇〇五年）
福田千鶴「奥女中の世界」（薮田貫ほか編『〈江戸〉の人と身分4　身分のなかの女性』吉川弘文館、二〇一〇年）
星野尚文「明治初年の藩邸処分に関する基礎的研究――弘前藩を中心に」（『東海史学』四〇号、二〇〇六年）
松尾美惠子「近世武家の婚姻・養子と持参金」（『学習院史学』一六号、一九七九年）
松尾美惠子「大名の殿席と家格」（徳川林政史研究所『研究紀要』昭和五十五年度、一九八一年）
松崎瑠美「大名家の正室の役割と奥向の儀礼」（『歴史評論』七四七号、二〇一二年）
松崎瑠美「明治維新期のジェンダー研究の課題」（『歴史評論』八一二号、二〇一七年）
宮崎勝美「紀尾井町遺跡における大名屋敷の様相とその変遷」（千代田区紀尾井町遺跡調査会編集・発行『東京都千代田区紀尾井町遺跡調査報告書』（本文編）、一九八八年）

柳谷慶子『近世の女性相続と介護』（吉川弘文館、二〇〇七年）
柳谷慶子「武家権力と女性——正室と側室」（薮田貫ほか編『〈江戸〉の人と身分4　身分のなかの女性』吉川弘文館、二〇一〇年）
柳谷慶子「武家のジェンダー」（大口勇次郎ほか編『ジェンダー史』山川出版社、二〇一四年）
山本博文『江戸幕府お留守居役の日記——寛永期の萩藩邸』（読売新聞社、一九九一年）
吉成香澄「将軍姫君の公儀付人・女中について——尾張藩主徳川斉朝夫人淑姫の事例から」（徳川林政史研究所『研究紀要』四四号、二〇〇九年）

第Ⅲ章

女性の著作と教養

第1節 正親町町子——公家出身女性の教養と役割

久保貴子

一　町子の出自

柳沢吉保《やなぎさわよしやす》の側室正親町町子《おおぎまちまちこ》は、一般に正親町実豊《さねとよ》の妾腹《しょうふく》の娘と説明されているが、現在は、遊女説から両親とも公家とする説まで存在する。

遊女説は、『柳営婦女伝系』（『徳川諸家系譜』一）の「水無瀬氏之系《みなせしのけい》」に「妓女《ぎじょ》」に仕立てられ、母は永観堂行者《ぎょうじゃ》田中賀純の妻、実父は「誰云うと知らず」と記載されていることから、生じたものである。しかし、「柳営婦女伝系」の記述はそもそも虚実ない交ぜで、その利用には慎重さが求められる。

一方、両親とも公家、具体的には実父を正親町公通《きんみち》、実母を水無瀬氏信《うじのぶ》の娘右衛門佐《えもんのすけ》とする説は、宮川葉子氏が提示され、今や断定されている。これを支持する研究者も出てきているが、この説にも大きな疑義がある。

そもそも、宮川氏が実母を右衛門佐とするきっかけとなったのは、漢文体の『楽只堂年録《らくしどうねんろく》』（郡山城史跡・柳沢文庫保存会所蔵）宝永三年（一七〇六）三月十一日条にある右衛門佐死去を伝える記述である。

ここには「右衛門佐は桃井《もものい》内蔵允之政が養母也、則ち、故正親町前大納言実豊卿の妾にて安通《やすみち》が産（町子のこと）母の母也、安通が産母を産みてのち之政に嫁し、安通が産母を養い己の子と為さんと約す」（読み下し文、以下同じ）とある。つまり、桃井之政の養母の右衛門佐が正親町実豊の妾で、町子の母であると記されているのである。ただ、宮川氏はその後、水無瀬家の娘の右衛門佐が実豊の妾であることなどに疑問を感じられ、検討の結果、実豊の子公通と婚姻して町子をもうけたのだと結論づけられた。つまるところ、右記のうち、之政の養母である右衛門佐が町子の母であるという記述部分のみを事実とされたのである。

しかし、現在刊行中の和文体の『楽只堂年録』（図1。同右所蔵）では、右の「則ち」の箇所が「之政が妻は」となっている。つまり、桃井之政の妻が、実豊の妾で町子を産んだと記されていて、このほうが全体の文脈（之政の養母右衛門佐の服忌は受けないが、之政の妻は安通らの祖母なので服忌を受けるなど、服忌に関する記述が続く）からも齟齬がない。これにより、実母右衛門佐説は根底から考え直す必要がある。

右衛門佐の経歴もまた、『柳営婦女伝系』を使って説明されることが多いが、前述したように、この史料には問題が多い。近年、石田俊氏によって江戸下向のいきさつや大奥での役職などが明らかにされ、従来説の訂正が行われているので、その研究成果を踏まえつつ、町子との関係を整理してみたい。

まず、右衛門佐の父については水無瀬氏信説と水無瀬兼俊《かねとし》（氏信の父）説がある。氏信とするのは、『柳営婦女伝系』と『系図纂要』で、兼俊とするのは、『水無瀬家譜』や『御法名留』（『播州小野藩一柳家史料由緒書』）

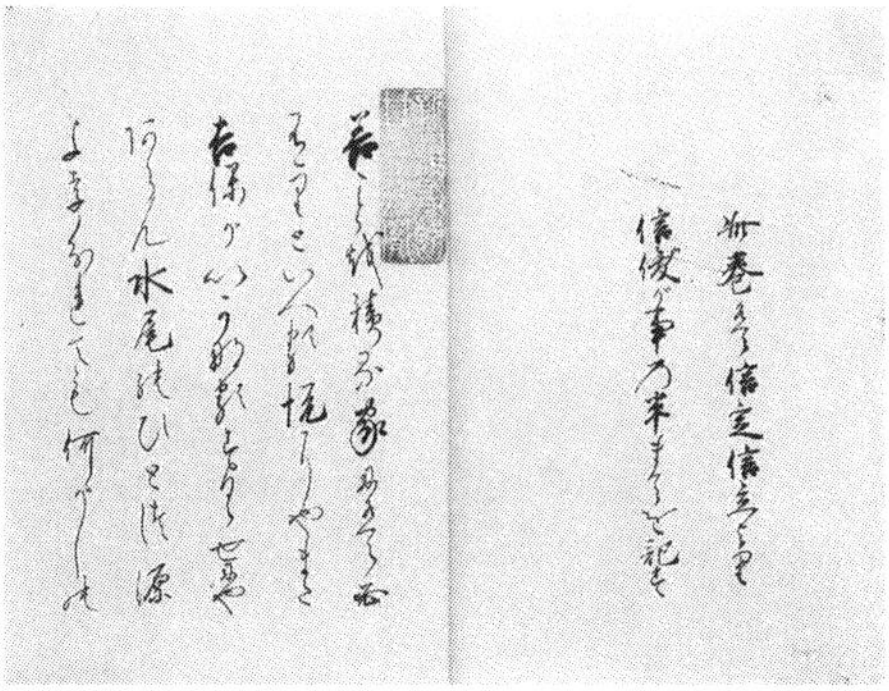

図1
『楽只堂年録』（第一巻の冒頭。郡山城史跡・柳沢文庫保存会所蔵）

などである。このうち、『御法名留』に収録されている右衛門佐の石碑銘にある経歴や歿年月日は、石田氏によってほぼ正しいことが証明されたので、兼俊の娘で、慶安元年（一六四八）十二月十二日生まれとする記述部分も信憑性が高いと考えてよいのではないだろうか。

右衛門佐は、霊元《れいげん》天皇女御《にょうご》の房子（鷹司教平《たかつかさのりひら》の娘）に仕えたのち後水尾院《ごみずのおいん》に仕え、延宝八年（一六八〇）、後水尾院が歿したのを機に奥勤めを退き、親族の町尻《まちじり》家に寄寓していたが、貞享元年（一六八四）、五代将軍綱吉の娘鶴姫の上臈《じょうろう》として招聘されて江戸へ下向した。町子の誕生年は確定に至っていないが、延宝四年（一六七六）から七年と推定されており、この時、右衛門佐は院御所《いんのごしょ》に勤める女房である。当然独身ということになるので、正親町公通との婚姻関係は成立しない。もし、この時期に子を産んだとすると密通によるもので、誕生した子は相手の家ではなく自分の実家で育てるほうが自然である（実際にそうした事例もある）。しかし、町子は正親町家で成長している。こうしてみると、やはり右衛門佐を町子の実母とするのには無理があるであろう。加えて、実父を正親町公通とするのは『万歳集』（郡山城史跡・柳沢文庫保存会所蔵）の記事を大きな拠り所としているが、町子の子柳沢経隆《つねたか》（吉保の四男）は、のちに公通の娘直子と婚姻することになるので、直子が養女でない限り、この婚姻は成り立たず、町子の実父が公通であることもあり得ない。

したがって、事実は小説より奇なりとも言うが、この件に限って言えば、従来の説通り、父は正親町実豊、母はその妾と考えてよいのではないだろうか。実豊は五十代後半でもうけ、かつ母と生き別れになった町子を可愛がり、町子もまた実豊の側を離れなかったという（『松陰《まつかげ》日記』同右所蔵）。

では、右衛門佐と町子の関係は、一体どのようなものであったのであろうか。町子が江戸へ下ったのは、右衛門佐のたびたびの勧めに周囲が同調したためであったことを、町子自身が『松陰日記』の中で述べている。「右衛門佐のさる縁にて」と記されているので、二人に「さる縁」があったことは間違いない。これを解く鍵は、桃井之政の存在である。之政は、『楽只堂年録』によれば町子の母の夫で、町子を養女にする約束までしていた人物となる。元の名を田中半蔵という。

一方、鶴姫の入輿《じゅよ》に付き従ったのち、江戸城本丸大奥に戻って筆頭御年寄（大上﨟兼大年寄）になっていた右衛門佐は、元禄十三年（一七〇〇）、柳沢吉保の勧めで之政を養子にしている（この時、田中半蔵から桃井内蔵丞に改名した）。石碑（『御法名留』）には、その理由を「外弟故」、つまり異父弟ゆえと記されている。これを信じるならば、右衛門佐の母は之政の父田中主馬と婚姻して之政を生んだことになる。右衛門佐は兼俊五十六歳の時の娘になるので、母が妾であった可能性は高く、町子の母同様、出産後に他家へ嫁いでいても不思議ではない。ただ、『断家譜』によれば、享保十一年（一七二六）に歿した之政（『断家譜』では直政）の年齢は八十九歳とある。そこから逆算すると、之政は寛永十五年（一六三八）生まれで、右衛門佐より十歳年長となり齟齬が生じる。右衛門佐の母が田中家に嫁いだ時にはすでに之政がいた可能性もあるが、形式上とはいえ、五十三歳の右衛門佐が六十三歳の之政を養子にするのはやや奇異で、之政の歿年齢の記載に誤りがあるのかもしれない。

いずれにせよ、右衛門佐は、之政を通じて、その妻が正親町家に残してきた娘町子のことを知り、自分と似た境遇の町子に関心を持っていたのであろう。そして、十代半ばを迎えた町子に、京より江戸のほうが身を立てる道があるとして、江戸への下向を熱心に勧めた。公家の娘が武家に嫁いだり、奥向きに入ることも珍しくはなくなりつつある時代でもあった。また、町子の父実豊は、寛文十年（一六七〇）、朝廷を揺るがした三条西実教《さんじょうにしさねのり》排斥一件（霊元天皇が排斥を強く望み、結局、幕府の力を借りて実現した）により武家《ぶけ》伝奏《てんそう》を罷免され、一時蟄居《ちっきょ》にもなったようなので、右衛門佐が「かくてあらんよりは」（こうして京にいるよりは）と述べた背景には、もしかするとこのような正親町家の事情も含んでいたのかも知れない［系図1］。

二　町子、母となる

誕生年のみならず、町子がいつ江戸に下向し、柳沢家の奥に入ったのかについても、未だ明らかにはなっていない。従来から注目されているのは、『松陰日記』巻十五「山水」の「元禄も十六年になりぬ」「まだいと十六ばかりの年にかありけん」「程なくこなたに参りなどして、此十年余り」という記述である。つまり、元禄十六年は、町子が「十六ばかり」で江戸に下向し、「程なく」柳沢邸に入って「十年余り」経った年にあたることになる。

歿年月日は、柳沢吉里《よしさと》時代の公的記録『福寿堂年録』（郡山城史跡・柳沢文庫保存会所蔵）等によれば、享保九年（一七二四）三月十一日で、宮川氏によると享年四十六歳と記録されているという（ただし、同氏は享年を四十七歳としている時もある）。ここから逆算すると、延宝七年（または六年）誕生となり、十六歳だったのは元禄七年（または六年）で、「十年余り」と

系図1
右衛門佐・之政・町子の推定関係図

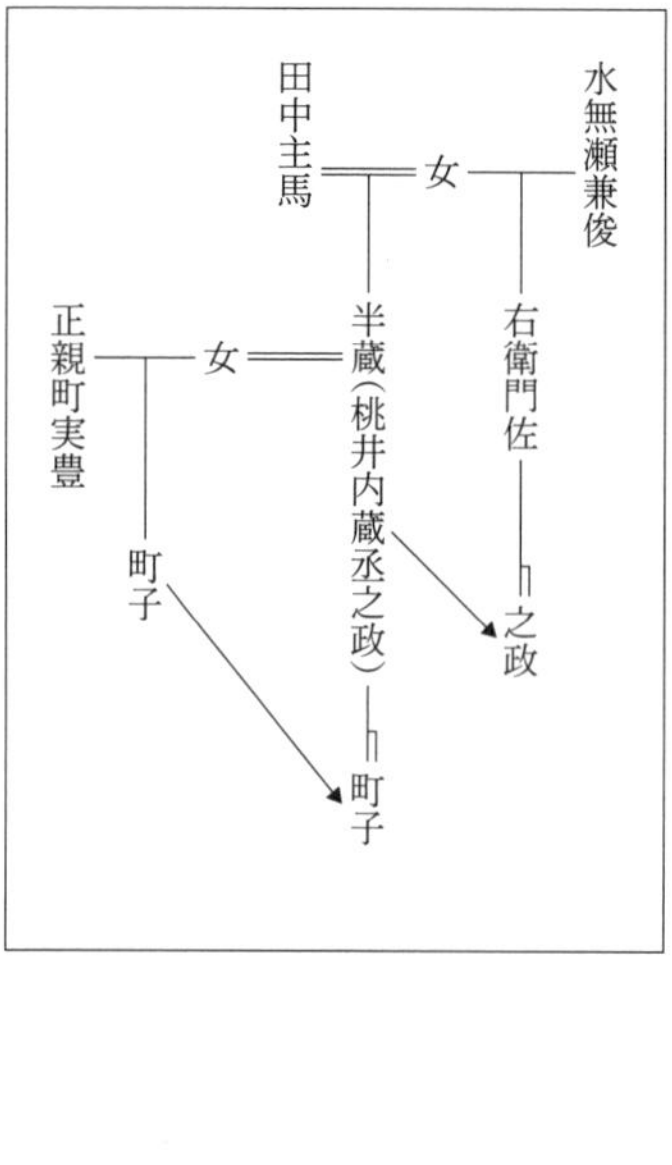

若干食い違う。増渕勝一氏は、『松陰日記』の巻一「むさし野」［図2］（元禄三年冬まで）の文体と、巻二「たびごろも」以降の文体の違いから、柳沢邸に入ったのは元禄四年春と推定され、この時十六歳であったとしている。この場合、延宝四年生まれで享年は四十九歳となる。誕生年が延宝四年から七年と推定されていると前述したのはこうした先行研究に基づいたものである。柳沢邸入りの年は、これらを含めて勘案すると、元禄四年から六年の間ということになる。

柳沢吉保［図3］は、徳川綱吉の上州館林《たてばやし》時代からの家臣で、綱吉が将軍に就任したのを機に、異例の出世を遂げる。家督相続した翌延宝四年二月、柳沢家と同じ武川衆《むかわしゅう》の曾雌《そし》家の娘定子《さだこ》と婚姻した。吉保十九歳、定子十七歳であった。そして、天和元年（一六八一）十二月、吉保は生母を引き取るが、この時に付き従ってきたのが染子《そめこ》（飯塚氏）と言われる。定子は子に恵まれず、貞享四年（一六八七）九月に染子が産んだ男子が嫡男となった。のちの吉里

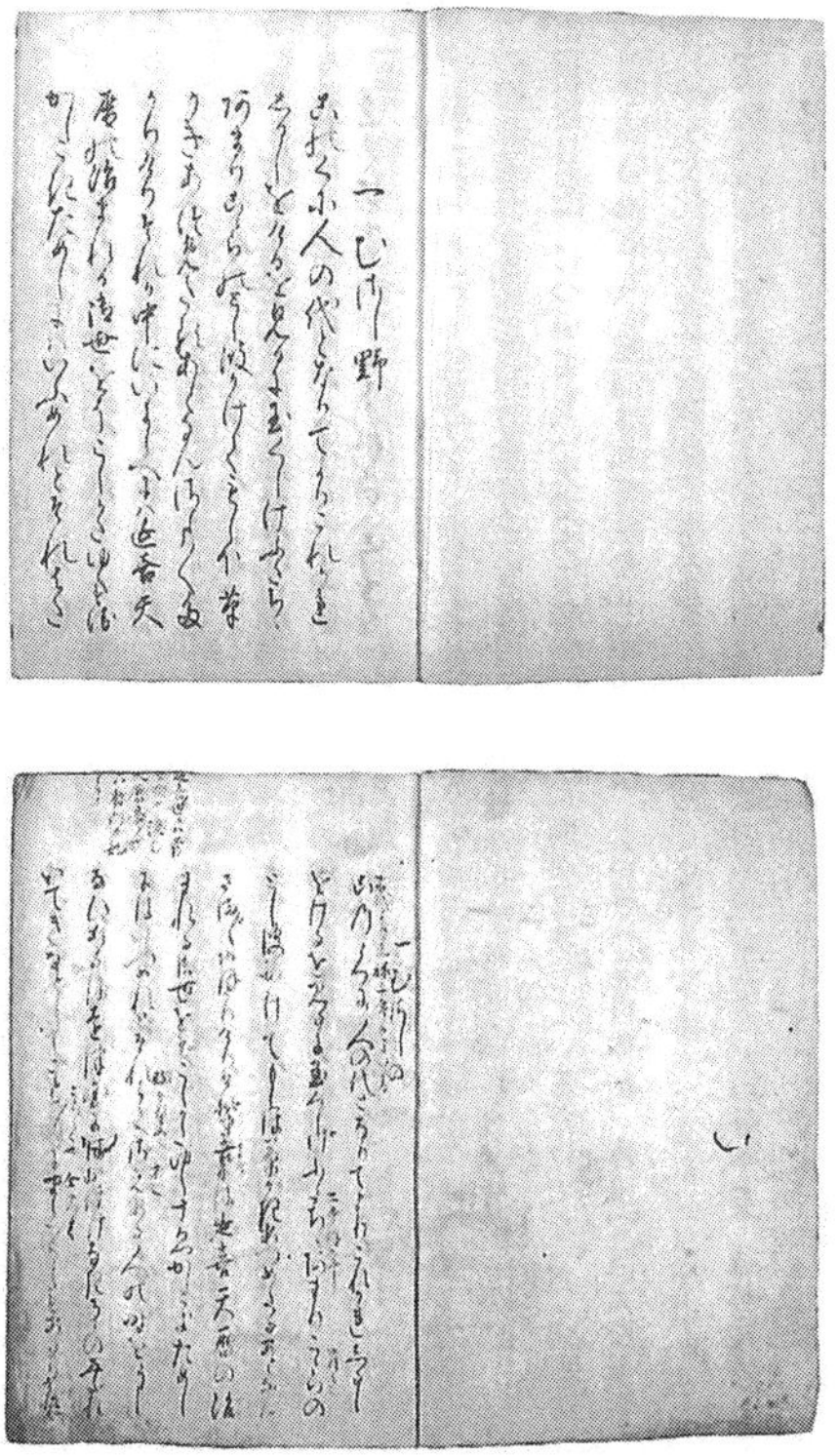

図2　『松陰日記』（清書本と草稿本。郡山城史跡・柳沢文庫保存会所蔵）

である。染子はその後、元禄三年、同五年、同六年と子女をもうけたが、いずれも夭折《ようせつ》した。吉保は、元禄元年に側用人になると、翌二年神田橋門内に屋敷を拝領して一橋門内の屋敷から移り、翌三年三月には二万石加増されて三万石あまりとなり、同年十二月四品《しほん》に昇叙した。明けて元禄四年三月、綱吉の初御成《はつおなり》があり、この年から翌五年にかけて常盤橋《ときわばし》門内の屋敷地も与えられ、上屋敷は神田橋門内から常盤橋門内まで拡張されていく。そして、元禄五年十一月、三万石を拝領し、六万石を超える大名となった。

右衛門佐が、「東にて身の置き所も物すべき」と町子に江戸下向を促し、下向から柳沢邸入りまで、あまり時を経ていないとみられることから、もともと綱吉の寵臣で、将来有望な吉保の側室にする心積もりがあったのではと推測される。これには、当時之政が浪人中であったことも、影響しているかもしれない。こう考えると、町子が之政の養女として柳沢邸に入った理由も見えてくる。一つは、吉保の力を借りて之政の出仕の道を開くことで、実際、元禄六年十二月、之政は右筆として召し出され、幕臣となっている。もう一つは柳沢家への配慮である。

柳沢家は吉保の出世によってその地位を急速に上げていったが、武川衆の多くは旗本とはいえ、知行高も多くなく、役職もさほどではない。正室定子の実家曾雌家も、養女のとさ（黒田直邦室）やいち（松平輝貞室）の実家折井《おりい》家もそうである。そこへ正室ではなく、側室候補の家女房として、右衛門佐の肝いりで若い公家の娘が入るのは、家内に波風の立つ危険性をはらむ。母の夫であ

図3　柳沢吉保肖像（柳沢家所蔵）

る之政が養父となることに何ら無理はなく、外聞上も都合が良い。また養女であれば、町子と正親町家との関係に変動は起きないので、町子も納得したのであろう。ただ、側室となることをどのように受け止めていたのかはわからない。

元禄七年一月、吉保はさらに一万石を加増されて武蔵川越《かわごえ》城主となり、十二月九日に侍従《じじゅう》に任官した。その間の十一月十六日、町子は男子を出産する。吉保にとっては四男となる経隆である。もっとも、すでに染子所生の次男、三男は歿していたので、実質的には次男であった。同月二十二日、御七夜《おしちや》の祝いが行われ、名は伊織と名づけられた。町子は、経隆出産を「いでやそのはらと言い出んも聞えにくけれど、されど、はた、ありとは見えしはは木々の、今さらに何かはおぼめき聞えん」と記している。自分の所生であると言うのも気が引けるが、今さらどうして空とぼけられるでしょうと、『新古今集』の恋歌を引用しながら、隠しきれない喜びを記したのである。ただ、続けて記した「さるは木高《こだか》き花の咲出る陰にかくれて、若草の萌え出る春に会いぬる」をも踏まえると、側室であることへの複雑な心情も垣間見えるようである。

翌八年二月十日、経隆は柳沢邸に御成した綱吉に初御目見《はつおめみえ》し、太刀目録や馬代などを献上した。綱吉からは縮緬《ちりめん》一〇巻と紅白羽二重《こうはくはぶたえ》二〇疋《ぴき》を拝領し、同月二十三日には、備前元重の刀一腰も拝領する。町子によれば、綱吉は、吉保の子の誕生時には産養《うぶやしない》の祝いをしていたが、吉保の次男、三男が夭折したことを勘案して、今回は行わず、初御目見を機に祝ったのだという。そして六月十九日、綱吉の命により、経隆は称号を横手とした。「横手」は武川十二騎の一つで、吉保の祖父信俊《のぶとし》が武田信玄の命で一時継いでいた家名である。

元禄九年六月十二日、町子は再び男子を出産する。五男時睦《ときちか》である。御七夜の祝いの日、吉保が左門と名づけた。九月十八日の御成の際には綱吉に初御目見し、和州有俊の刀一腰を拝領する。町子が綱吉に初御目見したのは、元禄十年三月十一日の御成の時で、元禄八年一月に、吉保の娘稲を出産した重（繁）子（横山氏）も一緒であった。この年から、町子は、重子と共に柳沢家の家族として、綱吉との贈答に加わるようになる。染子以後、元禄年間に吉保の子女をもうけたのは町子と重子だけで、献上物・拝領物は基本的に同じであることから、側室としてはほぼ同格の扱いであったことが窺える（もちろん、先に子をもうけた町子が席次は上になる）。

元禄十二年十二月三日、吉保の嫡男吉里は四品越前守となり、三日後、実名を安暉《やすてる》から安貞《やすさだ》に改めた。伊織（経隆）と左門（時睦）も同月十一日、それぞれ安通《やすみち》、信豊《のぶとよ》と名づけられた。元禄十四年十一月二十六日、綱吉は、吉保と吉里に松平の称号と諱《いみな》の一字を与え、さらに経隆と時睦にも、松平の称号を与えて、学問の弟子に加えた（綱吉の最初の弟子は吉保である）。当時、町子は経隆・時睦と共に、吉保の住む御殿の東側にある別棟に住んでいたが、翌十五年四月の火事で神田橋邸は焼失する。家族は分散して下屋敷などに移り、町子母子は小日向邸を使った。五月、神田橋邸が再建され、それぞれ新居の完成を待って順々に移居する。町子の屋敷は東側が経隆の屋敷の門に通じ、吉保の屋敷とは庭に隔てが一重あった。吉保の許へ向かう時は、中の戸口を開けて行き来できるよう造られたという。

宝永四年（一七〇七）十一月二十三日、経隆と時睦は共に叙爵し、それぞれ刑部少輔《ぎょうぶのしょう》、式部少輔《しきぶのしょう》と名乗ることになった。綱吉の命によるもので、経隆は十四歳、時睦はまだ十二歳であった。十二月には、吉保邸の一角にあった旧水野勝政邸に経隆が移り、それまで経隆と時睦が共に住んでいた屋敷を一つに合わせて時睦の屋敷とした。叙爵を機に、それぞれ独立した屋敷を持つことになったのである。『松陰日記』巻二十六の「二もとの松」は、二人の叙爵の際に詠んだ吉保と町子の贈答の和歌にちなんでいる。

〈吉保の和歌〉二もとの　松の木陰《こかげ》に　立添いて　茂るも嬉《うれ》し　千代の行く末

〈町子の返歌〉茂り添う　この二もとの　松陰に　さか行千代を　共に数えん

三　町子、和歌を評する

『楽只堂年録』で確認できる柳沢邸の詩歌会は、元禄十三年八月十五日が最初である。この会には、北《きた》村季吟《むらきぎん》と孫の湖元《こげん》が参加しており、これが『楽只堂年録』に北村季吟が登場する最初でもある。しかし、それからわずか十二日後の同月二十七日、季吟は吉保に古今伝授し、一ヵ月後の九月二十七日、その切紙を吉保に授与しており、季吟と吉保の交流はこれよりかなり遡ることが窺われる。

季吟が幕府の歌学方《かがくかた》に選ばれ、長男湖春《こしゅん》と共に江戸に下向したのは、元禄二年十二月のことで、奥医師並に列し、綱吉に御目見した。吉保とも顔を合わせたことであろう。綱吉は、「歌学方」を新設したように、学問だけでなく和歌にも関心が高く、吉保もまた和歌の道に傾倒している。『松陰日記』に最初に載った吉保の和歌は、元禄二年八月十五日の名月の宴の時のものであるが（巻一「むさし野」）、元禄六年九月に和歌を詠んだ時の様子を、町子は「例《れい》のえ忍びあえぬ御口ずさびなりかし」と、いつものように堪えきれずに口ずさんだと記しており、吉保にとって和歌がいかに身近なものであったかがわかる（巻四「みのりのまこと」）。また、元禄七年立秋の頃の早朝に和歌を詠んだ折には、周囲（家臣）にその意味を理解し、感じ入る者がいないと嘆いたりもしている（巻五「千代の春」）。さらに、元禄八年一月に催された綱吉の五十賀の際には、吉保の正室定子も「御衣」に和歌を二首添えて献上しており、この頃すでに定子の和歌の技量がかなりのものだったことを示している。吉保の和歌熱は家族にも影響を及ぼしていたのである。ちなみに、『松陰日記』の巻名の多くは、吉保の和歌に由来するが、巻十（元禄十三年）の「から衣」は定子の和歌「言《こと》の葉も　色も千入《ちしお》の　唐衣《から》　変らぬ袖を　幾世重ねん」から取っている。

町子が、自分の和歌について触れるのは遅く、『松陰日記』巻十二「こだかき松」の中のことであった。元禄十五年の春が深まる頃に、吉保と町子が和歌を贈答している様子が記されていて、「ただ口疾《と》きばかりを事にて、さる見所なきものから、殊《こと》なる木陰に自《おの》ずから落ち積る下葉書き添えつつ、いとをこがましうぞあるや」とある。自分の和歌をただ早いだけが取り柄で、さほど見所のないものとし、「殊なる木陰」（吉保の庇護下）に自ずと落ち積もる「下葉」（下手な和歌）を書き添えているのも、とても愚かなことですよねと、謙遜しているのだが、もともと和歌の素養があったと思われる町子は、自他の和歌に対する評価を時々記している。

元禄十年二月、吉保と綱吉の側室お伝《でん》（五丸《ごのまる》）は共に四十歳を迎え、お互いに祝いを贈り合った（巻七「春の池」）。この時、お伝から贈られた和歌について、町子は「おかしき節《ふし》もなき物」と評している。吉保の返歌については「いかがありつらん、聞漏らしつるぞ口惜《お》しき」として、聞き漏らしたことを残念だと述べているが、うがった見方をすると、この時の吉保の和歌の出来はあまり良くないと感じていたのかもしれない。

元禄十四年八月十五日に、柳沢邸で行われた詩歌会については、「皆とりどりに奉りけれど、目留《めとど》まる節もあらで記さずなりぬ」、九月十三日の和歌会については、吉保、吉里、定子、季吟、正立（季吟の次男）の歌を一首ずつ載せたのち、「その外《ほか》にもいと数多《あまた》なれど、同じさまの言の葉にて珍しげなし」と記している（巻十一「花待つもろ人」）。

元禄十五年八月十五日の和歌会では、「その日の歌ども多くありけれど、珍しげなきは載せず」とする一方、吉保の側室染子の和歌「池水の　かげは最中《もなか》の　玉かしは　あらはにみがく　月ぞことなる」（ただし『楽只堂年録』では「水清み　かげはもなかの　玉かしは　あらはにみがく　月ぞてりそふ」）を「あるが中に面白《おもしろ》ければ、はらに味いてなん」（たくさんある歌の中でも趣があり、心からしみじみ味わった）と評価していて、巻十四の名「玉かしは」はこの和歌に由来する。

町子自身の和歌については、同年五月に再建された神田橋邸に戻った折に吉保へ進上した和歌を、「よくも覚えねば書かず」として載せておらず、おそらく納得する出来ではなかったので、このような書き方をしたのであろう。その後も、宝永二年（一七〇五）異母兄正親町公通が正二位《しょうにい》に昇叙したことを詠んだ公通の返歌「君が代の　道の光を　しるべにて　のぼる位《くらい》の　山もたどらず」を「何のおかしき節もなし」（巻二十一「夢の山」）、宝永三年に吉保が詠んだ和歌「今日匂う　大宮人《みや》の　袖の香《か》に　庭の桜も　色や添うらん」を「大方、折からのおかしきをぞ述べ給」（当座の風情を普通に詠んだ）と評するなど、和歌についてはその人の地位などにとらわれず、正直に感想を吐露しているように思われる。

四　和歌が結ぶ柳沢家と正親町公通・霊元院

さて、町子の異母兄公通と吉保との親しい関係が見えてくるのは、元禄十五年（一七〇二）八月十五日の和歌会の時からである。この時の兼題は「依水月明《みずによりてつきあきらかなり》」であったが、京にいる公通は、この題で和歌会が開かれることを知り、詠んだ和歌を贈ってきた。町子によれば、二人は互いに親しく交際しており、「年月」格別に心を寄せ、内々に色々なことで交流しているという。「年月」には長年、数年の意味があるが、ここでは数年と解したい。というのは、公通が元禄十三年二月まで武家伝奏を勤めていたからである。側用人と武家伝奏という互いの職責を鑑みれば、私的な交流を深めることは、自重していたと見るのが妥当であろう。

元禄期の朝廷は、霊元院方と東山《ひがしやま》天皇方との間で、朝廷運営をめぐる綱引きが行われていた。そこに幕府の思惑も加わったため、内情はかなり複雑であった。霊元院［図4］は、貞享四年（一六八七）の譲位後も、幕府が公認していない「院政《いんせい》」を行っていたが、紆余曲折を経て、元禄六年十一月、東山天皇に政務移譲する。この年は、武家伝奏の一人持明院基時《じみょういんもととき》の健康状態が思わしくなく、伝奏交代の話が持ち上がっていた。七月、関白の近衛基熙《このえもとひろ》は、京都所司代・禁裏付《きんりづき》と

図4　霊元院肖像（泉涌寺所蔵）

の談合の場で、正親町公通・裏松意光《うらまつのりみつ》・庭田重条《にわたしげえだ》の三人の候補のうち庭田重条を推した。しかし、幕府は正親町公通を選出し、八月に公通が伝奏に就任する。町子が江戸に下ったあとのことである。

基熙は、この人選に不満であった。「公通卿父前大納言、仙洞御在位の始め伝奏たり、三条西実教卿出仕を止むの節、伝奏を停められ、その後一向出頭能わざるのところ、子息今この事有り、その故いかがいかが」と、その理由を日記（『基熙公記』）に記している。実教、実豊が存命であったこともあって、一件から二十数年経っても、未だ厳しい目を向ける公家はいたのである。もっとも、霊元院は在位中に儲君朝《ちょくんあさ》仁《ひと》親王（東山天皇）の近習の一人に公通を選んでおり、実豊の子であることを気にしている様子は見せていない。公通は承応二年（一六五三）生まれで、元禄六年時は四十一歳、従二位権中納言であった。

一方、議奏《ぎそう》には、元禄六年九月、准后《じゅごう》（東山天皇の生母松木宗子）を後ろ盾に持つ中御門資熙《なかみかどすけひろ》らが就任する。その後、この資熙の「執権《しっけん》」ぶりが天皇を悩ませるようになる。天皇と関白基熙はその排斥を試みるが、准后らや京都所司代の賛同が得られず、暗礁に乗り上げた。そこで、基熙は大奥の右衛門佐を介して、直接将軍綱吉に働きかけることにし、元禄十二年五月、資熙の議奏辞任を実現した。資熙は、八月に幕府の命により逼塞《ひっそく》に追い込まれる。公通は、職務上では資熙に同調することが多かったようで、翌十三年二月、勤め方宜しからずとの理由で武家伝奏を解任される。ただ、「罪条露顕に非ず」であったため、処罰はされていない。

吉保は、元禄十三年の古今伝授後、同十五年に和歌浦と玉津島を写し取った六義園《りくぎえん》を完成させると、一層和歌の道に入れ込むようになる。元禄十六年、名所百首の歌を詠んだ。町子によれば、これは、所蔵する藤原定家筆の「名所百首」（『楽只堂年録』に見える定家筆「名所三百首の和歌」のことと思われる）を明け暮れ見ているうちに、心に浮かんだことを詠んだものであった。年来、和歌の道に精進を重ね、次第に造詣も深くなり、詠む歌も「浜の真砂」のように多くなり、歌道のあらゆることを尋ね求めたいという気持ちがいつまでも尽きないという（巻十六「秋の雲」）。『楽只堂年録』元禄十六年七月二日の記事によれば、『名所三百首』は一冊本で外題《げだい》がなかったため、公通を通じて、定家の子孫冷泉為綱《れいぜいためつな》に「音羽川《おとわがわ》」という題字を書くよう求め、承諾を得ている。

そしてついに、吉保は、自分の詠んだ「名所百首和歌」を霊元院に献上して、「勅点《ちょくてん》」を願い、このうち一首でも添削をしていただければ本望と思うようになる。ここで頼りにしたのは町子の兄公通であった。前述したように、公通は東山天皇からは退けられたが、霊元院には目を掛けられていて、日々院参《いんさん》していたからである。吉保は、ついでの折に内々にこのことを奏上するよう依頼した（「院にも取り分《わ》き召しまつはせ給うて、親しく心寄せ仕うまつらせ給うて常に参り給うを、内々《うち》事《こと》のついであらば、しかじかのこと奏し給わるべく仰せつかわしたり」）。

公通はこれに尽力する。公通には強力な協力者がいた。院御所に伺候《しこう》する入江相尚《いりえすけひさ》と新大納言兄妹である。新大納言は、霊元院が在位中から寵愛の女房（勾当内侍《こうとうのないし》も勤めた）であった。公通の母は実豊の正室（藤谷為賢の娘）とされており、相尚・新大納言は従弟妹にあたる。町子は、この

系図2

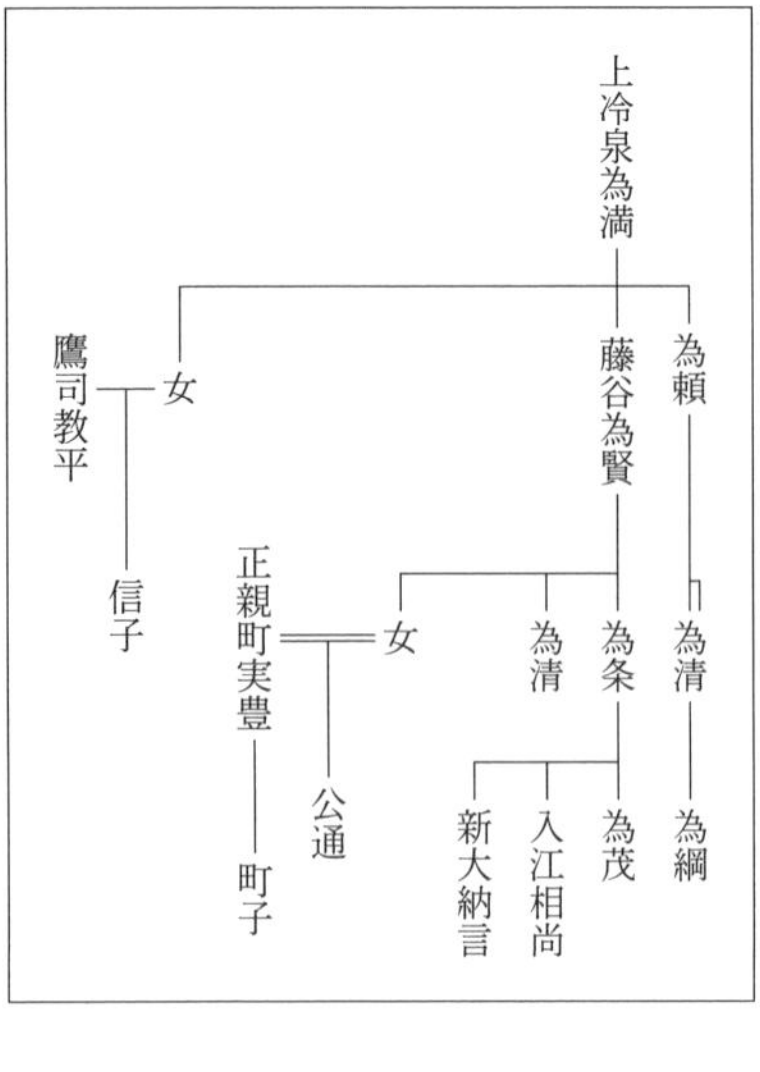

あたりのことを「かの院に親しき様《さま》に侍《さぶら》い給う新大納言と聞ゆる女房、相尚朝臣など聞ゆるも、みな大納言君（公通のこと）の離れぬ御縁《ゆかり》にて、諸心《もろごころ》にさべき御気色《けしき》のついで奏し給いつ」と記している［系図2］。

霊元院はこれを了承して、添削を行った。同年七月二十六日、吉保は添削された一〇〇首と同月十八日付けの公通の奉書を受け取る。添削の結果は、霊元院が一〇〇首の最後に自ら「点二十六首、内長二」と墨書した。合点（良い歌）が二六首、うち長点（特に優れた歌）が二首という意味である。

感激した吉保は、千首和歌を詠み始め、十一月までに詠み終えた。季吟の弟子となって和歌に励んでいた嫡男吉里も、前年千首和歌を詠んでおり、十一月、それも合わせて公通に送り、霊元院の叡覧《えいらん》を託した。翌元禄十七年（宝永元年）三月、公通の奉書が届き、霊元院が感じ入って官庫に納めると言っていること、吉保に「三部抄」三冊、吉里に「小倉百首」の色紙を下賜することなどが伝えられた。

一方、町子は、吉保の千首和歌を吉保の前で何度も目にする機会を得ていた。千首和歌ができあがった際、難しいが自分も詠んでみようかと思ったことを吉保が察して、題をくれたという。これが、町子が千首和歌を詠むきっかけとなる。町子は、この時の心中を「いでやと思い立つも、又さらにおぼけなく、人笑えにやと思いやすらわるるや、さりともいかがはせん」（それではと思い立ったけれどもまた身のほど知らずで、他人の笑いものになるのではないかとためらわれた、しかし題をいただいたからにはどうにもならない）と記し、覚悟を決めて千首和歌に取り組んだ（巻十七「むかしの月」）。

翌宝永元年詠み終えると、達成感から、伊勢神宮などへ奉納しようかなどと思い悩み、それをまたおこがましいとも思っていると吉保に話している。吉保は、公通に送って出来映えを判断してもらうのがよいと勧めた。吉保は町子の千首和歌を高評価したようである。

町子も他人のように遠慮することはないと思い、公通に送ったところ、公通も高く評価し、このままにしておくのは不本意だと考えて、霊元院に上覧した。その後、公通から、霊元院も感心して、永く官庫に保存すると仰ったとの知らせが届いた。町子は「嬉しうも、珍《めずら》かにも、かしこくも、恥かしくも、いと類なし」と恐縮しつつも、ちゃっかりした面も見せている。その栄誉を証明するものがないと公通に嘆いたのである。

すると、それを聞いた霊元院は、特に眼鏡にかなった五〇首を選び、人に書かせて町子に下賜した。さらに公卿の書いた八景の歌も下賜された（巻十九「ゆかりの花」）。この時、下賜された町子の和歌五〇首に自序を加えて清書したものが『千首和歌草』で、写本（『清水千清遺書』二十所収）が国立国会図書館に所蔵されている。自序の日付は「宝永はじめのとし霜月中のここぬか（九日）」と見える［図5］。町子は、この栄誉に押さえきれない喜びを感じ周囲にも話していたようで、これも吉保のおかげなのだから、自慢しても罪にはならないだろうと『松陰日記』に綴っている。

吉保と吉里は、日常的に霊元院の和歌の添削を受けるようになっていたが、宝永三年十月、霊元院から「六義園十二境歌」と「六義園八景歌」が下賜された。そこで、吉保と吉里も同じ題で和歌を詠むが、この時、町子も詠んだという。この町子の和歌も、公

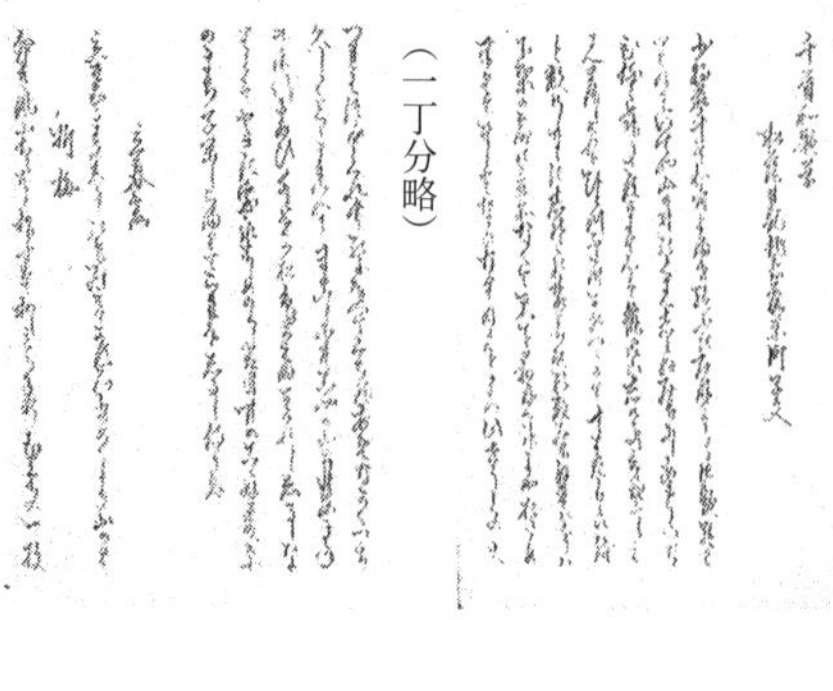

図5　『千首和歌草』（『清水千清遺書』所収、国立国会図書館所蔵）

通を通じて霊元院に上覧され、翌四年、霊元院の評点が加えられて返送されてきた。町子にとっては初めてのことで、「開《あ》くる間《ま》も懈《たゆ》きまでかしこきに、胸ふたがりて中々物も言われずかし」と感激のあまり狼狽している様子を伝える（巻二十六「二もとの松」）。

このように、和歌に対する町子の態度には謙虚さと自負心が同居しているように見える。それは、和歌の優劣を見抜く確かな目を持っていたことの現れでもあろう。

五　柳沢家における役割

染子に続いて二人の男子をもうけたことは、まだ若かった町子に柳沢家での居場所を作った。そして、吉保が傾倒していく和歌の才能が町子にもあったことは、その居場所を盤石なものにしていく。和歌が吉保との関係を生涯強く結びつけたことは、間違いないからである。そして、何より公家出自という柳沢家内での特異性が町子を輝かせ、吉保にとってその存在意義を不動のものにした。それは、前述したように公通と引き合わせ、霊元院にまで繋がる道筋になったことでもわかる。

元禄十四年四月二十七日、町子は、大奥の大上臈兼大年寄の右衛門佐や大典侍《おおすけ》ら数人を、駒込下屋敷（のちの六義園）でもてなした。綱吉の生母桂昌院《けいしょういん》が、駒込下屋敷を訪れた二日後のことである。『松陰日記』では触れられておらず、その具体的な目的は不明だが、町子がこの役目を担ったのは、公家出自だったからであろう。右衛門佐はもちろん大典侍も公家出自で、二人は当時席次一位と二位の大奥女中であった。

さらに宝永五年、町子は、懐妊した将軍世子家宣《いえのぶ》の上臈おすめに斎肌帯《ゆはだおび》を贈るよう西丸から要請される。

吉保は、「辞退を申すべきことではない。何かお考えがあるのであろう。すぐ準備するように」と町子に言い、七月十八日、町子は斎肌帯に唐絹《からぎぬ》、割籠《わりご》、酒、肴などを添えて、おすめに贈った。おすめからは綿一〇〇把に酒、肴が添えられて返礼があった。おすめもまた叔父櫛笥隆賀《くしげたかよし》の養女（故園池公屋《そのいけきんおく》の娘）で、公家出自であった［系図3］。

『松陰日記』のこれ以降の記事については、管見の限り先行研究の人物比定にそれぞれ誤りが散見されるので、逐語訳的になるが、以下記して、検討を加えたい。

町子はこの日、「御所」（将軍綱吉）にも折櫃物《おりびつもの》を贈ったところ、唐絹などを下賜され、さらに「台の上」（御台所信子）からも、夏衣に肴を添えて下賜された。「かしこ」（信子）からは、これまでこのようなことがなかったのに、ほんのわずかばかりの縁があるのを、今このようなめったにない甲斐ある時を待って、下さったようである。「御許達《おもとたち》」（お側の人＝付女中）から、詳しい文で伝えられた。大変に恐れ多い雲の彼方におられる「御上」（信子）に、私のような身が、何かに託けて縁があるなど と、とても申し上げるべきではないのに、このようにその数に入れて下さったことは、大変ありがたいことである。こちらからも奉り物をして御礼を申し上げる。父の「大納言」（正親町実豊）の「北の方」（正室）が、「かしこ」（信子）の「おば」（叔母）であるからな

系図3

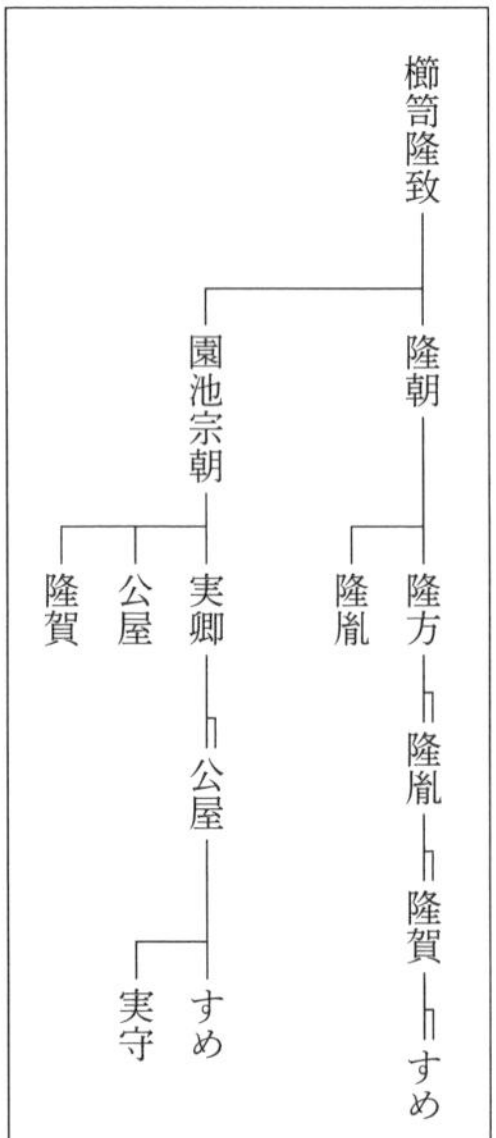

のである。嬉しさを袖に包みきれなくて書き続けたのは、とてもおこがましいことであった。

宮川葉子氏は、「御所」を家宣、「台の上」「かしこ」「御上」を御簾中の熙子《ひろこ》に比定し、最後の「かしこ」をおすめに比定されている。増淵勝一氏は、二度登場する「かしこ」と「御上」をいずれもおすめに比定され、上野洋三氏は、脚注では筆者と同じ人物比定をされているのだが、要約では「綱豊《（家宣）》様の側室ですめの御方という方が懐妊の様子で、それにつき岩田帯を筆者《（町子のこと）》から差上げるようにというお話を賜る。些《いささ》か遠縁ながらゆかりの者というので」となっていて、町子に岩田帯献上を命じた主体に触れていないこともあって、町子とおすめが遠縁であるかのように読める文章になってしまっている。

一般的に、正親町実豊の正室がおすめの叔母と解される傾向にあるようだが、系図2で示したように、実豊の正室は藤谷為賢の娘で、彼女と縁があるのは御台所《みだいどころ》の信子である。信子の父鷹司教平の継室（あるいは上臈）が為賢の妹で、『鷹司家譜』では信子らの母（実母とは限らない）とされている。もっともこれに基づくと、系図上の関係は叔母ではなく従姉妹になる。ちなみに、「御許達」からの詳しい文の内容は、『楽只堂年録』によると、「安通が実母は御従弟の由緒ある事なれども、今までは抑えたまいて御通路をなし給わず、この度めでたき折柄なれば、拝受物を仰せ付けらるるという事を伝う」であった。町子と信子との由緒は、『松陰日記』の記述ともちろん同じなので「御従弟」となっている。

また『楽只堂年録』には、町子が、豊小路・大弐・町へそれぞれ干鯛一箱・樽代三〇〇疋を贈り、その理由を「御台所様より始て拝受物ありて進上ものせしによりてなり」とする記述があることから、豊小路・大弐・町が「御許達」であることがわかる。いずれも御台所信子付の上臈たちである。さらに、御台所付筆頭女中の豊小路は、「西の丸にて取持」をしたとあるので、今回、町子からおすめへ斎肌帯を贈ることを西丸に勧めたのが、御台所信子であったことが推察され、おそらく綱吉の意向もあったのであろう。綱吉は、次期将軍の家宣と吉保の関係を深める機会を設けようと気にかけていたのではなかろうか。ただ、前年の右近《うこん》の懐妊では行われていない（右近は家千代を出産し、家宣の第一の側室となった。家千代は夭折）ことを考慮すると、信子と町子にわずかな縁があること、町子が二男に恵まれていることに加えて、おすめが公家の娘だったことが、町子を西丸に推薦するのを容易にしたと思われる。正親町家、櫛笥家、さらに園池家も家格は羽林《うりん》家である。

宝永五年十二月二十二日、おすめは無事に男子（大五郎）を出産し、家宣の「御部屋」、すなわち側室となる。また、この吉例にあやかったのか、宝永六年四月、今度は左京《さきょう》にも帯を贈ることになる。そして七月三日、左京もまた男子（鍋松《なべまつ》）を出産した。この鍋松がのちの七代将軍家継《いえつぐ》である。このように、町子は公家出自であることで重要な役割を果たす機会を得たのである。

図6　正親町町子の墓（新宿区月桂寺）

『松陰日記』の執筆も、その延長と考えることができる。その執筆意図は、巻三十「月花」の中で述べられているが、従来から、町子一人の作というより、吉保の強い意向のもとに執筆されたと指摘されている。『松陰日記』には草稿本と清書本があり、草稿本には書き込み（頭注・傍注）があるのみならず、文字の抹消や挿入箇所も見られる。書き込みは筆跡から一人の手ではないこともわかっている。きっと、この草稿本に至るまでにも試行錯誤があり、改稿もされてきたであろう。『源氏物語』が強く意識されていることも、多くの研究者の指摘するところで、『栄花物語』や『枕草子』など、ほかの古典を感じさせる箇所もある。もちろん『古今集』も随所に顔を出す。町子がいかに多くの古典を学んでいたかが知られるのだが、北村季吟やその門人たちの協力があったのではという見解もある。もちろん、そうであるとしても、公家の娘としての自負を秘める町子の高度な文才と深い造詣がなければ、『松陰日記』は創出されなかったであろう。

しかし、このような出自と文才によってたぐいまれな輝きを放つとはいえ、あくまで町子は側室の一人である。当時の家社会の秩序からすれば、正室の定子はもちろんのこと、嫡子吉里の生母染子が側室の中でも別格の扱いとなるのは自然のことで、町子もよく承知していた。年長者でもある二人には敬意をもって接していたであろう。

ただ、町子が二人に対して、真実どのような感情を持っていたのかを知ることは難しい。宝永二年、染子は三十九歳の若さで歿する。『松陰日記』では病臥から臨終、葬儀に至るまで（さらに三回忌も）取り上げ、悲嘆に暮れる様子が記されているが、吉保の心情を代弁する記述が多い。そのほかでは「人々」「皆」「誰も」と使い、町子の気持ちも同じと思わせる書き方をしている。『松陰日記』が吉保の栄華物語である以上、吉保の言動を中心に据え、その心情を推し量ることが主となるのは当然なのだが、町子はそれを巧みに利用して、知られたくない心の内はさりげなく隠しているようにも見える。そうした叙述ができるところを含めて、町子は賢い女性であった［図6］。

【参考文献】

石田俊「綱吉政権期の江戸城大奥――公家出身女中を中心に」(『総合女性史研究』三〇、二〇一三年)
上野洋三校注『松蔭日記』(岩波書店、二〇〇四年)
正親町町子作・増淵勝一訳『柳沢吉保側室の日記――松蔭日記』(国研出版、一九九九年)
島内景二『柳沢吉保と江戸の夢――元禄ルネッサンスの開幕』(笠間書院、二〇〇九年)
宮川葉子『柳沢家の古典学(上)――『松蔭日記』』(新典社、二〇〇七年)

第2節　充真院の知的な日常生活

神崎直美

一　井伊家から来た才媛・充姫

充真院は、日向国延岡《のべおか》藩（七万石、譜代）藩主内藤政順《ないとうまさより》の夫人で、元の名を充姫《みつひめ》と称す。充姫は、寛政十二年（一八〇〇）閏四月十三日に、近江国彦根《ひこね》藩（三〇万石、譜代）藩主井伊直中《いいなおなか》の九子（四女）として誕生した。井伊家は譜代の中でも抜きん出た名門である。井伊家といえば、幕末の大老として名高い井伊直《なお》弼《すけ》が思い浮かぶ。実は、直弼は充姫の十五歳年下の異母弟である。

充姫は文化十二年（一八一五）六月十三日に内藤家に嫁いだ。四年後の文政二年（一八一九）に男子が誕生したが、わずか二日後に死亡し、その後、夫妻の間に子は生まれなかった。政順と側室の間に子供が誕生したが、いずれも幼少のうちに死去し、跡継ぎ不在の状態が続いた。政順が病死した天保五年（一八三四）八月から充真院という法名を用い、八十一歳の生涯のうち半世紀近くを充真院と称した。

充真院は内藤家においてその人柄――才媛であること――や、逸話――子女の躾《しつけ》・教育に厳しかったこと――などが現在にも語り継がれている。これは近世後期から明治初期に生きたという時代的な面に加えて、充真院が内藤家で尊敬される人柄・存在だったからこそである。内藤家において、奥方・養母・隠居と人生の中で立場が変遷したが、その都度自らの立場を受け入れてわきまえ、自らの務めをしっかりと果たすことにより、内藤家を内側から支え続けた。

内藤家で充真院が尊敬された要因として、次の事実にも注目したい。充真院が過去の当主らの事蹟を尊重して、敬意を表する行動を実践したことである。関ヶ原の戦いの前哨戦である伏見《ふしみ》城の戦いで戦死した、内藤家長《いえなが》・元長《もとなが》の大津《おおつ》にある墓所に、転居の旅の折にわざわざ立ち寄ったり、文人大名として名高い内藤義概《ぎがい》の和歌集を、家の学問として継承するために改めて筆写して備えた。過去の当主たちを心の中で尊敬するだけでなく、その気持ちを原動力として行動に移したのは、充真院の優れた知的能力と性格によるものであり、内藤家の奥方として唯一無二の存在であった。

ところで、充真院は数多くの大名家の夫人の中でも特筆すべき点がある。それは、本人を撮影した写真〔図1〕が現存すること、さらに本人が日頃、手元に置いていた蔵書が現存することである。写真は晩年期の姿であるが、外見としての人物像がわかる。蔵書からは内面——知的関心——を知ることができる。蔵書の中には自らが執筆した著作もあり、これらをひもとくと、充真院の知性や感情など人柄を知ることができる。

奥方の写真と蔵書が存在すること自体が稀である。当時としては厭《いと》う人もいる写真撮影という行為を体験していること、さらに、書物を読むことに加えて執筆活動もしてい

図1　晩年の内藤充真院の写真原版（甲斐勇氏旧蔵）

た点などは、充真院が保守的な感情や行動になりがちな老年期の傾向とは反して、新奇なものを受け入れる柔軟な心を有する人物であることや、執筆活動を楽しみとする高い知性の持ち主だったことが窺える。本稿では充真院の蔵書を素材として、知的関心の幅を確認することから始め、特に日常生活における知的関心に絞って紹介したい。

二　充真院の蔵書

現存する充真院の蔵書は、明治大学博物館が所蔵している。いずれも写本類であり、版本はない。この偏りは、蔵書として極めて不自然である。しかも、充真院が執筆した旅日記を分析すると、例えば『東海道中膝栗毛《とうかいどうちゅうひざくりげ》』を読んだり、義太夫本《ぎだゆうぼん》を貰ったりしているのだが、現在の蔵書には含まれていない。

実は近代になってから、内藤家は当家の各所に所蔵していた書籍類を一括整理して蔵書目録を作成しており、その中に充真院の現存する写本類も含まれている。一括した中から取捨選択して、多数の版本を最後の藩主である内藤政擧《まさたか》と所縁のある慶應義塾大学に寄贈（内藤文庫。ただし、戦災で焼失）している。その際に、充真院の写本を含む他の写本類は内藤家に残したが、この整理・寄贈の過程で充真院が所蔵していた版本も寄贈分に含まれた可能性がある。

したがって、現存する蔵書は充真院の存命時のすべてではないが、これらを眺めると充真院が日々の生活を過ごす空間で、手元に備えていた書物箱の中身が再現できる。個人の書架を見ると、その人物の知的な興味・関心がわかるという。充真院の蔵書群は、まさに充真院の知的関心を窺い知ることができる貴重な素材なのである。

充真院の蔵書は、他者が執筆した写本と、本人が身近な読者を想定して執筆した著作がある。すなわち、充真院と書物の関わりは、読者という一般的な姿と共に、作者としての姿もある。充真院が執筆活動をしたのは、明確に年次が確認できるものは、六十歳代以降であり、晩年期である。多くの書物に親しみ、知的活動によって日々を過ごした人生の積み重ねがあったからこそ、自ら筆を執りたいという意志に突き動かされた折に、現実に花開いたのであろう。読み手と書き手という二つの方向から書物に関わったことは、充真院の歩んだ人生の軌跡がもたらしたと言えよう。

現在、蔵書は七七点あり、冊数としては一四五冊ある。これらの内容を大別して多い順に示すと、和歌、文学（和歌以外のものとして、物語、人情本、随筆）、紀行文、雑記、語彙・語学・事典、外事（海外事情）、絵画、教訓・心得、書道、注釈、人物、長唄、浄瑠璃、狂言、遊戯、服飾、礼法、弓術、行事、自筆貼り込み帳、その他、である。

蔵書を類別化した傾向から窺われる充真院の知的関心は、次の通りである。和歌をはじめとする文学を知的関心の軸としながら、紀行文や外事のような非日常的な事項にも関心を寄せ、雑事に分類されるような日常生活に関わる幅広い様々な事柄に興味を持ち、長唄・浄瑠璃・狂言などの芸能を楽しみ、絵画や書道も研鑽《けんさん》し、服飾や礼儀作法などを嗜《たしな》み、教訓や心得などを尊重して、人生の指標の一つとしたことである。

さて、これらの蔵書のうち、とりわけ充真院が興味を寄せていたと思われる分野を四点に絞って見ていこう。抜群に多いのは和歌に関する書物である。充真院は和歌を自ら創作するので、学びのために様々な和歌に関する書物を備えている。中には、自ら創作した和歌が収録されている書物もある。

続いて多いのは、和歌以外の文学である。これには『源氏物語』が含まれる。注目すべきは、北村季吟《きたむらきぎん》が著した『源氏物語』の注釈書『湖月抄《こげつしょう》』を自ら筆写していることである。実に膨大な書写量である。さらに『源氏物語』に関する後世の物語も蔵書として所持している。大名家の奥方が、婚礼道具として『源氏物語』を持参することや、読書対象の一つとしていることは知られているが、充真院のように、本文および注釈からなる莫大な文字数の『湖月抄』を自ら写した例は他にない。大変な労力を伴う筆写を充真院は成し遂げている。これも、ほかの奥方と充真院との明らかな違いである。

紀行文については、読者、執筆者という二つの立場から親しんだ。読者としては、日光、伊豆、鎌倉・江ノ島、武蔵国の多摩川、尾張国から江戸への旅などの紀行文を所持して読んでいた。執筆者としては、転居のために江戸（東京）―延岡間を旅した際の見聞を、旅日記にしたためた。転居の旅は四回であり、いずれも老年期で、六十四歳・六十六歳・六十九歳・七十三歳の旅を、各一冊ずつ、都合四冊残している。四冊の旅日記は、『五十三次ねむりの合の手』『海陸返り咲こと葉の手拍子』『三下《さんさが》りうかぬ不調子』『午ノとし十二月より東京行日記』と命名した。これらのうち、三冊の題名には、充真院の教養の一つである文学と、嗜みと娯楽であった音曲《おんぎょく》が反映し、かつ心情も組み込んであり、工夫の賜物である。

初めての旅日記『五十三次ねむりの合の手』は、滑稽本として名高い十辺舎一九《じっぺんしゃいっく》の『東海道中膝栗毛』を読んでいた充真院が、この著作を意識して命名した。二度目の旅日記『海陸返り咲こと葉の手拍子』は、生まれ育った大好きな江戸に戻ることとなった喜びを「返り咲」と表現した。一方、三度目の旅日記『三下りうかぬ不調子』は、また江戸を離れなければならなくなり、がっかりしている気持ちを「うかぬ」と題名に込めた。

　これら三つの題名に、「合の手」「手拍子」「三下り」と音曲の用語を込めたのは、充真院が若い頃から琴を習い、その後、三味線にも親しんでいたことが影響している。なお、「三下り」は三味線の調弦法で、短調のことである。

　旅日記には、充真院が陸路・海路の道中で見聞した風景、寺社、名物、食などについて、感情や感想も添えている。文章力に加えて、絵が得意な充真院は、挿絵も描いている。充真院は休憩した建物内の間取り図をよく描いている［図2］。今ならば「間取り図マニア」と言えるほど、興味を寄せている。この点も充真院ならではの関心事項である。

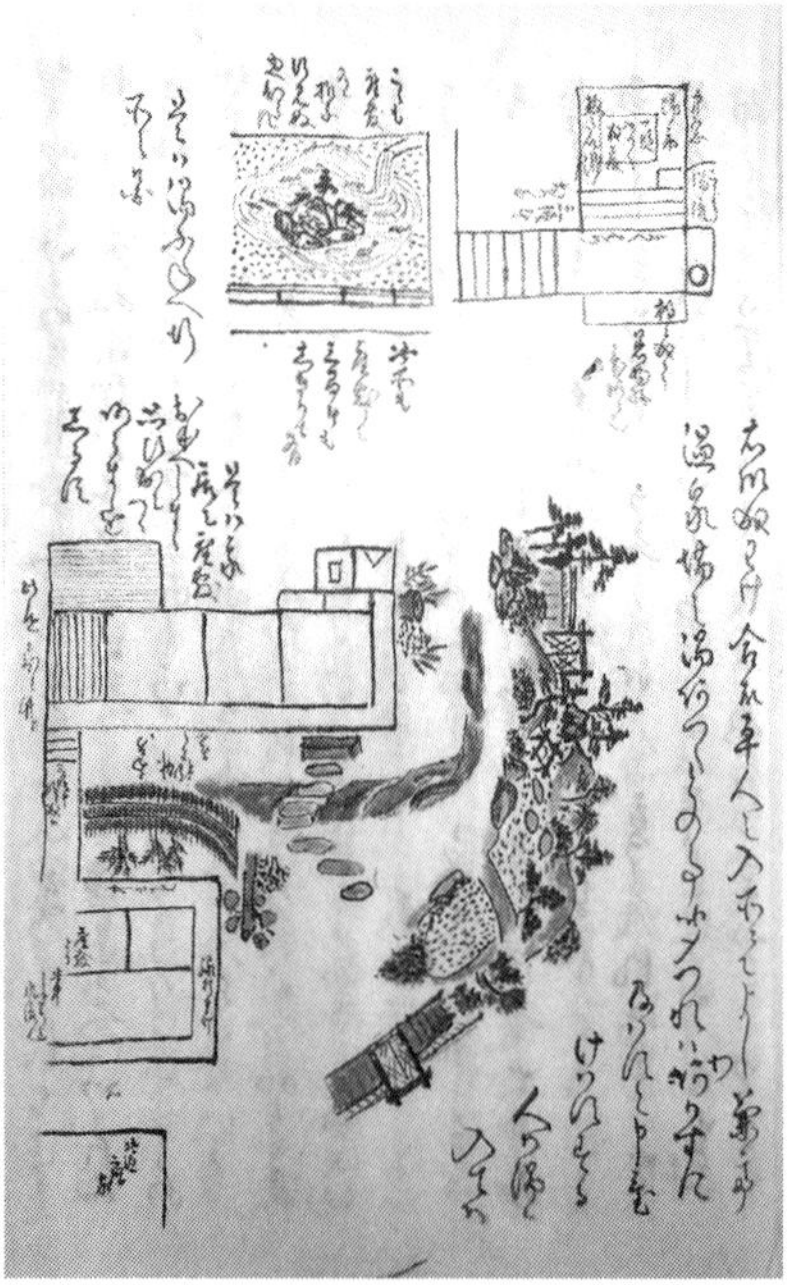

図2　間取り図（明治大学博物館所蔵）

　雑記と分類したものは、一冊の内容が多岐にわたり、一つの用語では括りきれない冊子である。したがって、実際には前述した分類よりも、さらに分野が広がる。例えば、充真院が執筆した『色々見聞したる事を笑ひに書』は、題名に記してあるように、充真院がその人生の中で見聞した様々な事柄をまとめている。注目すべきは、生き物飼育、治療法、まじない、迷信、生活の知恵、怪異などについて収録されている点である。現代風に表現すれば、生物・医学・薬学・科学・気象など、理系に分類できる事柄が書き留められている。この書物に収録されているのは、日常生活における見聞である。したがって、この著作は大名家の奥方として人生を過ごした人物が、日頃、どのようなことに興味・関心を寄せていたのかということを窺い知ることができる貴重、かつ稀な記録でもある。日常の見聞ではあるが、充真院が「笑ひに書」と記しているように、笑いにできる内容、すなわち楽しめる内容を意識して選んで執筆している。

この書物は慶応四年（一八六八）七月以降、明治十三年（一八八〇）十月に充真院が亡くなるまでの間、すなわち六十九歳から八十一歳の最晩年期に手がけたものである。充真院は、この著作を身近な人々を読者と想定してまとめている。晩年期の充真院が、自分の人生を振り返って、その中から楽しい見聞、伝えておきたい見聞、さらに役に立つ見聞を選んで一書にしたのである。ここに収載された数々の事項は、充真院の好奇心が磁力となって集積した知識からの選択である。

充真院は、六十歳代半ばには視力の低下（白内障《はくないしょう》であろう）があり、好きな読書や執筆に支障もあったはずである。年齢からくる体力的な衰えを感じていたはずであるが、それでも老年期の日々の中で楽しみとしてまとめた著作でもある。

以下、右の書物を素材として、充真院が好奇心を寄せた事項のうち、生き物飼育とその工夫、様々な治療法、まじない、迷信、生活の知恵、怪異の一端を紹介したい。

三　生き物飼育とその工夫

充真院は、様々な生き物の生態や飼育法について興味を寄せていた。『色々見聞したる事を笑ひに書』に、鴛鴦《おしどり》、金鳩《きんばと》、鶏、山繭蛾《やままゆが》、金魚、めだか、河鹿《かじか》、鈴虫、猫、蚕《かいこ》、ぜに亀、松虫、草雲雀《くさひばり》、丹頂《たんちょう》など、数多くの生き物について書き留めている。生き物に関して知識を蓄積することに加え、実際に生き物を育て慈しむこと、観察すること、飼育を工夫することなどに、楽しみや喜びを見出していた。

実際に、充真院が飼育した体験がある生き物は、鴛鴦、金鳩、山繭蛾、金魚、河鹿、猫、蚕、丹頂である。飼育法を特に詳しく記載したのは、鴛鴦、山繭蛾、蚕、金魚である。本項ではまず、数ある飼育経験の中から、一例として、稀なる飼育といえる鴛鴦について明らかにし、さらに飼育に際して、自ら工夫を凝らす、充真院ならではの様子を紹介したい。

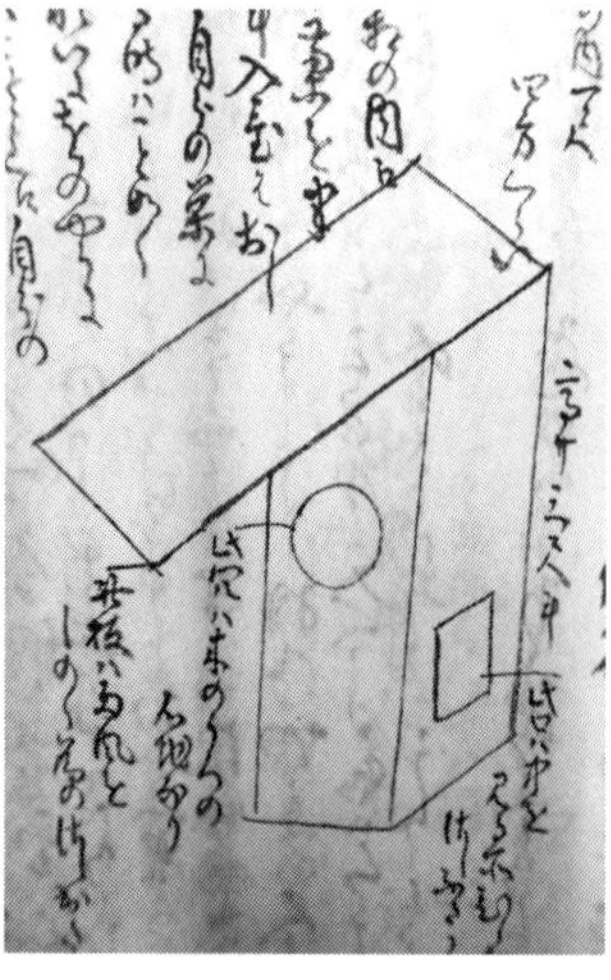

図3　鴛鴦の巣箱（明治大学博物館所蔵）

充真院が鴛鴦を飼育したのは、延岡に居住していた頃――文久三年（一八六三）六月から元治二年（一八六五）二月、慶応四年六月から明治五年（一八七二）一月――である。したがって、六十四歳から六十六歳、六十九歳から七十三歳にかけてのいずれかの時期に飼育したのである。充真院が延岡での居所としていた西ノ丸の屋敷は、南を大瀬川《おおせがわ》、北に五ヶ瀬川《ごかせがわ》が流れている間に位置しており、水辺の生き物が身近な環境であった。このような地理的条件に加え、大名家の家人として広い屋敷地を有しており、庭に池を備えることができたので、水鳥である鴛鴦を飼育することが可能だった。

鴛鴦を飼育すること自体、当時の充真院にとって珍しいことであった。したがって、その飼育について、充真院は詳しい文章と共に、挿絵を二つ添えている。まず、挿絵について触れておこう。

一つは鴛鴦に巣を作らせるための巣箱［図3］、もう一つはその巣箱を池の辺の木に設置した様子である［図4］。巣箱の図には、充真院がサイズを注記しており、縦は三尺（約一m）、横は一尺（三三・三cm）四方の大きな縦長の長方形である。巣箱の形として、このように大きく細長い形は珍しい。

巣箱の入り口は、木の洞《ほら》のように丸く開けておくこと、入り口の上には雨風を防ぐために庇《ひさし》を長く付けること、巣箱の側面には観察するための扉を一つ付ける。そして、あらかじめ庭に掘った池の辺に木を植え、この木に巣箱を掛けるのである。池には大きな石を置いて島にする。巣箱の入り口には、いずれ鴛鴦の雛《ひな》が登れるように梯子《はしご》をかけた。

図4　巣箱を設置（明治大学博物館所蔵）

鴛鴦の飼育は、野生の成鳥の鴛鴦を屋敷の池に飛来させることから始める。そのために、囮《おとり》として風切羽《かざきりばね》を切った鴨《かも》や家鴨《あひる》を池に泳がせた。囮を見た鴛鴦が、仲間がいると思い、安心して飛来し、池に住みつくようにするのである。

次に、飛来した鴛鴦が巣箱に巣を作るのを待つ。巣箱には藁《わら》を半分くらい入れておくと、尾羽《おばね》を割いてきれいな巣を作る。この巣について、充真院は「誠によき細工なり」と、巣がとても見事なできあがり具合であったと記している。充真院は巣箱の側面に設けた覗き扉から、巣の様子を観察したのであろう。

この巣に卵が産みつけられ、雛が孵《かえ》るのを待つ。育て方は二通りあるという。一つは、孵った雛が成長して風切羽が丈夫になると、親鳥がどこかに連れ去ってしまうので、時期を見計って雛を親鳥から取り上げて、人間の手元で育てる。もう一つは、これよりもより良い方法で、孵化《ふか》する前に、卵を巣から取り出し、巣鳥（卵を孵す役目の鳥、ここでは囮にした池の鴨や家鴨）に抱かせて卵を孵す。

充真院は鴛鴦の雛の飼育から、雛のかわいらしい姿を眺めて心温まるひとときを過ごす喜びも体験した。充真院が目にした雛の愛らしい姿として、雛が巣箱に掛けた梯子を登る描写がある。「よちよちと登り穴ニ入」と、小さな雛がおぼつかない足取りで、巣箱に掛けた梯子を登り、巣に入っていく様子を、簡潔ながらも温かな眼差しと、ほのぼのとした心持ちが感じられる表現で記している。

雛のかわいらしさと共に、巣鳥を不憫《ふびん》に思うこともあった。巣鳥が孵した雛は巣鳥を親と思い、池で巣鳥の背中に乗っていたり、さらに巣鳥が雛に虫を餌として与えている姿を充真院は目にした。親子睦まじく、巣鳥に雛が甘えている様子が微笑ましい。しかし、本当の親子ではないので、充真院は不憫に思ったのである。親子のような状態にしたのは、飼育した充真院たちなので、心が痛むこともあった。飼育を通して、充真院の心情も伝わってくる。

次に、充真院が生き物飼育をする際に、知識として得た飼育法を試みるだけでなく、さらに飼育しながら工夫を試みたことに注目したい。ここでは蚕と金魚の飼育における工夫を示しておこう。

蚕は江戸と延岡両方で飼育した。少なくとも三回以上飼育した。幼虫に餌を与える際に、充真院ならではの工夫をした。蚕の幼虫の餌として、桑の葉を刻んで与えるのが一般的な方法であり、充真院も当初はそのようにして与えていた。しかし、幼虫が食べ残して乾燥した桑を捨てる際に、育ちの悪い小さな幼虫が、乾燥した桑に付着して紛れていたのに気づかずに捨ててしまうことがあった。

この反省から、充真院が考案した方法は二通りある。一つは桑の葉を破り、小さくして与える方法である。それよりもさらに良い方法として、桑の葉の原型を保ったまま、葉に小さい穴をたくさん開けて与える方法を考え出した。葉の面に穴がたくさん小さく開いたところが、切り込みのようになっているので、刻んだのと同様に葉の所々が細かく、ここから幼虫は容易に桑を食べられるのである。そして、葉が乾燥して捨てる際には、葉を裏返せば、幼虫が付着していないかどうかが容易にわかるというのである。充真院は、特に優れた新規考案の方法について、挿絵も描いた。

金魚の飼育での工夫は、水船《みずぶね》（水槽）で飼育している金魚の水替えをする際に、底にある排水口から排水と一緒に金魚を流してしまわない方法を考えた。それは、排水口の上に石を入れた植木鉢を置くのである。このようにすれば、水が少しずつ排水され、かつ石が植木鉢の中にあるので、金魚が流されることを防ぐことができるのである。

飼育における工夫は、充真院が飼育を人任せにせず積極的に関わり、対象を良く観察しているからこそ、問題点を見出せたのである。日々の飼育体験の中で、工夫を考案して実行したことは、充真院らしい知的な生き物飼育への取り組みと言えよう。

四　様々な治療法

充真院の健康管理は、日頃から専属の医師が担っている。夫政順《まさより》の侍医を務めた喜《き》多《た》尚格が、充真院の医者としても長年務めた。屋敷内での生活のみならず、近隣に外出する際にも、医者は御供の一人として必ず同行する。喜多が同行できない場合は、ほかの医者が代行する。大名家の一員である充真院は、身体の異変が生じた際は、医者に万事を任せておけば良い、恵まれた立場である。

しかしながら、充真院は様々な病気や怪我に対する治療法に興味を持ち、知識を有していた。それらはまじないと薬である。充真院が知り、書き留めた治療の対象である疾患は、痰《たん》・咳《せき》・口腔《こうこう》の病・溜飲《りゅういん》・癪《しゃく》・瘧《おこり》・虫刺し・乳《ちち》腫《は》れ・引付け・打撲《だぼく》・水当たり・風邪・火傷《やけど》・創傷《そうしょう》・百日咳《ひゃくにちぜき》・咽《のど》腫《は》れ・腹具合の不調・刺《とげ》抜き・骨《ほね》接《つ》ぎ・疱瘡《ほうそう》・痢病《りびょう》・血の道・鼻血・雁瘡《がんがさ》・水虫・手足の腫れ・手の浮腫《ふしゅ》などである。現代風に言えば内科と外科のうち、内科に関するものが多い。

充真院が、様々な治療法に関心を寄せて、知識を習得していた理由は、日々健やかな身体で過ごしたいと願う望みからくるものであり、万一の場合の対処法を、自ら身につけておきたいという予防に加えて、対症療法としての必要性を意識していたからであろう。医者任せではなく、自らも対症療法を知っておこうとする様子は、疾患に積極的に向き合う姿勢であり、充真院の前向きな生き方に符合している。

好奇心旺盛な充真院にとって、様々な疾患に対する治療法を知ることは、知識欲を満たす行為でもあったことだろう。書き留めた治療法の中には、充真院が実際に罹患《りかん》した疾患に関する治療法も記されている。

さらに充真院は、これらの知識を、身近な御付の者たちが病気や怪我をした際に、役立たせようとしていた。御殿勤めの従者たちにとって、主人に仕える医者に診察してもらうことは、身分制社会においては身分不相応な恐れ多い行為であるがゆえに遠慮する。そういう場合に充真院は、自分が知っている治療法を施して治癒に導こうとした。実際に御付の者、下働きの者が、身体の疾患を生じた折に、治療法を試みた実例が記載してある。加えて、身近な者たちに治療法を伝えて、今後の人生の糧にさせたいという思いもある。子供が罹患する病（例えば「引付け」）に対する処置などは、御殿勤めを終えた女中が、将来子供を育てる時に役立つ知識である。

多々記載された治療法の中から、充真院が罹患したことがある疾患と対症方法、珍しい薬、充真院が効果絶大と見なした薬、御付の者に施した薬などを示しておこう。

まず、充真院が罹患した疾患として、瘧・癪の治療法を見てみよう。瘧（間歇熱《かんけつねつ》・マラリヤ）は充真院が悩まされた病である。五月から九月までもの長い期間、いずれも暑い時期に瘧に罹り、十月末に治った。その症状は外へ出るととても疲れ、長距離を歩いたように感じるほどであった。

充真院にとって、瘧による夏場の体調不良は切実であり、それゆえ、瘧について七種類ものまじないと、薬を一種類記録している。七種類のまじないは、五つが瘧を治すまじない、二つは治癒した際に再発を防ぐまじないである。瘧を治すまじないとは、田螺《たにし》を伏せた升の上に乗せて願掛けする、水天宮《すいてんぐう》の御守を戴く、灸《きゅう》を据える方法が二つ、身近な神様に草履《ぞうり》を履いて出かけ、願掛けしてから草履を履き捨てて裸足で裏道から帰宅する、というものである。再発防止のまじないは、湯浴みの際に紫陽花《あじさい》の花を湯に入れる、球体の食べ物を食べる際に割って食べること、などである。瘧の薬としては、売薬の「救命散」を挙げ、江戸の三店舗の場所と店名を示している。

　瘡に関して多くの知識を集めたのは、充真院がこの病の治癒をひとしお願っていたからにほかならない。これらの方法をあれこれと試してみたのであろう。薬が市販されていたことからも窺えるように、当時、瘡に罹患する人が多かった。それだからこそ、様々なまじないも流布していたのであろう。

　さて、次は癪である。充真院は二十歳代の頃に癪に罹患した。癪は年に何回も罹り、罹患すると三、四日間も食欲不振になった。しかし、楠《くすのき》を湯に浸してその湯を飲むという方法により、癪が治まった。充真院は「有難き御守薬也」と、効用について感謝と賛辞を記している。

　珍しい薬を見てみよう。痰の薬として、充真院は梨を主素材とする方法を紹介している。珍しい方法ゆえ、わかりやすいように挿絵も添えた。まず、「たんの薬ニハ、季子の中の種の所をくりぬきて」と、梨を用意してその種がある芯の周辺を縦に、しかし底は残してくり貫く。次に「其中ニさとうを一はゐ《（杯）》入」と、芯をくり貫いたところに砂糖を入れる。

　そして「なしのうてなの所ヲふたにして」と、「うてな」（萼）、つまり花梗《かこう》のついている果実の上部を、蓋のようにあらかじめ切っておいたのを蓋として載せる。さらに、「そと皮の所ヲ少々ヅツ穴をあけて、其中えこせう《（胡椒）》を一ツづつつめて」と、皮のあちこちに穴を開けて、その穴に胡椒を一粒ずつ詰めてから、「紙に包、水掛、ぬく炭の中へ入、むしやきすれバ」と、梨を紙で包んでから水をかけて、火力を弱めた火鉢の灰の中に入れて蒸し焼きにするのである。そうすると「箸にも切る程やハらかに成しを喰するも吉」と、梨は箸で切れるぐらい柔らかくなるので、これを食べると良いという。充真院は作り方を実に丁寧に記した。蒸し梨であるが、現代の焼きりんごの作り方を連想するとよかろう。

効果絶大と称賛した治療法は、引付け・虫刺し・創傷に見られる。引付けについては、「子供きやうふうニて引付しには、にんにくをすりて、のますれバよし」と、子供が驚風《きょうふう》—癲癇《てんかん》や髄膜炎《ずいまくえん》など引付けを起こす病気——によって引付けを発症した時には、大蒜《にんにく》をすりおろして飲ませると引付けが治まるという。引付けには、大蒜のすりおろし以外の薬は、あまり効果が見られないという。したがって、「子供の有宿ニハたへず植置くべし」と、子供が居る家は常に大蒜を植えて置くよう勧めた。引付けは急に発症するので、大蒜を常備しておかないと間に合わないからである。大蒜のすりおろしは、子供には匂いが強い上に味も辛く、飲ませるには難儀するであろうが、強烈な臭味が刺激となり、引付けが止まったのであろう。

その効果を充真院が大絶賛したのは、虫刺し（虫刺され）の薬として用いるはぶ草である。実ははぶ草について、充真院は延岡に居住——文久三年六月以降——してから知り、延岡に自生している草で、虫刺されの良薬として紹介している。しかも、実（種）を包んでいる莢《さや》と花の形状を挿絵として添えた［図5］。

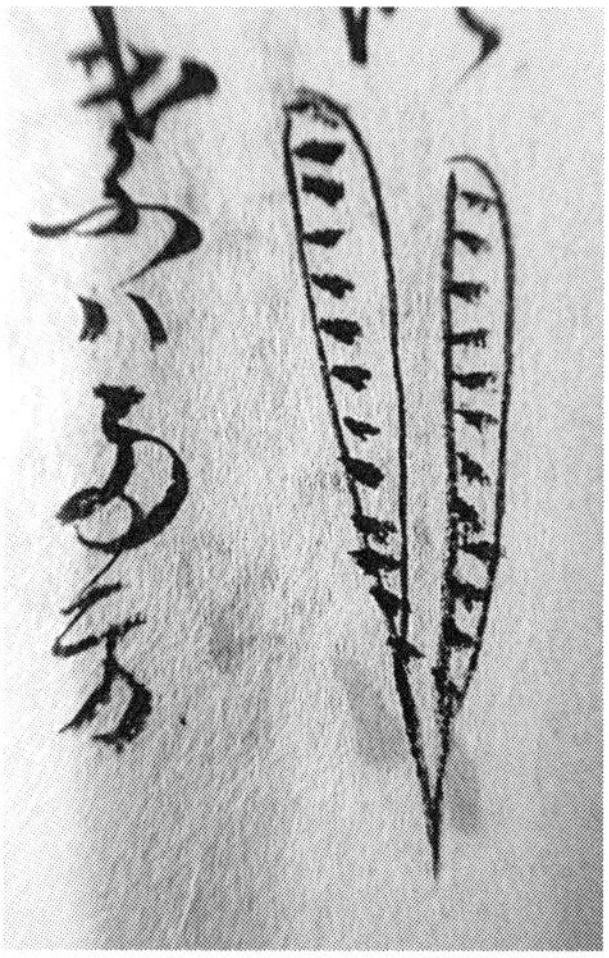

図5　はぶ草の莢（明治大学博物館所蔵）

薬効の優れた草なので、知人にあげたところ、大変悦ばれたという。虫刺されは日常よくありがちで、しかもはぶ草は効果があるので、身近に植えて置くことを勧めている。年中用いるために、あらかじめはぶ草を陰干しにして保存し、煎じて用いることも合わせて勧めている。

充真院は、はぶ草の様々な用い方を知っている。実（種）

や葉を薬として使用する。「ミを水あぶらニつけて置、くさの出来物ニよし、はち抔ニも妙なり」と、実は水油に漬け込んで蓄えておき、出来物や蜂に刺された時に、実の成分が溶け込んだ油を添付した。一方、葉は「鼠ニくひつかれし時は、夏分ならバ直ニ葉とり、すり付やり、又、むしてもよし」と、生のまま、または蒸した葉を鼠に噛まれた箇所に擦りつけた。さらに葉は、陰干した葉を煎じて、「冬分ならバ、葉を蔭干ニして置、へひ（蛇）や鼠の所をよくよく洗もよし」と、冬場で生の葉がない時には、あらかじめ陰干ししておいた葉を煎じて、その汁で蛇や鼠に噛まれたところを十分に洗うという。

御付の者に施した薬としては、創傷の薬である紫野、別名大徳寺油薬がある。販売している店舗が江戸にあるが、見つけられなければ上方《かみがた》から取り寄せることを勧めている。わざわざ手間をかけて取り寄せてまでも常備を勧めたい薬なのである。

充真院の身近に勤めていた年若い女中が、転んで額を大きく切り、出血した時や、倒れてきた屛風に額をぶつけた時、雨戸の開閉の際に額を挟み、腫れと出血に至った際などに、紫野を塗布して治癒させた。内藤家の雇用人らしき男性が、花火で手に裂傷《れっしょう》を負った時にも紫野を塗布した。なお、油薬なので、塗布する際には、薬の上に青葉を敷いてから、紙や布で押さえるとよいと、添付方法の注意も添えている。

以上、充真院が知っていた治療法について、そのいくつかを紹介してきた。珍しい方法や優れた薬効の品など、他者に使用を勧めたい物には、文章と挿絵で丁寧に説明したり、使用上の注意も記した。治療法に関する充真院の豊かな知識を窺い知ると共に、知識を日常生活に有効に役立てていた、充真院の生活者としての一面も垣間見られた。

五　まじない・迷信・生活の知恵・怪異

充真院は、前述した治療以外のまじないや、迷信、生活の知恵や怪異についても興味を寄せていた。まじないとしては、子供を寝かしつける、安産と産後の脱毛防止、盗賊除け、蟻《あり》除け、水を飲んだ時、胸につかえない方法などを知っていた。中でも子供や出産に関するものは、自らの側に仕える女性たちに、今後の人生の役に立つよう知識として伝えたいまじないである。

夜分に寝つかない子供には、暦を床《とこ》の下に逆さに入れて、床につかせると改善するという。

安産のまじないは、通常とは逆に、実が上向きの茄子を陰干しにしたものを出産時に握るとよい。産後の脱毛防止としては、出産後、御七夜《おしちや》の祝いよりも以前に鮑《あわび》を残さず食べると効果がある。

充真院が、とりわけ関心を寄せていたと思われるまじないは、盗賊除けである。四種類も記しているのである。座敷の角に錐《きり》を刺しておく、枕元に茶碗を「とったん」と唱えて伏せて置く、真言を含む歌を三回唱える、枕元に草履を置くという方法である。

実は、充真院の居所である六本木の下屋敷に盗賊が侵入したことがある。管見ではあるが、嘉永三年（一八五〇）九月のことである（嘉永三年『万覚帳』、明治大学博物館所蔵）。自らが暮らす屋敷で盗賊侵入事件が起きて、充真院は恐ろしく感じたに違いない。二度とこのような事件が起こらないように願い、盗賊除けのまじないを聞いたり調べたのではなかろうか。充真院にとって、盗賊の侵入防止のまじないは、切実な思いから集めたものと思われる。

蟻除けは、蟻がたかる品には小刀や包丁など刃物の類を一緒に入れればよいという。

水を飲んだ時、胸につかえないようにするまじないは、充真院が実際に試してみて効果があった。「私、ひや《冷》水のミし《（飲みし）》度々、むねにひたとつかひこまりし所」と、充真院は日頃、冷たい水を飲むたびに胸に水がつかえることに悩んでいた。ところが、良い解決方法を教えてもらったのである。「ある人、夫《それ》には一口のむとき、かむ《（噛む）》まねをして、のんど《（喉）》にいれバ、つかゆる事なしとおしへられし所」と、具体的な名前は記していないが、ある人が冷たい水を飲む時は、口に一口分含んだら、水を噛む真似をしてから喉に入れれば、胸につかえることはないと教えてくれた。

そこで充真院は教えてもらった方法を実行したところ、少しも水が胸につかえなかった。冷たい水を口に含み、噛む真似をすることにより水が温まり、胸につかえなかったのである。日頃の悩みをまじないで解決し、充真院は喜んだという。

迷信については、樹木に関する記載を見ておこう。枇杷《びわ》は屋敷の軒の近くに植えると、絶え間なく病人が出るという迷信がある。そこで内藤家では枇杷を建物から離して植えた。蛇柳《へびやなぎ》の迷信は、屋敷に植えると子孫が続かないという。

高野槙《こうやまき》も縁起が悪いと嫌われ、屋敷の軒近くには植えてはいけない。普通の槙も、大きく成長して屋敷の軒を超える程になると悪いことを招くので、屋敷の近くに植えることは嫌がられるという。

生活の知恵としては、染み抜き、五月雨《さみだれ》と冬至《とうじ》を知る方法、糊《のり》の作り方、樹木の手入れなどを充真院は書き留めている。

まず、染み抜きであるが、付着した物による対処法を様々に知り、記録している。ここでは、二例だけ示しておこう。「魚・鳥の汁、味噌汁抔《など》の付たるハ、かぶらをすりおろし、其汁ニて洗べし」と、魚や鳥の汁物や味噌汁が着物に付着した場合は、蕪《かぶら》をすりおろして出てきた汁で洗うと良いとある。日常の食事の場で汁物が着物に付くことは、よくあることである。

さらに、「おはぐろの付たるハ、米の酢をせんじ、すすぐべし」と、鉄漿《おはぐろ》が着物などに付着した際には、米酢を煎じたもので濯ぐとある。当時の女性にとって、日常に用いている鉄漿が、ほかの物に付着した折に除去する方法は、是非とも知っておきたい事項であろう。いずれも日常生活において役立つ知恵である。

五月雨と冬至を知る方法は、「袋にかた炭と土を同じかんめ（貫目）ニして、竹の両方に下ゲ」、すなわち袋を二つ用意して、一つには炭、もう一つには土を同じ重さずつ入れ、竹の両側に下げ、中心は紐で吊るし上げて天秤《てんびん》のようにする。これを「風雨のあたらぬ所ニ下ゲ置ば、入梅ニ成と段々かたおもミして下り、かたかた（片方）は上る」と、風雨のあたらないところに吊り下げて置くと、入梅になると片方が下がるという。冬至になると、下がっていたほうが上がり、上がっていたほうは下がるという［図6］。

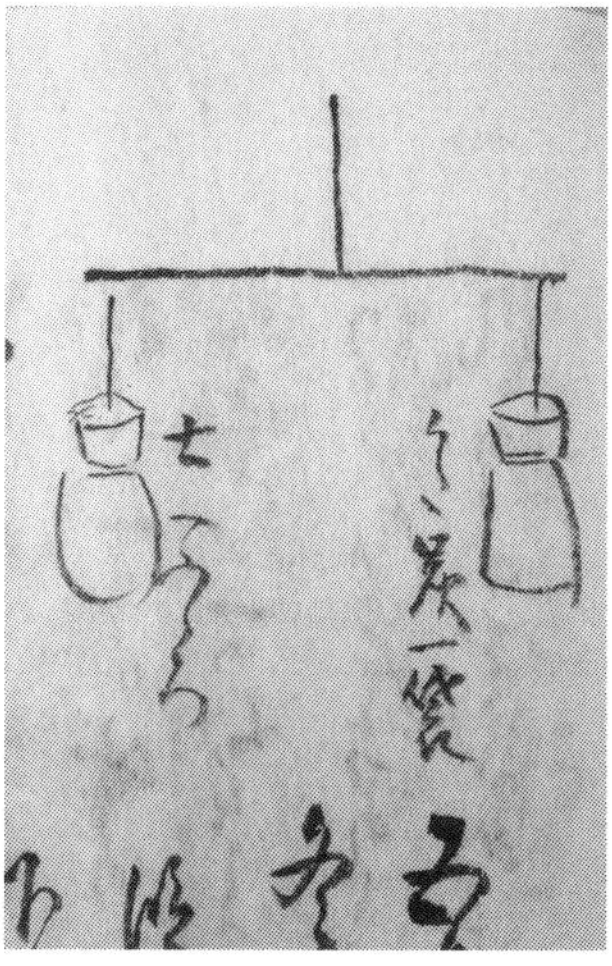
図6　五月雨と冬至を知る方法（明治大学博物館所蔵）

実に奇妙な方法なので、充真院が試してみたところ、本当にその通りになった。実際に試してみたのは、充真院がこの不思議な方法を興味深く感じたからである。誰もが不思議に感じるこの方法を、「うたがふ事なかれ」と自らの体験から真実であると力説している。

糊の製法は、粘着力が強力な糊として金平糊《きんぴらのり》と羽糊《はねのり》の名称を挙げたあとに、充真院が作成した糊の手順を説明している。うどん粉に水を加えて、暫く腐らせるまで放置し、分離した上部の水を捨て、下に溜まったどろどろした物を板に塗りつけて、干し上げて完成する。この糊を欠損した物につけ、糸で固定して二、三日してから糸をはずし、糊がはみ出した箇所は小刀で削り取る。いわば澱粉糊《でんぷんのり》であり、欠けた陶器を接着したのであろう。

樹木の手入れは、樹木の勢いを回復する方法や、虫食いや油虫の付着を防ぐ方法についてである。樹木の勢いを回復するには、木に灸のように焚き火をする。この方法を充真院は、六本木の屋敷で目にしている。庭の彼岸桜が古木となり、その幹に洞が開き、水分が絶えず流れ出て、木が枯れる心配が生じた。そこで、灸のように洞に火を入れたところ、翌年は殊のほか見事に開花した。さらに、六本木の屋敷に住み始めた折に植えた大切な松の木が霜で弱った際に、七ヵ所の節《ふし》に火を入れたところ、勢いが回復したという。充真院はこの方法を重ねて目にしており、効果を確信したのである。

虫食いによって育ちが悪くなるのを防ぐには、桑の葉の虫食いを防ぐ方法をほかの木にも応用できると考えた。まず、充真院は桑の葉を虫食いから防ぐには、「にん肉を細ニして、水ニひたし、匂ひのもれぬ様ニし、其水をかけると由と有」、すなわち、大蒜を細かく刻んで水に浸し、大蒜の匂いがついている水を桑にかけると虫を防げることを知った。そして「私かんがへニハ、桑計にハかぎらず、何木ニも虫付たるに掛れバ、きわめて去べしと思ふ故、一寸《ちょっと》書付ル也」と、どのような木にも大蒜の匂いを移した水をかけると虫が去るはずであると、自らが可能性があると考えた点を書き留めた。

油虫が新芽に付着するのを防ぐには、抹香《まっこう》や煙草の粉を油虫の付いた箇所にふりかけて手箒《てぼうき》で払い落とすと、「直ニことごとに去し故、是も書付ル」と、直ぐに油虫を駆除できたので、この体験も充真院は記録した。充真院が実際に体験した効果的な方法であるゆえ、身近な読者に知らせたいのである。

これらはいずれも、充真院が生活する屋敷の庭での出来事をきっかけに、知識を得たのであろう。庭の樹木や植物を眺め、愛でることに加えて、その手入れについても充真院は興味を寄せていたのである。

最後に、怪異について触れておこう。充真院が書き留めた怪異は、風子《ふうこ》、出世禿《しゅっせかむろ》、恐ろしい顔の妖怪、赤い飛び物とその後の一連の怪異、狸憑《たぬきつ》きなどである。怪異と言ってもその性質は様々で、風子は不思議な現象、出世禿は幸運をもたらす妖怪、狸憑きは愉快さがあり、ほかは恐怖を感じる物である。これらの怪異の舞台は江戸で、内藤家の屋敷や実家である井伊家の屋敷での体験、さらには風聞として知った伊達家の屋敷で起きた怪異である。

ここでは一例として、充真院がとりわけ興味を寄せた風子について紹介しよう。風子とは、半紙を揉んだような形態で浮遊してひらひらと動く。充真院が風子を見たのは、充姫と呼ばれていた頃である。初めて風子を目撃したのは六歳の頃、井伊家の屋敷で夕方に風子を見た。その後、充姫の中老や伊達家の者が風子を目撃しており、そのことを充姫は夫である藩主政順にたびたび話した。

その影響で政順も風子に興味を持ち、見たく思っていたところ、ある夏の昼下がりに、庭の椎《しい》の木に設置した忍び返しを、風子が一つ置きに潜《くぐ》る様子を夫妻共に目撃した。これは虎ノ門にある内藤家の上屋敷での出来事である。政順がすぐに風子の見えた場所に行ったが、風子の姿はもはやなかった。

風子をめぐる二人の様子から、不思議な物に興味を寄せる、好奇心に満ちた藩主夫妻であったと言えよう。そして充真院は、奥方であった若い頃から好奇心が豊かな人物だったのである。

以上、充真院の蔵書を基に、その知的関心を眺めてみた。今日まで漠然と想像していた大名夫人のイメージを超越した、幅広い知的関心を有した人物像が浮かび上がってきた。そして、『色々見聞したることを笑ひに書』からは、日常生活における知的な興味・関心を生き生きと窺い知ることができた。御付の女中たちに囲まれて、隠居所である六本木屋敷で女主人としての地位にある充真院の、実に生活感が溢れる一面が明らかになった。

和歌や『源氏物語』に親しみ、読書や学びを楽しみとしながら、工夫を凝らして生き物を飼育したり、生活の中で役立つ知恵を積極的に収集し、不思議な事象に心を躍らせた充真院の姿が見えてきた。現代風に言えば、充真院は文系・理系の両面に関する知識が豊かであった。さぞ、尊敬される主人であったことだろう。

治療法の知識を身近な者たちの万一に役立てたことから窺えるように、心優しい主人でもあった。御付の者たちは、折々において鳥や魚、虫などの飼育を手伝ったり、薬や糊を作る手伝いをしたりと、充真院に仕えることは、楽しい御殿奉公だったのではなかろうか。

当時としては大変長命な八十一歳の人生を全うしたのは、きっと豊かな知的好奇心が一因していよう。充真院は人生の手本にしたい憧れの人物である。

【参考文献】

神崎直美『幕末大名夫人の知的好奇心――日向国延岡藩内藤充真院』（岩田書院、二〇一六年）

第3節 川路高子とその日記 ——『上総日記』を読む

渋谷葉子

一 高子の経歴と生活

川路《かわじ》高子《たかこ》とは江戸時代末期の旗本、川路聖謨《としあきら》の妻さと（佐登、佐登子）のことである。川路聖謨は微禄の御家人から立身して勘定奉行にまで昇進し、とりわけ幕末のペリー来航ののちは外交の第一線にも立ち、類い稀なる能吏《のうり》と知られた人物だが、慶応四年（一八六八）三月十五日、新政府軍が江戸城総攻撃と定めた日、自ら命を絶った。『上総《かずさ》日記』はその時から始まる、高子こと、さとの日記である。

さとは文才にとても恵まれていた。高子という名は自詠や自著に記した雅名《がめい》である。殊に和歌に秀でていたことは当時より知られ、現代の人物事典にも「川路高子」の見出しで取り上げられている。また同人に関わる論稿も、多くがその名を採用している。江戸時代の女性の場合、実家の姓と通称を用いて「大越《おおこし》氏女《むすめ》さと」などと表記すべきところだが、錯誤を避けるために、本稿も一般に通用する「川路高子」の名を用いることとする。

まずは、高子が『上総日記』を記すに至るまでの経歴や生活の模様を、その自叙『ね覚《ざめ》のすさび』（『川路聖謨文書』八）などに基づき、聖謨のことばも借りつつみよう。

高子は文化元年（一八〇四）、幕臣で大工頭《だいくがしら》を務めた大越孫兵衛（喬久《たかひさ》）の次女として生まれた。文政元年（一八一八）、十五歳（数え年。以下、年齢同じ）で鳥取藩六代藩主池田治道《いけだはるみち》の後室転心院《こうしつてんしんいん》の御殿《ごてん》に上り、文政九年に転心院が歿したため、二十三歳で勤めを辞した。そして天保四年（一八三三）、三十歳で十一代将軍家斉《いえなり》二四女末姫《すえひめ》へ、その広島藩九代藩主浅野斉粛《あさのなりたか》への入輿《じゅよ》に伴って仕えるようになり、若年寄《わかどしより》を務めて「琴井《ことい》」と称した。

天保九年、高子は末姫の御殿を辞して川路聖謨に嫁いだ。川路家は家禄九〇俵三人扶持、聖謨は当時、勘定吟味役を務めていた。高子三十五歳、言うまでもなく初婚であった。高子には若年より頭痛と吐き気をもよおす持病があって煩う折が多く、行く末を案じた母が、勤めを退かせて川路家へ嫁ぐことを決めたという。一方、聖謨は三十八歳、高子は四人目の妻であった（一人目エツは病死、二・三人目やす・かねは離縁）。結婚の顚末は、聖謨によれば、勘定吟味役という役柄、川路家には人の出入りがことさら多く、三人目の妻を離縁したのち聖謨の母が大変心配したため、勘定組頭の都筑峯重《つづきみねしげ》より高子の紹介を受けた。折しも江戸城西丸が焼失して、聖謨はその再建用材の伐採監督として木曾出張を命じられて、家を留守にせねばならなくなり、急遽高子を呼び迎えて三日目に聖謨は出立したという。（『川路聖謨遺書』、『川路聖謨文書』八所収）。高子の嫁入りは、こうしたなんとも慌ただしい始まりであった。

系図

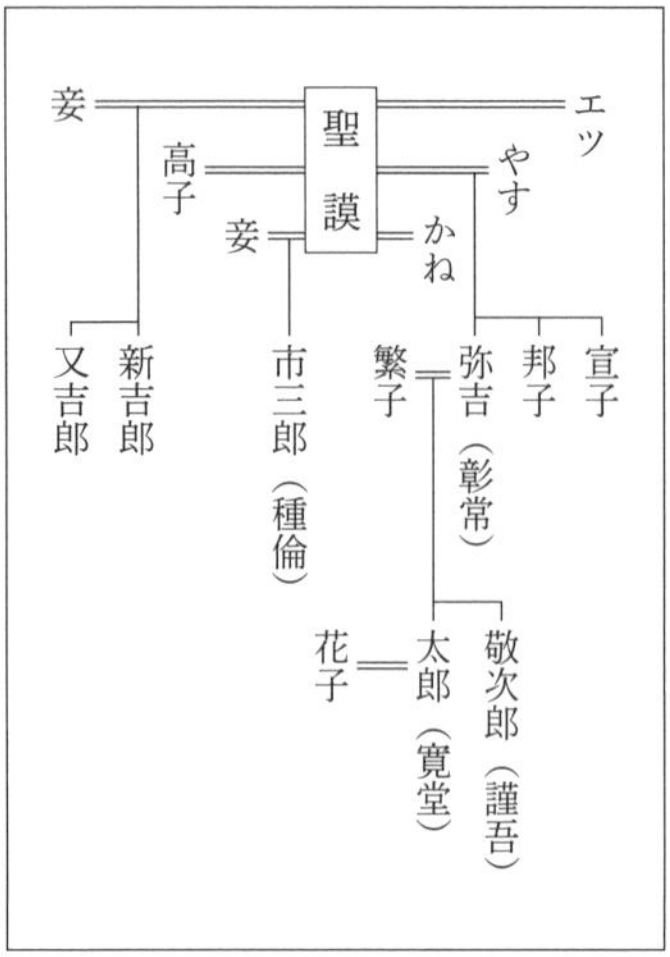

しかも婚家《こんか》には、聖謨は川路家の養子だったので養父母と、

加えて聖謨の生母という三人の舅姑《きゅうこ》、さらに聖謨が二番目の妻と妾腹《しょうふく》に儲けた、育ち盛りの継子《ままこ》二男二女があった［系図］。普通であれば、初婚の高子にはつらい環境である。しかし、川路家の人々も高子を快く受け入れたのであろう、「おのれ皆養ひて、いとむつましう《（睦まじう）》、めてたき中らひ《（なからい）》なりき、」（『ね覚のすさび』）、高子はこれらすべての世話をして、その間柄はとても睦まじく好ましいものであったと述べている。聖謨にも『自誡録《じかいろく》』（川田一九九七）の中で「その愛する所、所生《しょせい》に過ぎたり」、生みの親以上だと言わしめるほど高子は子供たちに愛情を注ぎ、また舅姑への孝養も、のちに引く聖謨の言葉の通りであった。

　結婚後の高子の生活は、聖謨の栄進と共にあった。天保十一年、聖謨は勘定吟味役から佐渡奉行に転じ、以後小普請《こぶしん》奉行、普請奉行、奈良奉行、大坂町奉行と歴任した。弘化三年（一八四六）の奈良奉行就任時には、高子も養父母と次男と共に随行して奈良に五年、聖謨の転役に伴い大坂に移って一年暮した［図1］。奈良はみやびに心引かれる名所が多いと、高子は『寺めぐり』、『たけ狩』、『よしの行記』などの紀行文を著している。またこの間には、江戸で嫡男弥吉（彰常《あきつね》）が

図1　聖謨奈良奉行赴任時の高子の道中行列（『画入　川路聖謨一代明細書』より抜粋、宮内庁書陵部所蔵）

病で失せた報を受けて、子を失うという深い悲しみも経験した。享年二十二、跡取りには彰常の長子太郎を据えた。そして高子は帰府後、太郎とその弟敬次郎、二人の孫も養育することになる。

嘉永五年（一八五二）、聖謨が大坂町奉行から勘定奉行に転任し、高子たちも江戸に戻った。この昇進で川路家の家禄は知行《ちぎょう》に改められ、武蔵・下野《しもつけ》国内五〇〇石となり、小石川御門前に一二〇〇坪の屋敷も与えられた。聖謨は先立つ天保十二年、小普請奉行の時に従五位下《じゅごいげ》左衛門尉《さえもんのじょう》に叙任、諸大夫《しょだいぶ》に列せられており、勘定奉行にも命じられて、旗本が昇り得る最高位の格と職を得て、諸大名の歴々ともつきあいが生じ、高子もこうした中に身を置くことになった。

それからの聖謨は多忙を極めた。特に嘉永六年のペリー来航以降は外交も担当して、ロシア使節応接《おうせつ》掛《がかり》として長崎・下田にたびたび赴き、また禁裏《きんり》造営掛として上京するなど江戸を留守にすることが多く、高子の言を借りれば「御旅行、年に六たひ（度）箱根山越《こえ》、八とせ（年）に九のたひ（度）近江の湖を見給ふ（みたもう）」ほどで、「露《つゆ》いとま（暇）なき御身」であった（『ね覚のすさび』）。このため、家内の万事は高子に任された。

聖謨の生母と養父が、安政元年（一八五四）と二年に病で続けて歿し、その後、養母も寝たきりの長患いの末に歿した。高子はそれらの看病・介護に心を尽くした。例えば聖謨の下田出張中、江戸の家来たちから養母を一方《ひとかた》ならず心配して介護する高子の様子が再三知らされており、これを受けて聖謨も「おさとは左衛門尉の大切の場の手助《てだすか》り、右故《みぎゆえ》こころ遣い少《すくな》く、御用向《ごようむき》にかかり居り候、千万忝《せんばんかたじけな》く候、これは実に謝するにことばなし」（『下田日記』安政二年四月十日条、『川路聖謨文書』六所収）、高子が生母、養父、養母の看病という自分にとっての一大事（聖謨は父母たちをとても大切にしていた）を助けてくれるから、心配せずに役向きに取り組めるのだ、甚だありがたく、本当に何と礼を言ったらいいのか……こうした高子への感謝の言葉をたびたび記している。

また、次男市三郎（種倫《たねとも》）、長女邦子、次女宣子、孫敬次郎（謹吾《きんご》）、さらに聖謨が養親となっていた女子三人（故彰常の妻で太郎と敬次郎の生母繁子など）の養子先と嫁ぎ先も、高子が定めて支度もすべて調えた。これら家内のことは自分には大任だったが、努めて弔事も慶事もその時々につけて気を配り、心を込めて行ってきた、従者や女中も多く、ひとり苦労した訳ではないが、とても容易ではなかったと高子は回想している。聖謨、ひいては川路家の地位にふさわしく、恥じない振る舞いや執り行いに高子が腐心していたことが察せられる。

そうした苦労はあったものの、暮らし向きは事足りて気遣いはなく、公儀より常・臨時の下賜品《かしひん》も多く、諸大名らとの進物《しんもつ》の贈答もあって、屋敷は表・奥共に出入り人が多く、門前には馬や乗物が絶えず、実に盛んに富み栄えたと高子は述べており、聖謨がこのような地位と格式にあることを誇らしく、豊かに暮らせることをありがたく思っていた様子が感じられる。

しかし安政五年、聖謨が俄に西丸留守居《にしのまるるすい》へ転役、事実上左遷され、さらに翌六年には罷免《ひめん》、隠居差し控えを命じられた。将軍継嗣問題に発言して大老井伊直弼《たいろういいなおすけ》に厭《いと》われたためである。家督は太郎が継ぐことを許されたが、屋敷は表六番町《おもてろくばんちょう》五〇〇坪に替地されて、土地も家も以前の三分の一に、しかも荒ら屋《あばらや》ですきま風が冷たく、住むのがつらい家であった。聖謨は謹慎中であるからと作事もせず、長屋が足りずに従者の半ばを減じ、女中も無用の者には暇を出した。

折もあろうに、この荒ら屋で初めて迎えた冬は例年より寒く、安政七年三月三日（新暦の四月初め）には大雪が降った。そしてこの日、いわゆる桜田門外の変で井伊直弼が暗殺された。高子は『ね覚のすさび』

にこの報を聞いた時の感想を記したが、同時に「此くたり《件》の事、おのれにあつからぬ《預からぬ》事にて、しるす《記す》はやく《益》なけれと、あれたる家に大雪の寒さ、あまり堪かたう《難う》覚えし」、この件は自分に関わりなく、記す必要はないのだがと断りつつ、荒れた家に大雪の寒さがあまりに堪え難く、身に沁《し》みたと述べている。時ならぬ雪の日に起こったこの事件は、荒ら屋の一層の寒さと共に、人の盛衰の無常を高子に実感させた、忘れがたい出来事となったようである。それから二、三年経って謹慎が緩むと、ようやく家作《かさく》を修復したという。

その一方、万延元年（一八六〇）に聖謨の妾腹に男子新吉郎が誕生し、文久三年（一八六三）には太郎の妻に旗本浅野長祚《ながよし》（梅堂《ばいどう》）の娘花子を迎え、妾腹にまた男子又吉郎も誕生しており、高子の性分からすればこれらの世話に余念がなく、多忙な日々を送っていただろうことは容易に想像される。

文久三年、聖謨は再出仕の命を受けて外国奉行に就任した。そして、川路家に以前の繁栄と賑わいが戻ったものの、約五ヵ月後に聖謨は病と称して辞任し、幕府より隠居料三〇〇俵の特例を受けて自適に暮らすようになった。しかしそれも束の間、翌元治元年（一八六四）には脳卒中を発症して左半身不随となり、翌々慶応二年（一八六六）、さらに翌三年にも発作を起して、その都度懸命なリハビリで不屈に回復に努めたが、慶応四年、自尽した。病を苦にしてではない、「万々一江戸大騒動、致し方無き節は一死を以て報じ奉る而已《のみ》、」（『東洋金鴻《とうようきんこう》』慶応四年正月十三日条、『川路聖謨文書』八所収）、瓦解しようとする幕府と運命を共にする覚

図2　自尽に用いた「ピストン」（徳川美術館所蔵）

悟の死であった。

聖謨は付き添っていた高子に用事を命じて部屋を退かすと、不随の身を起して端座《たんざ》し、短刀を右手に握り、武士の作法に則って軽く腹を切ったのち、愛用の「ピストン」［図2］を喉にあてて引き金を引いた。聖謨の部屋のほうから銃声がしたのに驚き、高子が急ぎ戻った時にはすでに絶命していた〔川路二〇一四、川田一九七七〕。享年六十八、高子はこの時六十五歳、三十年連れ添った夫妻の永遠の離別であった。「兼而《かねて》の御覚悟此時《このとき》の御様《おさま》、いとも〱ゆゝしう《（由々しゅう）》かしこう《（畏う）》て、中〱しるし《（記し）》やらす」（『ね覚のすさび』）、聖謨の兼ねての覚悟や死の時のありさまは、とてもとても憚られて畏れ多く、容易には記すことはできないと、心を定めて幕府に殉じたことを誇りつつも、最愛の夫の最期を目の当たりにした高子の驚愕と嘆き悲しみは想像を絶する。しかし高子はそれをこらえて、聖謨の送葬を遺言に寄せて気丈に執り行ったことは、のちに記す通りである。

二　高子の御殿勤めとその周辺

さて、述べてきた高子の生活や行動の様子、また聖謨の言葉から、その人柄が多分に窺えただろう。夫を敬い、舅姑に孝養を尽くし、子供たちに惜しみない愛情を注ぎ、超多忙な夫に代わって家内をよく切り盛りする。また述べなかったが、川路家の奉公人らへの思いやりも深く、人望が厚かった〔氏家二〇〇一〕。まさに「賢夫人」、「良妻賢母」と呼ぶにふさわしい人格の持ち主と言える。その根底には、生来のやさしさや聡明さなどがあろう。加えて高子には、二度の大名家における女中奉公の経験があり、それが高子の人格に少なからず影響したことは、必然と見るべきである。

高子が最初に仕えた転心院は、紀州徳川家八代当主重倫《しげのり》の四女で、名を丞姫《かずひめ》といった。寛政五年（一七九三）、二十四歳の時に鳥取藩主池田治道と婚姻した。治道はその前年に、正室の伊達重村《だてしげむら》女生姫《いくひめ》を亡くしており、つまり丞姫は継室《けいしつ》であった。寛政十年、治道が歿して二十九歳で未亡人となり、剃髪《ていはつ》して名を転心院と改めた。入輿以来、鳥取藩上屋敷である八代洲河岸《やよすがし》屋敷（東京都千代田区有楽町一丁目付近）に居住していたが、文化十四年（一八一七）、鳥取藩の下屋敷である芝金杉《しばかなすぎ》屋敷に移居した。

芝金杉の下屋敷は現在の東京都港区芝浦一丁目、JR浜松町駅の南側に所在した。大名家の江戸屋敷のうち、下屋敷は一般に郊外に設けられ、藩主一家の保養の場、いわば別荘の役割があった。この屋敷も当時は東側に海岸がせまり、海水を引き入れた大きな池を擁した潮入《しおい》りの庭園を備えた海辺の別荘であった。転心院は子を生《な》さなかったが、夫亡きあと十二歳・二十歳と若くして七代・八代藩主となった妾腹の長男斉邦《なりくに》・次男斉稷《なりとし》を養育し、先妻と妾腹の子女の育成にもあたった。そうした役目を終えた時、市街の喧噪《けんそう》を離れた風光明媚な芝金杉下屋敷が、余生を過ごす栖《すみか》として選ばれたのだろう。時に転心院四十七歳であった。

そして二年後、高子はこの転心院の御殿へ奉公に上った。「おのれ父母の御許《もと》をはなれしは年十五、文政元の年なり、紀伊の殿《あらか》の御奥へ参り、姫君につかうまつる《（仕る）》事八とせ《（年）》」（『ね覚のすさび』）、文政元年、十五歳の時に親許を離れて紀州家御殿の奥向に上って姫君（転心院）に八年仕えたと述べている。ここで高子が奉公先を紀州家御殿の奥向としたのは、大名夫人の住まいは出自に応じて営まれるもので、転心院の御殿は実家紀州徳川家の奥向の格式やしきたりに拠っており、したがって高子としては紀州家の奥向に仕えたという意識だったのだろう。

高子が勤めた御殿については、「芝金杉転心院様御住居絵図」（鳥取県立博物館所蔵）から様相を知ることができる［図3］。それは、西側南寄りに表門、続いて玄関や使者の間など接客等の部屋があり、その北方に転心院付家臣の役所である広敷向《ひろしきむき》がある。以上には男性も出入りするが、中央やや西寄りの二本の廊下にある、御錠口《おじょうぐち》と七ッ口《ななつぐち》より奥（東）は女性しか入ることができない。そこは概ね南・北に区画され、南が御殿向《ごてんむき》、いわば高子ら女中の職場で、その詰所《つめしょ》や膳所《ぜんしょ》があり、さらに奥が転心院の居室となっている。一方、北は女中の居住空間である長局向《ながつぼねむき》で、御殿女中は奉公に上ると同時に長局に住み込みで勤めることになっており、高子も描かれたいずれかに居住していた。高子が女中奉公に上った目的は、年齢からして行儀見習いだったとみられるが、結果的に転心院が歿するまで勤め上げており、それにとどまらないものとなったことが推定される。

さて、高子の主人転心院は、実に興味深い人物であった。高子の人格形成に多大に影響したと考えられるので、長くなるが紹介しておくべきだろう。

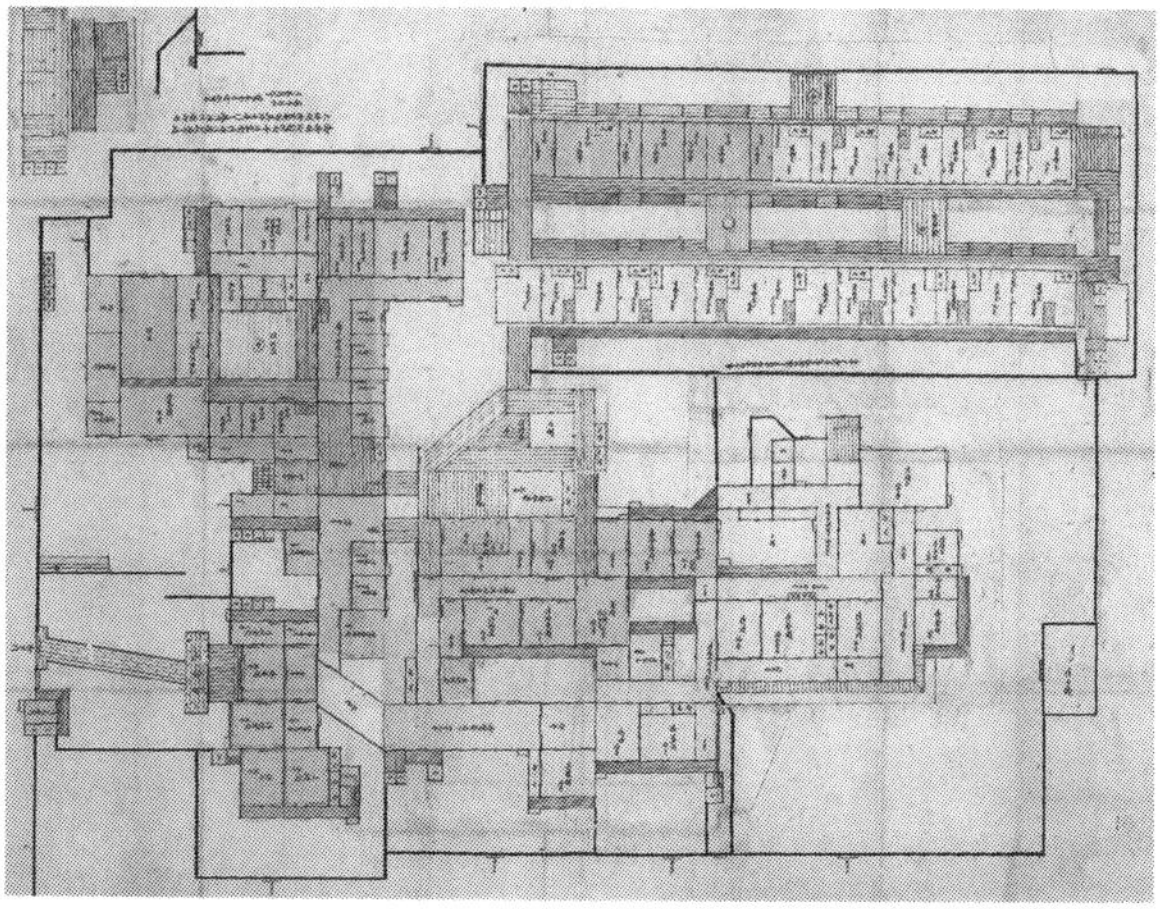

図3　「芝金杉転心院様御住居絵図」（鳥取県立博物館所蔵。上が北）

すなわち、姑には孝順で、夫にも心を尽して仕え、また夫寵愛の女を嫉妬することなく、かえって眷顧《けんこ》し、寡婦《かふ》となってからも二八年間静かに貞節《ていせつ》を全うした。学力もあるが表に顕《あらわ》さず、異腹の娘たちに自ら四書《ししょ》（儒教の四経典、『大学』、『論語』、『孟子』、『中庸』）を教え、五経《ごきょう》（儒教の最も尊重される五経典、『易経』、『詩経』、『書経』、『礼記』、『春秋』）については、誤り伝えることも覚束《おぼつか》ないのでと、侍医《じい》の稲村三伯《いなむらさんぱく》に命じて教授させた。中国宋代の儒者の説を深く信じて国学も好んだが、仏法には極めて懐疑的であった。分家の鳥取新田（若桜《わかさ》）藩主で、文化人としても著名な池田定常《さだつね》（冠山《かんざん》）が転心院の語ったところを記している。「吾事《わがこと》今は未亡人なれば、仏を念じ経陀羅尼《きょうだらに》をも読むべき例《ためし》なれど、心に信ぜぬ事を為《な》すは偽《いつわり》なれば為さざる也」、自分は寡婦で髪を下ろしているので、仏に念じて経文呪文でも唱えているのが普通だが、自らの心に信じない行いをするのは偽りなのでしないと述べ、次いで仏法の疑わしい点として、まず「三世《さんぜ》の説」を挙げ、「此《ここ》に死せしもの、彼《か》に生《うま》るゝといふ説は、理に於てあるまじき事」、死者が生まれ変わるという説は理屈としてあり得ないと一蹴、そして法華経については、「如何なる事を載せられて人の多く信ずるにやと思ひ、繰り返し繰り返し見れども有難《ありがた》きと思ふ事一つも見出《みいだ》す事あたわず《（能わず）》」、どういったことを多くの人が信じるのだろうと思い、繰り返し読んだが、ありがたいと思うことは一つも見出せなかったとし、「自からは、何事によらず解《げ》せぬ事は其儘《そのまま》にさしおく事ならぬ性質なれば、仏法の信ずべき事ども聞きつくしたけれど、男女の長物語《ながものがたり》は好《このま》しからぬ事にて、定めて仏法にて禁じてあるべし、何れ仏に縁《えん》なきなるべし」、自分は、何事も納得のいかないことはそのままにしておけない質《たち》なので、仏法の信ずべきところを聞き尽くしたいが、男女が長時間物語るのは宜しくないことで、それは仏法で禁じているし、どのみち自分に仏の導きはないだろうと述べたという（『鳥取藩史』一）。

こうした言動から、転心院は物事に厳格で探究心に富み、確固たる信念を持った人物だったことが窺える。特に定常は仏教を篤く信仰した人であり、そうした相手へ舌鋒鋭く理を交えて仏教への不信感を述べた点には、江戸時代女性らしからぬ強烈な個性が感じられる。

先述したように、転心院は女子教育に熱心で、それは高子ら女中たちにも及んだことだろう。郊外の屋敷で静かに暮らす未亡人の隠居に仕える生活は、落ち着いた空気に包まれて、そうした中で転心院の人格や思考、言動に接し、若く聡明な高子のこと、人間性や知性に大いに刺激を受けて、日々勤めながら教養や学問を磨き、修養に励んだに違いない。

転心院の御殿を退いたのちの七年間の高子の動静は不詳だが、広島藩浅野家へ入輿した末姫の御殿へは「まねかれて参」ったといい（『ね覚のすさび』）、転心院の御殿での勤めの経験や能力が評価されての招聘《しょうへい》だったようだ。

末姫の御殿は、浅野家の霞ヶ関上屋敷の中にあったが、将軍息女という出自から、江戸城大奥に準じた「御住居《おすまい》」と呼ばれる高い格式で営まれ、仕える女中も将軍家から約五〇名が付属されて、婚家とは別格だった。したがって、末姫付の女中たちは、その格式に高い誇りをもって勤めていた。そうした中で高子は、奥向の総取締役である御年寄を補佐して実務を執る、若年寄の職に就いており、あるいは転心院の御殿ですでにそのような役職を勤めるにまで至っていたのかもしれない。

高子は、御住居での様子を次のように記している。「宮仕《みやづかえ》は玉たれ（垂）の内にして、春秋の花もみち（紅葉）めつる（愛づる）もあて（貴）人の御前《みまえ》にて、世のうき（憂）こともしらす（知らず）、おのかし（己がじし）ゝきぬ（衣）のあや（綾）なときそひ（競い）花やき（華やぎ）時めきて、もの思ふふしもあらさりしか」（『ね覚のすさび』）、勤めは御殿のうちで日々高貴な姫君の御側で世間の憂いも関わりなく、思い思いに衣装などを競って華やぎ時を得て、あれこれ考える折節もなかった。将軍息女とそれを取り巻く女中たちの華やかな暮らしぶりを高子も享受して、勤めに装いにと忙しく、活き活きと日々を送っていたことが窺える。

しかし出仕から五年、高子は持病の悪化から自らの現実に引き戻されて、御殿勤めを辞さざるを得なくなった。「くすし《（薬師）》にもおもひ捨られて、人の世の五十路《いそじ》の坂越かたう《（難う）》なといはれ、我もおもひたりしか」（『ね覚のすさび』）、医者にも見捨てられて、五十歳までは生きられないだろうと言われ、自分でもそう思った。

そして天保九年（一八三八）、高子は川路家に嫁いだ。三十五歳にして計りがたい余命を、妻また母として生きることに定めたのである。その決心はいかばかりであったかと思いやられるが、のちの高子の「賢夫人」にして「良妻賢母」ぶりは一で述べた通りで、それは御殿勤めで培われた人格と教養、そしてキャリアに裏づけられたものだったと考えられる。

三　聖謨と高子の日記

高子の夫聖謨は、日記や著作を多く残している。生来の筆まめで、日記は一時期に四、五種も付けていたというから〔川田一九七〇〕、そのほどあいが窺える。興味深いのは、聖謨の日記の多くが出張や赴任で江戸を離れた際、留守宅に残した家族へ送られたものだったということである。特に聖謨は生母をとても大切にして、日記は「母上の御慰《おなぐさみ》にわか《（我が）》御かたはら《（傍ら）》にありて常に御物語するを筆にかえたるもの」（『寧府紀事』弘化三・一八四六年閏五月二十一日条、『川路聖謨文書』二所収）、生母との毎日の物語りを筆に代えたもので、離れて語らいが叶わないゆえ、近況のほか生母に聞かせたいことを細々と認めて、数日分まとめて送った。そしてこれが留守宅に着くと、主に高子が家族に、また奉公人にまで読んで聞かせるという具合であった。聖謨は、このいわば読み聞かせを多分に意識していたようで、臨場感溢れる筆致で、出来事を克明に語るように綴っている。

こうした日記は、聖謨からの一方通行ではなく、聖謨は家族にも命じて同様の日記を自らに送らせた。言うまでもなく、高子も日記を認めて聖謨に送った。高子のこうした日記は残存が少ないが、例えば嘉永四年（一八五一）の『日記』（国立国会図書館所蔵。なお同館タイトルは『川路佐登子日記』）がそれで、前書きによれば、聖謨が奈良奉行の時、江戸に召還されて大坂町奉行を命じられたが、そのしばしの江戸滞留中、奈良に居残った高子が日々のことを記して、江戸の聖謨に送ったものという。そして、聖謨からも江戸のことを記して奈良に送って寄越《よこ》したとあり、これは聖謨の『浪花《なにわ》日記』と題された日記に相当する。

さらに、高子の『日記』前書きの続きを引用してみよう。

> 時過ぬれは去年《こぞ》の枝折《しおり》、今はやり《（破り）》捨《すつ》へきものなれと、さすかによしの《（吉野）》川、へたて《（隔て）》なきいも《（妹）》とせ《（背）》の書かはし《（交わし）》たる物なれは取おくへしとあれと、其頃おのれやまひかち《（病がち）》にてやむ《（病む）》を常なれは、筆取事《ふでとること》もいと物う《（憂）》くて、からうして《（辛うじて）》物せしみゝす書《がき》のいと／＼つたなう《（拙う）》、哥はさらなり、文字かむな《（仮名）》のたかへる《（違える）》なといと／＼みたり《（乱り）》にて、書けかし《（汚し）》たるをみるも今更はつかし《（恥ずかし）》、後に人もし《（若し）》みるらむと、其ことわり《（理）》をかく《（斯）》しるす、高子

過去の日記で、もう捨てるべきものだが、そうはいっても隔てない妻と夫で交わした日記なのだから、取って置くようにと聖謨に言われた。しかしこの日記を認めていた頃は、常に体調が勝れず、筆を執るこ

とも億劫《おっくう》で、やっと書いた文字はミミズが這い回ったようにとても拙いし、歌はなおさらのこと、文字仮名の誤りなどもとても多くて、拙筆を見るのも今さら恥ずかしいが、のちに他人も見るだろうから、その理由をここに記しておく、とある。やや謙遜にすぎる感があるが、当時持病が特によくなく、自身としては、そんな時に書いたものを、あえて残すことにためらいがあったのだろう。

　右の引用に見るように、高子の文章は和文である。和文とは「和語で綴った文。平安時代仮名文の系統に属する文。雅文」（『広辞苑』）で、武家の教養ある女性が用いた文体といい、高子もその例である。『日記』本文も和文で、自詠を差し挟みながら、家族や日々の模様が細やかに活き活きと綴られている。聖謨も「おさと日記、例乍《れいなが》ら画が《（描く）》くがごとし」（『長崎日記』嘉永六年十一月十七日条、『川路聖謨文書』六所収）と言っている。時には、さながら夫への恋文のような歌や様々な気持ちも認められ、聖謨の実弟井上清直《いのうえきよなお》（旗本井上家に養子入りして、当時は勘定組頭格、のち外国奉行、勘定奉行）は、高子の日記を繰り返し読み、「御姉さまの文《ふみ》、土佐日記のことし」と賞嘆し、高子の実兄大越幾之進《いくのしん》は、高子の日記や書状を読んで「わか《（我が）》いも《（妹）》となから、天下の奇才にして貞実世に越たり、……紫式部にして松浦《まつら》さよひめ《（佐用姫）》のみさほ《（操）》ある」、この上ない才女にして貞女だと、「酔中大悦《すいちゅうおおよろこび》」したと、聖謨が『浪花日記』（嘉永四年八月二十五日条、『川路聖謨文書』六所収）に記している（松浦佐用姫は愛人大伴狭手彦《おおとものさでひこ》が朝鮮に出征する際、松浦山に登り領巾《ひれ》を振って別れを惜しみ、そのまま石になったという伝説上の女性）。こうした高子の文才歌才は、当時江戸の武家文人の間で知られていたことも、『浪花日記』の記載から窺える。

　しかし、誰よりも聖謨自身が「われはカヽ《（嚊）》自慢」（『浪花日記』嘉永四年八月二十五日条）と、才長けた妻を誇って憚らず、その歌や文も愛した。のみならず、長崎でのロシア使節プチャーチンとの折衝の折には、「異国人、妻のことを云えば泣いて喜ぶという故に」と前置きしながら、「左衛門尉妻は江戸にて一、二を争う美人也」と述べたという（『長崎日記』嘉永六年十二月十七日条）。残念ながら高子の肖像はなく、またこの言は一つの外交術ともとれるが、聖謨は他の場面でも高子は美人だと記しており、聖謨にとっては才色兼備の自慢の妻だったことは確かである。そんな妻と書き交わした日記は、聖謨には自らに送られた相聞歌《そうもんか》のようなもので、失うことが惜しまれ、高子もそうした聖謨の気持ちに応じたのだろう。

聖謨・高子の夫妻としてのあり方は、これらの日記のほか、すでに引いている聖謨の奈良奉行在任中の日記『寧府紀事《ねいふきじ》』（弘化三～嘉永二年〔一八四六～四九〕）、聖謨がロシア使節応接のため長崎・下田に出張した際の『長崎日記』と『下田日記』（嘉永六～安政二年〔一八五三～五五〕）などからも読み解くことができ、例えば氏家幹人氏はこれらに基づき、川路家の人々の群像と共に、「夫婦のコミュニケーション」の様相を描き出している〔氏家二〇〇一・二〇〇三〕。夫妻睦まじく、深く敬愛し尊重し合い、互いに感謝の念を抱き、しかもそれを折々言葉にし合っている、そうした二人の気持ちや姿が、これらの日記からはありありと浮かび上がってくるのである。

また聖謨にとって、日記にはもう一つの意味があった。家記である。井上勲氏は、聖謨が自身の日記である『島根のすさみ』や『寧府紀事』を川路家の家財として知行地の秩父《ちちぶ》（埼玉県秩父市）に送って所蔵させたことから、高子にも同様の意図があった可能性を指摘している〔井上二〇〇五〕。

そして、前述のように『上総日記』は聖謨の自尽から起筆された。当時、頼みの太郎は幕府留学生取締として遠くイギリスにあり、聖謨が歿した川路家の当面は、高子の双肩にかかった。井上氏は、聖謨の追善の記述が特に詳細な点に注目し、それは江戸を離れて「いわば流浪の状況にある川路家のほとんど唯一の行事」だったためで、『上総日記』は「高子個人の日記でありはするけれども、同時に、川路の家記としての意味をあわせもつ」とする。

そうした状況で高子は、日記を認めることを必然の責務として引き受けたのだろう。それは毎日欠かさず、まず天気、次いでその日の行事や出来事、訪問者や贈答を記録し、それらへの感想なども記して随所に和歌を挟む。現状から、高子が自らの覚書を浄書して冊子にしたものと推定されるが、高子の文才の賜物で、堅苦しさのない和文の表現は、聖謨が述べたように、時に描くが如く心地よい語調で、読む者を引きつける。『上総日記』もまた、聖謨の日記同様、読み読まれることを意識して綴られたものだったからである。

『上総日記』は、学習院大学史料館収蔵「川路聖謨・高子史料」のうちで全一冊、全文翻刻がなされており〔藤實・渋谷二〇〇五〕、以下はこれに基づいて稿を進める。

四　『上総日記』起筆

「慶応四辰三月十五日午《うま》の上刻、我背《わがせ》の君《きみ》、死去ましましぬ、兼ての御覚悟、勇猛にして、よく御心おさめ給《たま》ひ、いとも静《しずか》なる御臨終なり」。

『上総日記』の冒頭である［図4］。聖謨が歿したのは昼前頃、そして夜には納棺を済ませたが、高子はそこへ至るまでに刻々と移り変わっていった心情を、以下のように綴っている。

（前略）かくて、はかなき御跡は、只夢の世の、夢のこゝち《（心地）》に、くれまとひ《（暗惑い）》て、泪《なみだ》は物かは、何事もおもひ分《わか》す、おのれ、いかなるすくせ《宿世》にて、かゝる世に附添参らせて、浅ましく、このうき《憂》、かなしきめをみるや、只もろ共にと、幾度か思ひなから、いかにせむ、今爰《ここ》に至りて、我身くつ折れ《頽れ》死にいたらハ《至らば》、太郎は英国に有て、かく《斯》とは夢にたに《だ》しらし《知らじ》、世の乱、祖父の成行給ふさまも、後にたれ《誰》かは伝へきかせむ、かつは先達て上総までおとしやりし《落とし遣り》新吉郎・又吉郎、いかに成けむ、産母梅女のかしつきいたれ《傅き居》は、心は安けれと、かく父君かくれ給ひし事、弟はいひかひ《言い甲斐》なくとも、兄は九才、少しは思ひわきまへ《弁え》も有へし、御遺言もいひきかせは《ば》やと、心をおにゝ《鬼》して、空蟬《うつせみ》の御から《骸》、取まかなひ奉るもかなし、（後略）

聖謨亡きあとは夢の中にいるようで、途方に暮れて涙も出ず、どうしたらいいかわからず、自分は何の因果でこの世に生まれてこんなに辛く悲しい目に遭うのか。あとを追いたいと何度か思ったが、今ここで自分がくじけて死んでしまったら、太郎はイギリスにいてこの状況を夢にも知らず、世の乱れと祖父の亡くなった様子を誰が伝え聞かせるのか。また先日、上総に逃した新吉郎・又吉郎はどうなるのか。産母梅女が世話しているので心配はないが、このように父が亡くなったことを、弟は言う甲斐なくとも兄は九歳、少しは分別もあろうから御遺言も言い聞かせたいと、心を鬼にして御遺骸を整えのるが悲しい。聖謨の死を現実として受け容れ

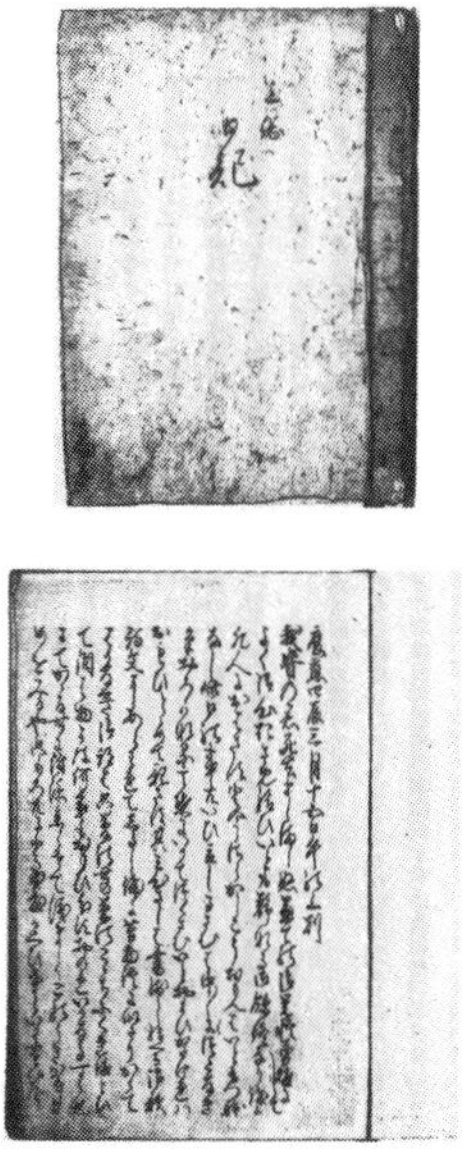

図4
『上総日記』（表紙と一丁表）（学習院大学史料館収蔵）

がたく、茫然自失し、死することも考えたのである。しかし、太郎と幼い子らに聖謨の死と最期の模様、また遺言も伝えねばという強い使命感に思い至り、感傷を振り払って送葬の準備にあたったのである。

遺骸は翌十六日の未明、菩提寺の池之端大正寺《いけのはたたいしょうじ》（東京都台東区）に葬られた。諸大夫まで昇り詰めた聖謨の送葬、こんな時節でなければ厳《おごそ》かに多くの供を連れて、参列者も賑々しく執り行われたであろうものが、夜深くに忍んで密かに送るのは「いと本意《ほい》なしと、いと丶《（いとど）》かなしく」、本来あるべきさまではなく非常に残念だと、高子は悔しさをにじませた。

当時の江戸では、予想される騒乱を避けて多くの人が市中を離れていた。高子も聖謨の送葬が済んだ翌日、表六番町屋敷から次男市三郎の養子先である原田家の浅草屋敷に移り、聖謨の初七日を終えて翌二十二日、江戸を発した。目指すは原田家の知行地、上総国山辺《やまべ》郡平沢《ひらさわ》村（千葉県大網白里市）である。市三郎には男子がなく、又吉郎を原田の養子とする約束があり、つまり高子は原田家当主と世子の母という立場であった。高子は女中のやすと奉公人の勝蔵を伴って、原田の奥方と共に、平沢村から迎えに来た同村名主の利右衛門に同道されて、あいにくの雨の中を夜船に乗って江戸湾を渡り、浜村（浜野村。千葉市中央区浜野町）から陸路で、翌二十三日申《さる》の半ば（午後四時）頃、滞在先となる利右衛門の屋敷に到着した。この日から六月四日に帰途に就くまで、約三ヵ月半の上総での生活が始まった。

利右衛門宅に着くと、先に滞在していた原田家の人々と面会したのち、新吉郎・又吉郎とも対面した。高子は聖謨の初七日の逮夜《たいや》に剃髪していたので、「かはり《（変わり）》し姿を、あやし《（怪）》とおもへるか、はつかし《（恥ず）》と、人の袖もて、顔かくし《（隠）》たるも、哀なり」と、子らの反応を記している。久しぶりに会った母の変わった姿に戸惑いはにかむ子らと、それを愛おしく見る高子の様子が目に浮かぶではないか。

しかし、高子がこのような姿になった理由を子らに話さねばならない。翌二十四日、高子は新吉郎に、父の最期のさまを言い聞かせてこう続けた。

（前略）国の乱れも、上様《うえさま》の御はつかしめ《（辱）》も、父君の御最後も、皆薩州・長州のわさ《（業）》なり、仇《かたき》は此両州なれハ、汝等《なんじ》、今幼き事によくと〻《（留）》めて、今よりおとなしく、書をよみ、武芸学ひて、成人の後、かならす《（必ず）》君と父との仇を打《（討）》へし、（後略）

今の混乱も、将軍家の恥辱も、父の自尽も、みな薩長の仕業である、仇敵《きゅうてき》はこの両国なので、おまえたち、今幼い心にしっかりと留めて、これからおとなしく学問と武芸を学び、成人後には必ず将軍家と父の仇を討ちなさい、と。こう「返々いひ《（言い）》きかす」と「かなしとおもへるか、しきりにめをすり《（擦）》、泪おとしてなく、おのれもなく」、新吉郎の目からは拭っても拭っても涙が止めどなくこぼれ落ち、そんな姿を見て高子も泣かずにはおれなかった。

翌々二十六日、高子と子ら、梅・やすへ利右衛門方の隠宅が明け渡されて移ると、心も少し落ち着いて聖謨の位牌も据えた。翌二十七日の聖謨二七日《にしちにち》の逮夜には供養の茶飯と菜の物を調えて霊前に手向け、原田家の人々も招いて弔った。供養飯はおよそ二〇人前、準備は江戸であれば大騒ぎになるだろうが、ここではやすと梅、二人で調して「中々《なかなか》物静なり」。以後の忌日前夜はこれが恒例行事となっている。

そして、二十八日からは日々、「旅宿かはる《（変わる）》事なし」、「旅宿無事」といった書き出しで始まるようになり、また同日から新吉郎の読書と手習の稽古も日課として再開させており、上総に来て六日目で、かりそめながらも平穏が訪れて、以降は高子と子らの日常の様子が多く綴られるようになる。

五　上総での日々

新吉郎・又吉郎は高子より一足先に来たこともあってか、環境にすっかり慣れて、地元の子供と仲良く「朝夕山に遊ひ、畑のめくり《（廻）》、田の畦《あぜ》なとに遊ふ」（三月晦日条）日々であった。特に又吉郎は、五歳にしては体が大きく強い気性で、「成人の後、君父の仇を討《うつ》こゝろさし《（志）》あれかし」（三月晦日条）と高子は期待を寄せつつも、そのいたずらに頭を悩ませた。カエルを採ろうとして田に落ちたり（四月二十九日条）、また門田で利右衛門家の子と遊んでいた又吉郎が、田に入って腰のあたりまで水に浸っていると人が知らせてきたので、行って引き揚げたところ、衣服も頭もずぶ濡れ、足にはヒルが食いついて血が流れているのに本人は平気。あまりのことに驚いて叱《しか》りもできず、懲らしめにと灸を準備していると、又吉郎も反省してか、自分から「はら《（腹）》を出して居《おり》」、その健気《けなげ》さに「仕置のひやうしぬけ《（拍子抜け）》、大笑《おおわらい》なり」。苗を踏み荒らしたので、田主に詫びて繕い植えたが、「誠に油断ならす、心配なり、」と結んでいる（閏四月二十三日条）。

いささか「けんき《（元気）》過」ぎる又吉郎の一方、新吉郎は四月二十三日以来不調が続き、稽古を休むようになる。閏四月朔日には「とかくかん《（癇）》症のきミ《（気味）》にて、気鬱《きうつ》なり」、情緒不安定で気もふさぎ気味だったため、しばらく養生に遊ばせておくことにし、新吉郎は野山を歩き回ったり、地元の子らと土いじりなどをして過ごした。医師に「かんの虫」と診断され、薬をもらい快方に向かったものの、閏四月二十五日には「いまた《（未だ）》稽古事休、遊はせおく、やつれたり」という様子で、結局こののち稽古を再開した記述は見られない。

そして高子はというと、子らの世話や夫の菩提を弔う傍ら、「折々山に登、畑廻りなとして、こゝろ《（心）》慰みつつ（三月晦日条）、江戸からの便りを「ま《（待）》ちに待侘暮《まちわびくら》す」（四月二日条）日々であった。高子は、利右衛門一家に大方ならぬ厄介をかけていることを「いとつみふかし《（罪深し）》」と思い、「江戸もいさゝか静にならば帰るに」（四月三日条）と常々考えており、江戸の形勢を知りたかったのである。

上総に来て半月を過ぎた四月四日、ようやく大越と花子の書状、そして市三郎からは書状と日記が届いた。市三郎も聖謨に命じられて、子供の頃から日記を送る習慣があった。高子はそれがよほど嬉しかったのだろう、「細やかに、日記くり返しみる」。そして亡夫を慕い上総を思いやる市三郎の切なる心に、涙をにじませた。江戸の様子は、「戦《いくさ》の様《さま》ハなく、おたやか《（穏）》のよし」が記されていた。次いで四月九日に届いた書状で、江戸城が明け渡されることと徳川慶喜《よしのぶ》の水戸行きを知り、それらは予見していたといいつつ、「今さらに、むね《（胸）》打さわき《（騒ぎ）》て、言語《ごんご》に絶《たえ》たり」と動揺を隠せなかった。

徳川家の運命は、臣である川路家の行く末を決する。以後の高子は、徳川家の跡目相続に大きく関心を向ける。閏四月朔日には隣国下総《しもうさ》で戦いが始まったことを風聞で知り、「安からす、江戸よりのかれ《（逃）》来て、また此国《この》も戦ひ有や、いかにせむ」と不安を吐露している。

こうした不穏な空気の中でも、村の生活は変わらず営まれて、高子もそれを享受した。江戸育ちの高子は、農作業の模様や村の風習、田舎の風景や自然に心を寄せ、それらについて、時に和歌を添えて記している。滞在中に折しも田植えの時期を迎え、その情景をこう記している。「うふる《（植うる）》は、多く女の業なり、笠いたゝき《（頂）》たるも有、手のこひ《（拭い）》もて、かしら《（頭）》つゝみ《（包み）》たるもあり、一様にならひ《（並び）》てうゝる《（植うる）》、広き田は人多し、ちさき《（小さき）》田は、ふたり計にてうゝる、誠に手よく揃ひて、みる〳〵うゝる、いとゝく《（疾）》うへはて《（植え果て）》たり」（閏四月二日条）。動画のような、なんとも巧みな描写ではないか。大小の田に笠や手拭いを被った女たちが並んで、一糸乱れぬ手さばきで、あっという間に苗を植えていくそのさま、それを驚嘆しつつ見ている高子の気持ち、どちらもよく伝わってくる。

またある夜には、「今宵は月よろし、皆人門外に出てみる、江戸の月とは、こと《（異）》にて、早苗植しも、また《（未だ）》しきも、水せき入たる田毎《たごと》にうつるかけ《（影）》、かゝみ《（鏡）》のこと《（如）》、いとおもしろく、いと珍らし、人めも外にあらねは、皆あせ《（畦）》道つたい、月にうかれゆくめり」（閏四月十六日条）。江戸では目にすることのない田毎の月に心引かれて、畦道をぶらぶらと歩く高子。そうして詠んだ歌は、「めてましものをとおもへは亡《なき》人《ひと》のおも影うかふ月のかゝみ《（鏡）》に」。月に亡き夫の面影が浮かんだ。何かにつけ在りし日の聖謨を思い出す、これも高子の上総での日常であった。

こうしてなおも聖謨を想い慕う高子だったが、興味深いことに上総に来てから、持病で臥したのが四月朔日・十四日、閏四月八日と以前よりめっきり減り、いずれも翌日には回復している。また高子自身、「かしら《（頭）》おろしたる頃よりして、其病ひ漸《ようよう》なく」なった（『ね覚のすさび』）、つまり聖謨が歿した頃から持病がなくなったと述べている。最愛の夫とはいえ、生前の聖謨の勤めぶりや、気性を受け容れて支える日々は、容易ではなかったと想像され、あるいはそれから解放されたことが、持病平癒のきっかけだったのかもしれない。

六　江戸帰還

閏四月四日、聖護の四十九日《しじゅうくにち》を迎えた。「御四十九日にハ、かならす《（必ず）》江戸に帰りて、人々とゝもに、御法事いとなミ、御墓まうて《（詣で）》すへしとおもひしに、いまに爰にゐて、かく侘しき御手向《おたむけ》する事よと、いとゝ《（いとど）》かなし」。四十九日だというのに江戸に帰れず、法要も、墓参りすらできない。いまだ上総でこんな物静かな手向けをするとは、なんと悲しいことか……。高子が早く江戸に帰りたいと切望した理由にはまた、家族や親しかった人々と共に、聖護の地位や人柄にふさわしい供養をしたいという想いがあったのだろう。

閏四月七日、江戸から便りがようやく届いた。「江戸形勢、かはる事なく、同し模様にて、いまた《（未だ）》御跡目の御沙汰もなし、（中略）下総の戦、千住の一騎《（ママ）》なと有故、人気立《ひときたち》、おたやか《（穏）》ならぬよし、市三郎歎息申来ル」。江戸の形勢に変わりがないとは、戦もなく静かだということで、徳川の跡目も決まらず、下総や千住で騒擾《そうじょう》があるので、人々の気が立っていて不穏だと、市三郎がため息交じりに言って寄越した。市三郎も、高子の帰りたい気持ちを重々承知していたのである。閏四月十四日に、上総大多喜《おおたき》城が官軍に明け渡されたと風聞で知り、数日後には大筒鉄炮の音も聞こえるようになった。かえって上総の形勢がよくないのではという懸念が高子に生じ、「軍《いくさ》もなくは《（ば）》、はや《（早）》帰りてん」（閏四月二十八日条）と江戸に言い遣っていたが、一向に返事がなく、ついにしびれを切らして五月六日、江戸表へ、「おのれ、近々帰府致度《いたしたき》ニ付、迎の事、原田 幷《ならびに》泰助へも申遣す」、江戸に帰るので迎えを寄越すよう、市三郎と泰助に指示する書状を出した。

五月十四日、江戸から書状が届いたが、それは十日以上前の同月二日出で、去る月二十九日、徳川家の跡目が田安亀之助《たやすかめのすけ》に許され、城地・高は追って沙汰がある旨が記されていた。高子は「我、江戸表へ弥《いよいよ》可帰《かえるべし》」、主家の存続が決まったからには江戸に帰って、のちの沙汰を待たねばならない。そうして「江戸よりの迎の人参るへしと、日々待、心した（支度）くいたし居」った。しかし迎えは一向に来ない。十六日の朝には江戸で戦があったという風聞が耳に入り、迎えがないのはその騒ぎのためか、昨日は終日大筒鉄炮の音が聞こえたがそのせいか、などと思い煩いつつ毎日待っていると、五月二十二日になって江戸の泰助より書状が届いた。迎えに参ずる心積りのところ、去る十五日に上野山の合戦があって徳川方が敗北し、この騒ぎで延引しているとのこと。高子は大いに落胆したが、上野山で多くが討ち死にし、切腹した者も七十何人居並びあったことに、「あつはれ（あっぱれ）の武士、をしき（惜）事なり」と記している。そして五月二十八日には、江戸から来た原田家家来の兵蔵より、徳川家の知行が駿河《するが》・遠江《とおとうみ》・出羽《でわ》七〇万石に決まったことを聞き、「誠に恐入《おそれいり》、今更夢のことし（如）」と述べている。

ついに主家の行く先が決して、高子の江戸帰還の意志は一層強いものとなった。「かり初《そめ》とおもひの外に、はや百日あまりに成にたり、江戸表もいつ静《しずか》になる限《かぎり》も定め難き、世の形勢なれは、とにかく立帰りて、太郎の帰りを待へし」（六月二日条）。上総に来て一〇〇日もが過ぎてしまった、江戸もいつ平静を取り戻すともはっきりしないので、とにかく帰って太郎の帰国を待とう、と。そして自ら動き始め、まずは五月晦日、利右衛門を浜野村まで江戸通船のことで尋ねにやり、それから調度の片づけと荷造り、また世話になった利右衛門とその家族、それぞれへやや多めの心付けと、物をくれた村人たちへも挨拶に金子等を渡した。出立は六月五日に決めた。

その当日は、早朝より旅装いをして明けるのを待ち、原田の奥方と二人の子、梅と共に出立した。江戸まで送る利右衛門と、市三郎が寄越した「江戸より忍び来たる人」（用心棒？）と兵蔵もお供で「道すから《（が）》も心つよ《（強）》し」。上総に来る時は心慌ただしく、雨も降り、道中も危険で、野山も気に留めずにひたすら来たが、「けふ《（今日）》心しつ《（静）》まりて行《いく》に、はし《（初）》めてみるこゝち《（心地）》す」、今日は心穏やかに行くので、初めて見る景色の気分だと、以下の道中の紀行を記している。この日の結びには、「おもしろき野山をみてもおもしろき言《こと》の葉《は》もなきうき《（浮）》旅路には」の歌を添えた。心引かれる野山を見ても好い歌を詠むこともできないわ、こんなにうきうきした旅路では。江戸に帰るうれしさに心弾む高子。この歌は「うき」を「憂き」とすると正反対の心模様、つまり上総に来た時の憂鬱だった気持ちを詠んだとも解せるようになっていると考えられ、行きとの対比により、帰りの晴れ晴れとした心情がより一層際立つ、高子らしい巧みな歌である。

さて翌六日は、早朝に浜野村で乗船して、未《ひつじ》（午後二時）頃に江戸小網町《こあみちょう》へ到着、揚陸《ようりく》してこの日は浅草の原田宅に泊まり、翌七日朝早くに出て、表六番町の屋敷に向った。途中、上野山の様変りを目の当たりにした高子は、戦って徳川に殉じた家臣たちを思いやり、主家の世の終焉をも実感したのだろう、涙が止まらず、しばし祈りを捧げて、巳《み》の半ば（午前十一時）頃、我が家に着いた。そして、約三ヵ月半ぶりの帰宅と同時に、『上総日記』も擱筆《かくひつ》された。

高子はこの一六年後、明治十七年（一八八四）十月十二日に歿した。胃がんであったという〔川路二〇一四〕。享年八十二。高子が臨終三日前に詠んだ辞世は、

いとなか《（永）》くおもひしかと《（ど）》もかき《（限）》りあり　我世の夢もいまそ《（ぞ）》さ《（覚）》めぬる

【参考文献】

井上勲「川路高子『上総日記』解題」（『学習院大学史料館紀要』一三号、二〇〇五年）
氏家幹人『江戸奇人伝――旗本・川路家の人びと』（平凡社新書、二〇〇一年）
氏家幹人「嘉永四年、妻からの手紙――『川路高子日記』を読む」（熊倉功夫編『遊芸文化と伝統』吉川弘文館、二〇〇三年）
川路寛堂『川路聖謨之生涯』（復刻版、マツノ書店、二〇一四年）
川田貞夫「川路聖謨の『江州道中記事録』について――江州庄村・高木村地境争論の一史料」（高橋隆三先生喜寿記念論集刊行会編『高橋隆三先生喜寿記念論集　古記録の研究』続群書類従完成会、一九七〇年）
川田貞夫『川路聖謨』（吉川弘文館、一九九七年）
藤實久美子・渋谷葉子「『上総日記』翻刻」（『学習院大学史料館紀要』一三号、二〇〇五年）

第Ⅳ章

数奇な運命に生きた女性

第1節　梅津の一生

竹内　誠

一　幸か、不幸か

元禄という時代を舞台に、数奇な運命を辿った一人の女性がいた。名を梅津《うめづ》という。彼女は、元禄八年（一六九五）、四十二歳の時に江戸城大奥に勤め、以後、元禄政治の展開を間近に見つめ続けた。梅津という名は、大奥に入ってからの名前で、本名は栄子《しげこ》である。江戸中期の大奥女性で、出生の経歴や大奥入りの詳細な経緯を、これほどまでに追える例は、そうざらにはない。

近年、梅津の生家・松尾《まつのお》家の末裔宅より、梅津本人の書状をはじめ梅津に関する多数の新史料が発見された（現在、国文学研究資料館へ寄贈、公開されている）。この新発見の新史料をもとに新たな分析を加え、以下、彼女の数奇な一生を辿っていくことにしたい。

その際松尾家十代目当主で、元国立石川工業高等専門学校名誉教授の松尾剛氏が執筆した『梅津傳』（私家版）を参照させていただいた。

梅津が生まれたのは京都である。朝廷に勤仕する非蔵人《ひくろうど》松尾相氏《すけうじ》の長女として、承応三年（一六五四）に生まれた。母は、近衛《このえ》家家令《かれい》森主殿《もりとのも》の女嘉子。梅津の幼名はしげといった。梅津の弟相匡《すけまさ》は非蔵人として父相氏の跡を継ぎ、梅津の妹のみね（任子）と、とよ（俊子）は、それぞれ周防局《すおうのつぼね》・越前局《えちぜんのつぼね》という名で、朝廷のお女中として勤仕した。

松尾家は、元来、京都右京区松尾に鎮座する松尾《まつのお》神社の神主家から、元和七年（一六二一）に相氏が分家して独立した家であった。

二十五歳頃、梅津は備中（岡山県）松山城主（五万石）水谷勝宗《みずのやかつむね》［図1］の後妻となった。

水谷氏は、藤原鎌足《ふじわらのかまたり》の末裔といわれ、数代の歴史を経て、関ヶ原の戦いでは徳川家康方の有力武将として活躍した。その証として常陸・下野両国のうちで三万二〇〇〇石を領し、下館《しもだて》城に住したが、寛永十六年（一六三九）に備中国へ移され、この時加増されて五万石となった。備中松山城主となったのは、同十九年であった。

図1　水谷勝宗肖像（岡山県高梁市定林寺所蔵）

勝宗の先妻は、青山大蔵少輔幸成《あおやまおおくらのしょうよしなり》（摂津尼崎城主・五万石）の娘で、勝宗の継嗣勝美《かつよし》の母もこの人であった。したがって、時期は判然としないものの、幸成の娘が死去したあとに、松尾相氏の娘栄子（梅津）が水谷勝宗に迎えられたのである。栄子は、勝宗との間に一女をなしたが、早世したとも伝えられる。

松山城主であった水谷氏は、領内の河川・港湾・道路整備に尽力し、新田開発や産業振興にも成果を挙げるなどして、民心を集めたという。中でも夫勝宗の晩年は、財政的にも政治的にも充実した時代であったといわれている（『岡山県史』第二六巻)。

備中松山城といえば、いま有名な「天空の城」である。

梅津は、いかに後妻とはいえ、この松山五万石の城主・水谷勝宗の継室として嫁入りした。梅津にとっては大出世であり、若い継室に温かい心を寄せる当主勝宗の心情を察すれば、彼との一三年間に及ぶ結婚生活は、誠に平穏無事の日々であったといえる。

実家の松尾家との音信は密であり、時には彼女自身も京都油小路革堂西町《こうどうにしまち》の実家に泊まり、母親や弟妹との団らんを楽しむこともあった。松尾家の当主で、弟相匡の『日記』によれば、例えば、貞享二年(一六八五)八月十二日の条に、「慈姉(梅津のこと)上京来臨す、母君以下各対顔し宿す、(中略)関東より入国、輿にて寄る」とあったり、同年八月十三日条に「姉公逗留す」、同年八月十五日条に「姉公帰国、発駕す」などと記されている。

そうした彼女に、やがて思いもかけぬ不幸が襲った。

二　皮肉な運命

まず、元禄二年(一六八九)二月、夫の勝宗が六十七歳で病死した。妻栄子(梅津)は、これにより慈光院と称した。不幸はこれだけでは終わらなかった。家督を継いだ先妻の子勝美が四年後の元禄六年十月に三十一歳の若さで歿したのである。さらに決定的な不幸がやってきた。一族から急養子として聟に迎え入れた勝晴《かつはる》が、襲封以前の元禄六年十一月に十三歳で早世してしまった。元禄二年から同六年にかけての、わずか四年の間の出来事であった。

　このようにして、水谷家には跡継ぎがいなくなり、お家断絶、つまり松山城も収公されることになった。梅津の悲しみは、いかばかりであったろう。

　江戸幕府の公式記録である『徳川実紀』の元禄六年十二月二十一日条には、「備中国松山の領主水谷出羽守勝美大病にのぞみ、支族信濃守勝皐《かつおか》長子弥七郎勝晴を養子とせん事、こひ置てうせぬ。しかるに勝晴いまだ襲封《しゅうほう》せずして病死するをもて、所領五万石収公せられき」と記載されている。

　この松山城の請け取り役として、奇しくもあの播州赤穂城主浅野内匠頭長矩《ながのり》が幕府から任ぜられた。元禄七年二月、赤穂藩の家老大石内蔵助良雄《よしお》は、水谷家中の万一の城明け渡し拒否の抵抗を危惧して、臨戦態勢で大勢の家臣を率いて要所要所に配備し、水谷家の所領と武具類の引き渡しを無事に終了した［図2］。

　松山城接収の赤穂藩士一行の中には、のちに義士として知られた原惣《はらそう》右衛門《えもん》・早水藤左衛門《はやみとうざえもん》・岡島八十右衛門《おかじまやそえもん》・堀部弥兵衛《ほりべやへえ》・不破数《ふわかず》右衛門《えもん》・武林唯七《たけばやしただしち》・神崎与五郎《かんざきよごろう》・倉橋伝助《くらはしでんすけ》・杉野十平次《すぎのじゅうへいじ》らの名前が見える。

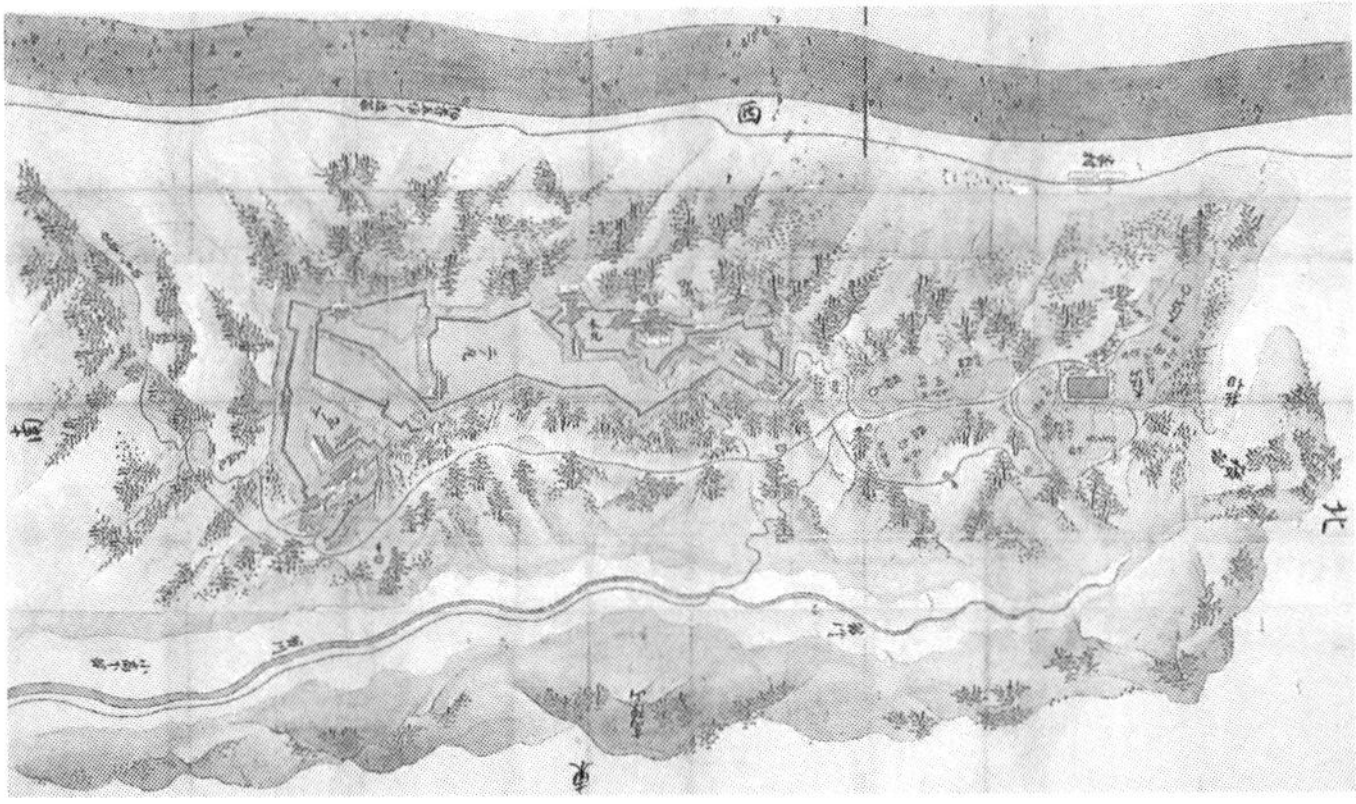

図2　備中松山城図（兵庫県立歴史博物館管理）

この松山収城を幕府から命じられた浅野長矩が、それから七年後の元禄十四年に、江戸城中で刃傷事件を起こし、水谷家同様に御家断絶の憂き目に遭い、今度は逆に収城される立場に立たされようとは、その時、誰一人予想だにしなかったであろう。運命のいたずらとでもいおうか。

それればかりではない。吉良邸討ち入り後、赤穂浪士の引き揚げ先となった浅野長矩の菩提寺の高輪泉岳《せんがく》寺《じ》（東京都港区）は、奇しくも梅津の夫水谷勝宗の墓所でもあった。水谷家の無念の情が、浅野家に乗り移ったかのようであった。ここにも皮肉な運命を見る思いがする。

もっとも、水谷家は所領が没収されたとはいえ、幕府によって先祖の勲功が認められ、のち勝美の弟水谷主水《もんど》勝時《かつとき》が備中国で三〇〇〇石を賜り、寄合《よりあい》に列している。以後歴代当主は、小性組番頭や書院番頭などに任ぜられる大身旗本として維新を迎えるのである。大名家としての存続は認められなかったが、これはせめてもの慰めであった。

しかし、この元禄六年の水谷家の所領没収は、梅津（慈光院）にとって人生の大きな転機となった。元禄七年正月、彼女は水谷家を離れて、京都の実家松尾家に戻る。四十一歳であった。通常であれば、あとの余生をこの実家で静かに過ごす年齢である。

だが、翌八年、梅津は縁あって江戸城大奥に勤めることとなり、再び幸運を得る機会が訪れた。

三　人生の再出発

帰京して以来、栄子（梅津・慈光院）の生活は静かなひっそりとしたものであったろう。季節ごとに、時には北野天満宮、上御霊社《かみごりょうしゃ》（御靈《ごりょう》神社）、松尾社、祇園社などの神社に詣でている。しかし、元禄七年の冬、梅津の運命を変える一通の書状が江戸から届いた。松尾相匡『日記』元禄七年十月二十五日条には、以下のようにある。

江戸御本丸、右衛門佐局殿より書状到来、（栄子）関東下向有るべく、（中略）御城勤仕為すべきの由示し来る、当春より度々沙汰有り、決定の儀今日示し来る、

江戸城大奥に勤める将軍付御年寄の右衛門佐《えもんのすけ》より、栄子の大奥出仕のことを知らせる書状が届いたのである。当春よりたびたび「沙汰有り」とあるので、彼女の大奥出仕の動きは、正月の帰京直後から行われており、十月になってようやく決定したものであろう。

幕府にとって大奥の重職採用（ヘッド・ハンティング）は、極めて慎重に行われた証左であろう。将軍や御台所はもちろん、老中・若年寄ら幕閣、奥勤めの側近役人、そして大奥老女らに、ある程度了解を得ておく必要があったのであろう。これが、この一〇ヵ月間であった。

ここで、元禄時代の大奥で権勢を振るった右衛門佐について説明をしておこう。

右衛門佐は、慶安元年（一六四八）十二月十二日、水無瀬兼俊《みなせかねとし》の娘として京都に誕生した。やがて寛文九年（一六六九）、霊元《れいげん》天皇の女御《にょうご》となった鷹司房子《たかつかさふさこ》に仕える女房《にょうぼう》となり、延宝年間には、仙洞御所《せんとうごしょ》に移って後水尾院《ごみずのおいん》に仕えた。仙洞御所では右衛門佐を称していた。後水尾院が延宝八年（一六八〇）に死去すると、それを機に朝廷の奥勤めを退き、名を常磐井《ときわい》と改めた。

しかし、貞享元年（一六八四）に大きな転機が訪れる。彼女は、五代将軍徳川綱吉の長女で紀伊徳川家と縁組した鶴姫の上臈《じょうろう》に選ばれたのである。かつて仕えた鷹司房子は、綱吉の御台所《みだいどころ》鷹司信子の妹であ

った。おそらく、信子・房子姉妹の関与によって、この人選がなされたものであろう。江戸下向後、再び呼称を右衛門佐に戻し、鶴姫と共に紀伊徳川家の江戸屋敷に入る。しかし、貞享四年には大奥に戻り、将軍付御年寄となり権勢を振るうようになった。元禄十五年（一七〇二）になると、「（右衛門佐は）是《これ》当時の権門也」と言われるまでに出世し、大奥御年寄として頂点を極めたことが、広く京都でも知れわたった〔見玉一九三七〕。

それでは栄子（梅津・慈光院）が、右衛門佐から大奥勤めを働きかけられた経緯を見てみよう。

そもそも、松尾家と右衛門佐の実家である水無瀬家とが、遠縁であったことも関係したであろう。その上で、摂家の鷹司家も大いに関係していたように思われる。というのも、右衛門佐が仕えた鷹司房子は、霊元天皇の女御から中宮《ちゅうぐう》となるのだが、その中宮房子に栄子（梅津）の妹俊子も越前局と称して仕えていたのである。したがって、鷹司家を介した人脈が大いに関係した人選であったと推察できよう。元禄八年二月、江戸に向かう栄子が、鷹司家諸大夫《しょだいぶ》に同行するかたちで下向していたこともそれを裏づける。

栄子は、亡夫水谷勝宗の三回忌法要を済ませたあとの二月二十三日、夜明けと共に鷹司諸大夫一行に同道して、江戸に向かった。

栄子の江戸下向にあたって、弟の松尾相匡は、京都所司代・小笠原佐渡守長重《ながしげ》に今切《いまぎれ》関所女改手形の下付を願い出た。この時に下付された関所通行手形の写しが、相匡の『日記』に記載されている。

手形之写

女上下五人共髪切、但乗物壱挺　是は仙洞御所非蔵人松尾伊賀守姉一人、下女四人、江戸御本丸右衛門佐方え罷り通り候、御関所相違なく罷り通すべき者也、

元禄八乙亥年二月十三日　　佐渡　印

今切女改中

文中の「松尾伊賀守姉」とは、栄子つまり梅津のことであり、下女四人を従えての旅であった。しかも大奥で権勢を振るっていたことが世間に知れわたっていた「右衛門佐」の所に行くとあるではないか。まことに興味深い関所通行手形である。

こうして江戸下向の旅を続け、無事江戸に着いた栄子は、右衛門佐が与えられていた小日向休息所にしばらく滞留していた。その後、四月三十日には名を「ラク」と改めて登城するよう命じられ、本丸御殿の右衛門佐の局に入った。そして、五月二日には、大奥の御広座敷に召されたので右衛門佐の誘引によって伺候《しこう》すると、「ラク」は「上臈品」として召し仕えるようにと命じられると共に、「能登瀬」の名を下された。このことを聞いた弟相匡は、「御本丸上臈品、当地公卿殿上人の息女、或いは大名等の息女也、眉目（名誉・ほまれ）の躰也」と、その『日記』に喜びを記している。

栄子の場合、大名家の正室であったことと併せて、大奥で権勢を振るった右衛門佐の後ろ盾があったことが、大奥での立場を決定づけたように推測される。

その右衛門佐は、江戸に到着したての栄子の様子を「殊の外御無事に御ざ候、御心やすく存じめし候べく候、こなたへも御上り候て、何も御しゆび《（首尾）》よく御座候まま、御心やすく存じめし候べく候、此上はとかく御めうが《（冥加）》しだい《（次第）》にぞんじまいらせ候、何も〳〵御あんじ成されまじく候」〔林一九八六〕と、松尾家の実母に宛てて送っていた。まさに右衛門佐は、栄子の保証人のような立場であったことがわかる。

そして、元禄八年五月四日、大奥御広座敷において右衛門佐の立ち合いのもとで、側用人柳沢吉保《やなぎさわよしやす》・

若年寄秋元喬知《あきもとたかとも》から「梅津」の名を与えられた［図3］。ここに、本節の主人公「梅津」が名実ともに誕生したのである。

「梅津」という名は、松尾家の氏神である松尾社近くの景勝地の地名であった。古典にも出てくる優雅な地名である上に、彼女の出自である松尾社に関わり深い名である。

五月十一日、梅津は御台所鷹司信子に初めて御目見し、信子から御服一重を拝領した。この時、梅津四十二歳。人生の再出発であった。

こうして、綱吉の正室鷹司信子―右衛門佐―梅津という江戸城大奥に京風文化を根付かせる強力な布陣が敷かれた。梅津はまさにその一翼を担って活躍したのであろう。松尾相匡の『日記』宝永三年（一七〇六）正月十五日条には、「今日、関東より慈姉梅津殿幸便、旧臘抽《きゅうろうぬき》んで仕え奉るに依り、大樹公（将軍綱吉）より御賞として老中秋元但馬守・若老中加藤越中守を以て判金を給う、各《おのおの》部屋に来たり入り、之《これ》を示さる云々《うんぬん》、御殿に召さず、部屋において之《これ》を賜う事眉目《びもく》たる云々」と記されている。

これによると、梅津は将軍綱吉から特に褒賞されて、判金（大判約一〇両）を下賜された。老中・若年寄が特別に梅津の部屋に入り、判金を渡したことを格別の名誉としている。それから二ヵ月後の宝永三年三月十一日、梅津の大奥入りに尽力した右衛門佐が、五十九歳の生涯を閉じた。

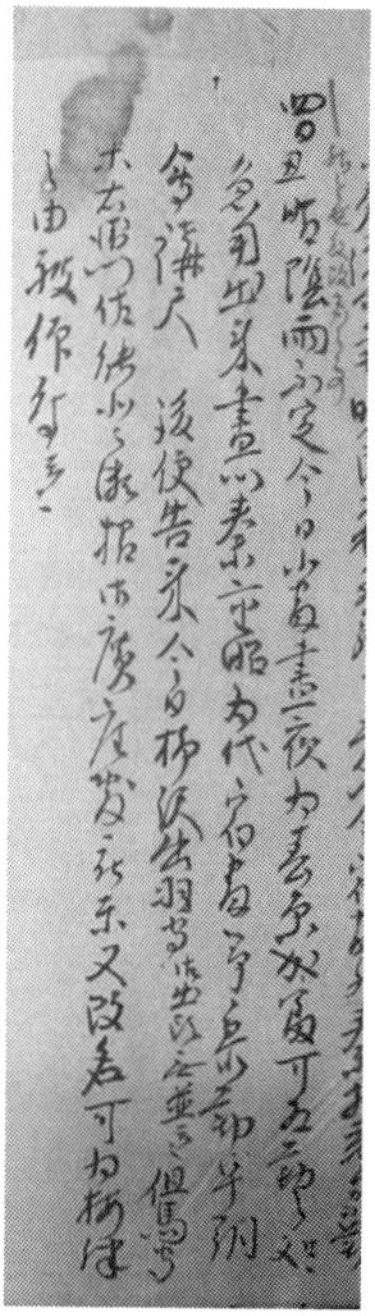

図3　松尾相匡の『日記』元禄八年五月四日条（国文学研究資料館所蔵）

右衛門佐は、大奥女中の中でもひときわ権力を持っており、奥女中へ京都風の学芸を吹き込んだといわれる一代の才媛であった。元禄三年には彼女の推薦によって京都の歌学者北村季吟《きたむらきぎん》（右衛門佐の歌学の師であった）が、次いでその子湖春《こしゅん》が幕府歌学方《かがくかた》に召し出されている。また、京都の画家住吉具慶《すみよしぐけい》も御用絵師に登用され、能役者の中山喜兵衛・狂言師の脇本作左衛門らも召し出されるなど、京風の文化が次々と江戸に導入された。文化史的に見ても、右衛門佐は大きな存在であったのである。

さて、将軍綱吉の晩年、宝永五年三月二十七日、尾張家三代徳川綱誠《つななり》の一六女で、四代当主徳川吉通《よしみち》の妹にあたる磯姫が綱吉の養女となった。磯姫は、養女となって名を松姫と改めた。大奥に入った松姫は、この年の四月九日、加賀藩四代藩主前田綱紀《つなのり》の三男吉治（のちの五代藩主吉徳《よしのり》）との縁組が決まった。この時松姫は十歳であった。

この松姫の輿入れにあたって、梅津は、同年四月に松姫の介添《かいぞえ》上臈《じょうろう》となるよう抜擢された。この時梅津五十五歳。十一月に予定される松姫の入輿《じゅよ》の準備のため、多忙の日々を送ることとなる。

前田家に嫁ぐ松姫には、御三家以下の諸大名はじめ、「奥詰衆《おくづめしゅう》」「詰衆《つめしゅう》・奏者番《そうじゃばん》」、「詰衆並」、「御小性」、「御側衆」、「大番頭」たちから、多くの婚礼道具や品々が贈られた。彼らからの贈り物には、吾妻鏡や平家物語・栄花物語・徒然草・太平記・古今集・百人一首などの古典・和歌集も含まれていた（「松姫君様御養子御縁組留」国立公文書館所蔵）。

一方、前田家では、本郷の江戸屋敷内に、松姫が入る「御守殿」を造営していた。「御守殿《ごしゅでん》」とは、大名家に嫁いだ将軍の姫君専用の御殿のことで、嫁ぎ先の藩邸内に建てられた。もちろん建築費は、嫁ぎ先の大名家が負担する。前田家でも国元の大工だけでは足りず、江戸大工を六〇〇人ほど雇ったとされる。

松姫の御守殿は、門から土蔵地を含めると、九〇〇〇坪にも及んだという〔図4〕〔氷室二〇〇五〕。

松姫に付属した女中は、大上臈のおさよ、介添の梅津をはじめ、小上臈二人、若年寄四人、中臈六人、小性三人など計六〇人であった。これら女中衆には、又者《またもの》と呼ばれる下女《げじょ》と針妙《しんみょう》（針仕事をする下女）計二五七人が付属していたので、総勢三一七人となった。多くの女中が暮らせる部屋も必要であり、御守殿はかなりの規模であった。

ところで、梅津の部屋の意匠は、『加賀藩史料』所収の「政隣記」によると、「張付唐紙惣道具とも残らず梅」であったという。元禄文化の贅《ぜい》を尽くした豪華絢爛さが窺われるだけではなく、梅津の権勢も推察できるであろう。

梅津はその後一三年間、松姫の体調や食事のことなど、あらゆることに気を配って側近として仕えた。介添として御付女中の取りまとめにあたると共に、御守殿の差配もするなど、御守殿の運営に中心的な役割を果したのであった。

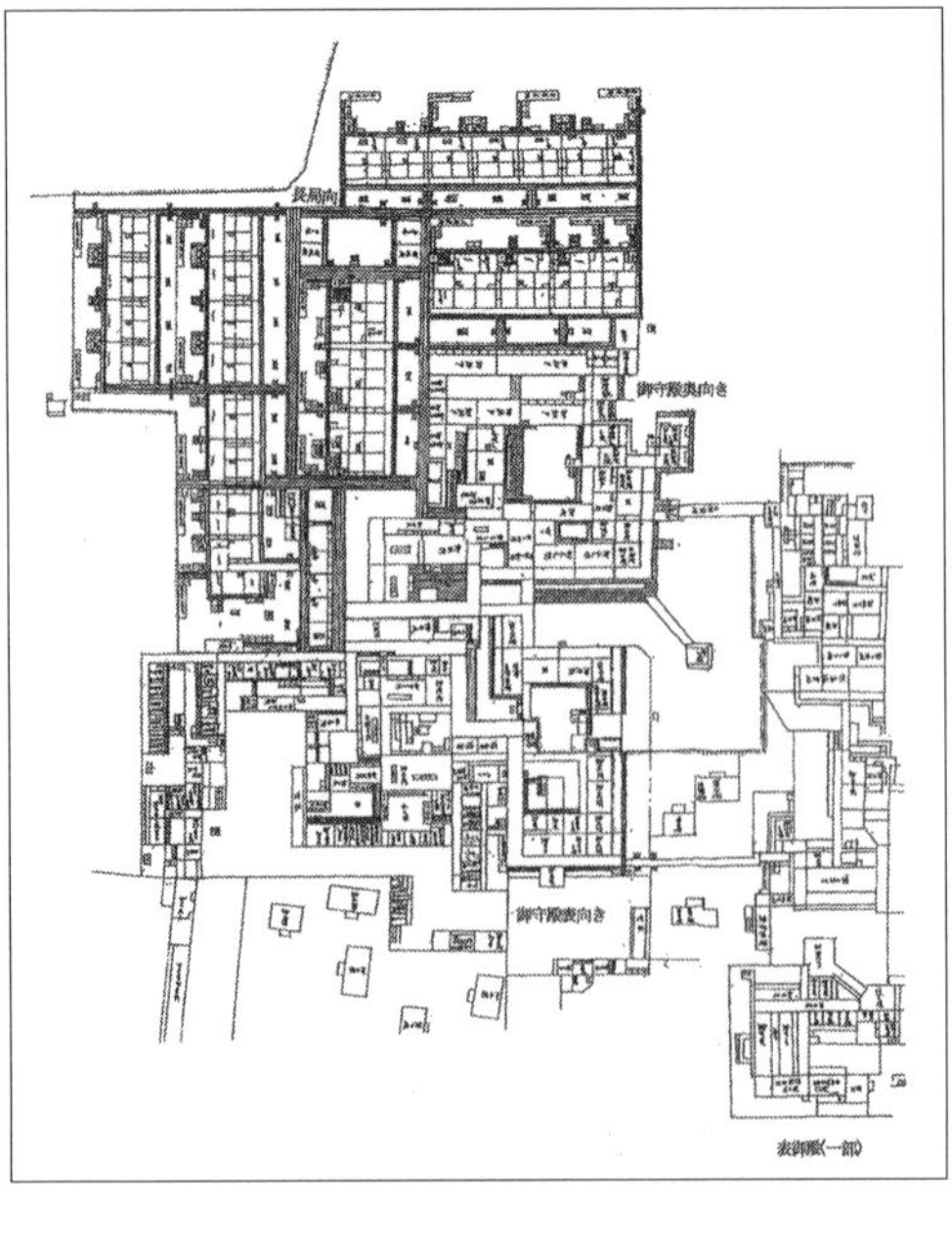

図4　松姫御守殿（金沢市立玉川図書館加越能文庫所蔵。氷室史子「大名藩邸における御守殿の構造と機能」より転載）

四　武家縁者の形成

ここで、梅津の弟・松尾相匡の娘たちのことを述べよう。

相匡には、養女のひで（英）のほかに、実娘のむつ（儀子）とみほ（就子）の姉妹がいた。梅津にとっては姪たちにあたる［系図］。

まず、養女のひでは、伊勢国津藩主藤堂《とうどう》家の一門である津城代・藤堂仁右衛門高平に嫁いだ。

次いでむつは、九歳になった元禄十五年（一七〇二）の春に、梅津に招かれて江戸に下向、本丸大奥の梅津の局で部屋子のように育てられ、梅津の養女となって、宝永五年（一七〇八）六月、大坂町奉行などを勤めた旗本永見《ながみ》重直《しげなお》（三〇五〇石）の嫡男為位《ためたか》のもとに嫁いだ。

末娘のみほは、正徳四年六月末に高木九助正武（四七〇〇石）の次男正栄《まさよし》と結婚した。

相匡が記すように、当時の公家社会は、「諸家中以下、武縁を以て事と為す、或いは大名之陪従を道とす」ることが、家の繁栄に結びつくことと意識されていた。それは公卿の娘であっても例外ではなく、ましてや非

系図　松尾家略系図

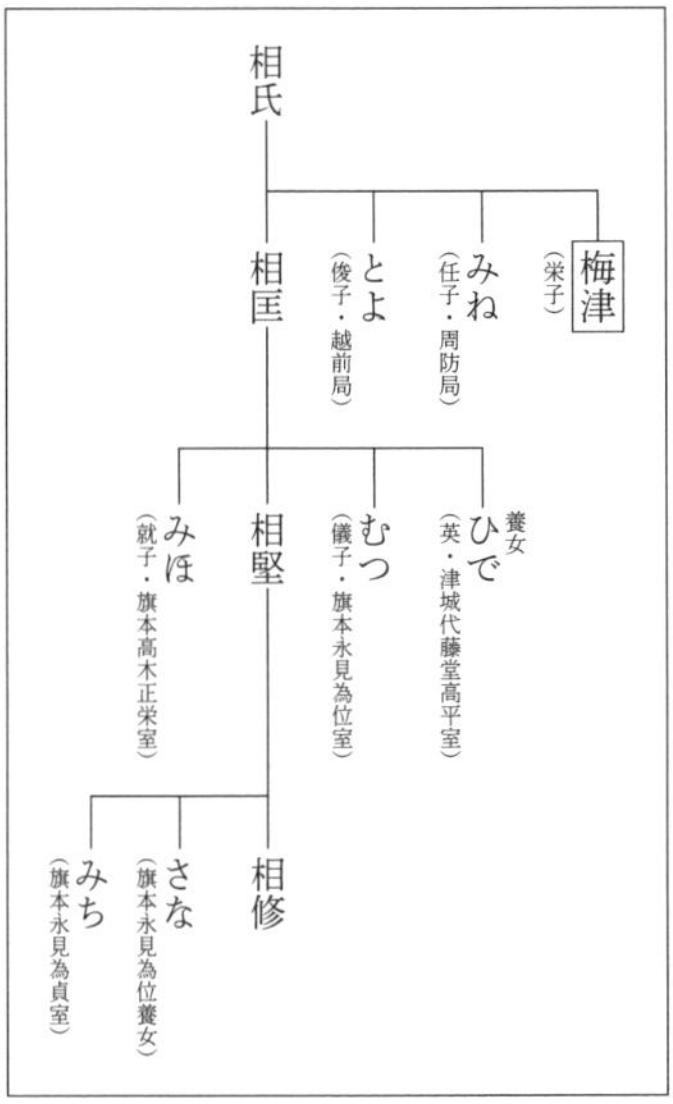

蔵人を勤める松尾家であればなおさらであった。「大名之陪従を道とす」とは、女性であれば大名家に女中奉公することを意味したであろう。当時の公家たちは、江戸に出るか、武家と縁組みするかで、出世の糸口をつかんでいったのである。

その意味で、江戸城大奥でキャリアを積んだ梅津を一族に持っていた松尾家は、武家との接点を持っていたことから有利であった。相匡は、娘たちを姉梅津の養女とし、武家との縁組に結びつけて、娘たちの生きる道を見出していたのである。

なお、松尾相匡の跡を継いだ相堅の娘さな・みちの二人も、旗本永見家の縁者となった。さなは、伯母むつが嫁いだ永見為位の養女となり、みちは永井甲斐守直該《なおかね》の養女となって、永見為貞《ためさだ》に嫁いでいる。

このようにして、梅津の周辺もようやく家族のような人たちに囲まれ、平穏な日々を送ることとなった。梅津もすでに還暦を越していた。

五　将軍吉宗に見守られ

享保五年（一七二〇）九月二十日、梅津が仕えていた松姫が二十二歳の若さで他界した。二十六日、松姫は小石川傳通院《こいしかわでんづういん》（東京都文京区）に葬られた。法名は光現院。

梅津は、松姫の葬送後の十二月には前田家の御守殿を退出し、幕府から四〇人扶持を賜り、駿河台の休息所で余生を送ることとなる。

松姫の御守殿勤めの女中たちも、多くは暇を出されたが、公家出身の女中の中には梅津を頼って江戸城大奥で引き続き勤仕する者もいた。

享保六年になると、梅津はしばしば病床に伏す身となった。六十八歳の高齢に至るまで御殿勤めをし、いま松姫の急逝に直面し、体力・気力を失ったのであろうか。

姉梅津が倒れたことを知った相匡は、翌年二月に暇をもらって江戸に下向した。三月二日、梅津のいる駿河台屋敷に到着して二八年ぶりに姉弟の対面を果たすも、姉梅津はすでに重篤な状態であった。

幕府からは日々将軍吉宗の御側詰医師が派遣され、治療にあたっていた。梅津は、破格の待遇を受けるだけの大奥の重鎮であったことがわかる。見舞いの書状や品が次々に届けられ、奥では「独参湯《どくじんとう》」が煎じられていた。

しかし、病気は日に日に進むばかりであった。

三月八日には御側医師の橘隆庵《たちばなりゅうあん》が将軍吉宗より派遣され、吉宗からも病状を尋ねられた。

三月十五日、相匡の『日記』によれば、梅津はこの日、死を覚悟して「神仏を拝し、一生の安楽、慈恵を謝す」と言い残した。

十六日、梅津は親交のあった浅草源空寺《げんくうじ》（東京都台東区）の和尚を招き、仏名「慈光院天誉華月貞春」を受けた。慈光院は、夫水谷勝宗の死後に称した名乗りである。その翌日からは今までのように薬を用いることはなかった。

十八日卯刻後（午前六時頃）、梅津は六十九歳の生涯を閉じた。

京の公家社会に生まれ育った梅津は、大名の継室を経て、上臈御年寄に準じる格式で大奥に出仕、さらには将軍姫君の側近として武家社会に確固たる地位を築いていった。稀にみる才女であったに違いない。

六　梅津たちの墓所

最後に、家郷を遠く離れ、江戸の地で歿した梅津たちの墓所を、松尾剛氏の調査から紹介してまとめに代えよう。

生涯の大半を武家社会で過ごした京女の梅津は、江戸浅草の源空寺に葬られたと松尾相匡の『日記』に書かれている。

永見家に嫁いだむつについては、『寛政重修諸家譜』に、永見氏は深川浄心寺《じょうしんじ》を累代の葬地とする旨が書かれている。

二十五歳の若さで死去した高木正栄の妻みほの墓は、意外にもその過去帳・系図などと共に墓碑までが現存している。埼玉県比企《ひき》郡嵐山町《らんざんまち》の高木山広正寺《こうしょうじ》である。

【参考文献】
石田俊「綱吉政権期の江戸城大奥――公家出身女中を中心に」（『総合女性史研究』三〇号、二〇一三年）
久保貴子「江戸に生きた公家女性――朝幕関係史の一側面」（朝幕研究会編『論集 近世の天皇と朝廷』岩田書院、二〇一九年）
児玉幸多「賀茂清茂伝」（『歴史地理』七〇―五、一九三七年。児玉幸多先生論集刊行委員会編『近世史研究遺文』吉川弘文館、二〇一七年所収）
白根孝胤「将軍養女をめぐる尾張徳川家と幕藩関係――喜知姫・松姫を事例に」（岸野俊彦編『尾張藩社会の総合研究』第六篇、清文堂出版、二〇一五年）

竹内誠『大系日本の歴史10　江戸と大坂』（小学館、一九八八年）
林英夫「上﨟右衛門佐の手紙」（『古文書研究』二六号、一九八六年）
林英夫「京女の見た元禄『大奥物語』」（『新潮』45 六―一一・六七、一九八七年）
氷室史子「大名藩邸における御守殿の構造と機能――綱吉養女松姫を中心に」（『お茶の水史学』四九号、二〇〇五年）
松尾剛『松尾家文書目録』（私家版、一九八一年）
松尾剛「上﨟梅津の半生」（ＡＣＣ古文書の会編『古文書に親しむ』、一九八五年）
松尾剛『梅津傳』（私家版）
靱負みはる「梅津」（竹内誠ほか編『徳川「大奥」事典』東京堂出版、二〇一五年）

〔付記〕本稿執筆中に体調不良となり、急きょ藤田英昭氏に以後の執筆のご協力を仰ぎました。記して御礼を申し上げます。

第2節　月光院——踊り子から将軍生母へ

松尾美恵子

一　出自

七代将軍徳川家継《いえつぐ》の生母月光院《げっこういん》（おきよ・左京・輝子）の侍女が語った話から始めよう。その人の名前は不明なので、仮に「かや」とする。「かや」は、幕府の医師伴栄宣《ばんえいせん》の娘で、享保十三年（一七二八）に生まれ、延享元年（一七四四）十七歳の時に月光院の吹上《ふきあげ》御殿に上がり、宝暦二年（一七五二）に月光院が亡くなるまで九年間、側近く仕えた。そののち結婚し、出産している。後年、かつて仕えた月光院の人となりや、日常の暮らしぶりを我が子に語って聞かせた。

「かや」の話は書き留められて、幕府の歴史書『徳川実紀』編纂の際、資料として利用された。「萱堂聞《けんどうきき》書《がき》」（以下、「聞書」）がそれで、「有章院《ゆうしょういん》殿御実紀付録」の記事に採用されている。近年、「聞書」の全文が見つかり、『徳川実紀』に採られた記事は、その一部であることがわかった（外題は「月光院殿御年譜　故諺記」、ただし「故諺記」は別の史料。「月光院殿御年譜」のうち最初の数葉は、「月光院様年譜」（以下「年譜」）、そのあとに続く文が「聞書」）。ちなみに「萱堂」は母の尊称（『日本国語大辞典』）であり、そこでここでの仮の名を「かや」とした。

次に、「聞書」の中から『徳川実紀』には引用されていない話を紹介しよう（原文を意訳）。

昔、月光院様のお側で仕えていた人が時々、吹上御殿に参上して、三弦《さんげん》や箏《こと》などを弾き、小唄や河東《かとう》節《ぶし》（江戸浄瑠璃の一派で、十寸見河東《ますみかとう》が享保年間に創始、五十年ほど隆盛した）などを歌うことがありました。これは良いと月光院様が思われた時、立って舞われることが稀にはありました。地味な小袖の法師姿なので、風情があるわけではないけれど、舞の名手といわれるものの域を超えていました。ただ（法師姿に?）似つかわしくない芸なので、私は拝見するのも恥ずかしい気持ちがしましたが、月光院様は人がどんな風に見ようと気にもされない様子で、何も言われず、傍に人がいることさえ目に入らないようでした

「かや」が仕えていた頃の月光院は六十歳前後であるが、元女中の唄に合わせてふと舞うこともあったという逸話の中に、彼女の素顔が浮かび上がってくる。

月光院の父勝田玄哲は、彼女の幼い時から「俳優の業」を習わし、諸侯に仕えさせようとしていた（「聞書」）。当時、「娘持ち候者は、専ら三弦小唄などを稽古させ、諸大名へおどり子なんどに出し、間々玉のこしにのる類これあり」（朝日重章『鸚鵡籠中記《おうむろうちゅうき》』）といわれたように、芸能をもって屋敷奉公することが、庶民女性の出世の糸口で、大名の側室にでもなれば、一族の繁栄に繋がった。月光院の父親の思惑も、そこにあったのである。

月光院の前身については不明な点が多い。まず生年がはっきりしない。「聞書」の前の「年譜」には、元禄二年（一六八九）に生まれ、宝暦二年に六十四歳で死去したとあり、『寛政重修諸家譜《かんせいちょうしゅうしょかふ》』（以下『寛政譜』）にも「宝暦二年九月十九日死す。年六十四」と出てくる。一方、『徳川実紀』の卒伝条や『幕府祚胤伝《ばくふそいんでん》』『以貴小伝《いきしょうでん》』では、同年の歿年齢を六十八歳としている。逆算すると、生年は貞享二年（一六八五）にな

る（年齢は数え年、以下も同じ）。

両親についても諸説がある。『柳営婦女伝系《りゅうえいふじょでんけい》』によると、実父の勝田玄哲は、もと佐藤治部左衛門といい、加賀前田家に仕えていたが浪人し、剃髪《ていはつ》して浅草唯念寺《ゆいねんじ》の塔頭《たっちゅう》林昌軒の住持になったという。実母は、初め神田あたりにいた鍛冶の妙珍《みょうちん》久太夫の妻で、懐妊中に離別、男児を出産した。その後、林昌軒に再嫁し、三人の子を産んだ。月光院はその二番目の子という。久太夫との間に生まれた男子は、のちに妙珍家を継いだという。「玉輿記」の記事も同様である。しかし、全く異なる説もある。あとで取り上げる『兼山麗沢秘策《けんざんれいたくひさく》』（以下、『兼山秘策』）では、月光院を「宇治茶師家来の娘」としているし、典拠不明だが、京都五条佐屋町で医者をしながら手習い師匠をしていた松井文治という人が、御所方の女を妻に迎えて、その間に月光院が生まれたという説もある〔三田村一九三〇〕。

『寛政譜』の勝田氏の記事では、月光院は勝田典愛《のりよし》の養妹で、実は勝田玄哲著邑《はるさと》の娘、母は松平伊勢守家臣和田治左衛門の娘としている。この二人が公式の両親であることは間違いなく、『間部《まなべ》日記』によると、父玄哲が正徳四年（一七一四）六月三日に六十七歳で死去した時、幕府は御三家・大名には御機嫌伺いの使者や飛札《ひさつ》を出すこと、高家《こうけ》・詰衆《つめしゅう》・番頭《ばんがしら》・物頭《ものがしら》には登城を命じている。また玄哲宅に上使を立てて、香典として白銀《しろがね》一〇〇枚を贈っている。前年の正徳三年十月十五日は、月光院の母の十三回忌にあたり、「公方様」（家継）から月光院に檜重（檜製の重箱で菓子が入っていた）が贈られている。月光院の両親は、将軍家継には外祖父・外祖母であり、こうした礼遇を受けたのである。

また『間部日記』の宝永七年（一七一〇）正月十六日条に、「左京様」（月光院）の養父寿迪《じゅてき》が死去した記事がある。寿迪宗信《むねのぶ》は玄哲の兄で、月光院には伯父にあたり、典愛はその養子という関係である（『寛政譜』、系図1)。月光院の請いによって養子になったという。典愛と月光院との間に血の繋がりはない。典愛の係累については、またあとで触れる。

『間部日記』は以下も多用する史料なので、ここで説明しておくことにしたい。「間部」は六代将軍家宣《いえのぶ》、七代将軍家継の側用人間部詮房《あきふさ》のことで、宝永六年夏四月から正徳五年冬十二月までの日記であるが、間部自身の日記ではなく、間部付属の御用方右筆の公務日誌である。国立公文書館（内閣文庫）に二一冊本と四五冊本、津山郷土博物館（愛山文庫）に四三冊本があり、徳川宗家文書（徳川林政史研究所保管）にも四冊残存する。この四冊は国立公文書館の二一冊本では欠本となっている宝永七年夏、宝永七年秋、宝永八年夏、正徳三年夏にあたり、相互に補い合う関係になっている。ただし、正徳二年春と正徳五年春を欠く。

ところで、国立公文書館には焼損のある「正徳二年記　残闕錯乱《ざんけつさくらん》　上」「正徳二年記　残闕錯乱　下」と題する二冊があり、竹内信夫氏はこれを『間部日記』の正徳二年春の原史料と推定している〔竹内二〇〇二〕。筆者もこの冊子を『間部日記』の残闕とすることに異存はないが、同史料中散見される「天英院」や「月光院」は、六代将軍家宣が死去する正徳二年十月以降の呼称で、これを「正徳二年記」とする表題は、不適当である。同史料の記事内容から見て、『間部日記』正徳五年春に間違いないものと考える。正徳二年春の冊子の存在は不明である。

本史料は、宝永から正徳期のいわゆる側用人政治の実態を知る上での好史料として注目され、活用されてきたが〔深井一九九一〕、ここでは間

系図1　勝田家系図（『寛政重修諸家譜』二十二、一二二頁）

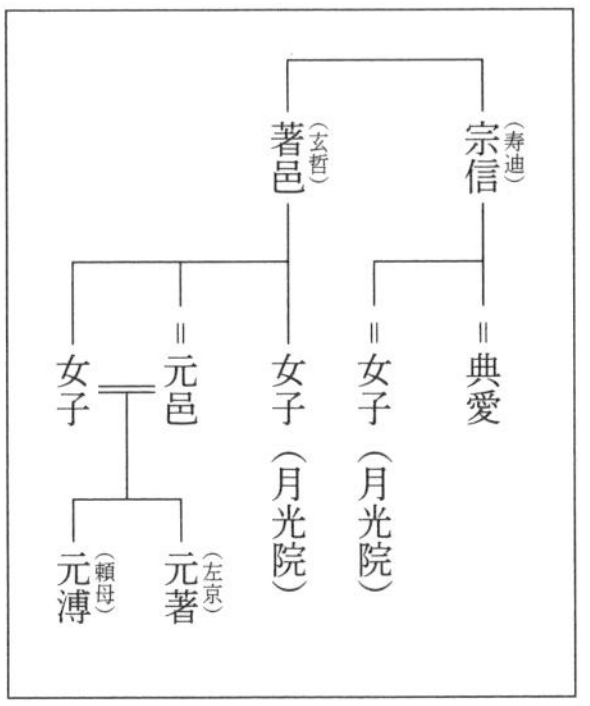

部が管掌していたと見られる当時の大奥を知るための史料として使用する（以下、典拠を示さない記事の多くは本史料に拠る）。

二　大名諸家に仕える

月光院は、少女の頃から大名諸家に仕えた。但馬豊岡《とよおか》藩の京極《きょうごく》家、出羽新庄《しんじょう》藩の戸沢《とざわ》家に仕えたのち、矢嶋次大夫の娘分となり、甲府徳川家の桜田館に奉公したといわれる（『柳営婦女伝系』）。「年譜」では、「元禄十四年辛巳、月光院様十三歳」の時、桜田邸に出仕したと推定している。月光院が京極家と戸沢家に仕えた年、矢嶋氏の養女となった年、桜田館に入り、甲府綱豊《つなとよ》（家宣）に仕えた年もわからないが、綱豊が赤穂四十七士のために建白したのは、「内より子細にきこしめしによりしや、などの説」があり、四十七士のことは、元禄十五年（一七〇二）の討ち入り後であるから、月光院が桜田館に仕えたのは、それ以前のことかと推定している。綱豊の建白は、四十七士の助命嘆願ではないかと思われるが、その背後に月光院の存在があったことを示唆している。

月光院と播磨赤穂の浅野家との関係については、後述することとして、月光院が矢嶋次大夫の養女として桜田館に奉公することになったという点について、検証してみよう。『寛政譜』によると、矢嶋次大夫義充《よしみつ》は、四代将軍家綱《いえつな》に仕えた老女矢嶋局の養子で、矢嶋局の願いにより旗本に取り立てられ、小姓組の番士となり、廩米《りんまい》三〇〇俵を賜った。次大夫の養子が、のちに勝田家の名跡を継いだ典愛で、次大夫の娘を妻とした。しかし、そのあとで実子が生まれ、典愛の立場は難しくなる。なお、次大夫には典愛の妻のほか、浅草唯念寺の妻となった娘がいた。唯念寺塔頭林昌軒の住持勝田玄哲との接点が、ここにある。この人を伝手《つて》に、月光院（おきよ）が矢嶋次大夫の娘分となって、桜田館に上がったと推測することは可能である。典愛は形式上の兄というわけである［系図2］。

典愛が元哲の兄寿迪の養子となり、勝田氏を称するようになるのはいつか、はっきりしたことは不明だが、宝永五年（一七〇八）十二月十九日、新規に召し出され、廩米三〇〇俵を賜わり、西丸の桐之間番《きりのまばん》を命じられた時には、勝田を名乗っている。月光院（左京）が家継（鍋松）を産んだあとの宝永六年六月十九日には、番をゆるされて寄合となり、七〇〇石を加増され、廩米を改め一〇〇〇石の知行を賜っている。そして、家継が将軍家を相続して間もない正徳二年十二月十二日には、「御筋目」により三〇〇〇石に加増され、翌年従五位下備後守に叙任されている。同時に、玄哲には月俸二〇〇人扶持、月光院の甥勝田左京（元著《もとはる》）は一〇〇〇石、同頼母（元溥《もとひろ》）は五〇〇石の新知を与えられている。なお、五代将軍綱吉の「御服明」の宝永七年三月十二日に、祝儀の品々が将軍家宣より御台《みだい》所《どころ》、三人の側室、女中衆らに贈られたが、その中に「勝田帯刀（典愛）妹もん」の名があり、「ちりめん三巻」を賜っている。側室左京の身内ゆえであろう。あるいは浅草唯念寺の妻かもしれないが、はっきりしたことはわからない。

系図2
矢嶋家系図（『寛政重修諸家譜』十八、四一八頁）

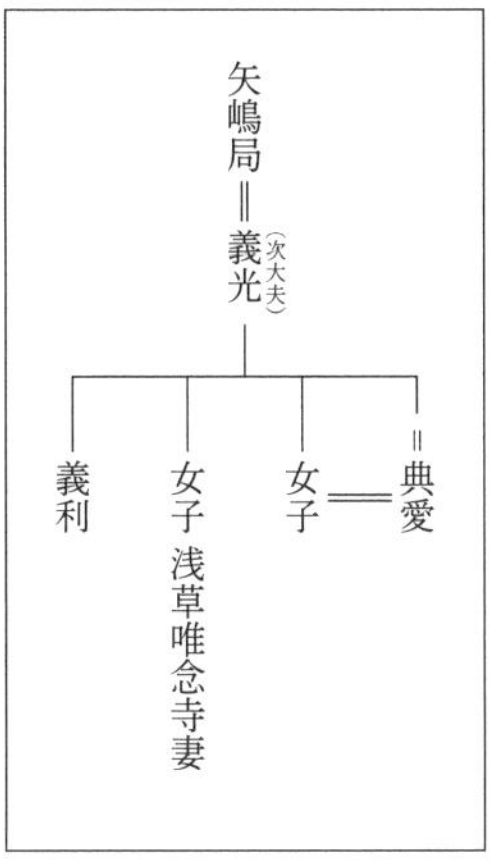

「聞書」によれば、元哲が娘を屋敷奉公に出す前、占いに見てもらうと、大家に仕えるのは凶と出た。たまたま京極家と戸沢家に仕えたが、長続きしなかった。大家の甲府徳川家に仕える前に

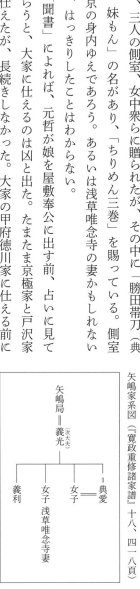

は、占いほど信じられないものはないといって、占ってもらうことをしなかった。結果、娘は大出世を遂げ、勝田家の取り立てに繋がった。ただこの話は「宮中の私語」で、確かなこととは言えないと「かや」は述べている。

さて、月光院が甲府徳川家に仕える前、播磨赤穂の浅野家に仕えたという説がある。そのもとになった史料は、月光院を宇治茶師の家来の娘と伝えた『兼山秘策』である。同書は、儒学者室鳩巣《むろきゅうそう》の門人、加賀藩儒の青地兼山・麗沢兄弟が編集した書簡集で、鳩巣から兄弟宛のものを主としている。正徳・享保期の政治・社会を知る上で、史料的価値は高いとされている。その中に、

> 月光院様は、以前浅野内匠頭（長矩《ながのり》）殿の奥方（瑤泉院《ようぜんいん》、図1）に軽い奉公をしていて、その頃の名は「小つま」といいました。宇治茶師の家来の娘とのことです。浅野家の改易後、御暇となり、そののち御城に御奉公することになりましたが、確かな親族がいないので、瑤泉院殿の老女をおばとし、その子富岡助右衛門をいとこととして出仕し、当君（家継）誕生後に左京殿と称しました。瑤泉院殿とは懇意で、月光院様と称するようになった現在も、書状のやり取り、歳暮の祝儀も変わりなく続いています。

とある。これは室鳩巣の門人小谷勉善（継成）がもたらした情報である。小谷は「室門の七才子」といわれた室鳩巣

図1　瑤泉院（『義士銘々伝』第2巻より）

の門人の一人で、上記の書簡は、正徳三年二月頃のものと推定される。また小谷は、瑤泉院と勝田玄哲が同日（六月三日）に死去したことを伝える正徳四年六月八日付けの書簡でも、

月光院様は、初め瑤泉院殿にご奉公なされ、そののち公儀へ召されて、家宣公のご寵愛《ちょうあい》を受け、結構なご身分になられました。それゆえ、いつも瑤泉院殿へのおつとめは、極めて丁寧で、昔と替わることなく、今度の病中も絶えず心にかけておられたとのことです

と、月光院と瑤泉院との交流が、瑤泉院の死去するまで続いていたと書いている。小谷は室鳩巣の『赤穂義人録』の執筆に協力していて、諸方面から赤穂浅野家の情報を得ていた。

おそらく『兼山秘策』に拠ったのだろう、三田村鳶魚《みたむらえんぎょ》は瑤泉院を「月光院の故主」と断定している。鳶魚によれば、月光院は当時流行の「京の踊子」で、名を「小つま」といい、江戸に出てあちこちの大名家に出入りしていた。その頃、大名家の奥向で踊り子を置くことが流行しており、月光院は甲府家に仕える前、京極家、戸沢家、そして浅野家に仕えた。のちのちまで旧恩を忘れず、故主の瑤泉院に盆暮れ、節句の挨拶をしていた、としている〔三田村一九三〇〕。

赤穂事件を題材にした真山青果《まやませいか》の戯曲『元禄忠臣蔵』（一九三四年）や、近年の諸田玲子《もろたれいこ》の小説『四十八人目の忠臣』（二〇一一年）も同じく月光院が浅野家に仕えていたという説に基づき、物語を展開している。

ここで、月光院が桜田館に奉公したのは、元禄十五年の赤穂四十七士の討ち入り前であろうと推定した「かや」の話に戻ろう。「聞書」によると、吹上御殿に出入りする人の中に、四十七士等の「ゆかりの女」がいたという。すなわち、「かや」が月光院に仕えていた延享から宝暦期まで、月光院と四十七士の縁者との間に繋がりがあったことを示している。また、月光院は口数が少なく、特に前代のことは口を閉ざし

ていたが、ただ桜田館の時代、四十七士に死を賜ったことをとても残念に思っていて、ふいに口にすることがあったという話が出てくる。月光院が綱豊（家宣）に働きかけ、綱豊が幕府に何度も建白したが、ついに彼らの命を救うことができなかったというのである。

『兼山秘策』の記事、そして「かや」の話から、月光院と浅野家、四十七士との間に深い繫がりがあったことは間違いない。ただ「聞書」では、月光院の甲府家以前の奉公先として京極家と戸沢家の名は出てくるが、浅野家の名はない。月光院の姉妹が、浅野家に仕えていたとする史料もある（『柳営婦女伝系』勝田氏系図）。月光院の瑤泉院や四十七士への思いは、かつて軽い奉公をしていた主家に対するものを超えているとも言えるが、今のところ想像の域を出ない。

三　家継を産む

甲府中将綱豊（のちの六代将軍家宣）が、近衛基熙《このえもとひろ》の娘熙子《ひろこ》と結婚したのは、十八歳の時、延宝七年（一六七九）十二月のことである。熙子は十四歳であった。二年後の延宝九年八月、熙子は最初の子、豊姫を出産した。しかし、豊姫はわずか三ヵ月で死去してしまう。その後、長らく子が出来ず、一八年後の元禄十二年（一六九九）九月、男児が誕生したが、即日死去した。綱豊は三十八歳、熙子は三十四歳になっており、以後二人の間に子はなく、元禄十六年、熙子の姪の政姫（近衛家熙《いえひろ》の娘）を養女に迎えている。しかし、この子も育たなかった。

宝永元年（一七〇四）十二月、綱豊（家宣と改名）は綱吉の嗣子となり、桜田館から江戸城西丸に入った。

家宣と侍女たちとの間に次々と子が生まれるのは、このあとのことである。『三王外記《さんのうがいき》』では、家宣を「色を好み、女寵多し」と評しているが、将軍家を相続することになり、本人も周囲も跡継ぎを得ることを望んだ結果に違いない。徳川将軍家は四代家綱も五代綱吉も、跡継ぎの男子に恵まれていなかったのである。

宝永四年七月十二日に男児が誕生し、家千代《いえちよ》と名づけられた。生母はおこん（右近、右京局、法心院）である。太田宗圓の娘という。懐妊がわかると幕府は諸寺に祈禱を命じ、誕生すると、大名・諸役人に惣出仕を触れ出した。御七夜《おしちや》の祝儀における、御三家をはじめ諸大名からの献上品は膨大な数に及んだ。おこんの兄太田内記（政資《まさすけ》）は家千代の外戚となったことで、七月十八日に加増されて一三〇〇石の知行を賜った。しかし喜びもつかの間、家千代は九月二十八日に亡くなってしまう。ただし、おこんは家千代を出産したことにより、「御部屋様」と称され、こののちも将軍家の家族の一員として遇された。

続いて家宣の子を産んだのは、おすめ（蓮浄院）である。おすめは、公家の園池公屋《そのいけきんおく》の娘で、櫛笥隆賀《くしげたかよし》の養女となり、元禄十六年に江戸の桜田館に入った上臈《じょうろう》であろう〔久保一九九三〕。宝永五年十二月二十二日に大五郎を出産し、「新御部屋様」と呼ばれた。家千代の時と異なり、大五郎の誕生時には、大名・諸役人の出仕、献上は行われていない。

宝永六年正月十日、五代将軍綱吉が死去し、家宣が跡を継いだ。左京（月光院）が西丸山里の御殿で男児を出産したのは、七月三日のことである。大五郎と同じく表立った祝儀はなかった。この子は世良田鍋《せらたなべ》松《まつ》（のちの家継）と名づけられた。世良田の称は、徳川家発祥の地である上野国新田《にった》郡世良田庄から取ったもので、丑年生まれの人は、他姓を称するという俗忌に拠ったという（新井白石《あらいはくせき》『折《おり》たく柴《しば》の記《き》』）。十二日に御七夜の祝儀があり、山里の「御部屋」、すなわち鍋松と左京の居室で、家宣より鍋松付女中と産婦（左京）付女中らに表1の通り下され物があった。鍋松には二人の御年寄と抱守《だきもり》、御三之間、使番、御半下《おはした》、御乳が、左京にも御年寄一人と、中臈、小姓以下の女中が付けられた。

　これより前の宝永六年四月二十五日、代替わり祝儀の家宣からの下され物として、白銀一〇枚、縮緬《ちりめん》五巻を賜った女中衆の中に左京の名が出てくる。また同年五月十一日、将軍宣下の祝儀のために八重姫（綱吉養女、水戸吉孚《よしざね》簾中）と美代姫（八重姫娘）、松姫（綱吉養女）、竹姫（綱吉養女）が西丸入りした際、八重姫・松姫・竹姫それぞれから女中衆へ進物があり、左京も白銀二枚を受け取っている。この頃、左京はすでに懐妊していたはずだが、名前に「殿」「様」の敬称はなく、まだ将軍付女中の一人にすぎなかったことがわかる。鍋松を出産すると同時に、女中から御部屋様（側室）へと身分が上昇し、幕府直属の女中が付けられ、「山里御部屋様」、また「左京様」と呼ばれ、将軍家の家族として遇されるようになったのである。

　御七夜の祝儀で最も多額の白銀一〇〇枚を賜ったのは、産婆（助産婦）の「相模ばば（婆）」で、これに次ぐのは高木善右衛門（守興・定火消・五〇〇〇石）の妻への白銀

表1　鍋松御七夜下され物

白銀30枚	鍋松付	いさの（御年寄）
白銀30枚	同上	のむら（御年寄）
白銀20枚	同上	御抱守（さち）
白銀３枚ずつ	同上	御三之間４人
白銀１枚	同上	御中居１人
金200疋	同上	御使番１人
白銀15枚ずつ	同上	御乳３人
金100疋ずつ	同上	御半下４人
白銀10枚	産婦女中	御年寄１人（梅田）
白銀７枚ずつ	同上	御中臈２人（つう・いよ）
白銀７枚	同上	御小性１人（もよ）
白銀20枚	同上	惣女中
白銀50枚	高木善右衛門妻	
白銀100枚	相模ばば	

本表は『間部日記』宝永６年７月12日条により作成した。括弧内の職名・名前は推定である。

五〇枚である。高木の妻は「御乳付《おちつけ》」を勤めたものと推定される。

表1では省略したが、誕生に関わった男性役人たち、すなわち留守居をはじめ、蟇目《ひきめ》・産刀・矢取《やとり》の諸役を勤めた旗本・医師らにも、山里の「御広敷」で間部詮房から下され物や加増の申し渡しがあった。

同年十月七日、左京は合力金一〇〇〇両、米五〇〇俵を支給された。これは毎年の手当てで、おすめと同額である。同日、おすめと左京に専任の用人・用達が付けられた。十一月二日、家宣とその家族は西丸から修復した本丸に移徙《いし》した。家宣、大五郎、鍋松の行列、御台所熙子、おこん、おすめ、左京の行列が続いた。側室三人の序列は、子を産んだ順で、本丸大奥内において、おこんは一の御部屋、おすめは二の御部屋、左京は三の御部屋と呼ばれた。左京の住まいは、それまでは離れの山里にあったが、以後、御台所や他の側室と同じく、大奥御殿の一角を構成した。

家宣の子供の内、大五郎は十二月二十二日に満一歳の誕生日を迎えたが、宝永七年六月頃体調を崩し、七月朔日「快然」の祝儀を行ったものの、八月十三日に死去した。おすめは再び妊娠し、正徳元年（一七一一）八月二十六日に虎吉を産んだが、十一月六日に早世してしまう。また宝永七年には女中のいつきが妊娠し、出産の準備が進められたが、七月二十四日に早産してしまい、いつきも翌日死去する。

こうした中、鍋松は宝永七年七月三日、満一歳の誕生日を迎え、七月二十五日に髪置《かみおき》の祝い、九月三日には根津権現《ねづごんげん》に宮参りし、その後も無事成長していった。

四　踊り子の追放

前述したように、三田村鳶魚によれば、月光院の前身は「京の踊子」であったという。「かや」の話は、それが全くの作り話ではないことを思わせる。

貴人の宴会などに呼ばれ、歌舞を業とした女性というと、平安から鎌倉時代の白拍子《しらびょうし》、傀儡《くぐつ》の類を思い起こす。江戸時代に入ると、出雲阿国《いずものおくに》が始めたといわれるかぶき踊りが大流行したが、女舞・女歌舞伎は風紀を乱すという理由で、寛永六年（一六二九）に禁止されたという。しかし、京都では宮中から市井まで女子の踊りが流行していた。

例えば東福門院和子《とうふくもんいんまさこ》（後水尾《ごみずのお》天皇中宮《ちゅうぐう》、徳川秀忠の娘）は、踊りの上手い少女たちを大勢抱えていて、時々踊りの会を催しており、後水尾法皇や皇女たちも流行の「ひょうたん踊り」を見物している。踊りの催しは、明正《めいしょう》上皇の御所でも開かれており、熙子の母品宮《しなのみや》（後水尾天皇皇女、近衛基熙《もとひろ》と結婚）も子供たちを連れて出かけている〔瀬川二〇〇一、久保二〇〇八〕。寛文十一～十二年（一六七一～一六七二）頃のことで、幼い熙子は母と一緒に踊りを観ている。

また寛文から元禄期、京都の町奉行所が興行を許可した諸芸能の中に、「歌舞伎物真似」や「浄瑠璃」などと共に、女舞の名代《なだい》（興行権を持つ者）の名（「大頭柏木」「笠屋三勝」など）もあり（『京都御役所向大概覚書』「京四條芝居間数并名代之事」）、女舞が盛んに行われていたことがわかる。

女舞・女踊りは各地に広まり、江戸にも及んだ。越前家の松平直矩《なおのり》は、自邸で種々の芸能を見ているが、その中には「おどり子」の踊りもある（『松平大和守日記』）。幕府は元禄二年（一六八九）五月、江戸・京都・大坂の町々に対して「町中にて女おどりを仕立て、女子共めし連れ、屋敷方へ遣わしおどらせ候由、不届きに候、（中略）左様の女共集め置き、屋敷方は申すに及ばず、何方へも一切遣わし申すまじく候」と触れ出し、踊り子を武家屋敷などに派遣することを取り締まっている（『御触書寛保集成』二七〇三）。

江戸では、踊り子に対する同様の禁令が元禄八年、元禄十二年、元禄十六年と繰り返し出ている（『御触書寛保集成』二七〇八・二七一一・二七一五）。遊女まがいの者と見なされたからであろう。宝永三年（一七〇六）六月には、「女おどり子徘徊《はいかい》致させまじき旨、前々相触れ候処、近年みだりに成り、不届きに候、向後女おどり子いよいよ停止《ちょうじ》せしめ候、ならびに娘と申しなし、屋敷方・町方へ遣わし候儀もこれ有るよう粗《あらあら》沙汰これ有り候、是又右同前に候」（『御触書寛保集成』二七二〇）と、踊り子を徘徊させたり、娘と称して武家屋敷や町方に送り込むことを禁じ、さらに七月、町内に踊り子の師匠を置くことを停止している（『御触書寛保集成』二七二二）。

資力のある大名家などでは、常時踊り子を召し抱え、中には主人の寵愛を得て、側室になるものもあった。こうした風潮を批判したのは、儒者たちである。荻生徂徠《おぎゅうそらい》はその著『政談《せいだん》』で、「かの御部屋といわるる者、多くは踊り子風情の者也、それを寵愛する男も不学にて、しかも不智なれば、今は定法の如くになりぬ」、また「妾を妻とするよりして、踊り子体の者をも遠慮なく妻とし、これより家の風あしくなり、武儀をもとり失い、子の育てようも悪しく、さまざまの悪事生ず」と述べている。

家宣の師新井白石は、芸能そのものを国家・社会に害をなすものと考えていたようである。家宣の将軍世子時代に提出した「進呈之案」の中で、「俳優のこと、もっともその害の大なるもの三つあるに似たり、一つにはいはく民の風俗を破る、二つはいはく国の貨財を竭《つく》す、三つはいはく下上を敬はず」と記しており、家宣が将軍となってからも能楽を好み、自らも舞うことを批判していた。そのため白石は、江戸城の能の催しに招待されることはなかったという（『折たく柴の記』）。

正徳二年（一七一二）三月頃のことである。白石が病気で家に引き籠もっていた時、江戸城で舞妓《まいこ》（踊り子）が多く召し使われているという噂が耳に入った。病が癒えて出仕した際、間部詮房に「舞妓の話は、御代始めに禁じられたことなので、そんなことがあろうはずがない、しかし太閤《たいこう》の江戸滞在中のおもてなしのため、御台所がそれらの者を召されたのかもしれない。噂を耳にしたので申し上げる」と言い置いて退出した。太閤は近衛基煕、御台所は娘の煕子である。基煕は宝永七年四月から二年間江戸に滞在し、その間たびたび江戸城に登城し、大奥でもてなしを受けている。

その後、また白石が登城した時に、家宣は間部を通じて白石に次のように伝えた。

前代（綱吉の時代）、一位の御方（綱吉の生母、桂昌院《けいしょういん》）のところに御台（煕子）が参上した時、舞妓を呼んでのもてなしがあり、つれづれの慰みゆえ差し支えなかろうといわれたので、その後、一位の御方や大御台所（綱吉の御台所、浄光院）が、西丸御殿に来られた時にも舞妓を呼んだ。この例により、私の代となってからも、子供の母が御台をもてなす時も、御台が彼女らをもてなす時にもこの催しがあり、白石が言うように、太閤をもてなすためにも、このことがあった。私の代始めにこのことを禁止した以上、止めるべきであったが、私もまた世の常にならい、この催しを止めないで今に至ったのは過ちだった。白石が詮房に申したことを聞いたので、ただちに舞妓を追放するよう、すでに指示した。

白石は、この噂を聞いたのは春頃であるが、四月に太閤が帰京してからもこのことがあると聞いたので、あえて進言したと述べている。綱吉・家宣時代の江戸城大奥では、踊り子を常時抱えていて、互いの供応の席に踊り子を呼ぶのが慣わしだったことがわかる。家宣は代始めにこれを禁止したが、実際は続いており、このことを知った白石が苦言を呈したことで、踊り子は江戸城から追放されたのである。この出来事が念頭にあったからであろう。白石は正徳三年三月、間部詮房の求めに応じて提出した建議書の中でも、客をもてなす際、「舞（男舞か）・平家（琵琶）・仕舞・囃《はやし》・あやつり等」までは可とするが、「小唄・三線（三味線）・歌舞伎・狂言・舞女の類」は一切厳禁すべしと述べている（「白石建議」）。

歌や踊りなど芸能一般を傾国《けいこく》・傾城《けいせい》の元凶とし、忌避する白石ら儒者たちの認識と、京都の宮廷で幼少の頃から踊りを見ていた熙子（天英院《てんえいいん》）、前身が踊り子だったかもしれない左京（月光院）たちの環境・意識との間には、大きな隔たりがあったと言えよう。

五　将軍生母となる

家宣は、正徳二年（一七一二）の夏頃から体調を崩し、秋を迎えても回復しなかった。九月二十七日、家宣は白石を呼び、尾張吉通《よしみち》を後継者とする案と、吉通が鍋松の後見となり、西丸で政務を執る案を示し、意見を訊いた。白石はどちらの案にも賛成しなかったが、家宣は鍋松が早世した場合のことも、白石に意見を求めた。白石は「家康公が御三家を立てておかれたのはそのような時のためです」と答えている。家宣は、後継者についてそれとなく熙子に語り、最終的な考えを間部に言い置いて十月十四日に死去した。

前日の昼頃、熙子と側室たちが最後の別れをしている。

ただちに四歳の鍋松が将軍家を相続し、上様と称された。十月二十一日、「御台様」（熙子）は「天英院様」、「御部屋様」（おこん）は「法心院様」、「おすめ様」は「蓮浄院様」、「左京様」は「月光院様」と呼称されることになった。月光院の序列は、将軍生母となったことで、十二月五日に熙子（天英院）の次となり、御年寄宮路をはじめ、新たに多くの女中が付けられ、七日には付属の用人・用達が各二人に増員された。

鍋松は十一月十九日に、大奥の「御部屋」から「御表」に移徙した。母月光院のいる北側の大奥から離れて、南側の御殿の西側、将軍の生活空間に居を移したということであろう。世話をする女中の詰め所もこの時に設けられたものと思われる（口絵参照）。

十二月十一日には、初めて御座之間で水戸綱條《つなえだ》と紀伊吉宗《よしむね》に対面した。その後、間部に抱かれ、黒書院をはじめ表の各所を廻り、参勤大名や諸役人の御礼を受けた。女中の倉橋（御年寄）がおまんぼう（守り袋か）、清科（中臈頭）が天児《あまがつ》（守り人形）を持ち、丹後（御介添）と御乳人《おちのひと》が付き従った。

十二月十八日には代替わりの御礼を受け、二十三日には京都より正二位《しょうにい》権大納言の位記《いき》・宣旨《せんじ》が届き、霊元《れいげん》法皇から家継の名を賜った［図2］。正徳三年正月朔日には、初めて上下《かみしも》を着し、奥の御座之間から表の黒書院・白書院・大広間を廻って新年の御礼を受けた（おまんぼうと天児は止め、女中の付き添いは続いた）。年始の御礼は

図2　徳川家継肖像（徳川記念財団所蔵）

二日、三日、六日と続き、二日夕刻の謡初《うたいぞ》め、七日の若菜の祝い、十一日の具足《ぐそく》祝いにも出座している。

物心もつかない幼児が、日々公式行事で表に出るのを月光院がどのように感じていたか、おそらくわが子でありながら、わが子でない思いをしていたことであろう。三月十三日、家継は初めて吹上御庭に御成した。月光院も同伴し、春の一日を過ごした。家継の吹上御成はこのあとも続く。月光院と一緒のことが多かったが、天英院・法心院・蓮浄院が共に出かけることもあった。二十六日には元服の儀式が行われたが、その日の午後も吹上に行っており、幼い家継にとって吹上は単なる遊び場だったのだろう。

四月二日、将軍宣下の儀式が行われた。天英院は従一位《じゅいちい》を宣下され、以後「一位様」と呼ばれることになった。将軍の御台所が生前に従一位に叙せられたのは天英院と十一代将軍家斉《いえなり》の御台所広大院《こうだいいん》だけである。この日、大老井伊《いい》直該《なおもり》と老中本多《ほんだ》忠良《ただなが》（老中格側用人）が天英院に初めて「御目見」した。天英院が、幼将軍を嫡母《ちゃくぼ》として後見する立場となったとみてよいだろう。そして四月三日には、同じ人々が月光院に「御目見」し、月光院は手ずから熨斗《のし》鮑《あわび》などを与えている。大老・老中が揃って臣下の礼を取っているのである。将軍生母の地位がどれほど高いかが窺えよう。閏五月十九日には、月光院の合力金《ごうりききん》が、これまでの一〇〇〇両から五〇〇〇両に加増され、十一月六日には従三位《じゅさんみ》に叙せられた。将軍生母の生前叙位も、桂昌院と月光院の二人だけである。

六　絵島事件の前と後

付属の女中や男性役人のことは前にも触れたが、正徳二年（一七一二）十二月十八日に、代替わり祝儀の下され物を賜った「月光院様衆」は、御年寄絵島・福井・宮路の三人、中﨟八人、小姓二人、表使《おもてづかい》二人と惣女中、用人安藤助之進・坂部弥右衛門、用達久保田源右衛門・川窪彦之進であった。

表2は『間部日記』に出てくる月光院付女中の任転免記事をまとめたものである。絵島は、正徳元年八月二十五日に表使から左京付の御年寄となっている。宮路は、前出の通り、月光院の地位が天英院の次となった日に御年寄になっている（福井の補任日は不明）。

月光院付女中の顔ぶれが大きく変わるのは、絵島生島事件として知られた事件後のことである。この事件は、正徳四年正月十二日、絵島と宮路がそれぞれ増上寺と寛永寺に代参し、その帰途に木挽《こびき》町の山村長太夫座へ立ち寄り、桟敷《さじき》や茶屋で遊興し、夜になって帰城したことを咎められ、評定所で審議されて、本人およびその縁戚、女中たち、留守居番・奥医師・呉服師・狂言座元・役者・狂言作者などの関係者が処罰された事件である。

この事件については様々な見方があるが、二月十四日の室鳩巣の書状（『兼山秘策』）によると、絵島と宮路の取り調べは、月光院と間部の指示によって厳しく詮議されており、これにより、綱吉の時代以来乱れている江戸城奥方の作法が、少しは改まるだろうといっている。また、二月二十二日付けの小谷勉善の書状（『兼山秘策』）では、綱吉・家宣は特に踊り子などの女中芸が好きで、御用の筋で女中と役者たちとの交流があったが、家継の時代になり、「妓女」たちは仕事がなくなり解雇された。ただ、江戸城の女中たちは以前からの馴染みの役者との関わりがあり、こうした事件が起こったという説を述べている。そして、先年「五の丸様」（綱吉の側室瑞春院《ずいしゅんいん》）付の御年寄増見という者も、絵島と同様の行いがあったが、当時は女中と役者が会うことは珍しいことではなかったので、このような取り調べはなかったとある。絵島

表2　月光院付女中の補任・転免

年月日	名前	職名	前職	前名	備考
正徳元年八月二十五日	梅田	鍋松様御用	左京様御用野むら通り		左京様御用只今迄の通り
	江嶋（絵嶋）	左京様御年寄	表使		正徳四年二月二日御仕置
	宮路	月光院様御年寄	月光院様御右筆	すの	正徳四年二月二日御仕置
正徳二年十二月五日	こそ	月光院様御次	月光院様呉服之間		
	くり	月光院様御次	月光院様呉服之間		
	るり	月光院様御次	月光院様呉服之間		
正徳三年正月十九日	増田	上様呉服之間頭	月光院様呉服之間	すな	
	成尾	上様呉服之間頭	月光院様御次	りな	
	さく	上様呉服之間	月光院様呉服之間		
	むろ	上様呉服之間	月光院様呉服之間		
	たね	上様呉服之間	月光院様呉服之間		
	みさ	上様呉服之間	月光院様呉服之間		
	さつ	上様呉服之間	月光院様呉服之間		
	とせ	上様呉服之間	月光院様呉服之間		
	広田	月光院表使	月光院様呉服之間	たせ	
正徳三年六月十一日	園田	月光院様御年寄	月光院様御中臈	かい	御切米其外諸色福井・宮路並
	染崎	月光院様御中臈頭	月光院様御中臈並	かく	
	梅山	月光院様御中臈頭	月光院様御中臈並	志賀	正徳四年二月二日御仕置
正徳四年二月十一日	海津	月光院様御年寄	御客あひしらひ		
	いな岡	月光院様御中臈頭	御次	なを	
	民野	月光院様表使	御次	しけ	
	しゅん	月光院様御中臈	月光院様御右筆		
正徳四年五月二十三日	六條	月光院様上臈		小右兵衛	萩原民部大輔伯母
	大炊	月光院様上臈		まつ	高辻少納言養妹
正徳五年三月二十二日	やよ	月光院様小上臈			豊原養娘、実は姪
正徳五年六月十三日	高山	月光院様中年寄	月光院様表使	民野	
	宝川	月光院様中年寄	公方様御次	かつ	
	民野	月光院様表使	公方様御次	はつ	
	高山	御年寄並	月光院様中年寄		
正徳五年十月十八日	穂波	月光院様中年寄	月光院様表使	民野	
	磯川	月光院様表使	月光院様御右筆	ちく	
正徳五年十一月二十七日	小侍従	月光院様上臈		今町	

本表は『間部日記』により作成した。職名等は史料のままとした。

らに厳しい処分が下ったことを伝えた三月十三日の室鳩巣の書状では、このたびのことは間部が厳しい処分を主張し、老中秋元喬知《あきもとたかとも》がこれに同意したとし、先代以来の「大弊」が除かれた、と評価している。この事件を、月光院と間部を陥れようとする天英院と門閥の老中らが仕組んだ政治的事件ではないかという見方もあるが、史料的な裏づけがあるわけではない。

幕府は正徳二年七月、女中の請託《せいたく》・請願の取り締まり、大奥・部屋方女中から表の役人へ、親類縁者の役替え、町人職人の用達などをじかに頼むことを禁じ、どうしても表の役人に用事がある時は留守居を通すように、これに背いた場合は厳しく糾明すると通達している（『御触書寛保集成』一〇二三）。そして前述のように、白石の建言によって大奥から踊り子を追放し、さらに女中の贅沢な衣服を禁じている。絵島の事件は、こうした大奥の風紀粛正・奢侈《しゃし》禁止の動きの中で捉えるべきであろう。

『間部日記』によれば、正徳四年二月二日に「御仕置」を命じられた月光院付女中は九名である。御年寄の絵島と宮路は「親類御預け堅く相慎み罷りあるべく候」、中﨟頭梅山と表使吉川は「親類御預け相慎み罷りあるべく候」、中﨟「いよ」は「御扶持放たれ、奉公お構い遊ばさる」、御三之間の「よの」と「きつ」、および使番藤江と木曾は「御暇下され、奉公の儀お構い遊ばさる」と留守居より申し渡されている。「委細御仕置之留帳に記す」とあるが、留帳は現存しない。こののち取り調べが進み、関係者が処断され、絵島は「永々遠島処分」となったが、月光院の要請により、信州高遠《たかとお》の内藤家に預けられるのである。

月光院が絵島に厳しく対処した理由は、自らの出自と将軍の生母としての立場が関係しているのではないだろうか。絵島の父は「軽き御家人」、宮路・梅山は「軽き町人」の娘であったという（『墨海山筆《ぼっかいさんぴつ》』）。いずれもどのような伝手があって、大奥に奉公するようになったか定かではないが、自らの才覚で、出世の階段を登っていた女性たちだった。

また、処罰された狂言作者中村清五郎の妻は「幼少の時お梅と申す踊り子にて、大宝院と申す祈禱者の娘にて、三味線もよくひき、生れつきよきゆへ」「御城に召され御意に入りたる」者であり、夫婦で座敷遊びの取り持ちをしたと言われる（『研斎雑録』）。

著しい身分上昇を遂げたとはいえ、月光院も出自をただせば絵島・宮路・梅山らとなんら変わるところはない。まだ若く（家宣死去時二十四歳ないし二十八歳）、古参女中から軽んじられる面がなかったとは言えないだろう。絵島らの行為を抑えることは容易ではなく、ただし幼い将軍の権威が揺らぐことがあってはならないと、月光院と幕府の要人たちは考えていたに違いない。大奥の風紀粛正のため、絵島を筆頭に月光院付女中が厳しく処断されたのには、こうした背景も考慮に入れる必要があるのではないだろうか。

絵島らが処罰されてすぐの二月十一日に、御年寄、中臈頭、表使、中臈が表2に見るごとく補充されている。また五月二十三日には、二人の上臈が新規に採用されている。六條は萩原民部大輔（兼武）の伯母、大炊《おおい》は高辻少納言（資長）の養妹で、いずれも京都の公家の出身である。六條はこののちも長く月光院に仕え、後年の「かや」の話によれば、和歌をよくし、威厳があり、望んでなれる人ではなかったという。正徳五年にも月光院付の小上臈、中年寄、表使などの女中が増員されており、将軍生母付属の職制が整えられ、相応の人選がなされた。

七　二人の母

月光院自身、将軍生母にふさわしい教養を身につけるため、修養を怠らなかった。『徳川実紀』の「有章院殿御実紀附録」によると、家継を明君に育てるには、自ら学ばなければならないと、「内政の暇《いとま》」に常に和漢の書をひもとき、「お遊び」の折にも、側で本を読んで、ゆくゆく天下の「機務」を治めるべきことなども話して聞かせたという。

ここに「内政」という言葉が出てくる。月光院の「内政」とは何であろうか。嫡母の天英院が幼将軍を後見する立場になったと前述したが、月光院も天英院と共に政治に関与することがあったということであろう。二人が共に携わった事柄を二、三挙げよう。

家継が、父家宣のために服喪するか否かについて、林信篤《はやしのぶあつ》と新井白石との間に意見の違いが生じた。林信篤は綱吉の時代に定めた服忌令《ぶっきりょう》の通り、「七歳未満の人は、父母の喪に服することはない」と述べた。その意見に老中も従い、日光・伊勢に奉幣使《ほうへいし》を立てることも例年通り行うとした。これに対して白石は、「天下の大統を受け継いだ方が、幼少ということで服喪しないのはよろしくない。せめて服喪の期間は心で喪に服し、めでたいことは差し控えるべき」との意見書を差し出したが、幕閣では林の意見が支配的になっていて、白石の意見は通りそうもなかった。

そこで、天英院に意見書を見せたところ、月光院と共に見て、白石の意見に同意し、「われわれがねがひおもふ所の由をもて、心喪の御事申し行ふべし」と断を下し、神事などは、父母の喪が明ける十三ヵ月後に行われることになった（『折たく柴の記』）。林信篤と白石の論争はその後も続いたが、老中は天英院と月光院の意思に従ったのである。

また幕府は、正徳三年（一七一三）五月に女性の贅沢な衣類を禁じ、代銀の上限などを定めた（『御触書寛保集成』二〇八三）。その法度を大奥へ伝えるにあたって、間部はまず天英院と月光院に対し、「只今は倹約の時節であり、老中が協議して、第一に女中の衣服の節倹を定めました。上の人から倹約を心がけなければ、法は立たないので、今後側近の女中たちの衣服が質素になるよう厳しくお申し付けください」と述べた。二人は「わかりました。それでは老中方から法度の書付をお渡しください。それをもって申し付けましょう」と答えた。こうして女中の衣服に関する定めは、老中から天英院・月光院を通じて、女中たちに伝えられた。室鳩巣は「御両所様共に賢女の由と申す儀に御座候」と書いている（『兼山秘策』）。

正徳五年十月二十五日、間部は御用部屋で老中に、次のような天英院・月光院の仰せを伝えた。

代替わり以来、将軍が幼稚ゆえ、老中が交代で泊り・朝出をしており、骨折り大儀である。公方様の成長も間もなくのことである。巌有院様（四代家綱）が幼い時も泊り等はなかったと聞いている。同僚が病気などで引き籠もっている時など、勤めも繁多になり、一入《ひとしお》大儀である。続いて長く勤めてもらうことが、御為にも良いと思っている。次第に寒気に向かう時期であり、これまで続けてきた泊り・朝出を中止するように。

間部は続いて若年寄中にも同じことを通達した。老中・若年寄への指示が、天英院・月光院の意思として伝えられたのである。同年七月、家継は病を発したが九月には回復し、霊元法皇の姫宮八十宮《やそのみや》との婚約が整った。老中・若年寄が宿直を止めた十月二十五日には、若年寄大久保常春《おおくぼつねはる》が入輿《じゅよ》御用を仰せつかっている。

天英院と月光院が不仲であったという話も伝わるが（『兼山秘策』）、そもそも一方は摂関家の姫君、一方は女中奉公と、生育環境が天と地ほど違い、理解し合えない面や、二人を取り巻く女中間の反目、対立もあったかもしれない。とはいえ、二人が家継を大切に守り育て、将軍家の屋台骨を支えるべく協力し合っていたことは、間違いないところであろう。

八　吹上御殿の明け暮れ

皆がその成長を待ち望んだ家継は、しかし正徳六年（一七一六）四月晦日に、この世を去った。わずか八歳だった。月光院の悲嘆は計り知れず、月光院付御年寄六條・海津・福井・園田連署の松平（島津）薩摩守宛て書状には、「月光院様御愁傷のほど御さつ《（察）》しあそはし候へく候」（『旧記雑録追録』三）とある。

紀州家の吉宗が将軍家を相続し、二丸から本丸に移徙したのが五月二十二日である。天英院は翌年まで本丸にとどまったが、月光院は吹上に一万坪の邸地を給され、御殿が設営されて、九月二十六日に移った。吉宗は前代の二人の母を厚く遇し、天英院には毎年金一万一一〇〇両、米一〇〇〇俵、月光院には八六〇〇両、米一一三〇俵を贈った（『有徳院殿御実紀附録』）。

こののち、月光院は多くの女中にかしずかれ、宝暦二年（一七五二）に亡くなるまで三六年という長い歳月を吹上御殿で過ごした。侍女「かや」の話からその人となりや、暮らしぶりを述べよう。

月光院は、年を取っても顔はつやつやとして若々しかった。薄化粧を好み、自らの女中たちが、上方《かみがた》の人を真似た振る舞いや言葉遣いをすることを嫌った。そのため、吹上の女中は化粧も薄く、立ち居振る舞い、言語など、ほかの方々付属の女中とは異なっていた。

御殿を訪れるのは、勝田家の人、昔仕えた女中らで、涼心院という「かつて幸をうけし人」とは特に親しく、よく来ていた。柳久壽《やなぎひさとし》の妹とあるが、『寛政譜』ではその姉にあたる女子が「大奥につかふ」とある。「幸をうけ」たとあるから、家宣の侍妾仲間だろうか。これらの人々や諸家の女使《おんなづかい》に、吹上御庭で作った菜を味噌和えにして食べさせたりした。

吉宗は、延享二年（一七四五）九月、家重《いえしげ》に跡を譲って西丸に移徙し、家重が本丸に入って九代将軍となった。大御所時代の吉宗と月光院の交流については以前にも触れたが〔松尾二〇一六〕、年始等で西丸に訪れる月光院を吉宗は手厚くもてなした。酒を勧め、盃の取り交わしもたびたびに及んだ。会話が弾んで、吹上御殿に帰るのはいつも灯火を立てる頃になった。老境の二人が交わした会話はどんなものだったのだろうか。

月光院は、広く和漢の書に親しんだ。繰り返し読んだのは『徒然草』、『吉野拾遺』（室町時代の説話集）、『六百番歌合』（鎌倉時代初期の歌合）、常に口ずさんでいたのは『枕草子』、漢籍では『四書』（大学・中庸・論語・孟子）、『古文』（『古文真宝前後集』）だった。文字への関心が深く、青蓮院流《しょうれんいんりゅう》の書を好み（月光院の書。図3）、梵字《ぼんじ》（サンスクリット文字）まで書いた。真言の教えを聞いて、その教えを実践し、さらに神道も学んだ。楊弓《ようきゅう》（楊製の小弓で的を射る遊戯）、双六《すごろく》、碁、将棋などの遊芸も上手だった。何事にも興味、関心を持ち、習得するためには努力を惜しまない人だった。

特に熱心だったのは、和歌を詠むことだった。享保十九年より冷泉為久《れいぜいためひさ》・為村《ためむら》に師事して多くの歌を詠んだ。「かや」の話では、厠《かわや》の中に長時間いて歌を作るので、お付きの者は硯《すずり》を持って従ったという。主人の影響からか、吹上御殿に仕えた女中には歌を詠む者が多かった。用人の高井真政《たかいさねまさ》も時々、歌会で即興の和歌を詠んだという。

月光院は、宝暦二年九月十九日にその生涯を閉じた。享年六十四（もしくは六十八）。増上寺に葬られた［図3］。死に際して、自らの和歌や歌に関する書き物をすべて「もとの泉」に返すよう遺言した。「もとの泉」とは冷泉家のことであろう（なお二〇一六年の旧稿では、月光院自身がすべて火中にくべるよう遺言したと書いたが誤りである。訂正しておきたい）。そこで、側近の女房がそれらを冷泉為村に送った。為村はその歌を写し、諱《いみな》の字「輝子」にちなんで『車玉集《しゃぎょくしゅう》』と名づけて残した。同歌集は冷泉為久が添削して、「長点」（特に優れた作品に付ける評点）を付けた秀歌二八首が収録されている。そのうちの三首を挙げておこう。

①老述懐

かばかりの　老となるまで　うきたびに　いけらん身とも
思わざりしを

②あはてとしふる

同じ世に　住むばかりこそ　契りなれ　あはて年ふる　つ
らきながらも

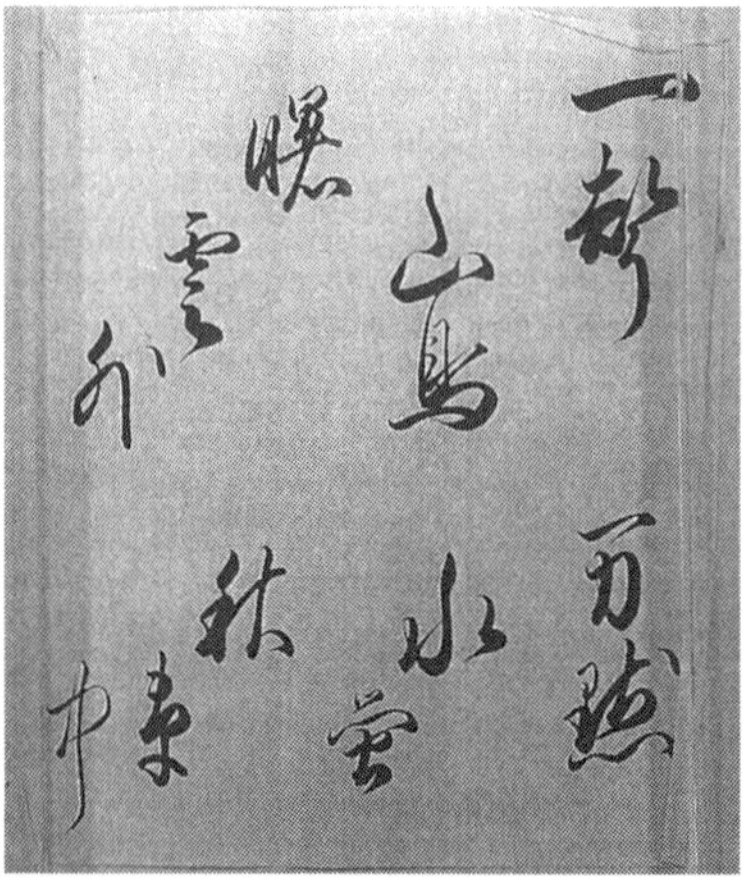

図3　月光院の書「一声山鳥曙雲外万点水蛍秋草中」（『和漢朗詠集』夏・郭公。茨城県立歴史館所蔵一橋徳川家文書）

③恋関
えそ越へぬ　秋風つらし　刈萱の　関の名きかば　思い乱れて

①は老年の心境を詠い、②は同じ世を過ごしながら逢えない人への思い、③は謡曲「刈萱《かるかや》」に託して、自らの別れた子（家継）への思いを詠っている。数奇な生涯を送り、平素は言葉少ない月光院にとって、自らの心象を和歌に詠むことは慰めであり、生き甲斐でもあったに違いない。

為村は写し終わった月光院自筆の詠草を、三回忌に弟の真乗院宥証の仏場で焼き、その灰で月光菩薩像を造った。月光院の歌集はほかにもあり、国立公文書館には『車玉集』（拾遺を含み「月光院様御詠歌」と題する。図4）のほか、『月光院様御集』、『三位尼公御詠歌』がある。刈谷市立図書館などにも写本がある。伝本の相互比較、伝来の検討は今後の課題である。

昭和三十三年（一九五八）から三十五年にかけて行われた増上寺徳川将軍家墓地の遺品・遺体調査によれば、月光院の身長は一四一センチあまりと小柄で、頭は小さく、顔は細面、目が大きく、鼻の高い美人であった。『徳川実紀』の卒伝に「もと微賤より出させ給ふ御身なれ共、才かしこくおはしまし」と記されたように、その才媛ぶりは際立っていた。儒者たちが目の敵にする、玉の輿に乗った単なる「踊り子」ではなかったのである。

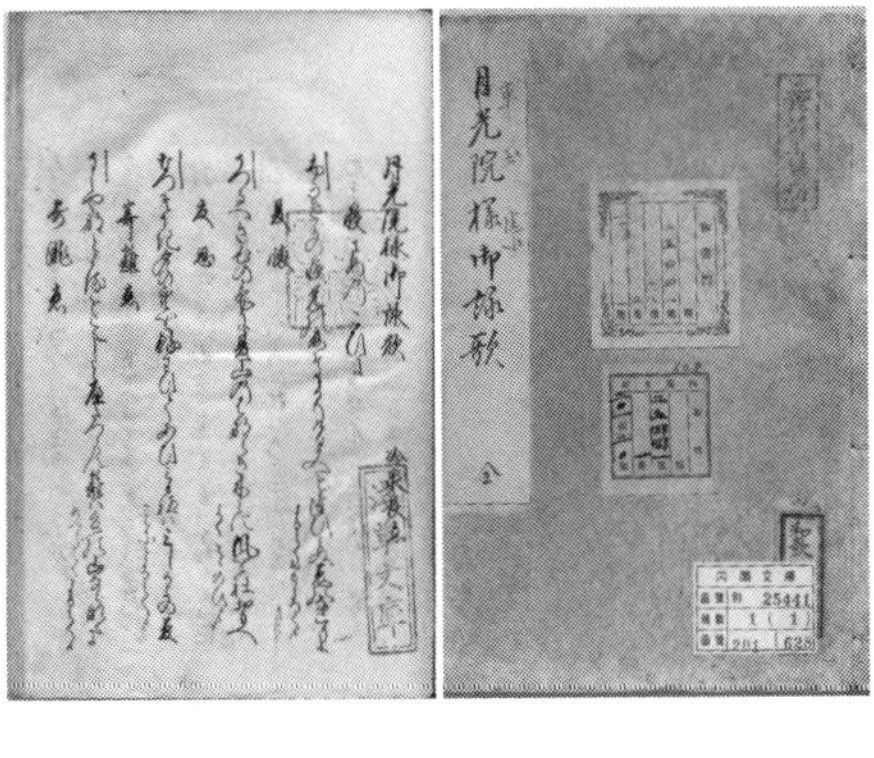

図4　『車玉集』の表紙と冒頭部分（国立公文書館所蔵）

【参考文献】

久保貴子『徳川和子』（吉川弘文館、二〇〇八年）
久保貴子「武家社会に生きた公家女性」（日本の近世15　林玲子編『女性の近世』中央公論社、一九九三年）
小高恭『芸能史年表』（名著出版、一九九二年）
櫻井秀「絵島事件考」（『風俗史の研究』宝文館、一九二九年）
鈴木尚『骨は語る徳川将軍・大名家の人びと』（東京大学出版会、一九八五年）
瀬川淑子『皇女品宮の日常生活』（岩波書店、二〇〇一年）
竹内信夫「『間部詮房公務日記』に関する一考察」（『日本歴史』六四二号、二〇〇一年、のち竹内信夫『鯖江藩の成立と展開』に収録、三秀舎、二〇〇八年）
深井雅海『徳川将軍政治権力の研究』（吉川弘文館、一九九一年）
松尾美恵子「将軍御台所近衛熙子（天英院）の立場と行動」（『歴史評論』七四七号、二〇一二年）
松尾美恵子「将軍生母月光院をめぐって」（徳川林政史研究所『研究紀要』五〇号、二〇一六年）
三田村鳶魚「横から見た赤穂義士」（『三田村鳶魚全集』一六巻、一九三〇年）
脇田晴子『女性芸能の源流——傀儡子・曲舞・白拍子』（角川書店、二〇〇一年）

第3節　農村女性の大奥奉公 ――関口千恵の場合

大口勇次郎

一　農村出身の大奥女中

江戸城大奥に勤める女中は、原則として旗本・御家人の子女か、あるいは特別な縁のある商家の子女であったが、中には例外的に、農村出身の女性がいたことが知られている。彼女たちは特に高い地位にいたわけではないので、大奥側の史料にはその痕跡が残されていないが、その女中の出身地である村に残された古文書から、その存在を知ることができたのである。その中からいくつかを紹介してみよう。

一つは、武蔵国多摩郡師岡《もろおか》村（東京都青梅市）の旧名主吉野家に文化五年（一八〇八）に生まれた、みちの場合である。吉野家には、みちから来信した書状が一〇〇通以上残っている。その書状の大半は、年代不明のものであるが、これらを整理、解読し、年代の考証を行った滝沢博氏によれば、みちが、二十歳から三十歳の間に、奉公先の田安家、江戸城本丸、一橋家の三ヵ所から発信した書状は四七通、そののち、医師の田村家に嫁入り後に発信したものが六八通あるという〔青梅市教育委員会一九九一〕。

確実に江戸城本丸から発信された書状は八通とされるが、書状からは、女中奉公の内容を窺わせるものは少なく、多くは親もとに小遣いを送ってほしいというものか、あるいは地元名産の青梅縞の反物を送ってほしいと依頼する手紙であるという。書状の包紙には「御本丸にて　みちより」とあるのみで、奉公先の主人はわからない。短期間に田安家、本丸、一橋家と移転しているのは、これら三家間の姫の輿入れに伴って、これに従う御付女中として移動したものと思われる。

第二の事例は、武蔵国多摩郡平井村《ひらい》（東京都日の出町）の野口家が所蔵する古文書の中に残された二〇〇点以上の書状の差出人である大奥女中・藤波とその大伯母行善の二人である。この書状を分析した畑尚子氏によると、野口家は農家ではあるが、八王子千人同心の株を持った郷士集団の一員でもあった。行善は、明和九年（一七七二）に生まれ、若くして大奥に入り、その中で出世を遂げ、最後は御使番頭にまでなっている。晩年は、十一代将軍家斉《いえなり》の死去に伴って七十三歳で勇退し、その後は江戸下谷《したや》に家を貰って隠居の生活を送り、安政六年（一八五九）に九十一歳で歿している。

行善の弟の孫にあたる藤波は、文化八年（一八一一）に生まれたが、行善が引退する少し前に彼女の口添えによって、行善の下で使番に勤めることができたという。使番の給与は年間切米《きりまい》四石、合力金《ごうりききん》五両、毎月一人扶持、と定められており、安定した収入が保証されていた。使番の職務は、大奥の中で御年寄と広敷役人との間の取り次ぎ、特に出入り商人の鑑札の取り扱い、あるいはまた御年寄の代参のお供や、文書・進物などを広敷に渡す役目も担っており、大奥内部を円滑に運営する上で大事な役割を果たしていた。

藤波が親もとに送った書状には、村の名産品、絹織物の黒八丈を送ってほしいと依頼することもあったが、これは私用に使うだけでなく、同僚との交際や上司への御礼などにも使用していたようである。また、自分の給金の中から実家の母親に小遣いを送ってやることもあったという。書状で江戸城の内情を書いて外部に漏らすことは禁じられていたから、大奥の生活を書いた記事はほとんど見られないが、ただ安政五年に直接仕えていた十三代将軍家定《いえさだ》が逝去した翌日に実家の弟に宛てた書状では、将軍が若くして亡くなった悲しみと、将軍代替わりによる失職の心配を書き送っている。藤波は幸い、代替わりのあとも、使番として勤めを続けていたが、慶応二年（一八六六）三月、五十六歳で亡くなった〔畑二〇〇一〕。

三つ目の事例は、武蔵国橘樹《たちばな》郡生麦《なまむぎ》村（横浜市鶴見区）の名主関口家の娘千恵の場合である。前の二例が、いずれも本人が残した書状によって大奥女中の姿が知られたのに対して、千恵の場合は実家関口家が代々書き留めた家の日記によって、その姿が明らかになったものである（『関口日記』、図1）。家の日記では、本人の書状と違って、女中本人の思いや微妙な感情などを伝えることはできないが、その代わり事柄の生起した正確な年月日を知ることができる。またこの日記は、名主の仕事や家業について記述するほかに、家人の行動について非日常的な他出、奉公、婚姻など外部との交流について詳しく記録されているのが特徴である。大口勇次郎『江戸城大奥をめざす村の娘――生麦村関口千恵の生涯』は、この日記を利用して千恵の生涯を読み解いている。

以下の項では、大奥と特異な縁を結んだ関口家の娘千恵の一生を、具体的に明らかにしてみたい。

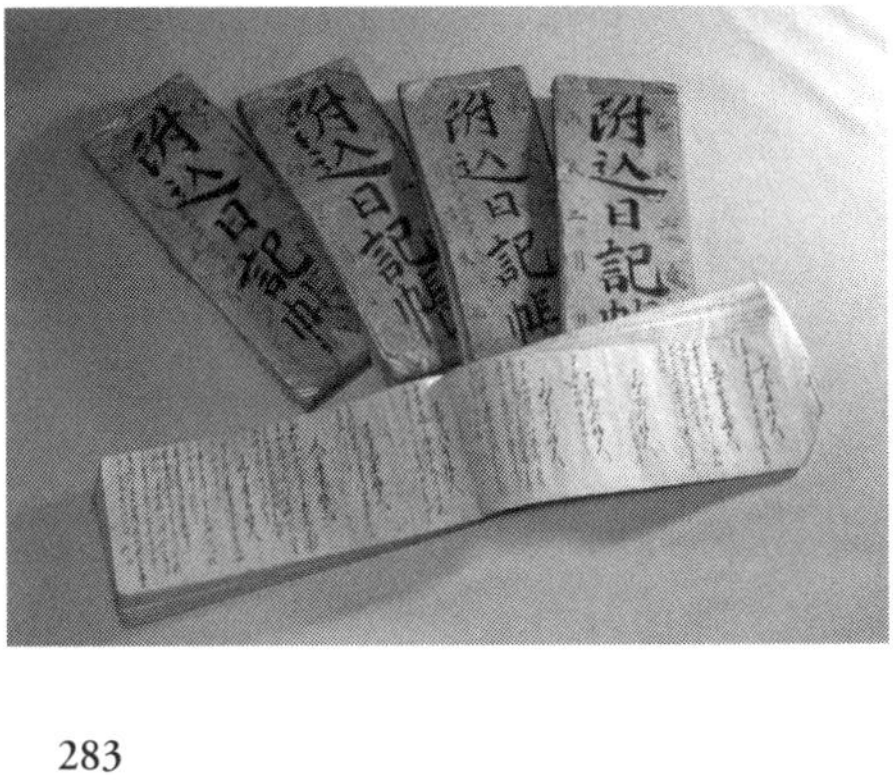
図1　『関口日記』（横浜開港資料館所蔵）

二　千恵の前半生

寛政九年（一七九七）五月十四日、千恵は、関口家の次女として誕生した。

家族は、父藤右衛門、母いえ、祖母りえと、二年前に生まれた姉しげの四人であったが、その後、妹みつ、弟亨二、可吉が生まれた。お七夜《しちや》には、出産の際に世話になった近隣の女性たちを招いて内祝いの宴を開き、千恵と命名した。

翌年正月、千恵は生後九ヵ月で疱瘡《ほうそう》に罹った。姉のしげが先に発症し、これが千恵に感染したものだが、幸い軽症で済み、翌月には医者や見舞いを受けた近隣の人々に赤飯を配って快復を祝っている。『日記』では、生後一年の誕生日、三歳の秋には七五三の三歳賀を家族や近所の者と祝っている。

若い頃に江戸で漢学を学んだ藤右衛門は、家督を継いで生麦村［図2］で所帯を持った頃から、自宅で寺子屋を開いていた。『日記』では、年始に訪れる寺子の姿や、年に四回、授業料にあたる節句銭一〇〇文を徴収する記事で知られるのである。当初の寺子は皆、男子であったという記録も見られるが、しげの七歳賀では手習いの子供を招いて餅を振る舞ったとあるので、しげの入塾の頃から、男女で机を並べて学んでいたのであろう。

姉のしげは十三歳の時、三月の奉公の出替わり期に、江戸の大名家の家臣の家に布団、枕、袷、下駄などの生活用品を持ち込んで奉公に入った。その後、四年間で三つの屋敷を転々としたあとに、村に戻って隣の鶴見《つるみ》村の名主の家に望まれて嫁入りした。江戸近郊に住む豪農の子女で、

図2
千恵が生まれ育った生麦村（明治初年頃、横浜開港資料館所蔵）

お屋敷奉公を経験した者の多くが歩んだコースである。

これに対して、千恵には別のコースが用意されていた。千恵は十歳の時に、祖母に連れられて江戸市ヶ谷の善助宅に送り込まれた。初めは祖母も一緒に泊まっていたが、のちに祖母は生麦に帰り、千恵が一人預けられた。その後、祖母と父親が何回か善助宅を訪れて、桃などの手土産のほか、千恵の飯料や三味線の張替代などを支払っていることを考慮すると、千恵は善助宅において、村では学ぶことのできない武家の行儀作法や、江戸の商家の娘なら身につけている三味線などの技能を学ぶことで、武家屋敷の奥奉公の準備を始めたと考えられる。

善助宅に身を置いて二年目に、祖母は「麻布木下淡路守様御隠居様へ御次小姓ニ千恵上り候約束」を取り付けた。木下家は、備中国足守《あしもり》（岡山市北区）に陣屋を持つ所領二万五〇〇〇石の小規模な大名であるが、千恵は、この大名の下屋敷に住むご隠居のもとで小間使い役として仕えることになった。お屋敷では、千恵は雛吉という源氏名で呼ばれていた。

お屋敷での千恵の仕事ぶりは、親もとの日記からは窺い知れないが、その片鱗を教えてくれるのは、この期間に千恵の実家からお屋敷へ届けられた荷物の数々であろう。一年間に限っても、衣服では帷子《かたびら》（五月）、小袖（九月）、着物類（十二月）、白無垢《しろむく》（二月）、綿入れ（三月）、夏物、縮緬単衣物《ちりめんひとえもの》（四月）、食料では、柿（九月）、餅、昆布巻、里芋、きんぴら、鰤《ぶり》の味噌漬け、赤貝、ひらめ（以上十二月）、などが家族や使いの者を通じて届けられている。衣服は、年間を通じて実家で調達していることがわかり、食料は歳暮に地元の畑や海で収穫された産物を台所へ届けているのである。

この奉公で注目されるのは、奉公に際して祖母と父親が「お千恵身分」について相談していることである。奉公の途中にも仲介する人物がいて「千恵養女の件」で帰村したこともあったが、この時の話はうまくいかなかったのか、またお屋敷へ戻っている。結局、千恵は木下家に三年間、十二歳から十五歳まで勤めたことになる。

文化九年（一八一二）二月、村に帰った千恵のもとに、鶴見の伯母から話があって、江戸宇田川町の伊藤七右衛門という町人から千恵を養女にしたいという話が持ち込まれた。鶴見までやって来た七右衛門夫妻と面談した関口家では、養女の話を受け入れた。伊藤からさっそく結納品（帯、塩鯛、昆布、鯣《するめ》、酒樽）が届けられ、関口家では近隣の人たちを招いて酒食を振る舞い、町家の養女となったことを祝っている。翌五月に千恵は、伊藤家へ入ると、そこから直ちに江戸三河町にある越前勝山《かつやま》藩の上屋敷に向かい、二万三〇〇〇石の小藩の奥座敷に勤めることになった。千恵は、商家の養女となって町人身分を獲得し、晴れて大名奥座敷勤めが可能になったのである。ただ実家の日記からは、相変わらず地元の野菜や果実と千恵の衣類を届けている。奉公してから一年あまり経った頃、千恵の芝居見物の費用として金一分を藤右衛門が届けている記事があり、奥女中の朋輩《ほうばい》と一緒に芝居小屋に出かけている様子が窺える。このように、順調に奥座敷の生活を送ったかに見えたが、その直後、伊藤七右衛門について好ましくない噂を耳にして、関口家では人を江戸に遣わしてその風聞を確かめた上で、千恵をお屋敷から連れ戻している。伊藤家から千恵の衣装などを取り戻すと共に、結納金五両を返済し、養女の関係を解消した。伊藤家の噂の真相はわからないが、このまま養女関係を続けることのできない問題が起こっていたに違いない。千恵は町人身分を得て、大名屋敷の奥座敷に勤める夢を叶えたはずが、思わぬ落とし穴があって失敗に終わったのである。

千恵は、村に帰ったあと、祖母らと箱根へ湯治旅行に出かけたり、江戸の知人宅に泊まったりして、心の傷を癒していたが、父親の藤右衛門は、次なる作戦として千恵を江戸の商家に嫁がせることを計画した。伝手《つて》を求めて縁談の口を探した結果、まず日本橋油町の商家の息子の話があり、父親の付き添いで浅草観音の裏の茶店で見合いをしたが、これは不首尾に終わった。翌年千恵が十八歳になると、日本橋富沢町の古着屋山田惣八の紹介で、江戸若松町の川村喜兵衛が関口家を訪れ、千恵を惣領息子松五郎の嫁にほしいと申し込まれた。

藤右衛門の決断は速く、翌日に山田屋を訪ね、承諾の意を伝えると共に、川村家から結納の品書きを貰って帰り、用意してあった衣装を山田屋に預けると共に、支度金を預けて嫁入り道具の仕度を行っている。そして四月十九日に、千恵は母親伊恵の付き添いで、両国若松町の川村家において婚礼の式を挙げている。それにしても、川村家の申し入れから本人同士の顔合わせもないまま二一日目の挙式というスピード結婚であった。

この結婚によって、百姓家と町人家という身分違いの両家の間に新しい交流が生まれた。婚礼の翌月には、千恵の夫松五郎を披露するための里開きが関口家で行われ、媒酌の山田屋、新婚夫妻、松五郎の母親と妹は、川村家の下男下女も引き連れて関口家を訪れた。関口家では、江戸の客人を迎えるために、大工を頼んで鴨居や敷居の改め、畳の張替えなどを行い、料理も人を頼んで用意している。その数日後には、藤右衛門の舅の喜兵衛が江の島参詣を兼ねて関口家に立ち寄り、一泊して藤右衛門と酒を酌み交わしている。藤右衛門が代官所に赴くなど、江戸に出る時には川村家で宿をとる機会もあり、また母親の伊恵も立ち寄って泊まることもあった。千恵も単身で、あるいは松五郎と一緒に里帰りすることもあって、円満な夫婦生活を窺わせていた。二人の結婚から四年目にあたる文政二年（一八一九）四月、二人は供を連れて里帰りをするが、今回は姉しげとその娘（二歳）も一緒に、関口家の駕籠を借りて、小田原まで加持祈禱で評判だった観正上人を参詣するための旅だった。すでにわかっていた、千恵の妊娠の安産を祈ったものと思われる。

七月になると、千恵は実家で出産するために、母親が駕籠で迎えにきて連れ帰った。松五郎は何度か様子を見るために生麦までやって来たが、八月六日の晩には取り寄せた蒲焼で藤右衛門と酒を酌み交わし、千恵も話に加わっていたと思われる。松五郎は夜遅くに帰ったが、その晩未明から千恵は産気づき、七日の明け方に男子を出産した。さっそく両国へ人をやって知らせると、翌八日には松五郎は赤子の顔を見にやって来て、一泊して帰っていった。十三日には、お七夜を済ませ、十六日に両国へ手紙を送ったところ、行き違いで川村家からの使いの者が来て、子供の名前は竹次郎と名づけること、松五郎が胃腸の病気で床に臥せっていることを伝えてきた。その後、病状が回復した知らせもあったので安心していたところ、九月下旬になって、急に両国から呼び寄せがあり、千恵と竹次郎は駕籠で両国へ向かった。ここで親子三人は対面することができたが、松五郎の衰弱は激しく、十月九日には千恵の看護の甲斐なく、松五郎は息を引き取った。松五郎の葬儀に続いて、伝染性の病気のせいか、姑もあとを追うように亡くなった。このような混乱の中で、千恵は子育てをしながら台所を任されることとなり、その流れの中で、松五郎の弟長次郎と再婚し、川村家に残ることになった。

藤右衛門の日記によれば、江戸に出る時、孫の竹次郎に菓子の土産を届けたり、上野界隈まで連れ出したりと、可愛がっている様子が窺える。千恵は、川村家の内の仕事が増えたため、弟亨二の結婚披露の宴に夫妻で顔を出したほかは、里帰りの機会もなくなっていた。この頃から川村家の経営に影が差すようになり、関口家から金銭を融通しても返済がままならない状態が生まれてきた。

文政九年、三十歳になった千恵の身辺にある動きが見られた。三月に久しぶりに里帰りし、姉と墓参りをしており、九月には母親が川村家を訪れ、二〇日間も泊まり、千恵の身の振り方について母子で話し合っている。その直後には、弟の可吉が両国まで来て、千恵の机と着物を実家まで持ち帰っており、千恵もようやく川村家を出る覚悟を固めた模様である。

翌年二月、藤右衛門は川村家を訪ね、両家の金銭貸借問題と千恵の身分について、舅の喜兵衛と熟談を重ねた結果、異例に長文な離縁状を作成している。ここでは離縁の理由について「私儀（川村家）の身上不如意《ふにょい》」とし、これを千恵の実父に相談したところ、妻を離別すれば身軽になって取り続きできるだろうということになり、離縁に決まったという奇妙な文面になっている。証文の後段では、千恵の嫁入りに際して持ち込んだ衣装・道具類は返済しないし、関口家から借りている米穀と金銭は帳消しにして貰ったと、両家の貸借関係を清算したことを謳っている。藤右衛門の主導で、千恵の離縁と共に両家の貸借トラブルの解決を証文に残したものである。藤右衛門は、川村家に十数日滞在し、証文を仕上げて村に帰った。

この時、千恵は一〇年間生活した川村家と縁を切り、五歳の竹次郎とも生き別れとなったが、父親と一緒に生麦村に帰ることも拒否したのである。これまで父親の設定したレールを歩んできた人生を反省し、自分で選んだ道を歩き出した。

三　大奥・お美代部屋

千恵は、一緒に村へ帰ろうとする父親の勧めを拒んで、一人で江戸に残る道を選んだ。これまで父親に、江戸で生きる目標を与えられてきたが、御殿奉公すると身分の問題が障害になり、商家に嫁入りすれば夫の死、婚家の経営破綻という不幸に見舞われてきた。三十歳になった千恵は、人生の岐路に立って、今度は父親の助けを借りずに、自分の経験を頼りに、もう一度江戸で人生を切り開く決意を固めたのである。

千恵は、川村家をあとにすると、その足で神田多町に店を構える源兵衛宅に厄介になった。源兵衛は、千恵の祖母の実家にあたり、以前は生麦村の関口家の近くに住んでいたが、数年前に妻に先立たれ、江戸の商家の娘・沢と再婚してからは江戸にも出店をだしていた。千恵はここを拠点にして、伝手を頼って新たな働き場所を探したところ、神田駿河台にある旗本中野清茂《なかのきよしげ》の屋敷を紹介された。当時、武家の奥女中も、商家の奉公人のように職業紹介を業とする「人宿《ひとやど》」を介して雇い入れる道もあったが、千恵の場合は人宿を通じた形跡は見られない。双方の知人を介した偶然の縁によるもので、千恵が若い頃に大名の奥勤めをした経歴と、その後、商家の女房として奥を切り回した一〇年余のキャリアが、中野屋敷で認められたものであろう。中野屋敷に奉公したことが、千恵のその後の人生に大きな影響を与えることになったのである。

千恵は、中野家の屋敷に一年ほど勤めると、翌文政十一年（一八二八）五月に中野の世話で、江戸城へ奉公に上がることとなった。千恵の奉公先を正確に父親の藤右衛門が知ったのは、実は千恵が妹に宛てた手紙からであり、そこには「御本丸旦那二ノ側　御美代様御部屋」と記されていた。このことからも、千恵と父親とのわだかまりが、容易に解けていないことが知られる。

中野清茂は、初め家禄三〇〇俵の旗本として将軍のもとで小姓を勤め、やがて小納戸頭取などの役で仕え、将軍家斉の厚い信頼を得ていた。また清茂は、菩提寺の僧侶だった日蓮宗の日啓と親交を深め、日啓の娘お美代を自分の養女にして大奥女中に送り込んだところ、お美代は家斉の側室となって寵愛《ちょうあい》を受け、二人の間には三人の娘が生まれた。清茂は、家斉の側近として、大名たちの人事にも関与できる立場にあったといわれ、昇進を求める大名から仲介の賂《まいない》金を取得すると巷間《こうかん》に噂されていた。その後、清茂自身も二〇〇〇石に昇進する一方、お美代の産んだ第一子溶姫《ようひめ》が成長し、十六歳で加賀藩前田家十三代藩主斉泰《なりやす》に縁付くことになり、五〇人ほどの御付女中を引き連れて輿入れしたのは文政十年だった［図3］。千恵が大奥のお美代部屋に勤めることになったのは、溶姫が輿入れした翌年三月のことであり、千恵はいつの間にか、幕府の権力中枢の渦の中に巻き込まれたのである。溶姫の御付女中には、お美代の信頼がおける自分の部屋子も付けたであろうから、千恵はその穴埋めとして、中野屋敷から送り込まれたとも考えられる。

大奥には、将軍家族が生活する「御殿」と、庶務会計を扱う男の役人が勤務する「御広敷」と、女中たちが居住する「長局《ながつぼね》」があるが、将軍家族に奉仕する直雇いの女中たちは、御殿を職場として長局に居住していた。奥女中の最高位である御年寄の居室は、一〇室、計七〇畳余の座敷に炊事場、湯殿、便所が備えられており、お美代が居た中﨟《ちゅうろう》部屋は、その半分のスペースだったといわれる。お美代は、側室として仕えるほ

図3　お美代の娘溶姫の輿入れ風景。右側に見えるのが東京大学のシンボル「赤門」（「松乃栄」東京大学総合図書館所蔵）

かは、この部屋の中で、部屋子として、身の回りを世話する「局」など数名の女性と、小間使いの少女、炊事や掃除をする下働きの女中、それに部屋付きの下男らを、「部屋子」として自分の給金の中から雇って、日常の生活を送っていた。千恵は、「お延」という源氏名を貰い、「部屋子」として住み込んで、お美代の身の回りの世話や、話し相手をするなどしたのであろう。千恵の大奥における仕事ぶりをつぶさに知ることはできないが、千恵の実家の日記から、千恵と実家との交流を辿ることで、千恵の大奥生活の片鱗を窺うこととしたい。

実家からは、盆・暮れなど年に数回、地元で採れる食べ物を、お美代部屋まで使いの男に持たせて送っている。例えば文政十一年暮れには「柚泡盛二合、琥珀漬、なめ物一曲」、翌年暮れには「ひしお、きなこ、蕎麦粉」などを届け、また例年六月には桃を送り届けるなどして、お美代部屋の食卓に潤いを持たせていた。千恵がお美代部屋に奉公して一年を過ぎた頃から、年に一、二度手紙が届くようになった。例えば「本町越後屋幸助方より飛脚にて、おちゑ方より文二通」とあるように、千恵は大奥に出入りしている呉服商の越後屋手代を介し、当時の宅配便ともいうべき三度飛脚を通じて、手紙を届けた。大奥には、越後屋などの商人が出入りして、外出が不自由な女中たちを相手に商売をしており、買物や手紙の仲介などの便宜を図っていたのであろう。奉公して三年目には、千恵は外出の許可を貰って越後屋を訪ねているが、ここで前もって約束して父親の藤右衛門と落ち合って久しぶりに対面を果たしている。実父といえども男子禁制の大奥で面会することはできなかったのである。この時、父親は「千恵の諸入用」三両を越後屋に支払っており、千恵は、実家払いの約束で、越後屋から身の回り品を買い整えていたのであろう。

千恵の発信する便りには、大奥の生活を窺わせる内容は記されていない。女中は大奥の内情を外部に漏らさないという誓約を提出しているのだから、これも当然であろう。しかし「日記」の中で、大奥との交流を示す記述がいくつか見られる。その一つは、父親が越後屋で千恵に面会した翌年のことである。「御本丸お延方より、御膳残り老母へ戴かせたき趣にて、本町より持参」という記事である。御膳残り、つまり将軍の食事の残り物を、病床にあった千恵の祖母宛てに届けるべく、配送を頼まれた本町越後屋が、いつもの宅配便ではなく、直接使いの者に持参させたというのである。千恵にとって幼い時期に江戸奉公の助けをしてくれた祖母の思い出は深く、病床にある祖母が話題に上った時、お美代の計らいで異例の措置が取られたのであろう。その一ヵ月後には、大奥から上等な菓子が病床に届いたが、これを口にした祖母は、その五日後に享年九十で亡くなった。

大奥では、三月の節句に飾る雛人形を、普段は立ち入りを許されない江戸の町人たちや、大奥女中の知り合いにも拝観を許していた。天保八年（一八三七）には、千恵は母親と、江戸で奉公の面倒を見てくれた沢の二人を、大奥の御対面所に飾られた雛人形を観覧するために招いている。久しぶりに母娘の対面が実現したが、奉公の年季を前にして、千恵の今後のことについて相談もあったに違いない。翌年、奉公一〇年目にあたる天保九年十月には、父親の藤右衛門は「お千恵身分ニ付」出府している。翌十年六月に使いの亀五郎が千恵のもとへ食品の差し入れに向かったが、その折、「おひわ殿」にも「先達てお延御暇願に付き、とりわけ世話になる礼に遣わす」として、鶏卵などの食品を届けた記事がある。ここから見て、千恵の退職については、父親がお美代部屋へ赴いて、お局の「ひわ殿」を相手に一〇年期を境に退職する交渉を進め、円満に話がまとまったことが判明する。

千恵は、一〇年の年季とお礼奉公一年、計一一年の奉公を終えて、天保十年八月、正式に「御殿より長の暇」を頂戴し、宿下がりが決まった。千恵はこの日、江戸城を出ると、いったん馬喰町《ばくろちょう》にある親戚の山口屋藤兵衛宅に立ち寄って休養し、翌日藤兵衛に付き添われて生麦村に帰ってきた。千恵、この時四十三歳、江戸城に奉公して一一年目、川村家へ嫁してから数えると二四年目の帰郷であった。

四　大奥に通う千恵

千恵は、一一年間の奉公を終えて宿下がりしたあとも、江戸城大奥との繫がりを保ち続けていたことが注目される。

天保十年八月に帰村すると、十月には母親と御礼のために出府している。この時は、お美代をはじめ、皆から貰った餞別の返礼に、赤飯、煮魚などを用意した。関係のところにお礼を済ませると、母親を先に帰して、千恵はそのままお美代部屋にとどまっている。お美代やひわたちは顔なじみの間柄なので、居心地よく居ついたものであろう。翌年三月になって、雛人形の拝観を名目に出府した母親が、ようやく連れて帰っている。

翌四月には、大奥時代の知人で、今は江戸小石川に住む旗本家に嫁している、おれんという女性が、わざわざ生麦村まで訪ねてきた。用件は千恵の縁談で、相手の男は「千恵に相応の方」との触れ込みで、詳しい身分、役職、収入なども知られ、それによると小石川丸太橋に屋敷を持つ幕臣で、役職は表台所頭、知行高は二〇〇俵、役料一〇〇俵、御目見《おめみえ》に昇進した人物ということであった。この話に、父親の藤右衛門は即座に「承知」したが、千恵は渋って即答を避けた。父親としては、江戸城の生活に親しんだ千恵が、田舎の寡婦《かふ》住まいを心配した結果の結論であった。一方の千恵は、結婚生活の苦労を経験し、また貧乏旗本の生活を見聞きしていたこともあって、この話を受ける気がなかったのである。

江戸時代後期には、武士と町人・百姓との間でも婚姻や養子縁組によって、身分の上昇が行われることも珍しくなかった。この縁談も、同輩から見て相応の相手と判断されたものであったろう。しかし、弟の亨二はそのような風潮の中にあっても、「(御目見)以上の御方へ、百姓の身分御掟に相背き候儀、恐れ入り候」と記しており、名主クラスの豪農といえども、下級の御家人ならともかく、御目見の資格を持つ武家とは身分違いで、畏れ多いと感想を述べている。亨二は若い頃に江戸の漢学塾に寄宿生活した経験があり、江戸市中で武士や町人の世界も見ており、身分制の現実には父親よりもリアルな観察をしていたのであろう。後日、千恵と亨二は二人でれん宅を訪れて、この話を断っている。

千恵の縁談話が一段落した頃、馬喰町の山口屋から呼び出されて出府した。千恵は、そのまま西丸のお美代部屋へ寄ってから村に帰っている。帰村して一〇日目に、今度はお美代部屋のお局ひわから、千恵宛の呼び出しの手紙が、山口屋を経由して飛脚便で届けられた。この時は、供の男に単衣の衣類を持たせており、同七月まで長期滞在している。この年の師走には、ひわの使いが再び関口家を訪ね、出府を要請、千恵は再度西丸に向かった。

この時は、江戸城では大きな異変が起こっていた。一月に大御所家斉が歿すると、側室だったお美代は西丸を追われ、二丸の奥に一室を貰い、仏門に入って専行院を名乗り、家斉の位牌を守ることになった。お局役のひわは久尾と名を変えて一緒に移っており、千恵も引き続きこの部屋に通うことになる。

これより先、お美代の養父中野清茂は二〇〇〇石に加増されたのち、天保初年に隠居して石翁を名乗り、大御所の近くに出入りして権勢を誇っていた。千恵が宿下がりした翌年、石翁が箱根の温泉場へ向かう東海道の途中で生麦村を通る時、前もって旅程を聞いていた千恵は、通行する石翁を迎え、魚と梅干を差し上げ、供の侍衆には鮨を献上する一幕があった。後日、千恵は石翁の屋敷に呼ばれ、この時の謝礼として「金五両と袷《あわせ》小袖《こそで》」を下賜されている。村人にとっても、千恵がただの江戸帰りの老女というだけでなく、幕府の高官と対等に言葉を交わすことのできる女性として印象づけられたに相違ない。石翁にとっても、最後の思い出に残る旅であったと思われる。翌十二年に家斉が歿すると、その側近たちの多くは失脚したが、中野清茂も向島の別宅を手離し、失意のうちに翌十三年には世を去った。千恵は、三回忌に墓参している。

お美代の実父とされる日蓮宗の僧侶日啓は、一時は大奥女中の間に絶大な信仰を広めた上に、江戸雑司《ぞうし》ケ谷《がや》に将軍の祈願寺として感応寺《かんのうじ》を建立することを許されるまでになっていた。しかし家斉が死ぬと、感応寺は破却され、日啓は女犯《にょぼん》の罪で遠島に処せられた。千恵は、お美代部屋に通ううちに、お美代の身の上の盛衰を目の当たりにすると共に、これら家斉死歿の前後における幕閣内部の抗争もつぶさに耳にしていたはずである。

天保十二年には、四月から出府して一〇五日間、八月には二五日間滞在と、長期にわたってお美代部屋を訪ねている。十一月になると、千恵は歯痛を訴え、近所から見舞いを受けるほどであったが、翌十三年二月になると肩背痛から発熱し、医師から煎じ薬の調合を受け、浅間社《せんげんしゃ》の護符を貰い受けている。「胸痛、肩背中痛み強く、痰気《たんけ》咳出、発熱、往来勝れず臥《ふ》す」という状態で、しばらくは介抱人に夜間も世話をして貰う状態が続いたが、この間、親戚や近所の村人たちからも見舞い品が届いている。その後、徐々に快方に向かい、四月二十二日には「床上げ、赤飯配る」とあって、全快した。

千恵の病気に際して、江戸城の久尾からも見舞いを受けている。初めは二月二十四日、発病間もなくの頃で、おそらく千恵が、体調不良で出府できないと通知したことを受けたのであろう、久尾の使いとしてゴサイ（下男）が上菓子一重を持参してきたのである。次に床上げも済んだ五月三日になって「お千恵病気御尋使」が来訪し、お見舞い品として「御米壱袋、菓子小重入り、砂糖同断、粉塩少々」などを持参して、千恵の病状を尋ねている。こちらはお美代部屋からの見舞いとして、大奥用の御米が届けられたのである。これに対する返礼として「赤子梅、紫蘇の実、茄子三盃漬け」を使者に渡している。千恵は、しばらく自宅で養生していたが、翌十四年三月になると、再び出府してお美代部屋通いを再開している。

その後も千恵は、毎年のように大奥通いを続けているので、これを一覧表にまとめてみた。『日記』の欠けている年を除いて、出発日、帰宅日、滞在日数を記しておいた。大奥を宿下がりした天保十年、四十三歳から、千恵が歿する前年の六十八歳まで二六年の間、二七回にわたる大奥通いであった。江戸との往復は、体調不良で帰村した時を別として、ほかはすべて徒歩で往復した。関口家には、駕籠が備えられており、客人など特別な用に供することはあったが、千恵はもちろん当主の藤右衛門も通常の出府に使用することはなかった。四十代の頃の記録では、江戸まで六里（二四キロ）の道法を、約六時間かけて歩いている。ほぼ半日の行程である。

千恵は一一年の大奥奉公を終えると、村に帰ることを選択し、その後も武家との再婚話を断り、村に帰ってからは駕籠も使わない質素な生活を旨としていた。そして大奥の久尾から声が掛かると、すぐに出府して長期の滞在を果たすことを繰り返している。お美代部屋において期待された千恵の役割は正直よくわ

表　千恵の出府一覧（天保10年〈1839〉～元治元年〈1864〉）

No.	出発年月日	帰宅年月日	日数	行き先	年齢
1	天保10（1839）10.3	天保11（1840）3.14	161	西丸ほか	43
2	天保11（1840）4.29	天保11（1840）5.15	16	山口屋・西丸	44
3	天保11（1840）5.25	天保11（1840）7.16	51	西丸・中野屋敷	
4	天保11（1840）12.10	天保12（1841）閏1.30	80	西丸	
5	天保12（1841）4.3	天保12（1841）7.18	105	西丸・二の丸	45
6	天保12（1841）8.3	天保12（1841）8.28	25	二の丸	
7	天保14（1843）3.6	天保14（1843）4.4	28	二の丸	47
8	天保14（1843）5.9	天保14（1843）9.9	120	西丸・二の丸	
9	天保14（1843）閏9.29	天保15（1844）1.14	105	二の丸	
10	天保15（1844）5.11	天保15（1844）6.27	46	二の丸、石翁墓参	48
11	弘化元（1844）12.11	弘化2（1845）5.5	145	二の丸	
12	弘化3（1846）？	弘化3（1846）5.17	34	―	50
13	弘化3（1846）閏5.22	弘化3（1846）？	―	―	
14	弘化4（1847）3.30	弘化4（1847）8.27	148	二の丸	51
15	弘化4（1847）10.2	弘化4（1847）11.2	31	山口屋	
16	嘉永元（1848）4.14	嘉永元（1848）？	―	―	52
17	嘉永2（1849）5.26	嘉永2（1849）8.20	85	二の丸	53
18	嘉永2（1849）9.12	嘉永3（1850）？	―	二の丸	
19	嘉永3（1850）9.26	嘉永4（1851）2.2	127	二の丸	54
20	嘉永5（1852）3.5	嘉永5（1852）10.27	232	二の丸	56
21	安政3（1856）4.30	安政3（1856）9.8	129	二の丸	60
22	安政4（1857）7.1	安政4（1857）？	―	―	61
23	安政5（1858）5.5	安政5（1858）8.18	103	二の丸	62
24	安政5（1858）9.6	安政5（1858）12.11	95	二の丸	
25	文久元（1861）5.26	文久元（1861）6.19	23	二の丸	65
26	文久2（1862）2.28	文久2（1862）7.6	128	二の丸	66
27	元治元（1864）3.9	元治元（1864）6.13	94	山口屋	68

出典は、大口（2016）。千恵の年齢は、出発時の数え年。

からないのであるが、お美代、久尾と三人の間には、長年の共同生活によって培われた、身分を越えた友情が生まれていたのであろう。

千恵が大奥の奉公で得ていた給金の額や、宿下がりの際に支給されたであろう一時金については、『関口日記』は何も伝えてくれない。退職後のお美代部屋通いは、正規の雇用ではないが、食事と住居については現物支給されるとはいえ、わざわざお美代部屋久尾の名前で呼び出しているわけだから、相応の報酬が支払われていたと考えられよう。

『関口日記』は、細かい家計支出も記録しており、千恵が宿下がりした直後は、千恵の出府の際の小遣い代なども記録していたが、数年でその習慣がなくなり、千恵の収入・支出は親の財布からは独立して運用されることになったのであろう。この結果、残念なことに千恵の生活をめぐる収支が見えにくくなっている。

千恵が、老旗本との再婚の話を断ったあと、父親藤右衛門は隠居して家督を惣領の東作（亨二改め）に譲ったが、そのあと自らの隠居地のうちから、若干の田畑（高三石余）を分けて、将来千恵が奉公できなくなったら、弟が世話できるように、この土地から年貢を差し引いた「浮徳」分を、千恵の「養方手当」として譲り渡すとした証文を残している。四十五歳の出戻り娘の将来を心配した父親の思いやりであった。この「養方手当」は計算すると年間三両程度になり、老女の生活費としては十分であろうが、千恵は最期まで大奥奉公を続けていたので、この「養方手当」の世話になることはなかった。

このように千恵は、大奥に通っている間は金銭的に不自由をしたことはなかったと思われるが、このことを証拠立てるものとして、歿後に千恵の身辺からかなりの金銭が残されていたことが判明した。亡くなったあとに、持ち物の中から小判、二分判、壱分金、弐朱金、壱朱銀などの貨幣が見つかり、合計六両一分に上った。さらに死後半年後に「白麻地」の包みの中に、封をした袋に新弐分判、新壱分銀、新弐朱金の貨幣が合計三両見つかったと『関口日記』は伝えている。千恵は、実家に恵まれていたこともあって、経済的に苦労することはなかったと言えよう。

太平の世に生まれた千恵であったが、幕末の東海道と江戸大奥を往復する生活の中で、様々な政治的社会的な事件を目撃している。千恵五十七歳の時の嘉永六年（一八五三）六月には、アメリカのペリー艦隊が開港を求めて江戸湾浦賀に来航したが、この折に黒船は江戸湾を遡行して品川沖まで来ている。この時千恵は、ちょうど生麦村に戻っていたので、村の前を航行する黒船を目前で観察したはずである。この直後から東海道は、あわただしい動きを見せるようになるが、文久二年（一八六二）八月には、来日した英国人一行が騎馬で江戸に向かう途中、対抗する薩摩藩の行列に接触して、生麦村の前で英人一人が殺傷されるという事件が発生した（生麦事件）。千恵は、たまたま弟東作の危篤の報によって村に帰っていたので、事件とその後の捜査などを直接目撃したことになる。生麦事件に対してイギリス側は態度を硬化し、日本側に賠償金を請求して、江戸湾から江戸市中と沿岸地域に向けて艦砲射撃を開始すると威嚇した。これに対して生麦村でも、海岸沿いの地域では疎開する動きが見られ、関口家も当初は戸塚宿に嫁した娘の家に荷物を運んでいたが、やがて生麦村の内陸側に一軒屋を借り受け、一家で疎開することとなり、六十七歳の千恵は数日間だが疎開の経験をしている。

江戸城においては、大御所家斉の死に遭遇し、それに伴うお美代の剃髪と二丸への移転を身をもって体験したことはすでに述べたが、その後、将軍家定の正室となった篤姫《あつひめ》の大奥入り、将軍家茂《いえもち》の正室となった和宮《かずのみや》の大奥入りなどは、千恵の通った二丸御殿にも、様々な影響をもたらしたに相違ない。

最後に、千恵の晩年を見ておきたい。千恵六十六歳の時、文久二年二月、戸塚に嫁している姪を連れて、大奥に飾られた雛人形を見せに行き、そのままお美代部屋に留まっていたが、七月に弟の東作の病状が悪化したとの報が伝えられ、迎えの者と一緒に村へ帰った。帰村後は、東作の葬儀を済ませ、生麦事件とそれに続く疎開騒動で多忙に過ごしたが、六十八歳の時に最後の江戸行きが行われた。三月に出発、隣村鶴見村の親戚に一泊し、翌朝江戸に向かったものの体調が思わしくないので、途中馬喰町の山口屋で休養を続け、二丸御殿に上がることなく、六月には村に帰ってきた。その後、千恵に江戸城へ向かう機会は訪れなかった。

翌慶応元年（一八六五）には体調も回復し、六月に村の慶岸寺で行われた高野山の宝物拝観に赴き、八月には神奈川宿の親戚に泊りがけで出向くなど、外出を繰り返し、体調も回復に向かったかと思われた。ところが九月八日に、千恵は「少々不快」を訴え、翌九日には小嶋医師の診療を仰いだが「さしたる儀もあらず」という見立てであったところ、十日の夕刻、突然容態が変わり、息を引き取った。わずか二、三日床に就いただけの大往生であった。享年六十九。

葬儀は、九月十三日に菩提寺安養寺の和尚のもとで執行され、家族、親族と近所の人たちに見送られた。葬儀のあとに形見分けが行われ、親戚や晩年病床で世話をした女性たちに衣類が渡されたが、その中で大奥において長く親交のあった久尾に対して、「三つ組蓋物壱組、茶漬け茶碗壱ツ、珠数壱」が遺品として贈られた。改めて千恵と久尾との生前の親交の深さが感じられる。

関口家の菩提寺である安養寺（横浜市鶴見区生麦、図4）を訪れると、墓地の奥まった一角に、関口藤右衛門と伊恵の夫婦墓が見られるが、その墓石の左側面に、「知孝院妙恵日唱信女」と千恵の戒名が彫られており、千恵が父母の墓に合葬されていることを知ることができる。

図4　千恵が眠る安養寺

千恵の生涯は、関口家の『日記』の中で、千恵の父親、弟、甥の三代にわたって書き継がれたのであるが、甥の東右衛門は、『日記』の中で千恵のことを「御殿伯母」と記している。この呼称は、村に帰っても言葉遣いや身だしなみなど奥女中としての矜持をもって生涯を送った千恵の姿を彷彿とさせてくれる。

【参考文献】

青梅市教育委員会『御殿女中・吉野みちの手紙』（青梅市史史料集四〇号、一九九一年）
大口勇次郎『江戸城大奥をめざす村の娘――生麦村関口千恵の生涯』（山川出版社、二〇一六年）
畑尚子『江戸奥女中物語』（講談社現代新書、二〇〇一年）
畑尚子『徳川政権下の大奥と奥女中』（岩波書店、二〇〇九年）
『関口日記』一～二三、別巻一～三（横浜市文化財研究調査会、一九七一～八五年）

第Ⅴ章
大奥女性の心の支え

第1節　桂昌院と寺院
——長命寺穀屋の尼僧との関わりをめぐって

石田　俊

一　桂昌院の信仰と綱吉政権

桂昌院《けいしょういん》［図1］は寛永四年（一六二七）、京都に生まれた。父は二条家の家司《けいし》本庄《ほんじょう》宗利（宗正）。ただし実父は、より身分が低いともいわれ、在世中から様々な噂が流れたが、確証はない。三代将軍家光付女中永光院（お万、またはお梅）の縁によって江戸に下り、秋野と称して家光の手が付いたとされるが（『柳営婦女伝系《りゅうえいふじょでんけい》』、『徳川諸家系譜』一）、これも同時代史料で裏づけられるものではない。現時点において、彼女の足取りがほぼ確実につかめるのは、正保三年（一六四六）に徳松（徳川綱吉）を産んでからである。延宝八年（一六八〇）に綱吉が五代将軍となると、桂昌院は江戸城三丸《さんのまる》に迎えられ、「三丸様」と称され、綱吉の尊崇を受けた〔塚本一九九八、福田二〇一〇〕。

本稿でテーマとするのは、桂昌院の信仰である。桂昌

図1　桂昌院肖像（長谷寺所蔵）

院は神仏へ深く帰依《きえ》し、彼女の内願によって繰り返された寺社造営・修復や寺社領の寄進は、幕府財政にも影響を与えた〔大野一九九六〕。そのため、女性が政治に容喙《ようかい》した代表例として否定的な評価を受けることも多い。

ただし、桂昌院の信仰が、近世国家における宗教統制を揺るがすものでなかったことは、前提として確認しておくべきであろう。元禄六年(一六九三)、綱吉は桂昌院が帰依していた成就院という祈禱僧について「修法の邪正は存ぜず候えども、売法房主《ぼうず》には紛れなし」という護持院住持隆光《りゅうこう》の助言を受け、「正法《しょうぼう》の障り」として追放している(『隆光僧正日記』一、元禄六年八月八日条)。また、日蓮宗不受不施派《ふじゅふせは》の義性《ぎしょう》は、綱吉誕生時に祈禱を行った僧で、桂昌院から仏具の寄進も受けていたため幕府の処罰を逃れていると噂されたが(『御当代記《ごとうだいき》』貞享四年二月条)、結局、不受不施派は綱吉によって徹底的に弾圧されるに至っている〔塚本一九九八〕。将軍の母である桂昌院が信仰するのは「正法」でなければならず、「正法」「邪法」を決定するのは綱吉であった。

そして「天下の神社仏閣を御造営の事、社家・僧衆先例を引て願ふ輩をば、吉保悉《ことごと》く是を聞て、其の真偽を糺し申し付くべきの仰せ事を蒙る」(『楽只堂年録《らくしどうねんろく》』二、元禄九年七月十八日条)とあるように、綱吉政権期において寺社造営に関する諸願を取り扱う責任者は柳沢吉保《やなぎさわよしやす》であり、桂昌院ではない。ジェンダーによる役割分担が理念上徹底されていた近世武家社会においては、桂昌院の一存によって寺社造営や寺社領の寄進がなされるわけではなく、表向の政治的判断や手続きを経る必要があった〔杣田二〇〇三〕。

野村玄氏によれば、綱吉政権による寺社造営や諸儀式の再興の多くは寺社側の要請を受けた受動的なもので、特に元禄七年以降に連続的かつ顕著になったのであり、その背景には将軍継嗣の不在を受けた綱吉や桂昌院の焦りがあるという〔野村二〇一五〕。むしろ寺社側のほうが桂昌院の信仰心に期待して、積極的に運動していく構図であったことには注意を要する。

このように考えると、桂昌院の信仰やその影響力について、先入観を排して改めて検討していく必要があるように思われる。全国の寺社は、桂昌院の帰依を求めてどのように動いたのか。そして彼女の帰依は、寺社にとってどのような意味を持ったのか。本稿では、近江国長命寺《ちょうめいじ》の穀屋（勧進所）尼僧と寺僧との相論《そうろん》を事例として、これらの点を考えてみたい。

二　長命寺穀屋と尼僧

長命寺（現滋賀県近江八幡市、図2）は、長命寺山の山頂近くに建つ天台宗の寺院である。寺伝によると、長命寺山を開いたのは、『古事記』や『日本書紀』に登場する武内宿禰《たけのうちのすくね》で、聖徳太子がその長寿にちなんで長命寺を創建したとされる。この寺伝が史実をどこまで反映しているかは定かでないが、長命寺の名は史料上、十一世紀には確認できる。以後、近江守護の六角《ろっかく》氏、および織田信長・豊臣秀吉などからも保護を受け、秀吉からは愛知《えち》郡《ぐん》平流《へる》郷《ごう》のうち一〇〇石を寺領として認められ、江戸時

図2　長命寺（写真提供：西国三十三所札所会）

代にも引き継がれた。

長命寺における穀屋の成立過程や変遷については、すでに詳細が明らかになっている〔山本二〇一一・二〇一二〕。それによると、永正十三年（一五一六）に、兵火によって伽藍《がらん》の大部分を失った長命寺の再建に勧進上人《かんじんしょうにん》として尽力したのが、春庭慈芳尼《しゅんていじほうに》およびその弟子の慈白尼であった。近世前期の長命寺においては、慈芳尼を祖と伝える穀屋の尼僧たちが、勧進による資金のみならず、内陣を除く外陣分・諸堂舎の賽銭をも支配して諸堂修復を担うなど、経済力を背景に寺運営において大きな役割を果たしていた〔図3〕。

しかし、十七世紀後半から十八世紀の初頭にかけて、諸堂修復や賽銭の管理権をめぐり、慈芳尼数代の弟子を名乗る清安尼およびその弟子の安養尼と、長命寺寺僧・穀屋惣中との相論が頻発した。結果として安養尼は長命寺を追われ、穀屋は寺僧の支配下に編成され、定着化が進んだ。以後、穀屋は東西に分裂し、西穀屋は、慈芳尼が浅井長政《あざいながまさ》の娘であり、徳川秀忠御台所《みだいどころ》崇源院《そうげんいん》（お江《ごう》）の姉妹（あるいは姪）であるという由緒を創出して江戸城大奥へ接近、江戸城大奥や西丸大奥、尾張藩などへ祈禱札を献上し、開帳に際しては紋附《もんつき》打敷《うちしき》の寄進を受けた。一方、東穀屋は、慈白尼が膳所《ぜぜ》藩主本多家の縁者とする由緒を主張したという。

以上のような先行研究を踏まえ、本稿で着目したいのは、江戸城

図3　長命寺参詣曼荼羅（長命寺所蔵）

大奥との由緒が創出される過程および祈禱札献上の意義、そしてそれらと桂昌院との関わりである。

三　穀屋尼僧の語る由緒

まずは次の史料を見てみよう。

江州長命寺上人入り来、則ち出会う、申され云う、この六年以前、関東へ御目見《おめみえ》として下向仕り候儘《まま》にて今に下向申さず候、年々女切手《おんなきって》の儀御願い申し候へども、曾《かつ》て以て出《いで》申さず候、町奉行衆へひたと御願い申し候へども相調《ととの》い申さず迷惑仕り候（中略）御由緒候て、毎年江戸へ下り御目見仕り候処に、六年以前より調い難く、さてさて迷惑仕り候、江戸□るいよりも度々女中方より状越され、たまきどのにも言外怪み出され候、何とぞ所司代へ願い申し候て、相調い下り候へのよし度々申し来り候よし、状共数多見させられる也、又寺の由緒書致し越すべしのよし申し来り候ゆえ、かくの如く相認め遣し候、則ち写し留め候也、

（『資廉卿記』東京大学史料編纂所蔵謄写本、元禄五年九月二十八日条）

『資廉卿記《すけかどきょうき》』は、京都に住む公家柳原資廉《やなぎわらすけかど》の日記である。元禄五年（一六九二）九月二十八日、彼のもとを「長命寺上人」が訪ねてきた。柳原資廉は、この時武家伝奏《ぶけてんそう》を勤めていたが、この訪問はそれに加えて、柳原家が代々長命寺の執奏《しっそう》を勤めていた関係によるものであろう。

「長命寺上人」は言う。自分は六年前、すなわち貞享三年（一六八六）頃までは、由緒によって毎年江戸に下って将軍に御目見をしていた。しかし六年前から、京都町奉行に何度願っても女切手が発行されなく

なり、大変迷惑している、と。

注目すべきは、女切手の発行が問題になっていることである。このことから考えると、「長命寺上人」を名乗るこの人物は、長命寺の寺僧ではなく穀屋の尼僧であり、上人号で呼ばれていることからも、当時穀屋において長命寺の諸堂修復を一手に引き受けていた清安尼と見なすことができる。清安尼は、寛文年間（一六六一―七三）頃には朝廷より上人号を獲得し、将軍家への祈禱札献上も、その頃までに慣例化されていたことがわかっている〔山本二〇一二〕。

ここで、「穀屋」の名称が史料上には表れないことに注意したい。あとで述べるように、清安尼や弟子の安養尼は「穀屋」ではなく「長命寺」あるいは「長命寺上人」を自称して活動していたのであり、柳原資廉も、長命寺を清安尼が統括する尼寺と捉えていたのである（柳原資廉は後年、寺僧と安養尼との訴訟に際して問い合わせを受け、長命寺に寺僧がいること自体を知らなかったと答えている〔「山門江戸寺僧穀屋安養出入記録 二」滋賀県立安土城考古博物館寄託長命寺文書〕）。なお、すでに寛永九年（一六三二）には、「長命寺比丘尼《びくに》」が上人号を所望していることが確認できる（『資勝卿記抄』〔国立公文書館蔵謄写本〕寛永九年十二月二十七日条）。これも穀屋尼僧と考えられるが、やはり「穀屋」の称は付けられていない。詳細は明らかではないが、このことからすると、清安尼以前から、穀屋の中心的尼僧は「長命寺比丘尼」を称し、朝廷から上人号を授与されていた可能性が高い。

このような穀屋尼僧の自負を支える一つの根拠が、将軍家への祈禱札献上であった。長命寺の寺僧は、清安尼が上人号を得て以来「江戸御札献上の道中往還に至るまで、驕りますます甚しく」（「京江戸山門寺僧穀屋安養出入記録 一」）なったと批判している。このことは、札の献上やそれに至る道中の行列が権威性を帯びるものであったことを示すと言えよう。

さて、先に掲載した史料に続く部分には、清安尼が前年に玉木という女性に送った長命寺の由緒書が写されている。長文ではあるが、内容的にも興味深いため全文を引用してみよう。

覚

一、私寺の謂われ、詳しゅう偽りなく書き付け進《まいら》せ候ようにと仰せ下され、忝なく存じまいらせ候、長命寺の縁起は、炎上の時分に焼け失せ御座なく候

天下様御代〳〵様へ

御札差し上げ申し候御由緒ハ、紛れなく覚え申す事ゆえ、書き付け上げ申し候、

一、私より三代先の上人、

権現様（徳川家康）御陣の時分、御兵糧尽きさせられ候所に、長命寺上人より御米・御馬の豆わずかながら差し上げ申し候所に、その折節の御陣に御勝ちあそばされ候、御機嫌様に思し召され、その御吉例にて、御陣の折節御夢になりとも比丘尼御覧じさせられ候へば、御戦に勝たせられ候とも上意候て御運開かせられ、御開陣の折節、上人へ何候ても望み申し上げ候えと上意御座候えども、上人申し上げ候は、屋敷も御知行も願い御座なく候、伽藍多く御座候間、永代御破損あそばされ候て（ママ）下され候ようにとばかり御約束申し上げ候よしにて御座候、右の通りの御由緒にて、御代〳〵様へ御札差し上げ申し候、江戸へ下り候へば、そのまま御扶持方いただき申し候、このたび江戸様へ下り候事まかりならず、御札をも差し上げ申さず候へば、長命寺の威光末代までも廃り申す事にて御座候へば、一方ならず迷惑なる御事と嘆かわしき御事に存じ上げまいらせ候、幾重

もく〳〵宜う御取りなし頼み〳〵申し候、かしく、

（元禄四年）後八月六日　長命寺上人

玉木さま

（『資廉卿記』元禄五年九月二十八日条）

玉木は江戸に居住する女性と思われるが、残念ながら詳細はわからない。清安尼は、長命寺縁起は焼失したとしつつ、代々の将軍に札を献上してきた由緒を記す。それによると、徳川家康が戦陣において兵糧不足の危機に陥った際、三代前の「長命寺上人」が米や豆などを援助し、家康の勝利に貢献した。感激した家康は、比丘尼（この表現から、この「長命寺上人」もやはり尼僧である）を夢にでも見れば戦に勝てると述べ、上人に望み通りの褒美を与えると伝えた。上人は長命寺の伽藍の永代までの維持を願い、その約束を取りつけたという。この由緒によって、長命寺は代々の将軍に祈禱札を献上し、江戸下向のたびに扶持米を拝領しているとし、今後江戸へ下向できず、祈禱札の献上も叶わなければ、長命寺の威光が末代までも廃ると主張する。

本史料で語られる由緒を、便宜的に家康由緒と称することにしよう。前述のように、十八世紀以降に穀屋が東西に分裂すると、西穀屋は慈芳尼を崇源院の姉妹あるいは姪とする由緒（便宜的に、崇源院由緒とする）、東穀屋は慈白尼を膳所藩主本多家の縁者とする由緒を語るようになる。しかし、十七世紀後半段階では、全く異なる家康由緒を主張していたことがわかる。

この背景に、寺僧との朱印状をめぐる相論があったことは間違いなかろう。経済力においても、また江戸・京の有力者との人脈という点においても、寺僧を凌駕していた清安尼にとって、最大のウィークポイ

ントは二代将軍秀忠以降、歴代将軍より与えられた領知朱印状が寺僧の管理下にあることであった。そのため清安尼と安養尼は、朱印状は寺僧が穀屋の宝蔵より盗み出したものと主張したり〔山本二〇一二〕、さらには秀忠よりもさらに上の権威を求め「東照宮様《（徳川家康）》御朱印前代の尼春貞《（庭）》尼頂戴仕り候」（「京江戸山門寺僧穀屋安養出入記録 一」）、すなわち徳川家康から、穀屋の祖とされる春庭慈芳尼〔図4〕へ朱印状が下されていた（しかし失くしてしまった）と主張したのである。

この主張と併せて考えるならば、本史料に登場する清安尼三代前の「長命寺上人」とは慈芳尼のことを指し、家康が彼女に約束した長命寺の伽藍の維持こそが、朱印状に書かれていたとされる内容と見なすことができよう。

つまり、（一）戦陣において慈芳尼が家康を助け、伽藍の維持を約束する朱印状を得た、（二）その由緒により、江戸に下向して代々の将軍に札を献上し、滞在中の扶持米も拝領している、という二点が、清安尼が「長命寺上人」を名乗り、寺僧の上に立つ重要な根拠の一つとなったのである。それだけに、理由は不明ながら女切手が発行されず、江戸下向が実現しない状況は、清安尼にとって「長命寺の威光末代までも廃り申す」に繋がる重大事であったと言える。

一方、寺僧にとってみれば、このような清安尼の主張は、朱印状を押領し、一山を支配せんとする企みと映ることは言うまでもない。

元禄五年における、清安尼の江戸下向の願いが聞き届けられたか

図4　春庭慈芳坐像（穀屋寺所蔵）

どうかは、定かでない。ただ、清安尼弟子にあたる安養尼が、元禄八年に継目御礼のために江戸へ下向していることから（「京江戸山門寺僧穀屋安養出入記録　一」）、清安尼は間もなく死去した可能性が高い。以後、相論の主役は安養尼へと移り、寺僧との争いが続くこととなる。

四　安養尼による祈禱札献上と桂昌院

元禄八年（一六九五）に安養尼が清安尼の跡を継ぐと、安養尼による将軍家への札献上も再開された。安養尼は、将軍家へ献上する祈禱札に「穀屋」の肩書は記さず「長命寺安養」とのみ署名していたという（「山門江戸寺僧穀屋安養出入記録　二」）。そして、寺僧との相論も激しさを増し、元禄十三年には開帳の有無や賽銭の管理方法をめぐって寺僧が東叡山《とうえいざん》に提訴した。さらに元禄十六年には、本相論は京都町奉行所にも持ち込まれている（「山門江戸寺僧穀屋安養出入記録　二」）。こうした中、安養尼は桂昌院との接点を求めたようである。次の史料を見てみよう。

『護国寺日記《ごこくじにっき》』二、元禄十四年十二月十四日条

一、江州長命寺入り来、兼ねがね願い上げ候三御丸（桂昌院）へ御礼申し上げ候義、今日仰せ渡され候事、御逢い成され候、

『護国寺日記』二、元禄十五年正月二十三日条

一、江州長命寺比丘尼入り来、御逢い成さる、三御丸へ来る廿九日ニ御礼申し上げられ候様にと仰せられ□、献上物は御祈禱の御札かつまた十帖壱本仕るよしの旨仰せ渡され候事、

『護国寺日記』二、元禄十五年二月八日条

一、江州長命寺願いにて、今日四つ時三御丸御広敷迄上られ候ニ付き案内御付け遣され候事、

護国寺は、綱吉が天和元年（一六八一）、江戸大塚において亮賢《りょうけん》を開山として創建した寺院で、桂昌院持仏を本尊とし、その祈願所として極めて厚い帰依を受けていた。『護国寺日記』によると、「長命寺」が元禄十四年、護国寺住持快意を通じて桂昌院への御礼登城を願い、十二月にその許可が下りている。翌年正月には、献上物も祈禱札と杉原紙《すぎはらがみ》・扇（十帖一本）に決まっている。この御礼は一度延期されたものの二月八日に無事行われ、「長命寺」は三丸の広敷まで上がっている。

本史料に登場する「長命寺」は、「長命寺比丘尼」とも表記されていることから、やはり穀屋の尼僧である。「同未《（元禄）》十六年、安養尼近年二三年も在府」（「京江戸山門寺僧穀屋安養出入記録　一」）とあるように、安養尼はこの頃、江戸で活動していた。また、当該期の穀屋で祈禱札を献上するのは安養尼だけであったと考えられることから、この「長命寺」が安養尼を指すことはほぼ間違いない。寺僧は相論のなかで、安養尼が「江戸にて近年、直に長命寺と名乗り、御城・諸檀那方へ出入り仕り候よし」（「山門江戸寺僧穀屋安養出入記録二」）と批判している。安養尼も清安尼と同様、自ら「穀屋」ではなく、「長命寺」を名乗って活動していたのである。

むろん、勧進《かんじん》比丘尼である安養尼が桂昌院に近づくのは極めて自然な行動と言える。安養尼の第一の目的は、桂昌院から長命寺の諸堂修復のための資金援助を受けることであったろう。桂昌院個人にこれといった縁のない遠国寺社にとって、江戸城三丸の奥深くに住まう桂昌院の帰依を得るのは容易ではないと想像される。まずは本事例のように、護国寺などを通じて運動を行い、目見や祈禱札の献上を行うのが、そ

のための第一ステップであったのではないだろうか。安養尼は、翌元禄十六年（一七〇三）にも三丸に登城して御礼をしていることが確認できる（『護国寺日記』三、元禄十六年正月二十一日条）。桂昌院と安養尼との関係は継続していく可能性が高かった。仮に桂昌院より資金援助を引き出せれば、安養尼にとって大きな後ろ盾を得ることとなり、寺僧との相論を有利に導く点でも重要であったろう。しかし、桂昌院は宝永二年（一七〇五）に死去したため、安養尼の運動は結果的に大きな実を結ばずに終わった。

一方寺僧は、安養尼の祈禱札献上は、あくまで個人的な行為であると主張した。

一、安養隔年江戸へ罷り下り御札献上仕り候義、住持ゆえ一山の御札差し上げ候様に申し上げ候事、全く左様に御座なく候、かの者返答書に指し上げ候通り、札は実乗など申す寺僧に頼み候て護摩供修行仕り候、もし一山よりの御札に候はば、一山ともに寄り合い本堂において修行仕り、御札も本堂の御祈禱に合い、なおまた罷り下り候路銀等も一山より出し申すべく候えども、かつて左様の義これなき上は、かたがた一分の御札献上紛れ御座なく候、一山においては、由緒書に指し上げ候通り、天下泰平・御武運長久の御祈禱仕り、京都御奉行所へ御札差し上げ候事、

（「山門江戸寺僧穀屋安養出入記録 二」）

本史料は、宝永元年十一月十五日付けで、長命寺寺僧中が延暦寺役僧に宛てた口上書の一部であり、安養尼の説明に対する反論の形をとる。安養尼が隔年で江戸に下向し、祈禱札を献上していることについて、彼女は長命寺の住持ゆえに献上していると述べているが、事実ではない。もし長命寺一山全体の祈禱札であれば、その祈禱は本堂で行われ、路銀なども長命寺一山より出すはずである。実際は、実乗という寺僧が祈禱札を用意しており、個人的な献上であることは明白である。長命寺としては、江戸ではなく京都町

奉行所に天下泰平・武運長久の祈禱札を差し上げている、と主張する。

　翌宝永二年七月晦日付けで寺社奉行に提出した書付においても、寺僧は「穀屋尼は勧化《かんげ》を役目に仕り候ゆえ、前々より参府致し、御内証より御城へ御札差し上げ、御春屋より相渡り、在府中御扶持方も拝領仕るよしに御座候えども、表向の義にて御座なく、長命寺住持にて御札差し上げ申し候訳にては御座なく候」（「山門江戸寺僧穀屋安養出入記録 二」）と述べている。穀屋の尼僧は勧化を担当するゆえに祈禱札を献上し、在府中の扶持米も拝領しているということだが、それはあくまで「御内証」のことである。安養尼は長命寺住持ではない、というのが寺僧の立場であった。

　長引いた相論が宝永三年に寺僧の勝利に決着し、安養尼が長命寺より追放されると、翌年九月には寺僧の申請によって東叡山から条目が下され、穀屋は従来の自立的活動を厳しく制限されることとなった。

　その条目中には「穀屋の尼、江戸へ罷り下り候付き、御関所切手京都御奉行所へ願い候時は、寺僧の年行事を以て願い上げ申し附くべし」（「長命寺条目」滋賀県立安土城考古博物館寄託長命寺文書、図5）との一条もあり、穀屋尼僧の江戸下向も寺僧の管理下に置かれたことがわかる。

　翌宝永五年には、西穀屋の祖である慈光尼により将軍家御台所への祈禱札献上の再興願いが出され〔山本二〇一二〕、穀屋の再出発が図られること

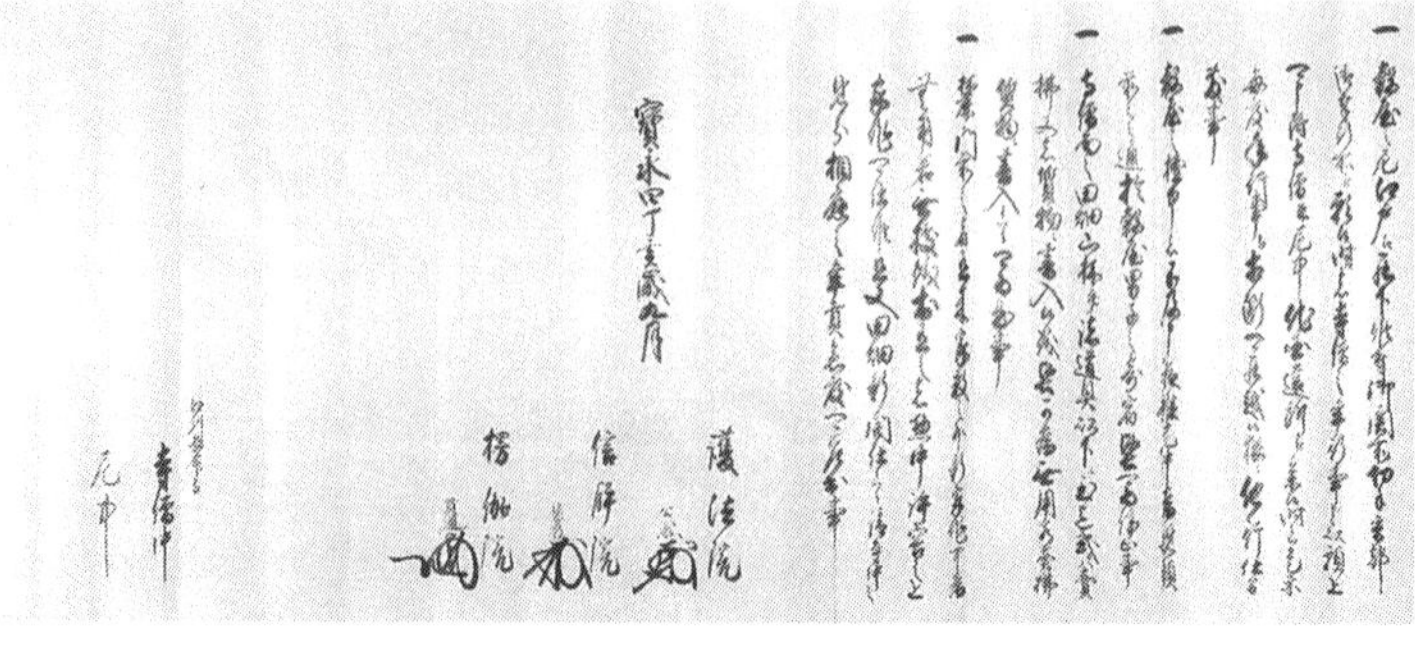

図5　「長命寺条目」の後半部分

になる。しかし、それは寺僧への願書という形をとり、それまでの自立性を取り戻すことはできなかった。なお安養尼の敗北は、清安尼や安養尼の語ってきた家康由緒が全面否定されたことをも意味する。先述のように、以後の穀屋は東西に分裂し、特に西穀屋は崇源院由緒を創出して江戸城大奥に接近していく。その由緒の転換の中で利用されたのが桂昌院であった。

右慈宝《（慈芳）》様御義、恐れながら
権現様《（徳川家康）》
台徳院様《（徳川秀忠）》
御台様《（崇源院）》御姪子にて御座候、この御由緒を以
御公儀様江御札献上仕り候、
桂昌院様江上り候に付き、大御奥より仰せ付けさせられ候義と申し伝え候、

（「御尋ニ付由緒書差上候（下書）」滋賀県立安土城考古博物館寄託穀屋文書〔長命寺文書のうち〕）

この史料は天保十二年（一八四一）十一月、西穀屋が尾張藩に提出した由緒書（下書）の一部である。慈芳尼を崇源院の姪とする由緒を記した上で、桂昌院への祈禱札献上をきっかけとしてその由緒が認定され、公儀への祈禱札献上が開始されたとの伝承を記す。

前述のように、清安尼・安養尼による祈禱札献上は桂昌院以前から行われており、この伝承は事実とは言えない。桂昌院生前には確立途上で終わった穀屋と桂昌院との関係は、穀屋の自立性が失われ、その存在意義が模索される中で新たな意味づけが行われ、祈禱札献上の先例として崇源院由緒の一部に組み込まれることとなったのである。

五　穀屋の由緒と桂昌院

中世後期から近世前期にかけ、穀屋尼僧は長命寺の寺運営に大きな影響力を有し、特に清安尼・安養尼は長命寺住持を自称して寺僧と対立した。それを正当化するために創出されたのが家康由緒であり、将軍や桂昌院への祈禱札献上は、勧進比丘尼としての活動であると同時に、その由緒と関わって、長命寺住持たる自身の威光を象徴するものと認識された。しかし、穀屋が寺僧の支配下に再編成されると、寺僧を支配する根拠としてではなく、穀屋の存在意義を確保するための新たな由緒が必要となり、崇源院由緒が創出されたと考えられる。桂昌院の存在にも新たな意味が与えられ、崇源院由緒を根拠づける先例として位置づけ直されていく。

むろん、穀屋の尼僧が語った様々な由緒を、そのまま史実と認めることはできない。そもそも、慈芳尼は天文十六年（一五四七）歿と伝えられており、この時、家康はわずか六歳である。相論の過程で寺僧からこの点を突かれた安養尼は、家康から朱印状を拝領したのは慈芳尼弟子の慈白尼であったと修正して、同様の主張を続けたようである（「山門江戸寺僧穀屋安養出入記録　二」）。しかし慈白尼にしても、天正八年（一五八〇）歿とされている。その当時、近江国は織田信長の勢力下にあり、家康が寺社に朱印状を発給できたとは考えられない。崇源院由緒も同様に、年代からして成り立ち得ない。そして前述のように、桂昌院への献上をきっかけに由緒の公認を得たというのも、時系列的に矛盾がある。

桂昌院が仏教を厚く信仰し、その保護に力を尽くしたことは間違いない。ただし、彼女による保護は、徳川政権下において先例・由緒として主張し得るものであっただけに、当該寺社によって強調され、一人歩きしていく可能性は少なくなかったと言えよう。本事例は、その一端を物語るものと言えようか。

桂昌院をめぐっては、存命中から様々な俗説が流されたことにも留意しつつ、その実像を冷静に捉え直していく必要があるのではないだろうか。

【参考文献】

大野瑞男『江戸幕府財政史論』（吉川弘文館、一九九六年）
滋賀県教育委員会事務局文化財保護課編『長命寺古文書等調査報告書』（サンライズ印刷、二〇〇三年）
杣田善雄『幕藩権力と寺院・門跡』（思文閣出版、二〇〇三年）
塚本学『徳川綱吉』（吉川弘文館、一九九八年）
野村玄『天下人の神格化と天皇』（思文閣出版、二〇一五年）
福田千鶴『徳川綱吉』（山川出版社、二〇一〇年）
山本順也「穀屋文書（長命寺文書のうち）について」（滋賀県立安土城考古博物館『紀要』十九号、二〇一一年）
山本順也「長命寺穀屋の近世的展開」（『宗教民俗研究』二一・二二号、二〇一二年）
『絵解きってなぁに？語り継がれる仏教絵画』（龍谷大学龍谷ミュージアム、二〇一二年）

第2節　宗教・信仰と大奥——将軍家の祈禱所を中心に

畑　尚子

一　将軍家の祈禱所

江戸城大奥をはじめとした奥向の役割としては、家の存続のために世継ぎを産み育てること、贈答儀礼を中心とした交際、の二点が強調されてきた。平成十一年（一九九九）、すでに高木昭作氏は奥女中の任務として「祈禱《きとう》を事とする宗教家との付き合い」を挙げているが〔高木一九九九〕、当時は奥向の大きな役割とまでは認識されなかった。また、柳谷慶子氏も「法要の執行など」を役割としているが、法要に限定し具体的内容に言及していない〔柳谷二〇一三〕。改めて奥女中の業務量という視点で見直すと、祈禱・法事など寺社に関することが、かなり大きな割合を占めることが近年の研究からわかってきた〔畑二〇一四〕。そこで、このことを奥向の三大役割の一つとして位置づけたい。

江戸時代、寺院は死者を埋葬するだけでなく、様々な役割を担っており、人々は目的によって寺院を使い分けていた。将軍家の事例で寺院を分類すると、①増上寺《ぞうじょうじ》・寛永寺《かんえいじ》（最初は祈禱所）・伝通院《でんづういん》といった菩提寺、②祈禱所、③将軍等の位牌を守護し、法事を施行し供養を行う位牌所、④鷹狩や遊興の際の休憩施設である御膳所《ごぜんしょ》、⑤幕府が寺領の朱印状を発給した寺院の五つに分けられる。また、寺院が一つの役割しか持たないわけではなく、祈禱所であり御膳所というように、複数の機能を併せ持つ場合もある。

今回は特に大奥との関わりが深く、「武運長久」や「子孫繁栄」などを祈願する祈禱所（祈願所・祈禱寺）に着目した。なお、すべてを網羅することは難しいため、江戸市中（御府内）を中心としたい。

初代家康から三代家光期にかけては、幕府は朝廷を通じて京都の寺社に祈禱を依頼しており、天皇や朝廷の国家安寧《あんねい》の祈禱をする宗教的機能を利用している。家光が疱瘡《ほうそう》に罹ると、幕府は寛永六年（一六二九）閏二月、平癒の祈禱を天海《てんかい》、金地院崇伝《こんちいんすうでん》に依頼する（崇伝は京都五山に頼む）。さらに、家光の妹である東《とう》福門院《ふくもんいん》（和子《まさこ》、後水尾《ごみずのお》天皇中宮《ちゅうぐう》）も、宮中の内侍所《ないしどころ》で平癒を願う臨時の神楽《かぐら》を行わせた。寛永八年に新地寺院建立禁止令が出されたが、実効性は薄かった。

ここからは、幕府の祈禱所となった年代順に各寺院を見ていきたいが、参考とした史料が、『御府内寺社備考』など寺院が作成した縁起や由緒書が中心であり、祈禱所となった事実や年代は、寺社側の主張であることを断っておきたい。

江戸の金地院（臨済宗南禅寺派、東京都港区）は崇伝によって創建され、創建年の元和五年（一六一九）九月に二代秀忠の誕生日祈禱を行っており、これ以降、代々の将軍誕生日の祈禱を担うようになる。江戸城の鬼門《きもん》の方角を守護するため、寛永寺（天台宗関東総本山、東京都台東区）は寛永二年に将軍家の祈禱寺として創建された。穴八幡《あなはちまん》（東京都新宿区）は、正保三年（一六四六）に家光厄除けの祈禱を行っていることが記録にある。将軍家の産土神《うぶすながみ》である日吉山王《ひよしさんのう》（日枝《ひえ》神社、東京都千代田区）も、この時期から祈禱を請け負っていたと推察できる。家光が正保三年（一六四六）、祖心尼《そしんに》に寺領を与え建立された濟松寺《さいしょうじ》（臨済宗、東京都新宿区）は、家光の御霊屋を造営し供養する寺であったが、「御建立御修復之訳」（濟松寺文書）に「古来より正五九、御祈禱転続仕来り候処、類焼後大奥より御寄附相変わらず、御祈禱申し上げ候」とあることから、祈禱寺でもあったことがわかる。

四代家綱《いえつな》期は、日蓮宗の三寺院が祈禱所となっている。家綱に仕えた大奥女中の三沢が開基となった延《えん》命院《めいいん》（日蓮宗、東京都荒川区）は、慶安四年（一六五一）に家綱が将軍となると将軍家の祈禱所となる。法養《ほうよう》寺《じ》（日蓮宗池上本門寺《いけがみほんもんじ》末）は家綱の御台所《みだいどころ》顕子《あきこ》（高厳院《こうげんいん》）の帰依《きえ》により、大奥祈禱所となったといわれる。亮朝院《りょうちょういん》（日蓮宗身延山久遠寺《みのぶさんくおんじ》末、東京都新宿区）は家綱付の老女近江の帰依によって、明暦元年（一六五五）に祈禱所と認められたとされる。

五代綱吉《つなよし》期に祈禱所に指定されたのは、すべて真言宗の寺院で、隆光《りゅうこう》の影響力の大きさが感じられる。護国寺《ごこくじ》（真言宗豊山派大本山、東京都文京区）は、延宝九年（一六八一）二月に桂昌院《けいしょういん》の祈願所として建立される。桂昌院歿後は、将軍家の祈願所としての地位を得たといわれるが、すでに元禄五年（一六九二）末から、綱吉を護持する祈禱札の毎月献上を命ぜられている。霊雲寺《れいうんじ》（真言律宗霊雲寺派総本山、東京都文京区）は、元禄五年に「国家安寧」を祈願する寺院として建立された。

筑波山中禅寺《つくばさんちゅうぜんじ》の学頭《がくとう》知足院《ちそくいん》は、慶長十四年（一六〇九）冬、秀忠の祈禱に関わり、江戸白金あたりに宿所（江戸別院）を与えられた。家光・家綱の代に将軍家の祈禱の役割を果たす。隆光が知足院の住職となると、綱吉は厚く庇護し、元禄元年、神田橋外に大伽藍《だいがらん》を造営して、知足院を護持院《ごじいん》と改称する。護持院（真言宗）は元禄八年に幕府の祈禱所となり、幕府瓦解までその役割を果たす。享保二年（一七一七）、火災により焼失するが、八代吉宗《よしむね》は再建を認めず同宗である護国寺内に移転させた。

元禄五年に新寺建立が厳禁となる。六代家宣《いえのぶ》・七代家継《いえつぐ》期および吉宗期の前半は、新規に祈禱所となった寺を探すことはできなかった。

病弱であった九代家重《いえしげ》の継嗣誕生と、無事な成長を願い祈禱修法を行ったのが、以下の三寺院である。覚樹王院《かくじゅおういん》（天台宗東叡山末）は、元文元年（一七三六）に竹千代誕生（十代家治《いえはる》）の祈禱を行い、以後寛永寺に代わって祈禱所の役割を果たすようになる。金輪寺《きんりんじ》（真言宗霊雲寺派、東京都北区）は、元文二年に家治の無事成長を願う祈禱を執行している。霊運院《れいうんいん》（曹洞宗越生龍穏寺末）は吉宗の病気平癒、家重次男（重好《しげよし》）誕生の臨時祈禱を行ったのち、宝暦九年（一七五九）に祈禱所となった。

十一代家斉《いえなり》期は日蓮宗の寺院のみが祈禱所となっているが、これは側室お美代の影響と考えられる。下総中山法華経寺《なかやまほけきょうじ》（日蓮宗大本山、千葉県市川市）は、天保三年（一八三二）に将軍家本丸祈禱所となり（『中山法華経寺誌』）、お美代の父（『藤岡屋日記』では兄）といわれる日啓《にっけい》が住職を務める智泉院《ちせんいん》（日蓮宗中山法華経寺塔頭、千葉県市川市）も、将軍家の祈禱を請け負う。大御所家斉（西丸）の祈禱寺として建立された鼠《ねずみ》山感応寺《やまかんのうじ》（日蓮宗池上本門寺末）は、天保七年に作事が開始され、同九年に開堂供養《かいどうくよう》が行われた。

祈禱を行ったことと、正式に祈禱所となったことは違う。祈禱には定期的に祈禱札などを献上する〈常の祈禱〉と、病気平癒などの〈臨時の祈禱〉がある。縁起などで将軍家の祈禱所になったと主張しても、主に〈臨時の祈禱〉を担う場合は、祈禱所と指定されたとは言い難い寺もある。また、一度祈禱所となっても、幕末までそうあり続けるものでもないことを指摘しておきたい。

二　大奥女中の職務から見る〈常の祈禱〉〈臨時の祈禱〉

贈答儀礼が奥向、表向の双方で行われていたのと同様に、祈禱の依頼も両方からなされていた。どちらからの依頼かを判断するには、伝達ルートを確認する必要がある。寺社奉行を経由するのが表向、奥女中や広敷役人を経由する場合が奥向と捉えることができる。

しかし近世初期は、崇伝と天海という個人に依頼することが多く、寛永十二年（一六三五）に寺社奉行が創設されても、職掌が不確定で、表・奥の役割も峻別されていないため、どちらからの依頼か曖昧な時期である。また寺院により寛永寺が表向、護持院が奥向といわれるが、護持院も一部表向からの依頼も受けている〔櫛田二〇〇六〕。

奥向からの〈常の祈禱〉の例として、護持院と法養寺を見ていきたい。護持院は奥向の祈禱を主に担っていたが、表向に対しても毎月十六日に月次《つきなみ》の札守《ふだまもり》献上を実施していた。大奥を介しての祈禱札の献上と、年中儀礼および大奥から護持院への贈答を「年中行事　附臨時雑記」（寛政年間成立。〔坂本・櫛田二〇〇七〜〇九〕）を基に一覧にしたのが次の表である。

〈常の祈禱〉は正五九（三斎月《さんさいがつ》）に寺で実施され、祈禱札守が献上される。法養寺は一日《いちにち》のみであるが、護持院は七日・十一日・十五日・十八日・二十一日・二十五日と六日間も行っている。将軍をはじめとする男性主（世子や大御所がいる場合は対象となる）には毎回献上されるが、御台《みだい》をはじめとする女性主（簾中や大御台所がいる場合は対象となる）と子供たちに対しては、十五日と二十一日の二日間のみである。供物《くもつ》は老女・表使《おもてづかい》・右筆《ゆうひつ》にも贈られる。十一月四日には、筑波山祭礼の供物が将軍とその家族および女中に差し上げられ、十二月十三日は煤納《すすおさめ》の祈禱で護持院住職が登城して大奥で修法を行い、十二月十五日の節分は祈禱札守が将軍に献上される。

年中行事の贈答は、護持院からは年始・五節句《ごせっく》・歳暮《せいぼ》と贈られ、五節句の季節のものは女中のみに進上

表　護持院と大奥とのやり取り

日付		献上・進上、下賜品	献上・進上先
正月4日	年始	*星供祝儀　昆布・岩茸・樽*	*護持院*
正月6日		昆布	御台
		奉書・扇・茶/中杉	老女/表使・祐筆・御使番
正月7日		星供御祈禱札守・備折（供物）	公方・大納言
正月11日		祈禱札守・備折（供物）	公方・大納言
正月15日		祈禱札守・備折（供物）	公方・大納言
		祈禱札守	御台・御簾中・淑姫・敦之助・綾姫
正月18日		祈禱札守・備折	公方・大納言
正月21日		誕生日祈禱札守・備折・供物	公方・大納言
		聖天浴油供祈禱札守・供物	御台・姫君・敦之助・清水中納言
		聖天尊供物	老女・表使・祐筆
正月25日		祈禱札守・備折（供物）	公方・大納言
2月29日	上巳	枝柿/せんし茶	老女・表使・祐筆/御使番
5月3日	端午	糒/せんし茶	老女・表使・祐筆/御使番
5月7日		*星供中日　昆布・岩茸・樽*	*護持院*
5月11日		祈禱札守・備折	公方・大納言
5月15日		祈禱札守・備折	公方・大納言
		祈禱札守	御台・淑姫・敦之助・綾姫
5月18日		祈禱札守・備折	公方・大納言
5月21日		誕生日祈禱札守・備折・供物	公方・大納言
		聖天浴油供祈禱札守・供物	御台等
		聖天尊供物	老女・表使・祐筆
5月25日		祈禱札守・備折	公方・大納言
7月5日	七夕	素麺/せんし茶	老女・表使・祐筆/御使番
7月15日		光明真言護摩札守・備折	公方・大納言
7月29日	八朔	醒井餅一籠	大奥女中
9月7日	重陽	葡萄一籠	大奥女中
9月11日		祈禱札守	公方・大納言
9月15日		祈禱札守・備折	公方・大納言
		祈禱札守	御台・淑姫・敦之助・綾姫
9月18日		祈禱札守・供物	公方・大納言
9月21日		誕生日祈禱札守・備折・供物	公方・大納言
		聖天浴油供祈禱札守・供物	御台等
9月25日		祈禱札守・備折	公方・大納言
11月4日		筑波山祭礼供物	公方・大納言・御台/老女・表使・祐筆
12月6日	歳暮	箒/昆布	公方/御台
		こよみ・草文箱・箒/せんし茶	老女・表使・祐筆/御使番
12月13日	煤納	御煤納御祈禱札守・供物	公方・大納言
		札守	御台・淑姫・敦之助・綾姫・楽宮・峯姫・松平兼千代・浅姫
12月15日	節分	祈禱札守・備折	公方・大納言

『年中行事　附臨時雑記』より作成。斜字は大奥から護持院へ。

されている。大奥側が贈るのは年始と端午のみであるが、祈禱札守の献上に対して、当然祈禱料の支払いがなされていたと勘案できる。

十二月十三日の煤納は大奥の年中行事になっており、護持院住職が祈禱の修法を担うようになった歴史は古く、知足院住職恵賢が天和三年（一六八三）に行ったのが史料の初見であるが、「例年の如し」とあることから、すでにそれ以前から請け負っていたことがわかる。

修法を行うのは、本丸大奥の御広座敷である。ここでは、煤納の祈禱の流れを「年中行事 附臨時雑記」と「御留守居勤方手控」（国立公文書館所蔵）より見ていきたい。

十二月十三日、護持院住職一行は明け方に平河門外に到着し、広敷玄関より中に入り、それより休息之間へ通る。しばらくすると広敷番之頭が迎えに来て、護持院が御広座敷へ通る。老女二人は上之間に、表使は二之間に着座する。護持院はまず上段の老女に、次に表使へ挨拶し、それより留守居らに挨拶する。床間へ札守を並べて正面に着座し、祈禱加持の修法を行う。修法が済むと、上座の老女へ向かって首尾よく済んだことを申し上げる。目録・黄金・時服《じふく》などの拝領物を女中より頂戴し、拝領の御礼を老女・表使へ申し上げる。次に留守居へ向かい、煤納祈禱加持を首尾よく勤めたことを申し上げ、休息所へ戻る。席次から、老女が留守居より格上であることが明確にわかる。

さて、祈禱実施のための寺側とのやり取りは、文《ふみ》などに残されており、法養寺や身延山久遠寺（日蓮宗総本山、山梨県南巨摩郡）などは女中が行っているが、護持院の場合は留守居が窓口となっている可能性が高い。「御奥御祈禱に、明日五時御上候様に、松平主計《かずえ》（留守居）殿より御手紙役者中へ来」（『史料纂集 神田橋護持院日記』宝永三年九月二十日条）とある。

次に法養寺について、「年中献上物幷御婦美控《おふみひかえ》」（『大田区史資料編 寺社1』）より見ていきたい。写されたのは安政二年（一八五五）であるが、記載内容は「公方・右大将」とあることから、それ以前の十二代家慶《いえよし》期のものと推察できる。正五九の祈禱では四日に巻数《かんず》（読誦《どくじゅ》した経典の数を記した文書）・洗米《せんまい》（御供えのため洗い清めた米）・橘煎餅《たちばなせんべい》を公方・右大将・御台・簾中に献上し、洗米・干塩曲物《まげもの》を御伽坊主《おとぎぼうず》・御使《おつかい》番《ばん》に進上している。二月初午《はつうま》翌日と九月二十三日は、熊谷稲荷《くまがやいなり》大明神御札・洗米を、六度甲子には洗米を将軍とその家族、ならびに大奥側の窓口である御伽坊主・御使番に差し上げている。御伽坊主は代参など仏事に関わり、御使番は表使の下役である。十月八日は日蓮宗の御会式《おえしき》で盛物《もりもの》（会式供物《えしきくもつ》）が将軍、御伽坊主・御使番に贈られた。

歳暮には洗米と納豆曲物が御伽坊主・御使番に進上され、求肥飴《ぎゅうひあめ》が上々方に献上されているが、五節句での贈答行為は見られない。

護持院には老女・表使・右筆が対応しているが、法養寺は御伽坊主と御使番で職制が下がっている。護持院が本山格で、法養寺が池上本門寺の末寺という寺格の差と考えられる。寺格によって対応する奥女中を大奥側が替えていると言える。

左の書状は、家慶から家定への代替りの時のものである。

扨《さて》はこの程　上様御機嫌よく御する〱と　御移徙《いし》　御代替り御規式御賑々《にぎにぎ》しく済ませられ候御事、幾万々年もと御めて度さ、相替らず御長久御繁昌遊ばされ候やうに、御祈禱御申し上げ成されたくとの御事、御文の様其段申し入れまいらせ候へば、御めで度御祈禱御申し上げ成られ候やうにとの御事に御座候、めで度かしく、

（『大田区史資料編 寺社1』）

差出人は家定付御伽坊主栄寿・林佐・栄佐・林可・久左で、代替り後も変わらず武運長久・子孫繁昌の祈禱をしたいと願った法養寺の文に対し、それを許可するとの返事である。この書状から、代替り時に〈常の祈禱〉を続けるかの確認がなされていたことがわかる。

護持院と法養寺は、祈禱所となってから幕末まで、将軍家に対して〈常の祈禱〉の役目を果たしている。〈常の祈禱〉を勤める寺院が、特定の時期にいくつあったかがわかれば、奥女中の業務量も見えてくるが、なかなか難しい作業である。

〈臨時の祈禱〉には、①身体に関すること（誕生、成長、病気平癒、厄払いなど）、②住居に関すること（安《あん》鎮《ちん》・地鎮《じちん》、移徙）、③自然災害に関すること（災害、地震、天変、飢饉）がある。

幕末期になると、政情不安に対する祈禱が加わる。身延山久遠寺は、異国船が早く立ち去り、世情が穏やかになるように、大奥から旗曼荼羅《はたまんだら》への祈禱を依頼されたので、嘉永六年（一八五三）より三回、異国船撃退の祈禱を行った〔望月二〇〇二〕。さらに、文久三年（一八六三）二月に上洛した十四代家茂《いえもち》の、道中の安全と無事に江戸へ戻られることを願う祈禱が、三月十九日から二十五日まで七日間、深川浄心寺《じょうしんじ》（日蓮宗身延山久遠寺弘通所《ぐずうじょ》、東京都江東区）において執行された。この祈禱は身延側が提案しており、天璋院《てんしょういん》や和宮《かずのみや》・実成院《じつじょういん》からの供物が置かれ、身延側からは祈禱した御札・洗米が献上された（「天下泰平・万民悦楽・御祈禱執行記録」身延山久遠寺所蔵）。久遠寺との交渉相手は表使で、老女奉文も遣わされる。

身延山久遠寺のような古刹《こさつ》が、いつから将軍家の祈禱を受けるようになったかは、定かではない。〈臨時の祈禱〉のみに携わっているので、正式な祈禱所ではないと断定できるかというと、そうでもないのが難しいところである。

さて、大奥と宗教家との付き合いは、祈禱に関することだけではない。参詣（代参）、法事、開帳、葵紋付什物《じゅうもつ》の寄付、宝物の大奥上り、上人（尼僧）の大奥訪問など多岐にわたった。このため、奥女中の寺社に対する仕事量は膨大であったと考えられる。

三　祈禱所となる過程と大奥の関与

（1）亮朝院

ここからは、一項で示した寺院が祈禱所となった経緯を、大奥との関係から具体的に見ていきたい。

お万（養珠院《ようじゅいん》）は、徳川家康の側室で紀州家の祖徳川頼宣《よりのぶ》と水戸家の祖徳川頼房《よりふさ》の生母で、熱心な日蓮宗の信者である。その信仰は、実父の死により身延山二十二世日遠《にちおん》に帰依したことに始まり、日遠が祈禱した鬼子母神像《きしもじんぞう》に祈って二人の息子を得たといわれる〔小山二〇一一〕。

慶長十三年（一六〇八）、江戸城内での浄土宗との宗論で日蓮宗が負けたことにより、家康は久遠寺の日遠に誓状を提出させることを決める。しかし日遠が拒否したため家康の忌諱《きい》に触れ、磔刑《たっけい》に処せられようとした時、お万は家康を説き伏せて日遠を救った。またお万は、女人成仏《にょにんじょうぶつ》が説かれる法華経を守護する七面山《しちめんざん》（山梨県南巨摩郡）への登詣を強く願い、元和五年（一六一九）、女人禁制であった七面山に女性として初めて登頂を果たす。その後、七面山は女人禁制が解かれ、七面大明神は女性からの信仰を集めるようになる。

日遠はその後、池上本門寺十六世となり、お万と日遠との縁によって紀州藩は池上本門寺を菩提寺として、主に女性が葬られた。頼宣の娘でお万の孫にあたる芳心院（鳥取藩主池田光仲《みつなか》正室）も熱心な法華信者で、池田家の菩提寺黄檗宗《おうばくしゅう》牛込弘福寺（東京都墨田区）ではなく、池上本門寺で荼毘《だび》に付せられた。

お万の日蓮宗への帰依、および七面信仰は紀州家内にとどまらず、江戸城大奥へも影響を与えたと考えられる。

高田亮朝院は、日暉が牛込和田戸山荒井山五明村（東京都新宿区）に七面大明神を祀ったのを起源とする。日暉は身延積善流の祈禱を実施し、正保四年（一六四七）にその評判を聞いた西丸老女（家綱付）近江が帰依する。慶安元年（一六四八）に、高田筋へ鷹狩に訪れた家綱に目通りを許され、七面勧請《かんじょう》の発端を申し上げる。家綱は近江を介して武運長久の祈禱を依頼し、日暉は祈禱守札を献上する。翌二年、家綱の日光参詣の折、近江を通じて、懐中守として一部一巻の法華経を献上する。同四年、家綱は将軍に就任し、前記法華経に自筆で南無七面大明神と記し、紋付経箱に入れて下さる。

明暦元年（一六五五）、天下長久の祈禱のため、家綱の二字を直筆で日暉に下され、縁起には、家綱祈禱所として建立と伝えられる。すなわち「厳有院《げんゆういん》様御祈禱処として明暦元乙未春、女中近江御方を以て御建立仰せ付けさせらる」（「古書物之写」日蓮教学研究所所蔵写真版）とある通りである。明暦二年三月、家綱の疱瘡祈禱のため、七面宮の神体が江戸城に入り、日暉も登城して祈禱を執行し、葵紋付戸張《とばり》・水引《みずひき》・灯籠《とうろう》を下賜される。同年四月、平癒により白銀一〇〇枚と紋付土器《かわらけ》が下賜される。

明暦三年に亮朝院の寺域が確定し、荒井七面堂が本格的に建て替えられたが、五明村が千代姫（家光長女）の給地となり、屋敷が建立されることとなり、寛文十一年（一六七一）に戸塚村へ移転する。元禄十四年（一七〇二）と翌十五年に桂昌院（綱吉生母）が参詣し、十六年十一月の元禄地震に際しては、国家安全の祈禱を修行した。

亮朝院が、七面信仰と共に力を入れたのが、朝日祖師信仰である。安置の日蓮祖師像を日朝上人像に作り変え、朝日祖師と異称させた。この朝日祖師像を信仰したのが、吉宗付女中速見である。西丸に隠居した大御所吉宗の容態が悪くなり、寛延四年（一七五一）五月には、万巻陀羅尼《ばんかんだらに》修行をし、葵紋付戸張の寄付を受けた。朝日祖師像もたびたび江戸城に上がり、吉宗の病気平癒と延命の祈禱を行った。速見が亮朝院に送った書状にも、その記載が見られる。吉宗が死去するのが寛延四年六月二十日で、書状の日付は六月三日から十六日までで一一通ある。書状には尿の量と御膳を召し上がったかどうかが記されているが、十六日には「御膳を召し上がらず」という状態に陥った。『吉宗公御一代記』（国立公文書館所蔵）では、寛延三年の暮れから体調を崩した吉宗への祈禱が増え、御使番が忙しくなったとある。

その後、亮朝院は寛政八年（一七九六）に桂香院《けいこういん》（紀州徳川宗直《むねなお》娘、鳥取藩主池田治道《はるみち》、その正室転心院《てんしんいん》（紀州徳川重倫《しげのり》娘）より一〇〇両の寄進を受ける。寛政十二年にも、桂香院と転心院は、永代常題目を祈願して二〇〇両を寄付する。亮朝院では、これら祠堂金《しどうきん》を元手に貸し付けを行い、利子を得て寺の運営を回していくようになる。

吉宗の死後、亮朝院が江戸城大奥の祈禱を請け負ったという記載は残されていない。さて、明暦元年に亮朝院が本当に祈禱所となったかであるが、寛文元年に日暉が記した『日記』には「天下安全の為祈禱」とあり、祈禱所とはっきり出てくるのは、享保二年（一七一七）に五世日満が作成した縁起からで、この縁起は七面堂をはじめとする諸堂の再建を願うために作成したものである。

(2) 法養寺

法養寺については二項でも取り上げたが、ここでは祈禱所となった経緯と、特定の大奥女中との結びつきについて見ていきたい。法養寺は、慶長年間(一五九六―一六一五)に神田三河町(東京都千代田区)から下谷稲荷町(同台東区)へ移転し、明治四十三年(一九一〇)に現在の池上(同大田区)に移転した。

法養寺と江戸城大奥との信仰的な繋がりは、法華信者であった家綱の御台所顕子(高巌院)からで、法養寺檀那であった高巌院付御年寄戸沢が取り持ったといわれる。三十番神殿は、寛文年間(一六六一―七三)に高巌院が建立したもので、法養寺の祖師像は江戸城本丸に安置されていたものを、高巌院が家綱に懇願して寄進したと伝えられる。法養寺が江戸城本丸・西丸大奥の祈禱所となったのもこの頃といわれる。

享保十八年(一七三三)には、吉宗より鬼子母神像と大黒天像の寄進を、吉宗養女竹姫より紋付水引・戸張の寄進を受ける。家重が疱瘡を患った際に祈禱を行って以来、将軍家の疱瘡平癒の祈禱も担うようになった。

法養寺に祀られた流行神熊谷稲荷を深く信仰したのが、家斉御台所寔子《ただこ》付御年寄瀧山(文政八年〔一八二五〕頃に寔子付の御年寄となり、天保十一年〔一八四〇〕八月十二日に現役のまま死去)である。法養寺には、瀧山とその叔母華島(花島)の墓がある。二人はお万(養珠院)と祖先を同じくする正木家の出である。

白狐に乗った熊谷稲荷は、火難・盗賊除けに霊験《れいげん》があり、法養寺の熊谷稲荷大明神像は、元禄十五年(一七〇二)に熊谷安左衛門が開眼したものである。瀧山が法養寺十四世日翁に宛てた書状からは、熊谷稲荷像をはじめ稲荷縁起・祖師像・鬼子母神像が、江戸城大奥に数回上がったことがわかる。文化十三年(一八一六)に熊谷稲荷が江戸城に上がった際、表使岩井と富田が稲荷縁起を納める黒塗りの箱を作りたいと申し出た。その箱は今も法養寺に保管されており、蓋裏には二人の名前が記されている［図1］。縁起を納める箱の寄進を仲介した瀧山は、初穂《はつほ》もとりまとめて寺に納めている。

祖師様御備えもの其外、御初尾も何にても皆私名前にて其御寺へ出し候由、表使衆わたくしへ答え候まゝ、さよう思し召し下さるべく候、

（「瀧山書状」『大田区史資料編　寺社1』）

御伽坊主や御使番が職務として行う〈常の祈禱〉などを除き、熊谷稲荷像の大奥上りや女中個人の信仰については、瀧山が窓口となっていたと推察できる。

また瀧山は母の新居の神祓《かみはらえ》の祈禱を願い、その際、他宗の御札から法養寺の「火難除け・盗賊除け」守札に取り替えるので、届けてほしいと日翁に依頼する。母親の宗派信仰まで替えようとするほど、深く傾倒していたと言える。『御祈禱名前帳』（法養寺所蔵）を見ると、瀧山は三〇両という多額の金額を拝殿再建のために寄付している。

老女・表使・右筆・御伽坊主・御使番の役職にある大奥女中は、職務として祈禱を寺院や僧侶に依頼するが、自ら特定の寺院や僧侶に深く帰依する者も出てくる。彼女らは祠堂金を奉納し、自分が仕えた将軍やその家族の回向《えこう》を依頼したり、その寺院の仏像や秘宝の大奥上りを計画するなど、公私を峻

図1
熊谷稲荷大明神縁起黒塗箱（法養寺所蔵）

別するのが難しい信仰もある。

法養寺は、第二次日蓮宗ブームと言える家斉期にも瀧山という熱心な信者を得て、大奥との繋がりを深め、幕末まで将軍家の祈禱所としての役割を全うする。

（3）霊運院

ここでは霊運院［図2］について、「深川霊運院御開基由緒書」（江戸東京博物館所蔵）と『御府内寺社備考』より、祈禱所となるまでの過程を見ていこう。

開山となる東明は、豊嶋郡西台《にしだい》村（東京都板橋区）円福寺《えんふくじ》の小僧で、幼少より般若心経《はんにゃしんぎょう》を日課とし、大病を治すなど奇特を顕していた。延享元年（一七四四）に安祥院《あんしょういん》（家重側室）が懐妊したので、その祈禱を大奥は所々に依頼する。東明は男子出生で、安産であるという祈禱結果を具申する。出生した男子（のちの清水重好）が乳を飲まないので、東明が祈禱して護符を差し上げると、乳を飲むという効能が現れる。これより安祥院の信仰を得て、のちに清水家の祈禱を請け負うようになる。

寛延三年（一七五〇）、その名声は上聞《じょうぶん》に達し、大御所吉宗不例の際の祈禱を内々に命じられ、東明は下総国印旛《いんば》郡惣深新田《そうふけしんでん》村（千葉県印西市）の嶺雲院《れいうんいん》の住持となる。家重より嶺雲院の寺格と場所について老女松島に

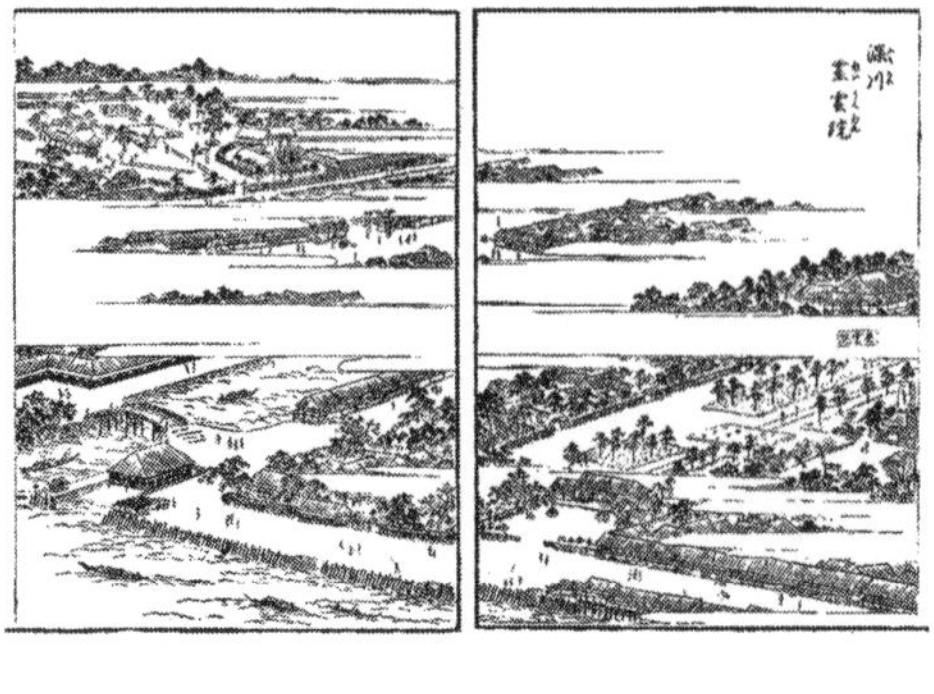

図2　霊運院（『江戸名所図会』より）

下問があり、家重は嶺雲院を御府内に移し、永代祈禱と有徳院《ゆうとくいん》（吉宗）の菩提を弔うよう命じる。

宝暦八年（一七五八）六月三日、東明は御側御用取次田沼意次《たぬまおきつぐ》に召し出され、移造金五〇〇〇両を下賜される。同月八日、「嶺雲」の二字を「霊運」に改める。十月下旬、霊運院は深川清住町万年橋の南側に造営され、東照宮神像と有徳院尊牌《そんぱい》を安置する。十一月、老女高岳より吉宗が信仰していた秘仏と、家重身代の不動明王像を預けられ、大般若経と袈裟《けさ》の寄進を受ける。同月十五日に入院作法、祈禱と有徳院菩提回向を施行する。十二月には松島が家重の代参として参詣する。

宝暦九年閏七月、永代祈禱、寺領二〇〇石を仰せ付けられる。同年九月二十三日、正五九月歳暮に家重・家治へ祈禱の板札献上を願って許され、寺社奉行阿部正右《まさすけ》から今年の暮れより、東明へ毎年金一〇〇両ずつ下されることが告げられる。

宝暦十年二月六日、霊運院が類焼したので寺社奉行に届けを出す。二月二十日、再建普請金として、造営の時と同額の五〇〇〇両を拝領する。享保十四年（一七二九）、幕府は寺社堂宇修復に関して、堂宇の維持は自らの才覚で行うもので、努力しても修復が叶わない場合は修復料を下賜するとした〔湯浅二〇一二〕。そのため、享保改革以降は、焼失や破損による再建費を幕府に申請しても、許可されることは容易ではなく、上申に何年も費やす寺院もあった。そのような中、わずか十四日で援助が決定したのは、家重が東明に深く帰依していたことに加え、松島と結びついたことによると思われる。

「開基由緒書」に名前が出てくる松島は、家重・家治期の大奥を牛耳った人物である。松島の名前が記録に出てくる寺院は、霊運院のほかに妙定院《みょうじょういん》、濟松寺、祐天寺《ゆうてんじ》（浄土宗、東京都目黒区）などがある。濟松寺では、享保二十年の類焼で被害を蒙った仏殿を再興するための修復金は、約四十年経った宝暦十三年に、大奥からの口添えでやっと拝領することができた。その時の老女筆頭が松島である。また松島は、家重付老女岩橋と共に、家重の供養を行う妙定院（元芝増上寺塔頭《たっちゅう》、東京都港区）に惇信院《じゅんしんいん》（家重）永代供養料三〇〇両を納めた。

霊運院では〈臨時の祈禱〉として、宝暦十年三月、家重が隠居後に移徙する二丸の地鎮祭を東明は仰せ付けられる。同十一年六月八日、大御所家重不例の祈禱のため、二丸御広敷へ登城し、加持祈禱をする。同年九月、家重の尊牌を白木で仕立て、安置することを願い許された。

宝暦十一年には家治御台所倫子《ともこ》の安産の祈禱も行う。霊運院には御成書院も造営されたが、家重の代では御成《おなり》は実現しなかった。その後、天明三年（一七八三）七月、家治は深川筋へ御成の時、霊運院に立ち寄り、御膳所として利用した。

霊運院についてまとめると、宝暦九年に大奥の祈禱所となり、正五九月歳暮の〈常の祈禱〉を請け負い、将軍に札守を献上することを許される。〈臨時の祈禱〉としては安産に関わることが多い。吉宗・家重の尊牌を祀り、回向も行い、御成の際の御膳所としての役割も担った。

「開基由緒書」は、享和三年（一八〇三）五月十日に霊運院九世衲敬が記したものであるが、宝暦期以降の祈禱の記録はない。家治までは将軍家との繫がりがあるが、東明の歿後は年間一〇〇両の援助もなくなり、祈禱所であり続けたかは不明である。

亮朝院・霊運院の例からも言えることであるが、まず優れた宗教家がいて、その僧侶に将軍家の女性（御台所・生母・姫君）や大奥女中が帰依し、やがてその名声が将軍の上聞に達し、その僧侶のために幕府が寺を与え、その寺院が江戸城大奥の祈禱所となるパターンが見えてきた。偉大な開祖のあともその寺が祈禱所であり続けるかは、後継者の技量と、大奥との結びつきをいかに保つかに関わってくると考えられる。

四　お美代と智泉院事件

お美代は十一代将軍家斉の側室で、文化十年（一八一三）から五年の間に溶姫《ようひめ》（加賀藩主前田斉泰《なりやす》正室）・仲姫（夭逝《ようせつ》）・末姫（広島藩主浅野斉粛《なりたか》正室）の女子三人を産んだ。智泉院の住職日啓の娘（妹との説もある）で、初めは日啓と親しい家斉の寵臣中野《なかの》清茂《きよしげ》の屋敷の奉公に出ていた。そこで清茂の養女となり、文化三年に大奥に御次として送り込まれ、同七年に中臈《ちゅうろう》に昇進し、家斉に寵愛されて権力を得た。

智泉院は、隣接する遠壽院《おんじゅいん》と共に天正年間（一五七三～九二）中山法華経寺の祈禱相伝所と定められた（「文化十一年従公儀祈禱ノ次第御尋ニ付書上ノ写」遠壽院所蔵）。智泉院は尾張家、遠壽院は紀州家・清水家・一橋家から祈禱を依頼された実績があった。さらに、遠壽院は遠江国掛川藩太田家の祈禱所でもあり、表使村瀬など大奥女中が個人的に信仰もしていた。

智泉院は日啓からお美代の方への働きかけにより、文化七年頃に将軍家の祈禱所となったと言われる。遠壽院には「征夷大将軍武運長久」の札が伝えられており［図3］、万延二

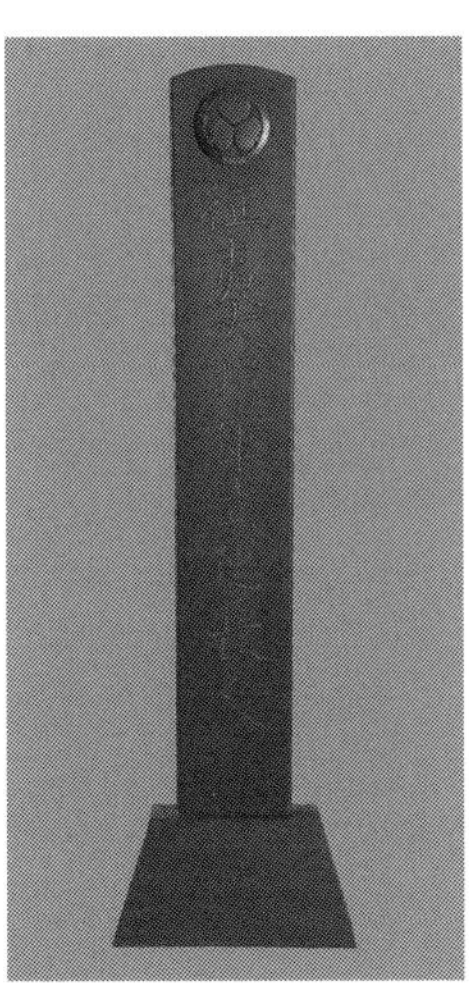
図3
征夷大将軍武運長久（遠壽院所蔵）

年（一八六一）二十四世日照の代に将軍家の祈禱を行っていたことがわかる。

天保四年（一八三三）には、本丸大奥女中の中山法華経寺参詣が実施された。

明廿八日、御本丸御大奥女中様方ならびに御役人方御附様御一同、中山村法華経寺へ御越し遊ばさる間、

（「鬼越村御用留」天保四年正月廿七日条、『市川市史 6巻上』）

日啓が智泉院の二十世住職となったのは文化七年以前で、天保二年十一月にはまだその職にあることが確認できる。その後、日量が二十一世となり、天保十二年正月頃までその職にあった。二十二世日尚は、『藤岡屋日記』によると日啓と密通の相手とされる妙栄の息子で、天保十二年二月以降に住職となり、同年五月の捕縛によってその職を失う。

日啓は智泉院住職のあと、徳ケ（賀）岡八幡御別当守玄院の住職となる。智泉院の境内に徳ケ岡八幡宮の創建が計画されたのは天保六年で〔菅野二〇一六〕、天保九年四月に創建といわれる（『中山法華経寺誌』）。この徳ケ岡八幡宮こそが智泉院事件の元凶である。その背景を、智泉院事件を裁いた寺社奉行阿部正弘《まさひろ》の書付（東京大学史料編纂所所蔵）より見ていきたい。

守玄院日啓は孝恭院（家治嫡男家基）の尊霊を祀るという理由で、徳ケ岡八幡を開基し、その庭内に火《ひ》伏《ふせ》の神である秋葉社《あきばしゃ》を祀った。阿部の書付によれば、守玄院の罪として、（一）大奥へ取り入り出世する、（二）奇捨異説を唱えて女性を惑わす、（三）女犯《にょぼん》の三点を挙げている。「大奥へ取入」ではお美代の名を挙げ、内願により独礼《どくれい》（江戸城内で単独で将軍に挨拶することができる）および八幡別当への就任を実現し、五〇石の朱印を頂戴する（天保八年、『続徳川実紀』二）に至ったことを述べている。奇捨異説では西丸炎上（天保

九年）後の江戸城および江戸市中の火気について、妄説を唱えて人心を惑わしたことを挙げ、女犯については吟味書の通りと記す。

守玄院・智泉院の罪科は、自分の立身のみに汲々として我意一辺倒で、「孝恭院様之御尊霊」にかこつけて、徳ケ岡八幡を開基し、謂れのない秋葉社を建てたことにある。しかし、この罪科を問えば、守玄院を引き立てて朱印まで与えた文恭院（家斉）の罪を暴くことになる。したがって、判決ではこれらのことには触れず、女犯の罪で吟味する。守玄院には跡住職は立てないが、智泉院は元々法華経寺の塔頭であるので、当住職のみを罰して寺跡はそのままとしたい、と結んでいる。

天保十二年十月五日、寺社奉行阿部正弘が掛りとなり、判決が言い渡された。法華経寺地中智泉院持八幡別当・守玄院日啓（七十一歳）が尼妙栄との密通および女犯の罪で遠島となり、智泉院日尚（二十四歳）は船橋の百姓の妻ますと密通および女犯の罪で晒《さらし》の上触頭に引き渡しという処分が決まった。二人の密通相手の女性には押込の刑罰が科され、中山法華経寺住職日導は監督不行き届きで逼塞《ひっそく》となった。

守玄院別当は取り払われ、社領は召し上げ、本尊・什物《じゅうもつ》は法華経寺へ引き渡しとなった。智泉院へは今後一切、幕府より祈禱は仰せ付けられないこととされた。

なぜ、この出来事を「智泉院事件」と呼ぶようになったのだろうか。このことが事件の本質を見誤る原因になっていると言える。この事件は、実は次に述べる感応寺の破却と似た事件で、家斉によって取り立てられ、御朱印も下された徳ケ岡八幡と秋葉社の破却が主体で、それに関わった日啓・日尚が処罰されたものである。

この事件で処罰がお美代に及ぶことはなかった。家斉歿後、江戸城二丸御殿で暮らしたお美代は、明治五年（一八七二）六月十一日に歿した。前田家の菩提所である白山長元寺《ちょうげんじ》（東京都文京区）に葬られ、大正年間に金沢野田山の前田家墓所に改葬されたと言われるが、その墓は現存しない。供養塔が池上本門寺に残るのみである。

安政六年（一八五九）九月、中山法華経寺は天保十二年に取り払われた徳ケ岡八幡宮の再建を願い、小山・村瀬ら本丸表使七名に書状を差し上げた。

先年当山へ御祈禱御菩提として徳ケ岡八幡尊宮御建立に相成り候処、去る丑年（天保十二年）御取り払いに相成り、其後御再興の御沙汰もこれ無く、此度　慎徳院様御年忌　温恭院様一周御忌当らせられ候に付、何卒以前の通り当山へ御安鎮にも相成り候へば、御菩提ならびに　午御歳様御武運御長久・御子孫御繁昌遊され候御儀を存じ奉り候、八幡尊宮御再興にも相成り候えば、自然世上も穏やかに相成り（後略）

（「大奥向願立之写」遠尋院所蔵）

家慶の七回忌と家定の一周忌にあたる安政六年（一八五九）に、八幡宮の再興を願い出たもので、午御歳様（家茂）の武運長久・子孫繁昌を祈禱したいという内容である。表向へも願書を出したが、皆様からも老女方に取り成しを願いたいと結ぶ。しかし、その願いが叶えられることはなかった。

五　感応寺とその破却

さらに、お美代は鼠山感応寺の取り立てにも大きく関与した［図4］。俗説では日啓が懇願し、建立されたとあるがその事実はない（『鼠山感応寺』）。
鼠山感応寺取り立ての経緯を、まずは述べて置きたい。元禄十二年（一六九九）、谷中にあった長耀山《ちょうようざん》感応寺は不受不施《ふじゅふせ》問題により、日蓮宗から天台宗へ改宗させられた。
天保二年（一八三一）に池上本門寺四十八世となった日萬は、感応寺の帰宗を願い、翌年より働きかけを開始する。大奥ルートでは溶姫付老女染嶋から溶姫、さらにお美代へと話を進める。その結果、願いは幕府に認められたが、谷中感応寺の本寺である上野寛永寺の反論に遭い、長耀山感応寺は護国山天王寺《ごこくさんてんのうじ》（天台宗、東京都台東区）と寺号を改名し、感応寺という寺号のみが日蓮宗に帰された。

天保四年正月、日萬は礼として養珠院より授与された寺宝「紺紙金泥法華経」をお美代に献上した〔國分二〇一五〕。天保五年五月、雑司が谷村鼠山に伽藍《がらん》が建立されることとなり、天保七年の作事開始から同十二年の廃寺までのわずか六年間に、本堂・客殿・庫裡《くり》・玄関・惣門など二三棟が建てられた。

「櫨楓」（『江戸西北郊郷土誌資料』）には、御三家・御三卿ならびに加賀藩前田家、広島藩浅野家、明石藩松平家、姫路藩酒井家など家斉の子女が縁づいた大名家が、こぞって感応寺へ参詣、および祈禱の依頼や布施をしたことが記されている。家斉の血縁者が一丸となって感応寺に帰依し、支えたことがわかる。さらに大奥女中らの代参記録も多く載せられている。天

図4　鼠山感応寺伽藍図（『東都本化道場記』より、国文学研究資料館所蔵）

保七年十二月には本堂完成の祈禱を、天保八年四月の家斉隠居に際しては、西丸への移徙の祈禱を、天保九年七月には感応寺本堂開堂供養の祈禱を、老女連名の奉文で依頼している（浄蓮寺所蔵）。お美代は、開堂供養に際しては七日目の施主を務めている。さらに天保八年四月、感応寺は幕府より朱印三〇石を拝領する。天保九年十月、感応寺初代住職となった日詮は、十二月に登城して、毎年年頭御礼として三御所（家斉・家慶・家定）に祈禱巻数を献上することを願い出る。

天保十二年閏正月、大御所家斉が死去する。同年十月五日、幕府は将軍家慶の思し召しを理由に鼠山感応寺の取り潰し（廃寺）を命じる。その日は日啓・日尚に判決が言い渡された日で、その前後には日蓮宗の寺院二五ヵ所ほどに女犯の罪科を着せて処罰があり、日蓮宗全体への弾圧が行われた。感応寺廃寺は突然のことで、その直前まで広大院《こうだいいん》（家斉御台所）や家斉の子弟らに厚く信仰され、梵鐘《ぼんしょう》の制作や放生会《ほうじょうえ》の計画も進行中であった。

感応寺の住職日詮は、十月五日の沙汰書では「別段御構いこれ無し」とされたが、伽藍破却終了から一年後に何らかの罪過によって江戸周辺所払いとなり、七年後に赦免される。

俗説では、感応寺でも僧侶と奥女中の密会があり、破却の理由にも挙げられているが、判決ではそのことには触れられていない。しかし、これだけ多くの奥女中が短期間に集中して参詣していることから、なかったと断定することも難しいであろう。

祈禱所（祈願所・祈禱寺）は大奥と結びつきが深く、大奥女中の代参や参詣も数多く行われているため、大奥女中と僧侶の不義密通事件は祈禱所となった寺で起きている。そのすべてが日蓮宗の寺院であるが、それは偶然か、人心を惹きつける僧侶が育つ環境があったのか、どちらであろうか。

祈禱には幸いを願うだけでなく、呪詛《じゅそ》として対象相手の災いを念じることや、犯人探しなど異なる面もある。松平定信の寛政改革で発覚した金剛院事件も、呪詛の加持祈禱に属するものである。また、大名の奥向で金子が紛失したので、浅草の熊谷稲荷に犯人捜しの祈禱を依頼し、その結果をもとに事件を追及したという記録が確認できた（「仙波市左衛門日記」江戸東京博物館所蔵）。

災いを防ぎ、国を守る鎮護国家の役割を担っていたのが宗教で、江戸時代の国家を主導していたのが徳川将軍家である。その組織に属する大奥女中が徳川将軍家の安寧と永続を寺社に対し、公的・私的に願うのは当然と言える。災いを防ぎ、幸いをもたらす祈禱には効力が求められるので、時代時代で著名な宗教家や勢いのある流行神にすがることになる。そのため、様々な宗教に手を染め、節操が無いように思われるが、徳川家の永続を願うことが、根底にある行動と言える。

【参考文献】
池上本門寺宝物殿『鼠山感応寺 八年で消えた幻の大寺院』（二〇一一年）
江戸東京たてもの園『大奥女中とゆかりの寺院』（二〇一三年）
菅野洋介「近世中後期における日蓮宗寺院の展開と武家・在地社会」（『市立市川歴史博物館館報』、二〇一四年）
櫛田良道「享保期以降の護持院における将軍家祈禱」（『大正大学大学院研究論集』三〇号、二〇〇六年）
櫛田良道「近世における将軍家祈禱寺」（『密教学研究』四二号、二〇一〇年）
櫛田良道「近世後期における将軍家祈禱寺」（『大正大学大学院研究論集』三四巻、二〇一〇年）

櫛田良道「護持院と覚樹王院」（『鴨台史学』一〇号、二〇一〇年）
櫛田良道「護持院と金輪寺に見る将軍家祈禱の相違点」（『豊山教学大会紀要』三九号、二〇一一年）
櫛田良道「御触にみる将軍家祈禱」（『密教学研究』四四号、二〇一二年）
國分眞史「鼠山感応寺の興廃」（『鼠山感応寺』二〇一五年）
小山譽城『徳川将軍家と紀伊徳川家』（清文堂出版、二〇一一年）
坂本勝成「江戸の七面信仰」（『日蓮教学研究所紀要』三号、一九七六年）
坂本正仁・櫛田良道「筑波山護持院「年中行事　附臨時雑記」――将軍家祈禱の実態」（『豊山学報』五〇号～五二号、二〇〇七年～九年）
高木昭作『江戸幕府の制度と伝達文書』（角川書店、一九九九年）
畑尚子「寺院が所持する大奥関係資料」（『東京都江戸東京博物館紀要』四号、二〇一四年）
深井雅海「将軍宣下に見る公家・大名・寺社方の格式」（橋本政宣編『近世武家官位の研究』続群書類従完成会、一九九九年）
福江充『江戸城大奥と立山信仰』（法藏館、二〇一一年）
望月真澄『近世日蓮宗の祖師信仰と守護神信仰』（平楽寺書店、二〇〇二年）
柳谷慶子「大名家「女使」の任務」（総合女性史学会編『女性官僚の歴史』吉川弘文館、二〇一三年）
湯浅孝「江戸城大奥を介在した寺院建物修復費用の調達」（『駒澤史学』七七号、二〇一二年）

第3節　幕末維新期の大奥と「淘宮術」――天璋院の生き方

藤田英昭

一　上野戦争の焼け跡から

慶応四年（一八六八）五月十五日、薩摩・長州中心の新政府軍は、江戸城が明け渡されたあとも上野の山に立て籠もり、新政府軍に対決姿勢を示していた彰義隊《しょうぎたい》を壊滅させた。世にいう上野戦争である。

この日、朝六時頃に繰り出して、寛永寺《かんえいじ》本坊表門（黒門口《くろもんぐち》）の激戦に参加していた薩摩藩士の西郷隆盛《たかもり》は、「誠に長い戦いにて大いに労《つか》れ申し候」と、京都にいる同僚の大久保利通《としみち》に書状を送り、戦いを振り返った（五月二十日付、『大西郷全集』二）。戦闘は夕方五時頃に終わったが、大雨の中でのずぶ濡れの戦いは、勝利した側も相当体力を消耗していたことは疑いない。とはいえ、西郷が「此巣窟《このそうくつ》を打ち破り候付、もふは制し安く相成り候《そうら》はんか」と、同じ書状で述べたように、新政府軍はこの戦いに勝利したことで、旧幕府（徳川家）に代わって関東の取り締りを担うこととなり、その後、五月二十四日には、徳川宗家相続人の徳川亀之助《かめのすけ》（家達《いえさと》）を駿河府中七〇万石に移封することを公表できたのであった。そのうえ、東北へと拡大した戦争も有利に展開できるようになったのである。

戊辰戦争の大局の中では、以上のように評価できる上野戦争［図1］だが、上野界隈に大きな傷跡を残していったことも無視するわけにはいかない。

例えば、戦争直後の五月十六日発行の『中外《ちゅうがい》新聞』などによれば、両軍が砲火を交えた戦闘の中で、湯島通りから火の手があがり、その後、上野山下からも出火。折からの西南の風にあおられて池之端仲町《いけのはたなかまち》をはじめ、下谷《したや》・谷中《やなか》あたりの町屋も戦火に見舞われた。池之端仲町では全焼二三戸・半焼二戸、流弾即死一人、下谷数寄屋町で全焼九〇戸・半焼五戸、下谷町一・二丁目で全焼一三一戸、谷中町で全焼六八戸、などといった具合で、焼失家屋は数知れなかった。上野山下あたりでは、兵火によって類焼した者が七二三〇人もいたという（『東京市史稿』変災篇五）。戦火を逃れて老若男女が道をさまよい、哀れみの声が市中に満ちあふれていたと『中外新聞』は伝えている。

こうした悲惨な状況の中、ある幕臣の家は、戦火に見舞われながらも一人も怪我はなく全員無事、主人はウグイスやホオジロのさえずり声を聞いて、全く動じず落ち着き払っていたという（新家春三《にいのみはるみつ》書状、後述）。しかも、その家は池之端の上野山付きにあり、上野戦争で住まいの柱や梁が破壊され、天井も細かく打ち砕かれて壁も大砲の穴だらけ、無事な部屋は一つもないという荒屋と化しながらもである。まさに奇跡というほかはない。

その幕臣の名を小森幸兵衛といった。作事奉行配下の大工棟梁並を勤めていた。幸兵衛は、徳川幕府の瓦解に際して、この年の五月半ばに徳川家に「御暇《おいとま》」を願い出て、徳川家のもとを離れる決意をしていたのだが、驚くべ

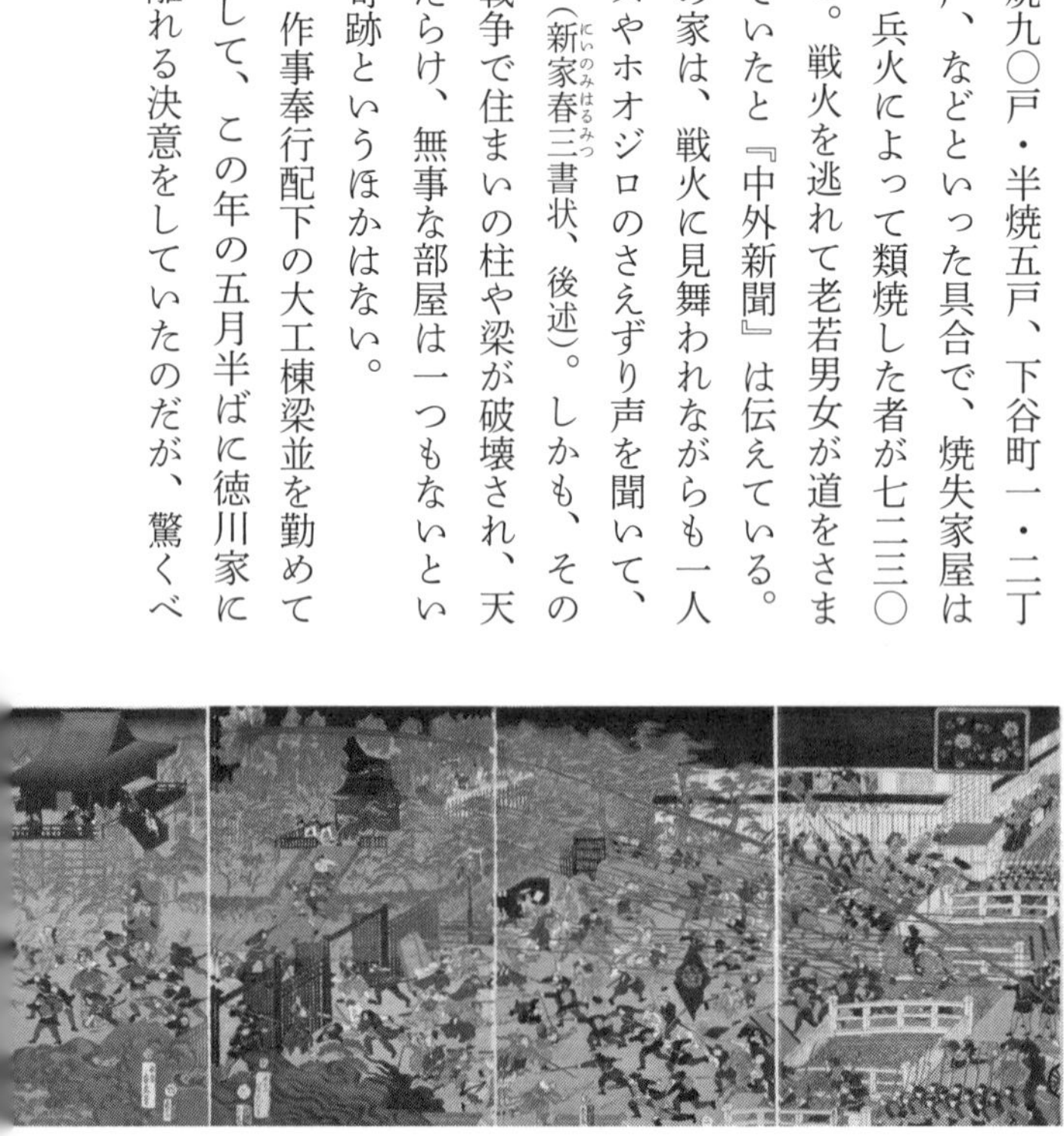

図1　上野戦争を描いた錦絵（東台大戦争図）（国立国会図書館所蔵）

きことに、「御暇」する一日前に徳川家に五〇〇両もの大金を献金していたというのである。恐らく、自身の全財産を徳川家に差し出し、最後の忠節を尽くしたあとに家中を離れたのであろう。その一家に追い打ちをかけるように、上野戦争の砲火が襲ったのである。

この五〇〇両の献金話は、勝海舟の日記にも登場するので事実と思われる。すなわち、上野戦争直前の『海舟日記』五月十三日条には、昨夜「奥田生」なる者が海舟を訪れ、「献金いたし度者《たきもの》これ有り、取り扱い呉《くれ》申すべき旨相頼む」とあり、小森幸兵衛の名は記されないが、何者かが献金する話が出てくる。そして、六月六日条には「小森献金五百両預り置く」とあり、この箇条の頭註に「幸兵衛」と記載されているので、小森幸兵衛が献金した五〇〇両を海舟が預かったことが判明する。その後、小森に「時服二領」を下賜する書付が渡されることとなり、六月十五日には小森宛ての書付が、海舟から「奥田生」へと手渡された（『勝海舟関係資料 海舟日記（三）』江戸東京博物館）。

このように奇特な幸兵衛の家を戦火が襲い、小森一家は住まいを失った。ただ、この時幸兵衛は、家を破壊されながらも、家族一人も怪我がなかったことをありがたく思っていたという。

このエピソードが書かれた新家春三という人物の手紙には、「全く淘宮《とうきゅう》修行ニて、（幸兵衛は）天の利益と日々ありがたく天拝シて歓びおり、勇間敷《いさましく》く

らし居り候」と記載されている。どうやら幸兵衛の発想の背景には、「淘宮修行」なるものがあったようだ。幸兵衛は、「淘宮修行」のおかげで家族みんなが助かったことを悦び、たくましく前向きに生きていこうと気分を一新しているのである。

ここでいう「淘宮修行」とは一体何なのであろうか。そして、そもそも上野戦争下における小森幸兵衛のエピソードを後世に残した新家春三とは何者なのか。

新家春三（文化十一年〈一八一四〉～明治二十三年〈一八九〇〉）とは、後述するように、幕末期に「淘宮修行」に関わっていた幕臣のことである。春三は、幸兵衛の立ち居振る舞いに触れながら、「右様《みぎよう》の者多くの社中ニ壱人也、誠ニ愚拙《ぐせつ》も恥入り、是《これ》を見ても弟子ニ教へを受け、修行仕り候」と述べている。幸兵衛は、春三の主宰する淘宮術の「社中」の弟子であり、師匠の春三は、弟子の幸兵衛の振る舞いを見て、さらなる「修行」に励もうと自らを奮い立たせていったのである。

注目すべきは、春三がこの話を伝えた先が、江戸城大奥の女中であったことである。

春三はいう。〝災ひも　貧ぼふ（貧乏）神も　来《きたら》ばこい　我淘宮の　力ためさん〟

災難や貧乏神に打ち勝つ「淘宮」とは、一体どのようなものなのか。

ここでは、新家春三という無名の幕臣にスポットを当て、彼の「淘宮修行」はもちろんのこと、これまでほとんど指摘されてこなかった新家春三と大奥女中との交流に注目し、とりわけ天璋院の動向と「淘宮術」との関わりについて述べていきたい。

二　新家春三と淘宮術

新家春三［図2］は通称彦次郎、諱《いみな》を孝弟といった。号は新亀斎。文化十一年（一八一四）十一月十五日、江戸小石川の白山《はくさん》御殿跡で生まれた。父は純孝《すみたか》、母は幕臣杉浦義左衛門の女《むすめ》で、母は春三が十六歳（数え年、以下同じ）の時に死去している。

そもそも新家家は、三河以来の譜代で御三家紀伊徳川家に仕えていたが、享保期の当主で奥役人を勤めていた與五左衛門《よござえもん》が、享保三年（一七一八）、八代将軍徳川吉宗の生母お由利（浄円院《じょうえんいん》）の江戸下向の御供に加えられ、幕臣に加えられた家柄であった。與五左衛門は「浄円院様御供之輩」の筆頭に記載され、広《ひろ》敷添番《しきそえばん》（一二〇俵四人扶持）・近習番《きんじゅうばん》を勤めている（「従紀州御供人数書」国立公文書館所蔵）。以下、幕臣となった與五左衛門を初代として、新家家の歴代を『寛政《かんせい》重《ちょう》修《しゅう》諸家《しょか》譜《ふ》』に基づき振り返ってみよう。

與五左衛門の息子の二代正孝《まさのり》は、吉宗の次男田安宗武《たやすむねたけ》に附属して抱守《だきもり》を勤めた。三代孝之《のりゆき》は小普請《こぶしん》だったが、田安宗武の近習番から田安屋形の徒頭《かちがしら》・物頭・用人へと昇進し、寛延元年（一七四八）には布衣《ほい》の着用を許された。さらに、西丸広敷用人を経て本丸広敷用人を勤め、宝暦十一年（一七六一）には従五位下に叙せられ、市正《いちのかみ》を称するなど出世した。孝之の代に一二〇俵四人扶持から二〇〇俵

図2　新家春三肖像（沼津市明治史料館所蔵）

の緑高に加増されている。四代広孝《ひろのり》は小性組の番士として進物役を勤め、五代孝則《のりゆき》は書院番となり、のち世子《せいし》時代の家慶に附属して西丸に勤仕した。そして、六代純孝が春三の父にあたる。

春三（孝弟）は七代当主として、天保二年（一八三一）八月二十四日に父の家督を相続した。嘉永期には小普請組に所属している。息子の鍬次郎は、慶応二年（一八六六）に新設された奥詰銃隊（書院番・小性組番が再編された将軍親衛隊）を勤めた。春三の孫孝正《たかまさ》は、静岡藩の沼津兵学校を経て工部大学校を卒業した建築家（工学博士）として著名である。孝正は工部省《こうぶしょう》技手として宮内省に奉職、皇居御造営事務局で宮内省庁舎の設計に従事したあと、逓信省《ていしんしょう》を経て日本土木会社（現在の大成建設《たいせい》）に入社した〔樋口一九九八〕。華族女学校校舎・逓信大臣官邸・旧学習院初等科正堂、東京国立博物館表慶館《ひょうけいかん》（共作）・上野動物園旧正門などが代表作として知られている。

ところで、本稿の中心人物である新家孝弟こと春三は、天保二年の家督相続後、幕臣高倉家から妻を娶《めと》ったが、父の遺した負債もあって幕府から下される禄高はその返済に差し引かれ、生活は窮乏していたという。それを見かねた妻の実家から、天保五年に横山丸三《まるみつ》なる者が発明した淘宮術という開運修行をしてはどうかと勧められ、翌六年、丸三に入門した（日本淘道会『淘宮』）。これが、春三と淘宮術の出会いであった。

その淘宮術とは、『広辞苑』を補足して説明すると、次のようなものであった。

「天源術」（陰陽《いんよう》五行説を用いて、人の生年月日の干支と観相《かんそう》からその人の性質を判断する宿命説の一つ）から出た開運修行で、天保五年に御家人の横山丸三（三之助・興孝《おきたか》、安永九年〈一七八〇〉～嘉永七年〈一八五四〉）によって創始されたものである。「淘」は「よなげる」と訓読みし、洗練する、不純物を洗い清めることを意味した。「宮」は本心の宿るところで、人体を指す。つまり、「淘宮」とは人間の心の〝汚れ〟を洗い流すという意味である。人間は、生まれつきの癖（気癖・気質の偏り）があるが、それを洗練・矯正することにより、本心が顕れ、心身・気血《きけつ》の運行がよくなり、幸福を享受できると説く。この生まれつきの癖は、その人の生年月日と観相により認知できるとされ、それぞれの気癖・性格にふさわしい精神修養を導き出していた。

横山丸三は初め、人の運命を予知する「天源術」を学び、奥義を極めたのだが、人生が「天源術」に左右されるのであれば、人は授けられた運命のままで終わってしまうため、そうではなく、気質の偏りを知り精神修養によって気質を矯正することで、その人の本心が発揮され、開運に導かれると主張し、天源術に改良を加えた淘宮術を打ち立てたのである。

言い換えれば、生まれつき薄幸という宿命は天源術では変えられないが、淘宮術では、たとえ薄幸であっても、精神修養を積み、その人の運を妨げる気癖を取り除けば、開運の道が開けてくるはずだと説く。まさに、自分の運命は自分で切り開くという自己啓発術で、幸福は自分で手に入れるものだと主張していた。

淘宮術の思考の特徴は、物事を肯定的に捉えるという点に尽きる。その象徴的な一例として、ペリー来航に直面した横山丸三が、弟子に話した内容を紹介しよう。丸三は、アメリカを豊かで兵も強い世界の大国と位置づけ、そうした国がこちらから求めもしないのにわざわざ来航し、交際を希望している現状を「我が国の幸ひ」と評価し、当然要求に応えるべきだと論じた。幕府役人が誠意をもって国際間の儀礼や商法などの指導を願えば、アメリカは悦んで応じてくれるはずで、そうなれば「座しながら世界に一つの強友を得、是《これ》よりして万国の形勢をも知り、又其《その》学術にも通じることを得べし」（大井正元編『春亀斎 横山丸三先生御伝記』）と見通したという。

こうした横山丸三に師事した門人で、六皆伝《ろくかいでん》とされているのが、佐野量丸《かずまる》（竹元斎、御家人青木家に生まれ祖父の佐野氏を嗣ぐ）・久留島丸一（森鶴斎、豊後国森藩久留島通容《みちかた》、淘宮を藩政に活用した）・青木十丸《そがん》（青亀斎、佐野量丸の弟）・相原貞三（陽気庵、江戸両国の割烹《かっぽう》料理屋の娘、浅草蔵前の上総屋に嫁いで家運を興隆した）・飯田勝美《かつよし》（不労庵、書院番・講武所砲術教授方出役・歩兵頭並、庄蔵と称す、維新後駿河に移住、同地で元姫路藩主で老中の酒井忠惇《ただとし》に淘宮術の皆伝を授けた）と、新家春三（新亀斎）その人であった（前掲『淘宮』）。

『淘宮』に所収される「新亀斎新家春三先生小伝」によれば、新家春三は娘が田安屋形に女中奉公に出ており、さらに先妻の高倉家の女《むすめ》が病死したのち、後妻として一橋家臣の川村喜内の二女と再婚するなど、御三卿と縁があった人物である。

淘宮術との関わりでは、幕末期に陸奥国下手度《しもてど》藩主にして若年寄・老中格兼会計総裁を勤め、明治以降、学習院初代院長や貴族院議員を歴任した立花種恭《たねゆき》らへ免許皆伝を許したことが知られている。加えて、本稿で指摘するように、幕末期に淘宮術を介して大奥女中と交流し、維新後も彼女たちと交際を続けていた事実を、経歴の中に新たに付与することができるであろう。

三　幕末の大奥と新家春三

新家春三は、江戸城大奥女中とどのような交流をしていたのか。

江戸城大奥は、将軍以外の男子禁制と一般的に言われているが、実際は広敷役人など大奥で勤務する男性役人もおり、大奥で将軍の子女や奥女中を診察する奥医師などもいたことが、明らかとなっている。

一方、新家春三が広敷役人を勤めたかどうかは未詳である。交流の手段は専ら書状を介してであった。この書状がどのように遣り取りされたのか、残念ながら判明しないが、書状の写しが横半帳の冊子（一六〇㎜×二二四㎜、公益財団法人徳川記念財団所蔵）にまとめられて残されている。冊子の表紙には「春三先生御ふミ」［図3］と書き付けられており、この書状写から春三と大奥女中との知られざる交流が浮かび上がるのである。

書状の内容は後掲の通りだが、宛名は記載されていない。原本には記載されていたが、写す際に省略したのか、もともと書いてなかったのか判断できないが、宛先の女中を推測するうえで、手掛かりとなるのが、冊子の表紙左下に貼付された付箋である。

その付箋には「サカ」と墨書されている。「サカ」とは天璋院付の中臈《ちゅうろう》である「さか」のこと。薩摩藩士仙波《せんば》市左衛門の妹で、薩摩から輿入れしてくる天璋院（篤姫）に従ってきた女中である。維新後も徳川家の女中頭を勤めるなど、天璋院や徳川家の奥を支えた女性であった。

このことから、この冊子は新家春三が「さか」に宛てた書状を写した可能性が出てくるが、それでも断定はできない。というのも、付箋の下には「歌かは」という文字も記載されているからである。「歌かは」とは、天璋

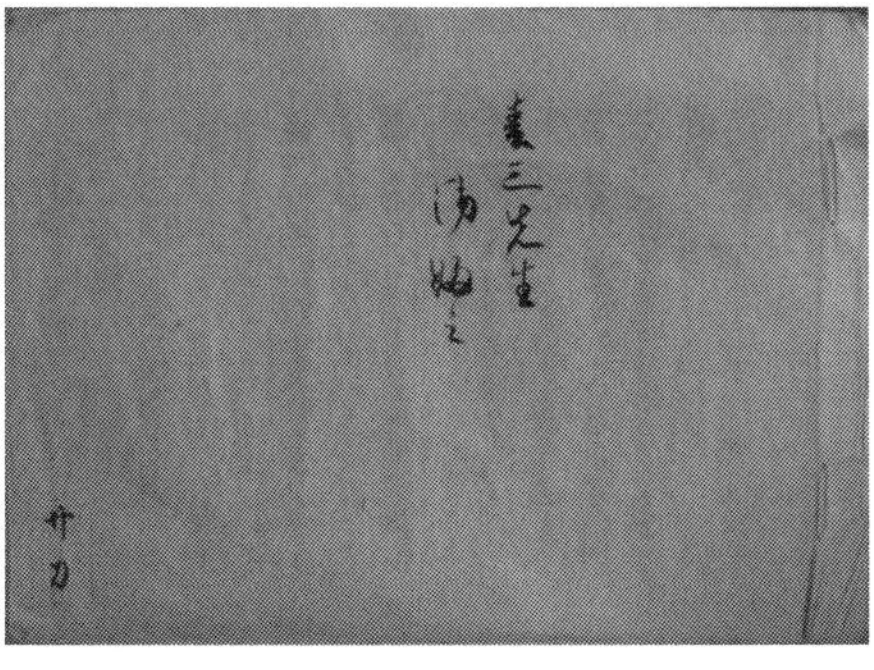

図3　新家春三書状写・表紙
（徳川記念財団所蔵）

院が十三代将軍家定の御台所《みだいどころ》であった時期に、「ふく」と名乗って御台所付の中﨟を勤め、家定死後に天璋院が大御台所《おおみだいどころ》となって以降、中﨟頭や中年寄《ちゅうどしより》となった「歌川」という女中（又甥に小普請組の岡野福次郎がいる）である。実は、徳川記念財団には、新家春三が歌川に宛てた明治以降の書状が二十数通伝来しており、淘宮術に関する話題にも触れているので、春三と歌川とが淘宮を通じた交際を続けていたことが明らかである。したがって、この横半帳の冊子に写された春三書状の受取人に歌川がいたとしても、全く不思議ではないのである。ただ、歌川の名前の上に「サカ」の名が記された付箋が貼付されていることも無視できない。

宛先がどちらであったとしても、注目すべきは、二人とも天璋院付女中であったことである。しかも、この冊子や歌川宛て春三書状二十数通は、天璋院の用簞笥《ようだんす》（「梨子字《なしじ》筥《はこ》牡丹《ぼたん》蝶《ちょう》尾長鳥文蒔絵《おながどりもんまきえ》用簞笥」）に収納されて伝来していることも看過できない。このことから、天璋院も淘宮術と何らかの関わりがあったのではないかと想定でき、ますます興味深い書状ということになる。

それでは、冊子に記載された春三の書状がどのような内容だったか、以下記載順に列記してみよう。

①（慶応四年）三月六日　淘宮修行の重要性につき
②（慶応四年正月）　当年の大輪は恐ろしき気の廻り、徳を磨く必要性を説く
③（慶応三年十二月二十四日）　江戸城二丸《にのまる》火災につき「御社中様」の安否ほか
④（年未詳）　豊臣秀吉による五大老の腰物《こしもの》の寸評と気質との関わりにつき
⑤（慶応四年）五月二十八日　徳川家の石高が減少されたことは結構なこと
⑥（慶応四年閏四月）　徳川養君は淘宮修行が必要なこと

⑦（年未詳）　淘宮詠歌
⑧（慶応四年六月）　旗本の進退や小森幸兵衛五〇〇両の献金について
⑨（慶応三年十二月）　二丸火災につき淘宮の発想不可欠のこと
⑩（年未詳）十二月三日　人の性と淘宮の発想につき、「敵」は心の内にある旨
⑪（年未詳）　日々喜悦之事・淘宮詠歌

一見して、手許にあったものを年代とは関係なく書き写したものとわかるが、内容は慶応三（一八六七）・四年のものが多い。本節の冒頭で紹介した小森幸兵衛のエピソードも、実は天璋院の用簞笥に収納されたこの冊子に記載されたものであったのである。

この冊子から、新家春三と天璋院付女中とが、日常的にどのような交流をしていたのかがわかる。例えば、書状⑤や⑨からは、大奥から春三へ菓子などを下賜したり、春三からも書状③のように江戸城二丸火災の見舞いとして、「如何敷御品《いかがわしき》」を女中たちに進呈するなど、互いに贈り物を遣り取りする間柄にあったことが明らかである。

書状③に記載される「御社中様」が気になるが、内容から、恐らくこの「御社中様」が春三から淘宮術を伝授されていた女中たちを指すのではないかと思われる。淘宮術については、さかや歌川だけではなく、天璋院付御年寄の藤崎も関わっていた様子が書状②から判明するので、天璋院の周辺では、淘宮術が一定程度受容されていたのである。

四　新家春三の書状と天璋院

それでは、新家春三が大奥女中に送っていた書状の内容を具体的に見ていこう。書状の多くが、徳川幕府瓦解の年にあたる慶応三（一八六七）・四年のものなので、戊辰戦争や徳川家処分に対する幕臣の考え方の一端がわかる貴重な歴史史料でもある。以下、天璋院の動向に注目しながら、書状の内容を紹介していきたい。

（1）二丸炎上と火災体験

書状③と⑨は、慶応三年末の江戸城二丸火災に関わる内容である。ここでは③を中心にみる。

冒頭で新家春三は、「昨暁は扨《さて》〳〵恐れ入り候御儀、誠ニ驚き入り、去りながら御一統様御怪我等も在らせられず　御立ち退き遊ばされ、重畳《ちょうじょう》の御儀ニ存じ奉り候」と、火災の翌日に書状を認め、前述のように火災見舞いを「御社中様」に贈った。そのうえ春三は、「松御殿《まつごてん》」への御機嫌伺いの進物《しんもつ》も用意している。この「松御殿」が二丸御殿の主である天璋院を指す。このように、春三は天璋院にも贈り物ができる立場にあった。しかも、春三は火災を聞きつけると、早急に見舞いに駆けつけたという。しかし、城内の御門が厳重に閉め切られ、厳戒態勢だったので入れなかったとある。ということは、通常であれば、二丸御殿などの大奥広敷などに出入りできる立場にあったことを示しているのではないか。

それはともかく、江戸城二丸御殿は慶応三年十二月二十三日の寅の下刻（午前五時頃）、長局あたりより出火して灰燼《かいじん》に帰した。江戸城最後の火災である。御殿に住んでいた天璋院と本寿院《ほんじゅいん》（十三代家定生母）・実成院《じつじょういん》（十四代家茂生母）は、いったん三丸《さんのまる》に立ち退くが、その後吹上御庭の滝見茶屋に移り、最終的に静寛院宮《せいかんいんのみや》（家茂正室）が住まいとしていた西丸御殿に落ち着いた。

折しも、天璋院の実家である薩摩藩が中心となった王政復古クーデター後の江戸城火災であり、薩摩藩が江戸城内から天璋院を奪い返すために、女中を使って付け火をさせたという噂が当時からあった（『東京市史稿』皇城篇第三）。こうした実家の行為に、天璋院は怒り心頭に発している。しかも、当時の江戸市中は浪士の攪乱《かくらん》工作などによって治安悪化に陥っており、その背後に薩摩藩がいることを聞きつけた天璋院は、関係者の捕縛をたびたび命じていたという（「公私聞書」『杉浦譲全集』第二巻）。そうであるならば、薩摩藩邸焼き討ち事件は、天璋院の意思も少なからず含まれた事件であったといえるかもしれない。

さて、この二丸炎上にあたって、新家春三は大奥女中たちにどのような言葉をかけていたのか。書状を読み進めてみよう。

此度《このたび》の恐れ入り、かよふ《（斯様）》の節大いにこゝろ《（心）》動する御事ニ御座候、然《しか》ル時こそ御修行御大切に御心を持て御気質をよく御治め、丹せん《（端然）》に御心を御落ち付け、前後の混雑ニ御放心これ無き様遊ばされ候得《そうらえ》ば、猶《なお》来ル災ひハ去り、難もきえ《（消え）》、直くに御身の外迄御楽《ら》くニ調ひ申すべし

これがまさに淘宮術の発想である。すなわち、災難に直面すれば心が動揺して、自分の性格（気質・悪い癖）が出てしまいがちだが、だからこそおのおの「御修行」が大切である。「御気質」が出ないように落ち着いていれば、災いや困難もなくなり、気が楽になるだろうと語りかけているのである。とにかく騒がないことが肝腎だという。

〝悪しき事来りし時かはらだめし《（腹試し）》気質か出るか楽に行けるか〟の精神であった。

ある意味で楽天的な発想だが、春三自身の体験に基づいているからこそ、明快かつ断定的にこのような言葉をかけられたともいえる。というのも、春三もかつて火災体験をしたが、それにめげることなく淘宮の思考法で対処した結果、開運に導かれた経験者だったのである。

書状③によれば、天保十三年（一八四二）三月七日午前十一時頃、牛込赤城（東京都新宿区）からの出火により、小石川の自宅が「箸《はし》壱本なし」の丸焼けになったという。しかし、春三は「火事ニ心とられ申さず、猶《なお》心を落ち付け、養ひ修行致し居り候内に、種々よき都合追々出来《しゅったい》候」と、火事を気にすることなく、心を落ち着かせて修行していたところ、良いことが立て続けに起こったというのである。折しも、老中水野忠邦《ただくに》による天保改革の終末期にあたり、翌十四年閏九月に水野は老中を罷免されるが、まだ改革が進められていた時期であった。

火事の翌年の天保十四年正月、天保改革の一環で、町人が旗本の拝領屋敷に住むことを禁ずる触が発せられた。たまたま新家家の向かいの拝領屋敷に住んでいた肴屋《さかなや》吉兵衛も引っ越しを余儀なくされ、馴染みであった春三はこの拝領屋敷の留守を任せられることになった。そして、最終的に春三は、借金をしたもののこの屋敷を入手するに至ったというのである（「新亀斎新家春三先生小伝」『淘宮』所収）。これを見た淘宮の師匠横山丸三は、まさに淘宮修行の模範的結果だとして、春三に免許皆伝《めんきょかいでん》を授けた。しかも火事のあと、春三の妹と娘が御三卿田安屋形の大奥奉公に上がり、別の妹も縁付いたという。春三は火事の災難に遭いながらも、自分の気質を出さないよう努めていたため、家と免許の二つを手に入れ、さらに、娘妹が縁付いたり就職できたりと、文字通りの開運に導かれたのであった。

二丸火災後の大奥女中への見舞い状も、こうした実体験に裏づけられた励ましだったといえる。そして、二丸火災の下手人が早々にあげられたのを、「松の君の御修行の御徳故《ゆえ》」だと評価した。つまり、天璋院の淘宮修行のおかげで「悪女」（付け火の下手人）は滅びたと看破したのである（①書状）。さりげない表現から、天璋院も淘宮に関わっていたことが明らかで興味深い。

（2）戊辰年、天璋院への期待

慶応四年の正月は、砲火と共に幕を開けた。戊辰戦争の勃発である。新家春三は、大奥女中宛ての書状②で、当年辰年は「恐ろしき気の廻り也」と指摘し、鳥羽・伏見の敗戦で徳川慶喜が帰府したのもそのためだと位置づけた。しかし、「気」を恐れるだけでは面白くない。「大りん《（大輪）》の気に乗り、情ニよなけ《（淘げ）》、徳を磨き度」と、現実を受け入れて淘宮修行に励み、「徳」を磨く必要性を女中たちに提起する。

春三が説く不吉な年回りの身の処し方は、考えても仕方がないことにこだわるな、ということである。こだわれば苦しみが増し、かえって「天運」から見放され、心が穢《けが》れてしまうという。朝起きて顔を洗うのと同じように、常に「腹中」をきれいにしておくのが大事。そうすれば「天道」に叶い、「あしき《（悪しき）》ハ変して善となり、其上《そのうえ》世話なふ家国も自然と治り申すべし」と見通したのである（書状①）。

そして、この「家国」すなわち徳川家の中心となる人物こそ、「松の君」こと天璋院［図4］だと主張した。「徳を磨き、徳を以て天下始の度、たとへ御婦人様とて理に替りなし」（書状①）と、淘宮修行で「徳」を磨いた天璋院が、徳川家の中心となり、新たな時代に立ち向かっていくべきだと大いに期待をかけていったのである。女性が家中の中心となるべきだと期待した注目の発言である。

この時期の天璋院といえば、徳川家追討のために進軍中の薩摩藩隊長宛てに徳川家名存続の嘆願書を認め、朝廷への執り成しを依頼していったことがよく知られている。嘆願の使者となった御年寄つぼね（幾《いく》島《しま》）は、病身のために女中たちのほかに奥医師の浅田宗伯《あさだそうはく》も従えて、三月十一日午前四時に江戸を出立、翌十二日に川崎宿の万年屋で薩摩藩隊長の相良長発（小松帯刀《たてわき》の実兄）と応接し、天璋院の嘆願書を渡した。その後、西郷隆盛がやって来てつぼねらと談判すると、すでに駿河で山岡鉄舟《やまおかてっしゅう》と会談して徳川家の状況を聞いていた西郷は、趣旨を了承し、それを受けて十三日に幾島は帰府したのである（「浅田宗伯略年譜」『浅田宗伯書簡集』所収）。『藤岡屋日記』によれば、西郷へは約六万両が手渡されたともいわれている。

もとより、徳川家存続のための活動は、天璋院に限ったことではない。十四代家茂の正室静寛院宮も、慶喜の意を受けて朝廷宛てに征討軍の進軍中止と家名存続を訴えていたし、ほかにも松平慶永《よしなが》（春嶽《しゅんがく》）や一橋茂栄《ひとつばしもちはる》ら徳川一族の嘆願活動もあった。幕臣尊王攘夷派の高橋泥舟《でいしゅう》・山岡鉄舟の活動の延長線上に、勝海舟が表舞台に立って西郷隆盛と談判したことは、特に有名である。このように各方面それぞれの立場での活動の成果が、最終的に徳川家名存続へと結実していったわけで、天璋院の活動のみを特化すべきでないのはいうまでもない。

しかし一方で、こうした嘆願活動に大奥女性も関与していたことは、やはり注目に値する。しかも、つぼね帰府後の三月十九日に、江戸鎮撫《ちんぶ》のための触が、天璋院の御意《ぎょい》として徳川家臣団に向けて発

図4　天璋院肖像（徳川記念財団所蔵）

せられたことも重要である〔大石二〇〇九〕。

この触は、およそ以下のような内容であった。「天璋院様が嘆願のために女中を薩摩藩隊長まで派遣したところ、西郷隆盛から大総督府へ伺いが済むまで江戸討ち入りは見合わせるとの回答を得た。万一幕臣の中に不心得者がいれば、徳川家の一大事なので一同静謐《せいひつ》を保つよう求める。神祖家康公以来の御家への御奉公と思い、決して心得違いなどないよう必ず慎み守ってほしい。これが天璋院様の思いである」(「天璋院様御履歴」)。この天璋院の意向が、大奥より発せられた意義は大きい。

山岡鉄舟の周旋と駿府会談は、初めて新政府軍と旧幕府軍の実力者が接触して意見交換できた点で、海舟ほか徳川首脳部にとっては重要な意義を持ったが、多くの幕臣たちはそのことを知らず、むしろ大奥からの触によって天璋院の存在の大きさを実感したに違いない。併せて、静寛院宮も天璋院と申し合わせたうえで、独自の法令を発していたので〔『静寛院宮御日記』二〕、彼女たちが徳川家臣団を統率していたようなものであった。

皇女であった静寛院宮が、徳川家にとって重要な存在意義を有していたことは疑いないが、その姑の天璋院も同様の役割を果たしていたのである。ただし、それは単に朝廷や新政府軍の中心である薩摩藩への縁故者であったからというだけではない。

そもそも将軍の御台所は、将軍と並び立つ公的かつ政治的存在であった。家名が存続できるかどうかという危機的な状況下に、家中を統率すべき当主(将軍)が不在という二重の非常事態の中、前将軍の後家が政治的権限を発動し、自らの意思で法令を発する主体となっていたのである〔柳谷二〇一〇〕。

中でも新家春三が期待したのは、淘宮術との関係から天璋院であった。「徳」を持った天璋院のもと、徳川家は現実を肯定的に受容して新政府に恭順し、再生の道を歩んでいってほしいと祈念したのである。

しかし、そうなる前に一波乱があった。

（3）徳川家処分と天璋院

現実を受け入れ、新政府軍に恭順することを説く新家春三は、徳川のための抗戦論は「天道」に背き必ず滅びると看破し、「王臣」となった者（新政府への恭順者）も少なくないが、時勢の変化と共に、必ず元の徳川家に戻ると達観していた（書状⑥）。徳川家は永久に落ちぶれるわけではなく、時期が来れば旧臣も元に戻り、徳川の御威光は消えることはないというのである。だからこそ、上野に立て籠もって壊滅した彰義隊を「忠がかへつて《却って》あた《仇》となり」と批判し、「いか成る事ふり《降り》来り候とて、不動心にて、大丈夫にいたし置き度」と、決して騒ぎ立てることがないようにと女中たちに働きかけていった（書状⑤）。

したがって、春三にとっては「徳川御氏御高の少ないのが結構と存じ上げ奉り候」［図5］とあるように、徳川家が駿河七〇万石に移封処分となったことも、肯定的に捉えていた。

御籏本・御家人抔《など》の内、高禄を戴きおごりにてうじ《長じ》、又ハ婦人

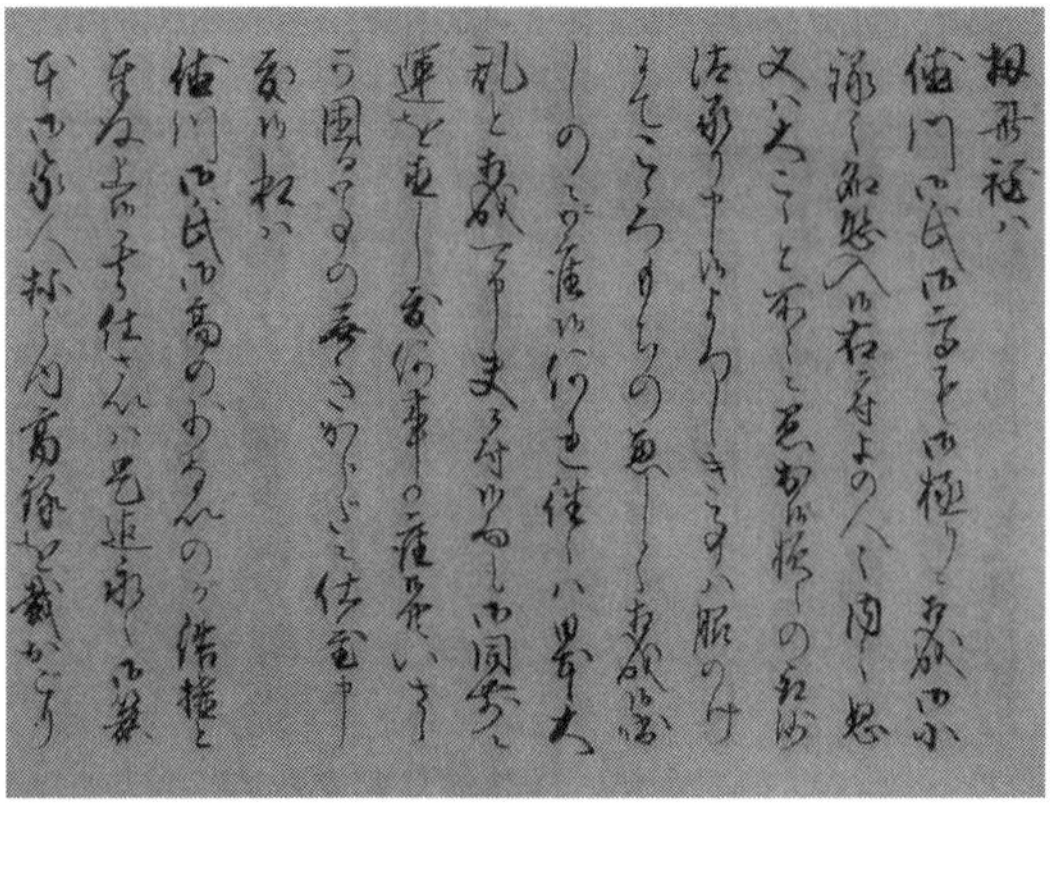

図5　新家春三書状写（徳川記念財団所蔵）

ぐるい等ニて、武の心掛ケさらハ（ママ）これ無く、皆よはき（弱き）人多し、此程《これほど》の御高ニてハ、いつれ共士高げんし（減じ）もこれ有り、（中略）併《しか》しへこたれ申すべき哉《かな》、人ハ困る事の沢山《たくさん》ニ御座候処より、本心の強きもの出る事これ有るものに御座候、　夫故《それゆえ》私ハ内々よろこび居り申し候

泰平を謳歌《おうか》していた旗本・御家人の中には、贅《ぜい》を尽くして女性にうつつを抜かし、武士としての心掛けがない軟弱者も多いと見なしていた春三だったが、徳川家の石高が七〇万石に減らされたことを機に、かえって「本心の強きもの」も出てくる可能性に希望の光を見出したのである。

「人ハ身ニ困り候事の有らば、大きニ栄える也」とは、自身の体験に基づく信念だった。奥詰銃隊に属していた息子の鍬次郎が、この年五月に罷免され無禄となると、「扨《さて》こそ修行のよき打ち太刀と猶よろこび、面白く日々くらし（暮らし）居り、ありがたがり候」（書状⑧）と、淘宮修行の甲斐があるとかえって悦んでいる。

このように、春三は厳しい現実から目を逸らさずに正面から向き合い、しかも反発することなく現実を肯定的に受容し、「困難」の先に光明を見出すべきだと、書状を通じて大奥女中たちに繰り返し繰り返し、説いていった。

これに対する女中たちの反応はどうであったか。少なくとも、春三が期待をかけていた天璋院は、当初はそれに応えていたとは必ずしもいえないような行動を繰り広げていった。

そもそも、天璋院は江戸城明け渡しに大きな不満を持っていた人物であった。しかも、徳川家臣団をそっくり維持することを考えていたため、石高七〇万石では到底納得できず、六月には大総督府宛てに旧領安堵を訴える嘆願書を認め、提出している（『徳川慶喜公伝』史料篇三）。

一方、田安慶頼《よしより》や勝海舟ら徳川首脳部は、新政府による処分を全面的に受け入れた。石高の減少によっ

て、多人数の家臣を扶助することは困難なので、朝臣となるか、暇《いとま》乞いをするか、さらには無禄で駿河に移住するか、それぞれ身の振り方を考えるようにと旧幕臣たちに要求していった。こうした非情な態度に天璋院は立腹し、七〇万石で扶助できないのであれば、「君臣共餓死いたし候迄養育いたし然るべし」（「天璋院使者口演書」仙台市博物館所蔵）と、感情を表に出して、断固家臣団の解体を阻止しようと孤軍奮闘していった。

また、前述した大総督府宛ての嘆願書では、徳川家の江戸居住も訴えており、寛永寺と増上寺《ぞうじょうじ》に埋葬された歴代将軍の法要を強く意識していた。先祖供養を大切にする天璋院にとって、上野戦争で寛永寺を焼き払った新政府軍は、「悪逆不法」の集団以外の何物でもなかった。しかも、勅額《ちょくがく》が掲げられている堂宇《どうう》を破壊したことは、官軍とはいえない行為だと痛烈に批判している。中でも「嶋津家は以の外なる風聞もこれ有り」として、名指しで実家の振る舞いを糾弾した。結果として、輪王寺宮公現法親王《りんのうじのみやこうげんほっしんのう》を盟主に戴く奥羽越列藩同盟に「逆賊」薩長の討伐を依頼し、「徳川家再興」のためには戦争を辞さない構えを見せ（図6、「天璋院書状 伊達慶邦宛て」、仙台市博物館所蔵）、恭順姿勢を貫く徳川家中にあっては、異彩を放つ言動を展開していたのである〔藤田二〇〇八〕。

こうした行為は、徳川家を護ろうとする強烈な思いの裏返しであったこと

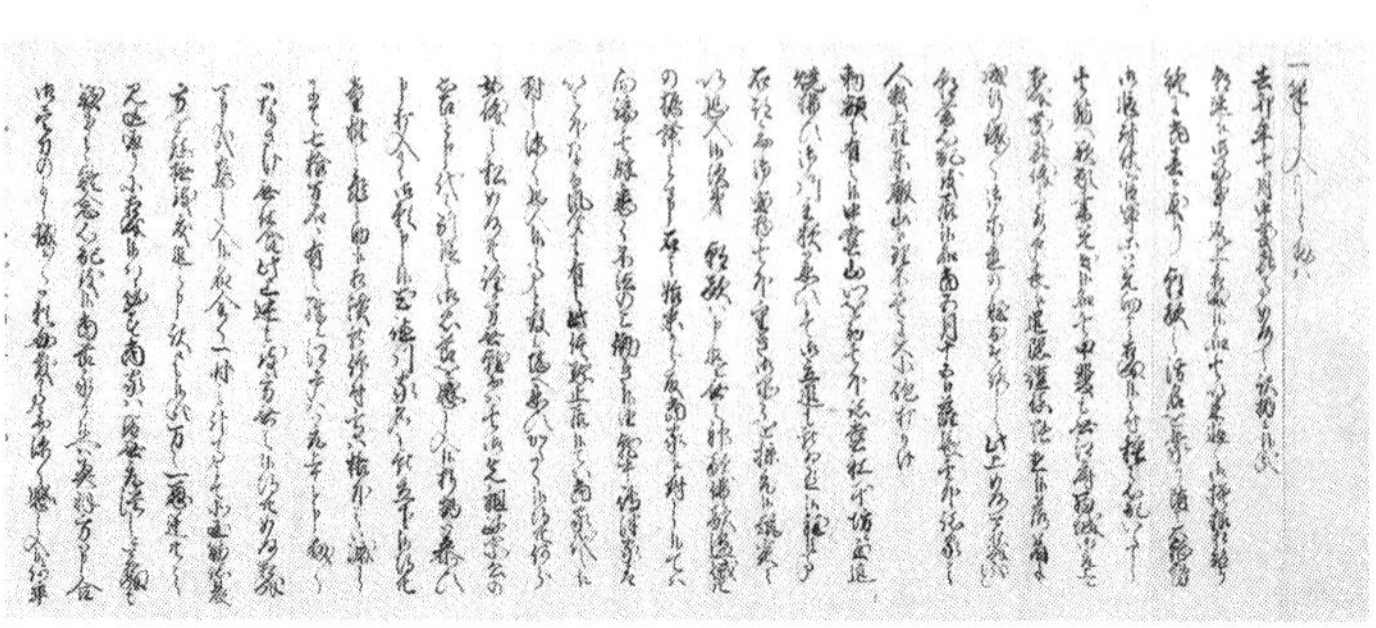

図6　伊達慶邦宛 天璋院書状（部分）（仙台市博物館所蔵）

は間違いない。しかし一方で、新家春三の説く淘宮術の主旨にそぐわない行動であったことはいうまでもない。

春三は、「何事も、せいて《（急いて）》ハことを仕損すると中譬《たと》へこれ有るより、併しゆるミ候得ば又かたより《（偏り）》也、真中を行き申し度」（書状⑥）と、中道であることを良しとし、バランス感覚を重視していたので、天璋院によるあまりにも過激な言動は、望ましいものとは到底思えなかったであろう。

こうした中で、かつては天璋院が新生徳川家の中心となるべきだと見通していた春三も、少しずつその期待を後退させ、むしろ徳川の養君（徳川家達）に対して、新たな希望を見出すようになっていったように思える。つまり、淘宮によって新当主の性格（気質・悪い癖）を把握し、悪い部分を淘げ（＝清め）つつ、「御まゑさま《（お前様）》方之御徳を御写」すようにと、新当主に淘宮修行を勧めるようにと、大奥女中たちに働きかけていくのであった（書状⑥）。

五　明治の天璋院とその生き方

天璋院が頼みとしていた奥羽越列藩同盟は、中核となっていた仙台藩と米沢藩が九月に降伏すると、同盟諸藩の降伏が相次ぎ、瓦解していった。箱館五稜郭《ごりょうかく》に立て籠もって、最後まで抵抗していた榎本武揚《えのもとたけあき》ら徳川脱走兵も、翌明治二年（一八六九）五月に五稜郭を明け渡した。ここに約一年半弱に及ぶ内戦は終結した。

この間、徳川家の新当主にして駿河府中藩主となった徳川家達は、江戸（東京）から駿河へと拠点を移し、代わって天皇が江戸城（東京城）に入り、ここを皇城《こうじょう》（皇居）と定めた。新政府による東京経営は着々と進んでいった。

天璋院たち徳川の女性たちも、当初は駿河移住が想定されていたが、新政府によって東京暮らしが認められ（静寛院宮は明治二年に帰京し、同七年に再度東京に戻る）、新生活を始めていった。ただ、千駄ヶ谷《せんだがや》（東京都渋谷区）に居を定めるまでは、江戸開城後に引き移った御三卿屋形から赤坂紀伊邸（同港区）、小川町榊原邸（同千代田区）、戸山尾張邸（同新宿区）、赤坂福吉町邸（同港区）といったように、住まいを転々としている。

一方、明治四年七月の廃藩置県によって静岡藩知事を免じられた徳川家達は東京に戻り、九月二十七日からは当時天璋院らが暮らしていた戸山邸で一緒に新生活を始めた〔藤田二〇一七〕。家達はまだ九歳の年少であり、天璋院が母親代わりとなった。

この頃の天璋院は、勝海舟と一緒に浅草（東京都台東区）、亀戸（同江東区）、向島（同墨田区）などの下町を散策したことが、海舟の回想によって明らかである。回想録を見ると、庶民が知恵を絞って暮らしていた下町は、天璋院にとってはまさにカルチャーショックだったようで、下情《かじょう》に影響を受けた天璋院は、大奥時代の生活習慣を改め、現状に見あった生活スタイルに「改革」していった様子がうかがえる。以下は海舟の回想である。

天璋院のお伴で、所々へ行つたよ。八百善《やおぜん》にも二三度。向島の柳屋へも二度かネ。吉原にも、芸者屋にも行つて、みンな下情を見せたよ。（中略）そのうち、段々と自分で考えて、アーコーと直《じ》きに自分で改革さしたよ。（中略）柳屋に行つた時だツけ、風呂に入れたら、浴衣の単物《たんもの》を出したが、万事心持が違ふので、直きに又さうしたよ。一体は風呂の湯を別に沸して、羽二重《はぶたえ》でこすのだから。これに、着物もベタ〳〵すると言つて、浴衣の方が好《よ》いなどと言ふやうになつた。シヤツを見て、あれは何といふものだと聞いて、帰りに二ツ三ツ買つて帰つたら、直きにそれをしたよ。初めは、変だつたが、もう離せないといふやうになつた。（中略）それで、ズーツと事が改つて来たよ。後には、（天璋院が）自分で縫物もされるしネ、「大分上手になったから、縫って上げた」などと言って、私にも羽織を一枚下すったのを持っているよ。三位《さんみ》（家達）は、そういうふうにして育てたから、大変に質素だよ。外に出る時でも、双子《ふたこ》（綿織物の一種）よりほかに着せはしなかったのサ（『海舟語録』）

このように天璋院は、庶民の生活習慣を自身の日常に取り入れるだけではなく、家達へも「質素」の精神を植えつけていたことが明らかである。もとより徳川家の女中たちへも「質素」への意識転換を求め、明治の徳川家に新風を吹き込んでいった。

戊辰戦争期における現状への反発や批判的な行動から一転、明治以降の天璋院は自身の置かれた立場を素直に受け入れ、身の丈《たけ》相応の慎ましやかな暮らしを徹底しようとしている。同じ人物の身の処し方とはまるで思えない。諦めといえばそれまでかもしれないが、それよりももっと強い意思を感じさせるように思える。こうした意識変革に、淘宮術の影響が少なくなかったのではないか。

そう考える根拠の一つに、三項で指摘した明治以降の歌川宛て新家春三書状二十数通がある（歌川は明治以降「たか」と改名する）。本節で紹介した横半帳冊子状の春三書状写とは別のもので、すべて状形式の原本である。歌川（たか）以外にも「まり」や福田宛ての書状、さらに宛名不明のものも若干ある。すべて袋に一括して収められ、冊子状の春三書状写と同様に、天璋院の用簞笥に収納されていたものであった。

紙幅の関係から、この書状を紹介するのは別の機会としたいが、総じて春三は、明治以降も天璋院・本寿院・実成院ほか、徳川家の女性や女中たちと交際を続けていたことが明らかである。贈り物の遣り取りはもちろん（時には春三へ泡盛《あわもり》が下されることもあった）、歌川や福田、「まり」はしばしば春三のもとを訪れ、直接対話をしているので、旧幕時代以上に親密な交流だった。しかも、春三の娘きくは、天璋院の御側に伺候《しこう》し、御目見《おめみえ》をして拝領物を下賜されるという栄に浴している。

もとより書状の内容は、幕末に引き続いて淘宮に関することも多いので、明治以降も淘宮を通じた交際であったことは疑いない。「御社中様」という文言もしばしば登場する。

とりわけ注目できるのは、天璋院の動向である。春三の書状には、「君（松の君、すなわち天璋院）の御修行、内々福田さまより相伺い、実以て感伏次第恐縮仕り候」、「此程は君御修行の御徳にて広太《こうだい》の御利益御請け遊ばされ、（中略）君御壱人の御徳にて多人数を御歓せ、ありがたがり」、「君の御修行相伺い奉《たてまつ》り、誠〳〵感伏大いに有り難がり恐れ入りまいらせ候」、というように天璋院の「御修行」と「御徳」に関する記述がたびたび登場するのである。この「御修行」が淘宮修行であることは間違いない。明治の天璋院は、まさしく淘宮修行に専念していたのである。

幕末期の天璋院が淘宮術に関わり、春三からも期待をかけられる存在だったのは、前述した通りである。だが、当時の天璋院は、春三の期待とは裏腹に、徳川家処分を素直に受け入れられたとはいえず、徳川家を護りたい強い思いのほうが勝り、まさに感情の激するままに行動していたように見える。淘宮術の発想で、物事を肯定的に捉える余裕などなかったのではないか。

しかし、時代は明治へと移行し、世の中が落ち着き、少しずつ冷静さを取り戻していく中で、天璋院は淘宮術を〝再発見〟したのではなかったか。だからこそ、自身の用簞笥に六皆伝の一人である佐野量丸（竹元斎）著「分宮考」（天保七年）や、新家春三の関係書状が収められているのではないか。

そして、何よりも重要なのは、慶応三（一八六七）・四年に春三が大奥女中に宛てた書状を筆写し、横半状の冊子に仕立てたのは、筆蹟から推測すると、ほかならぬ天璋院ではなかったかと思われることである。つまり、冊子の表紙に「春三先生 御ふミ」と記載したのは、天璋院その人であり、図5に掲載した書状も天璋院が筆写したものであった。恐らく天璋院は、春三がさかや歌川に宛てた書状を彼女たちから借りて、年代順ではなく手に取った順に次々と筆写していったのではないか。まさに写経のようにである。

もっとも、筆写の時期を特定することは難しい。書状の内容が慶応三・四年だからといって、必ずしも同時期に筆写したとは考えにくい。この時期の天璋院は、徳川家処分のことで頭が一杯であり、淘宮を嗜む精神的余裕などはほとんどなかったようにも思える。むしろ明治以降、落ち着いた状況下で、改めて書状を借りて筆写したものと推測したい。そして、明治以降春三が歌川に宛てた書状にも目を通し、淘宮の考えを自身の生活の中に取り入れていったことは、この書状群が用簞笥に収められていることからも十分に推察できる。

明治の天璋院が最も大切にしたもの。それは徳川家達である。天璋院は家達を立派に育て上げることを自身の使命として、自らの置かれた立場や環境の中でそれを果たそうと常に考えていた。まさに明治の天璋院は、春三の期待に応え、新生徳川家を牽引していたのである。

春三は、歌川宛ての書状で次のように述べている。

（もともと人は）皆くせ有りてよろこびといふ気しつ（気質）これ無く、故に気質出《い》で候ハヽ、すぐにちらし（散らし）、よ

なげ候得ば、又猶よろこび候よきこゝち《（心地）》と相成り候

天璋院は、日々の「質素」な暮らしの中で、家達の養育に喜びを見出し、家達が一歩一歩成長していくことに幸福を感じて晩年を過ごしていたのであろう。

淘宮術は、天璋院の生き方に大きな影響を与えていたのである。

【参考文献】

大石学「大奥の『内政』と『外交』」（同編『時代考証の窓から』東京堂出版、二〇〇九年）
大舘右喜「幕末・明治期における淘道」（関東近世史研究会編『関東近世史研究論集2 宗教・芸能・医療』岩田書院、二〇一二年）
社団法人日本淘道会・「淘宮」史編纂委員会編『淘宮』（日本淘道会、一九九四年）
徳川記念財団・東京都江戸東京博物館編『歴史をつなぐ天璋院の用簞笥』（徳川記念財団、二〇一六年）
徳永和喜『天璋院篤姫』（新人物往来社、二〇〇七年）
畑尚子『幕末の大奥』（岩波新書、二〇〇七年）
原口清『明治前期地方政治史研究』上（塙書房、一九七二年）
樋口雄彦「沼津兵学校関係人物履歴集成」（『沼津市博物館紀要』二二、一九九八年）
藤田英昭「知られざる戊辰戦争期の天璋院」（『天璋院篤姫展』ＮＨＫプロモーション、二〇〇八年）
藤田英昭「慶応四年の徳川宗家」（『日本歴史』七二九号、二〇〇九年）
藤田英昭「明治初年の尾張藩と徳川宗家」（『天璋院篤姫と皇女和宮』徳川美術館、二〇一七年）
保谷徹『戦争の日本史18 戊辰戦争』（吉川弘文館、二〇〇七年）
柳田直美・藤田英昭「天璋院様御履歴」（『徳川記念財団会報』一二号、二〇〇八年）

柳谷慶子「武家権力と女性」（藪田貫・柳谷慶子編『江戸の人と身分4 身分のなかの女性』吉川弘文館、二〇一〇年）

〔付記〕本稿脱稿後に、樋口雄彦「淘宮術と明治の旧幕臣群像」（『沼津市博物館紀要』43、二〇一九年）に接した。新家春三の家族・親類や活動が詳細に紹介されている。併せて参照されたい。

付録

徳川将軍家妻妾一覧

代数	将軍名	妻妾名(別称)	父氏名	法号	生児	生歿年(享年)	墓所(墓碑・供養塔・位牌所を含む)	備考
1	家康	★築山殿	関口義広(親永)	西光院 清池院	信康・亀姫	天文11～天正7(38)	西来院(静岡県) 祐伝寺(愛知県) 八柱神社(愛知県)	父は今川義元の武将、母は義元の妹。
		★旭(朝日・駿河御前)	筑阿弥	南明院		天文12～天正18(48)	瑞龍寺(静岡県) 南明院(京都府)	秀吉の異父妹。父は尾張国中村の人で織田信秀の同朋といわれ、豊臣秀吉の継父という(秀吉の実父は木下弥右衛門とされる)。
		☆昌子(お愛・お丁・西郷局)	戸塚忠春	竜泉院 宝台院	秀忠・忠吉	永禄5～天正17(28)	宝台院(静岡県)	享年は38歳ともいう。伯父の西郷清員の養女とも、外祖父の西郷正勝の養女ともいう。実父は秋山十郎、または百々度右衛門という説もある。
		お万(小督局)	永見吉英	長勝院	秀康	天文17～元和5(72)	海晏寺(東京都) 永平寺(福井県) 金剛峯寺(和歌山県)	享年は73歳ともいう。父は三河池鯉鮒明神の社人。父については尾張熱田社の禰宜でのちに大坂の町医者となった竹田意竹という説もある。
		お津摩《つま》(下山方)	秋山虎康	妙真院	信吉	元亀2～天正19(21)	本土寺(千葉県)	父は武田氏の旧臣。
		お八(茶阿局)	花井氏	朝覚院	忠輝・松千代	?～元和7(?)	宗慶寺(東京都)	遠江金谷村の農夫(または鋳物師)の妻であったという。父は山田之氏という説もある。

お亀	志水宗清	相応院	仙千代・義直	天正元〜寛永19（70）	相応寺（愛知県） 密蔵院（愛知県） 定光寺（愛知県） 光明寺（京都府） 正法寺（京都府） 金剛峯寺（和歌山県）	父は石清水八幡宮の社家。また、実父は清水清家であり、志水宗清の養女となったという説もある。
お万（蔭山方）	正木邦時（頼忠）	養珠院	頼宣・頼房	天正8〜承応2（74）	池上本門寺（東京都） 理性寺（東京都） 久遠寺（山梨県） 本遠寺（山梨県） 妙法華寺（静岡県） 蓮永寺（静岡県） 養珠院（和歌山県）	小田原北条氏の臣蔭山氏広に養わる。実父はもと里見氏の家老。
お勝（お八・お梶・お加知）	太田康資	英勝院	市姫	天正6〜寛永19（65）	瑞林寺（東京都） 英勝寺（神奈川県） 妙法華寺（静岡県） 法然寺（香川県）	頼房の准母。父は里見氏の旧臣。
西郡方	鵜殿長持	蓮葉院	督姫	?〜慶長11（?）	長応寺（東京都） 本興寺（静岡県） 本禅寺（京都府） 青蓮寺（兵庫県）	父は今川義元の旧臣。
お竹	市川昌永	良雲院	振姫	?〜寛永14（?）	西福寺（東京都） 善光寺（長野県）	父は武田氏の旧臣。
お牟須《むす》	三井吉正	正栄院	女子	?〜文禄元（?）	浄泰寺（佐賀県）カ	父は武田氏の旧臣。

代数	将軍名	妻妾名（別称）	父氏名	法号	生児	生歿年（享年）	墓所（墓碑・供養塔・位牌所を含む）	備考
1	家康	すわ（阿茶局）	飯田直政	雲光院		弘治元〜寛永14（83）	雲光院（東京都）光明寺（京都府）上徳寺（京都府）	今川氏の臣神尾忠重の妻。夫の死後家康に仕う。父は武田氏の旧臣。
		お奈津	長谷川藤直	清雲院		天正9〜万治3（80）	伝通院（東京都）清雲院（三重県）	父は北畠氏の旧臣。
		お六	黒田直陣	養儼院		慶長2〜寛永2（29）	光明寺（京都府）伝通院（東京都）	父は今川氏の旧臣。
		お仙	宮﨑泰景	泰栄院		?〜元和5（?）	浄久寺（長野県）上徳寺（京都府）	初葬地は浄念寺（静岡県）。父は武田氏の旧臣。
		お梅	青木一矩	蓮華院		天正14〜正保4（62）	梅香寺（三重県）	父は近江佐々木氏の旧臣。
		お久	間宮康俊	普照院	松姫	?〜元和3（?）	華陽院（静岡県）	父は北条氏の旧臣。
		ちよぼ	未詳	未詳		未詳	未詳	
		未詳	松平重吉	未詳		未詳	未詳	
		お松	未詳	法光院	松平民部	未詳	未詳	
		未詳	三条氏	未詳	小笠原権之丞	未詳	未詳	
		富子	山田氏	信寿院		?〜寛永5（?）	池上本門寺（東京都）	
2	秀忠	★☆逵子（お江・お江与）	浅井長政	崇源院	千姫・子々姫・勝姫・初姫・家光・忠長・和子	天正元〜寛永3（54）	増上寺（東京都）光明寺（京都府）金剛峯寺（和歌山県）	豊臣秀吉の養女。実父は近江小谷城主、生母は織田信長の妹。

	小姫	織田信雄	春昌院		天正13～寛永18（57）	未詳	縁女。豊臣秀吉の養女。祝言直後の天正18年8月、秀吉と信雄の不和により不縁となる。
	お静	神尾栄加	浄光院	保科正之	?～寛永12（?）	久遠寺（山梨県）	初葬地は浄光寺（福島県）。
	未詳	未詳	未詳	長丸	未詳	未詳	
3 家光	★孝子（中之丸様）	鷹司信房	本理院		慶長7～延宝2（73）	伝通院（東京都） 善光寺（長野県） 二尊院（京都府）	
	お振	岡重政	自証院	千代姫	?～寛永17（?）	自証寺（東京都）	霊屋は現在、江戸東京たてもの園に移築。父は蒲生氏の旧臣。町野幸和の養女ともいう。
	☆お楽（お蘭）	青木利長	宝樹院	家綱	元和7～承応元（32）	谷中霊園（東京都）	増山正利の姉。父は下野都賀郡の農人という。父については朝倉惣兵衛であり、七沢清宗の養女という説もある。
	お夏	岡部重家	順性院	綱重	元和8～天和3（62）	谷中霊園（東京都） 久遠寺（山梨県）	享年は70歳ともいう。初葬地は幸龍寺（東京都）。
	☆光子（お玉・お国・秋野・一位殿）	本庄宗利	桂昌院	綱吉	寛永4～宝永2（79）	増上寺（東京都） 法受寺（東京都） 不動寺（埼玉県） 善峯寺（京都府） 金蔵寺（京都府） 室生寺（奈良県）	享年は85歳ともいう。父は二条家の臣。父については京都の八百屋仁左衛門という説もある。
	お万（お梅）	六条有純	永光院		寛永元～正徳元（88）	無量院（東京都）	もと伊勢内宮の尼寺慶光院の住持。墓所の無量院は現在廃寺。

代数	将軍名	妻妾名(別称)	父氏名	法号	生児	生歿年(享年)	墓所(墓碑・供養塔・位牌所を含む)	備考
3	家光	お里佐(お佐野)	青木直辰	定光院	鶴松	?~延宝2(?)	済松寺(東京都)	父は京都の官人。父については、青木利長・斉藤氏・太田氏・成瀬氏という説もある。
		お琴	未詳	芳心院		慶長19~元禄4(78)	芳心院(東京都)	父は牛込榎町徳円寺の住持という。
		おまさ	成瀬氏	未詳	亀松	?~寛文元カ(?)	済松寺(東京都)カ	
		未詳	未詳	未詳	男子	未詳	未詳	寛永9年に長子を生んだが即日夭し、当人も間もなく没したと「本光国師日記」「寒松日記」等に見える。
4	家綱	★顕子(浅宮)	貞清親王(伏見宮)	高巌院		寛永17~延宝4(37)	谷中霊園(東京都)	享年は38歳ともいう。
		お振	吉田兼起	養春院カ		慶安2~寛文7(19)	済松寺(東京都)	歿年は寛文7年ともいう。吉田兼敬の養女。生母は通仙院瑞龍の娘。
		お満流《まる》	佐脇安清	円明院		?~元禄2(?)	天龍寺(東京都)	母は遠山氏。
5	綱吉	★信子(従姫・小石君)	鷹司教平	浄光院		慶安4~宝永6(59)	寛永寺(東京都) 光台院(和歌山県)	
		お伝(五之丸殿・三之丸殿)	小谷忠栄(正元)	瑞春院	鶴姫・徳松	万治元~元文3(81)	増上寺(東京都) 長命寺(東京都)	父は黒鍬之者。
		大典侍(北之丸殿)	清閑寺熙房	寿光院		?~寛保元(?)	谷中霊園(東京都)	墓所を増上寺(東京都)とする説もある。

代	将軍	名	父	院号	子	生没年(享年)	墓所	備考
		新典侍	豊岡有尚	清心院		寛文7~元文4(73)	大円寺(東京都)	日野弘資の養女。
6	家宣	★熙子(一位様)	近衛基熙	天英院	豊姫・男子	万治3~寛保元(82)	増上寺(東京都) 長命寺(東京都) 大石寺(静岡県) 大徳寺(京都府)	生年は寛文6年(享年80歳)ともいう。
		☆輝子(お喜《き》世《よ》・左京・三之御部屋・山里御部屋)	勝田著邑	月光院	家継	貞享2~宝暦2(68)	増上寺(東京都)	生年は元禄4年(享年64歳)ともいう。勝田典愛の養妹。父は浅草唯念寺塔頭林昌軒の僧という。母は松平伊勢守の臣和田治左衛門の娘。
		お古《こ》牟《む》(右近・一之御部屋)	太田宗庵	法心院	家千代	天和2~明和3(85)	谷中霊園(東京都)	太田政資の妹。享年は86歳ともいわれる。父は太田資武とする説もある。
		お須《す》免《め》(新典侍・大典侍・二之御部屋)	園池季豊	蓮浄院	大五郎・虎吉	?~安永元(?)	谷中霊園(東京都)	櫛笥隆賀の養女。
		斎宮	小尾直易	本光院		?~宝永7(?)	常泉寺(東京都)	父の兄は徳川忠長の旧臣。
7	家継	★吉子内親王(八十宮)	霊元天皇	浄琳院		正徳4~宝暦8(45)	知恩院(京都府)	正徳5年に婚約が成立したが、翌享保元年に家継が死去し、降嫁には至らなかった。
8	吉宗	★理子(真《さな》宮)	貞致親王(伏見宮)	寛徳院		元禄4~宝永7(20)	池上本門寺(東京都) 報恩寺(和歌山県) 金剛峰寺(和歌山県)	吉宗の将軍就任前の室。以後吉宗に正室はない。
		☆お須《す》摩《ま》	大久保忠直	深徳院	家重・体幻院	元禄元~正徳3(26)	池上本門寺(東京都)	父は紀伊家の臣、母は内藤守政(紀伊家の臣)の娘。

代数	将軍名	妻妾名(別称)	父氏名	法号	生児	生歿年(享年)	墓所(墓碑・供養塔・位牌所を含む)	備考
8	吉宗	お古牟	竹本正長	本徳院	宗武	元禄9～享保8(28)	池上本門寺(東京都)	生年は元禄8年(享年29歳)ともいう。父は紀伊家の臣。
		お久(お梅)	谷口正次	深心院	源三・宗尹	元禄14～享保6(21)	谷中霊園(東京都)	生年は元禄13年(享年22歳)ともいう。父は京都の浪人。
		お久免《くめ》	稲葉定清	覚樹院 教樹院	芳姫	元禄10～安永6(81)	伝通院(東京都)	享年は85歳という説もある。父は紀伊家の臣。
		おさめ	未詳	未詳		未詳	未詳	
		お咲	未詳	未詳		未詳	未詳	
9	家重	★培子(増子、比《なみ》宮)	邦永親王(伏見宮)	証明院		正徳元～享保18(23)	谷中霊園(東京都) 本能寺(京都府)	
		☆お幸	梅渓通条	至心院	家治	?～寛延元(?)	谷中霊園(東京都)	
		お遊喜(お遊《ゆう》・お千瀬《ちせ》)	三浦義周	安祥院	重好	享保6～寛政元(69)	谷中霊園(東京都)	松平親春(小性組番士)の養女。実父は浪人、吉宗に召し出される。
10	家治	★倫《とも》子(五十宮)	直仁親王(閑院宮)	心観院	千代姫・万寿姫	元文3～明和8(34)	谷中霊園(東京都)	
		お知保	津田信成	蓮光院	家基	元文2～寛政3(55)	谷中霊園(東京都)	津田信之(側衆)の姉。
		お品《しな》	藤井兼矩	養蓮院	貞次郎	?～安永7(?)	谷中霊園(東京都)	松島(上臈年寄)の養女。

11 家斉	★寔子《ただ》（篤姫・茂姫・一位様）	島津重豪	広大院	敦之助	安永2～弘化元（72）	増上寺（東京都）長命寺（東京都）大徳寺（京都府）金剛峯寺（和歌山県）	近衛経煕の養女。生母は市田氏。
	お万	平塚為喜	契真院・勢真院	鎮子・女子・竹千代・綾姫	?～天保6（?）	増上寺（東京都）長命寺（東京都）	
	☆お楽	押田敏勝	香琳院	家慶	?～文化7（?）	谷中霊園（東京都）	
	お梅	水野忠芳	真性院	男子	?～寛政6（?）	伝通院（東京都）	
	お宇多（お満《ま》天《て》）	水野忠直	宝池院	敬之助・豊三郎・五百姫・舒姫	?～嘉永4（?）	谷中霊園（東京都）	
	お志《し》賀《が》（永岡）	能勢頼能	慧明院	総姫	?～文化10（?）	伝通院（東京都）	
	お利《り》尾《を》	朝比奈矩春	超操院	格姫	?～寛政12（?）	伝通院（東京都）	
	お登《と》勢《せ》（お以《い》登《と》）	梶勝俊（勝後）	妙操院	美子・斉順・寿姫・晴姫	?～天保3（?）	伝通院（東京都）池上本門寺（東京都）	
	お蝶（お八百・お伊《い》野《の》）	曾根重辰	速成院	亨姫・時之助・虎千代・友松・斉荘・和姫・久五郎	?～嘉永5（?）	谷中霊園（東京都）	
	お美《み》尾《を》（お八十・お筆）	木村重勇	芳心院	女子・瀧子	?～文化5（?）	伝通院（東京都）	
	お八《や》千《ち》（お喜《き》曽《そ》・お利尾）	大岩盛英	清昇院	高姫・幸子	?～文化7（?）	伝通院（東京都）	諸星信邦（書院番士）の養女。

代数	将軍名	妻妾名(別称)	父氏名	法号	生児	生歿年(享年)	墓所(墓碑・供養塔・位牌所を含む)	備考
11	家斉	お袖(お保能《ほの》)	吉江政福	本性院	岸姫・結子・艶姫・孝姫・陽七郎・斉彊・富八郎	?～文政13(?)	谷中霊園(東京都)	
		お八重(お辺牟《へむ》・お美尾)	牧野忠克	皆善院	斉明・国子・斉衆・斉民・信之進・都子・斉良・斉裕	?～天保14(?)	谷中霊園(東京都)	土屋知光(小普請組)の養女。実父は清水家の臣。
		お美代(お伊根《いね》)	内藤就相	専行院	諧子・仲姫・貴子	?～明治5(?)	長元寺(東京都)	墓所は大正期に野田山(石川県)に改葬されたといわれる。中野清茂(小納戸頭取)の養女。実父については、中山智泉院の僧日啓、または川尻与兵衛ともいう。
		お屋を(お喜宇《きう》)	阿部正芳	智照院	與五郎	?～文化10(?)	伝通院(東京都)	阿部正盈(徒頭、次いで先手弓頭)の養女。
		お以登《いと》(お波奈《はな》)	高木広充(弘充)	本輪院	琴姫・賢子・斉善・斉省・斉宣	?～嘉永3(?)	谷中霊園(東京都) 池上本門寺(東京都)	
		お瑠璃(お八百)	戸田政方	青蓮院	斉温・益子	?～弘化元(?)	寛永寺(東京都) 法養寺(東京都)	

12	家慶	★喬子《たか》(房君、楽宮)	織仁親王(有栖川宮)	浄観院	竹千代・儔姫・女子	寛政7~天保11(46)	谷中霊園(東京都)一心院(京都府)光台院(和歌山県)金剛峯寺(和歌山県)	
		お定(お久)	押田勝長	清涼院	達姫・嘉千代・慶昌	?~弘化4(?)	増上寺(東京都)	父は家慶の生母お楽の兄に当たる。
		お加久《かく》	太田資寧	妙華院	咸姫・男子	?~文政9(?)	伝通院(東京都)	
		☆堅子(お美津《みつ》)	跡部正賢	本寿院	家定・春之丞・悦五郎	文化4~明治18(79)	谷中霊園(東京都)	父については正賢の子の正寧とする説もある。
		お波奈	菅谷政徳	香共院カ	米姫・暉姫	?~嘉永5カ(?)	増上寺(東京都)カ	
		お筆《ふで》	稲生正方	殊妙院	直丸・銀之丞・千恵姫・亀五郎・若姫	?~弘化元(?)	増上寺(東京都)	
		お金《きん》	未詳	見光院	里姫・吉姫・万釵姫・男子	?~天保14(?)	増上寺(東京都)	竹本正路(小納戸役)の妹。
		お広(お琴)	水野忠啓	妙音院	鐐姫・田鶴若・鏞姫・長吉郎	?~万延元(?)	増上寺(東京都)	旗本杉重明の養女。水野忠央(紀伊家付家老)の妹。
		お津由	押田勝延	秋月院	男子	?~明治21(?)	増上寺(東京都)	
13	家定	★任子《ただ》(有姫)	鷹司政熙	天親院		文政6~嘉永元(26)	増上寺(東京都)二尊院(京都府)金剛峯寺(和歌山県)	兄の鷹司政通の養女となる。

代数	将軍名	妻妾名（別称）	父氏名	法号	生児	生歿年（享年）	墓所（墓碑・供養塔・位牌所を含む）	備考
13	家定	★秀子（寿明姫）	一条忠良	澄心院		文政8～嘉永3（26）	谷中霊園（東京都）	
		★篤子（敬子）	島津忠剛	天璋院		天保7～明治16（48）	寛永寺（東京都）	島津斉彬（薩摩藩主）の養女となったのち、近衛忠煕の養女となる。実父は島津斉彬の伯父にあたる。
		お志賀	堀利邦	豊倹院		未詳	未詳	
14	家茂	★親子内親王（和宮）	仁孝天皇	静寛院		弘化3～明治10（32）	増上寺（東京都）金剛峯寺仙陵内（和歌山県）	
15	慶喜	★美賀子（延君）	今出川公久	貞粛院	女子	天保6～明治27（60）	谷中霊園（東京都）	一条忠香の養女。
		お信	松平政隆	なし	久・博・精ほか	嘉永5～明治38（54）	谷中霊園（東京都）	新村猛雄（小性頭取）の養女。
		お幸	中根芳三郎	なし	厚・誠ほか	?～大正4（?）	谷中霊園（東京都）	成田新十郎（小性頭取）の養女。

本表は、「幕府祚胤伝」（『徳川諸家系譜』所収）を底本に、適宜「江戸幕府日記」（国立公文書館内閣文庫所蔵）、「年録」（国立国会図書館所蔵）、「徳川幕府家譜」（『徳川諸家系譜』所収）、『徳川実紀』、『続徳川実紀』、『寛政重修諸家譜』、『柳営補任』、『茨城県立歴史館史料叢書一四　一橋徳川家文書　覚了院様実録Ⅰ』（二〇一一年）、秋元茂陽『徳川将軍家墓碑総覧』（パレード、二〇〇八年）、深井雅海・藤實久美子編『江戸幕府役職武鑑編年集成』（東洋書林、一九九六～一九九九年）、藤井讓治監修『江戸幕府日記　姫路酒井家本』（ゆまに書房、二〇〇三～二〇〇四年）等を参考に高田綾子が作成し、藤田英昭が確認した。

表中の★は将軍の正室（後室）、☆は将軍の生母を示す。

徳川将軍家子女一覧

代数	将軍名	子女名（別称）	生母名（法号）	生歿年（享年）	法号	墓所（墓碑・供養塔・位牌所を含む）	備考
1	家康	信康	築山殿（清池院）	永禄2～天正7（21）	騰雲院 清瀧院	清瀧寺（静岡県） 隆岩寺（茨城県） 西念寺（東京都） 万松院（神奈川県） 江浄寺（静岡県） 若宮八幡宮（愛知県） 金剛峯寺（和歌山県）	法号は、潮雲院・光徳院・常法院ともいう。はじめ大樹寺（愛知県）に葬られたともいわれる。
		亀姫（森姫・加納殿）	築山殿（清池院）	永禄3～寛永2（66）	盛徳院	盛徳寺（岐阜県） 大善寺（愛知県） 光国寺（岐阜県） 久昌院（京都府） 金剛峯寺（和歌山県）	天正4年奥平信昌（三河新城）へ入輿。享年は68歳ともいう。
		督姫（お富宇）	西郡方（蓮葉院）	天正3～元和元（41）	良正院	知恩院（京都府）	天正11年北条氏直（相模小田原）へ入輿。文禄2年池田輝政（播磨姫路）と再縁。生年を永禄8年、享年を51歳とする説もある。
		秀康	お万（長勝院）	天正2～慶長12（34）	浄光院	孝顕寺（福井県） 大安寺（福井県） 海晏寺（東京都） 金剛峯寺（和歌山県）	天正11年豊臣秀吉の養子となり、同18年結城晴朝の養子となる。法号ははじめ孝顕寺。
		秀忠	昌子（宝台院）	天正7～寛永9（54）	台徳院	増上寺（東京都）	慶長10年4月16日将軍宣下。

代数	将軍名	子女名(別称)	生母名(法号)	生歿年(享年)	法号	墓所（墓碑・供養塔・位牌所を含む）	備考
1	家康	忠吉	昌子(宝台院)	天正8～慶長12(28)	広度院 性高院	増上寺(東京都) 性高院(愛知県) 隣松院(愛知県)	文禄元年武蔵国忍を拝領。慶長5年尾張国清洲に移封。法号は性雲院ともいわれる。
		振姫	お竹(良雲院)	天正8～元和3(38)	正清院 松清院	光明寺(京都府) 光恩寺(和歌山県) 金剛峯寺(和歌山県)	慶長3年蒲生秀行(陸奥会津)へ入輿。元和2年浅野長晟(紀伊和歌山)と再縁。墓所は松応寺(和歌山県)とする説もある。
		信吉	お津摩(妙真院)	天正11～慶長8(21)	浄鑑院	瑞龍山(茨城県)	天正18年下総国小金3万石を拝領。文禄元年下総国佐倉城を拝領。慶長7年常陸国水戸城を拝領。
		忠輝	お八(茶阿局)(朝覚院)	文禄元～天和3(92)	寂林院	貞松院(長野県)	慶長4年松平康直の家督を相続、武蔵国深谷を拝領。同7年下総国佐倉に転封の後、信濃国川中島へ、同所より越後国高田に移り、元和2年伊勢国朝熊へ遠流。
		松千代	お八(茶阿局)(朝覚院)	文禄3～慶長4(6)	栄昌院 松葉院	妙心寺(愛知県・現円福寺)カ	生年は文禄元年、また歿年は文禄3年ともいわれる。
		仙千代	お亀(相応院)	文禄4～慶長5(6)	高岳院	高岳院(愛知県) 一心寺(大阪府) 教安寺(山梨県) 金剛峯寺(和歌山県)	文禄4年平岩親吉の養子となる。
		松姫	お久(普照院)	文禄4～慶長3(4)	栄昌院カ	清涼寺(京都府)カ	
		義直	お亀(相応院)	慶長5～慶安3(51)	敬公	定光寺(愛知県) 建中寺(愛知県)	慶長8年甲斐国を拝領。同12年尾張一国および三河国・美濃国内に転封。

頼宣	お万（養珠院）	慶長7～寛文11（70）	南龍院	長保寺（和歌山県） 金剛峯寺（和歌山県）	慶長8年常陸国水戸城を拝領。同14年駿河・遠江両国に転封。元和5年紀伊一国・伊勢国内に転封。
頼房	お万（養珠院）	慶長8～寛文元（59）	威公	瑞龍山（茨城県） 法然寺（香川県）	慶長11年常陸国下妻を拝領。同14年常陸国水戸に転封。
市姫	お勝（英勝院）	慶長12～同15（4）	一照院 清雲院	華陽院（静岡県）	
女子	お牟須（正栄院）	文禄元年（1歳で死去）	未詳	浄泰寺（佐賀県）カ	
松平民部	お松（法光院）	天正10～？（？）	未詳	未詳	俗忌を避け家康の子の松平秀康の養子となる。
小笠原権之丞	三条氏	？～元和元（？）	未詳	未詳	家康の臣小笠原広朝の養子となる。
女子〈養女〉	右衛門某娘	天正元～元和6（48）	大倫院	大英寺（長野県）	天正13年真田氏と和睦の際に養女となり、同14年真田信之（信濃上田）へ入輿。実父は本多忠勝。
松平家治〈養子〉	亀姫（盛徳院）	天正7～文禄元（14）	桃林院	桃林寺（長野県）	天正16年養子となる。実父は奥平信昌、生母は家康の娘。
松平忠明〈養子〉	亀姫（盛徳院）	天正11～正保元（62）	天祥院	妙心寺（京都府）	天正16年養子となる。慶長15年三河国作手を転じ伊勢国亀山城を拝領。寛永16年播磨国姫路城を賜る。実父は奥平信昌、生母は家康の娘。
女子〈養女〉	未詳	未詳	未詳	未詳	小笠原秀政に嫁す。のちに家康の養女となる万姫、秀忠の養女となる千代姫を出産。実父は家康の長男信康。

代数	将軍名	子女名（別称）	生母名（法号）	生歿年（享年）	法号	墓所（墓碑・供養塔・位牌所を含む）	備考
1	家康	女子〈養女〉	未詳	?～寛永6（?）	未詳	未詳	伝通院の養女となり、家康の妹に准じられ、岡部長盛（美濃大垣）に嫁す。慶長4年に家康の養女となったという説もある。実父は松平康元。
		満天姫〈養女〉	未詳	?～寛永15（?）	葉縦院	長勝寺（青森県）	慶長4年養女となり、福島正則（尾張清洲）の子の正之と縁組。正之の死後、その弟の忠勝と縁組。忠勝の死後、慶長16年津軽信枚（陸奥弘前）と再縁。実父は松平康元。
		栄姫（ねね姫）〈養女〉	多劫	?～寛永12（?）	大梁院	天徳寺（東京都）	慶長5年養女となり、黒田長政（筑前福岡）に嫁す。実父は保科正直、生母は家康の妹。
		女子〈養女〉	未詳	?～寛永6（?）	久松院	未詳	養女となり、田中忠政（筑後柳川）に嫁す。忠政の死後、松平成重（三河西尾のち丹波亀山）と再縁。実父は松平康元。
		女子〈養女〉	未詳	?～承応2（?）	浄明院	泉岳寺（東京都）	慶長9年松平忠一へ嫁す。忠一の死去により、同17年秀忠の養女となり、毛利秀元（長門長府）へ嫁す。実父は松平康元。
		女子〈養女〉	未詳	未詳	未詳	未詳	養女となり、榊原忠政（遠江横須賀）へ嫁す。忠政の死後、菅沼定芳（丹波亀山）と再縁。実父は松平康元。
		名阿姫〈養女〉	奥平貞友娘	文禄4～寛永9（38）	光照院	霊巌寺（東京都）	慶長10年養女となり、翌年山内忠義（土佐高知）と婚姻。実父は松平定勝。

		連姫(蓮姫)〈養女〉	本多広孝娘	天正19～承応元(62)	長寿院	祥雲寺(東京都)	慶長7年養女となり、有馬豊氏(丹波福知山)に嫁す。実父は松平康直。
		女子〈養女〉	江原政秀娘	?～寛永16(?)	唐梅院	大泉寺(群馬県)	養女となり、井伊直政(上野安中)に嫁す。実父は松平康親。
		女子〈養女〉	松平清宗娘	天正16～寛文元(74)	高源院	賢崇寺(東京都) 高伝寺(佐賀県)	慶長10年養女となり、鍋島勝茂(肥前佐賀)に嫁す。実父は岡部長盛。
		国姫〈養女〉	徳川信康娘(妙光院)	文禄4～慶安2(55)	栄寿院	天徳寺(東京都) 栄寿寺(東京都)	慶長10年養女となり、堀忠俊に嫁す。同14年忠俊の改易により召し返され、駿河居住。同15年有馬直純(肥前日之江)と再縁。享年は52歳ともいう。実父は本多忠政。
		女子〈養女〉	徳川信康娘(妙光院)	元亀3～寛永20(72)	円照院	海禅寺(東京都)	養女となり、元和2年小笠原忠脩に嫁す。忠脩の死去により、その弟の忠真(信濃松本)に嫁す。実父は本多忠政。
		女子〈養女〉	未詳	天正10～明暦2(75)	清浄院	本国寺(京都府)	養女となり、加藤清正に嫁す。清正の子の忠広が所領没収となったのち、実家の水野氏へ帰す。歿年は慶長16年ともいう。実父は水野忠重。
		万姫(氏姫)〈養女〉	徳川信康娘(峰高寺殿)	文禄元～寛文6(75)	敬台院	敬台寺(徳島県)	慶長5年蜂須賀至鎮(阿波徳島)に嫁す。生年を慶長17年、入輿を元和2年とする説もある。実父は小笠原秀政。
2	秀忠	千姫	逵子(崇源院)	慶長2～寛文6(70)	天樹院	伝通院(東京都) 弘経寺(茨城県) 知恩院(京都府) 金剛峯寺(和歌山県)	慶長8年豊臣秀頼へ入輿。元和2年本多忠刻と再縁。

代数	将軍名	子女名（別称）	生母名（法号）	生歿年（享年）	法号	墓所（墓碑・供養塔・位牌所を含む）	備考
2	秀忠	子々姫	達子（崇源院）	慶長4～元和8（24）	天徳院	野田山（石川県）	慶長6年前田利常（加賀金沢）へ入輿。
		勝姫	達子（崇源院）	慶長6～寛文12（72）	天崇院	天崇寺（新潟県） 金剛峯寺（和歌山県）	生年は慶長5年ともいう。慶長16年松平忠直（越前福井）と婚姻。元和9年忠直の配流により、嫡子忠光とともに江戸高田屋敷に移住。
		長丸	未詳	慶長6～同7（2）	秋徳院	増上寺（東京都）	生母は達子（崇源院）ともいう。
		初姫	達子（崇源院）	慶長7～寛永7（29）	興安院	伝通院（東京都） 金剛峯寺（和歌山県）	慶長11年京極忠高（若狭小浜）に嫁す。
		家光	達子（崇源院）	慶長9～慶安4（48）	大猷院	大猷院（栃木県） 寛永寺（東京都）	元和9年7月27日将軍宣下。
		忠長	達子（崇源院）	慶長11～寛永10（28）	峰巌院	大信寺（群馬県） 薬王寺（神奈川県） 光明寺（京都府）	元和4年甲斐一国を拝領。同8年信濃国小諸を加えられる。寛永2年駿河・遠江両国を加えられる。
		和子	達子（崇源院）	慶長12～延宝6（72）	東福門院 荘厳院	泉涌寺（京都府） 円照寺（奈良県）	元和6年後水尾天皇の女御となり、寛永元年中宮となる。
		正之	お静（浄光院）	慶長16～寛文12（62）	土津霊神	見祢山（福島県）	元和3年保科正光（信濃高遠）の養子となる。寛永13年出羽国山形に転封。同20年陸奥国会津に転封。

松平忠政〈養子〉	亀姫(盛徳院)	天正8～慶長19(35)	光国院	光国寺(岐阜県)	文禄4年養子となる。慶長2年菅沼定利(上野吉井)の養子となる。同15年美濃国加納城へ移る。実父は奥平信昌、生母は家康の娘。
女子〈養女〉→家康養女(浄明院)の項参照					
土佐姫〈養女〉	未詳	慶長2～明暦元(59)	龍照院	天徳寺(東京都)	慶長13年養女となり、同15年毛利秀就(長門萩)と婚姻。実父は結城秀康。
千代姫〈養女〉	徳川信康娘(峰高寺殿)	慶長2～慶安2(53)	保寿院	妙解寺(熊本県)	慶長13年養女となり、翌年細川忠利(豊前小倉)と婚姻。享年は54歳とも、墓所は東海寺(東京都)ともいう。実父は小笠原秀政。
女子〈養女〉	本多忠勝娘	慶長7～慶安3(49)	雲松院	東海寺(東京都)	慶長15年養女となり、堀尾忠晴(出雲松江)へ入輿。寛永10年堀尾氏の除国後、実家の奥平氏へ帰す。実父は奥平家昌。
振姫(利久姫)〈養女〉	未詳	慶長12～万治2(53)	孝勝院	孝勝寺(宮城県)	初め家康の養女となったが、家康の死去により元和3年秀忠の養女となり、伊達忠宗(陸奥仙台)へ入輿。実父は池田輝政。
女子〈養女〉	振姫(正清院・松清院)	慶長7～明暦2(55)	未詳	本国寺(京都府)	慶長18年養女となり、翌年加藤忠広(肥後熊本)と婚姻。寛永9年忠広及びその子の光正(光広)罪有り出羽国庄内鶴岡へ配されるにより、以後京都に棲居。実父は蒲生秀行、生母は家康の娘。
亀姫〈養女〉	未詳	元和3～天和元(65)	宝珠院	長恩寺(新潟県)	寛永7年養女となり、好仁親王(高松宮)と縁組。親王の死去により、承応2年越後国高田へ移住。実父は結城忠直。

代数	将軍名	子女名(別称)	生母名(法号)	生歿年(享年)	法号	墓所(墓碑・供養塔・位牌所を含む)	備考
2	秀忠	女子〈養女〉	松平康高娘	?~寛文12(?)	福照院 福正院	霊巌寺(東京都)	慶長10年養女となり、池田利隆(播磨姫路)へ入輿。実父は榊原康政。
		女子〈養女〉	酒井家次娘	?~寛永5(?)	梅渓院	祥雲寺(東京都)	養女となり、黒田忠之(筑前福岡)に嫁す。実父は松平忠良。
		勝姫〈養女〉	千姫(天樹院)	?~延宝6(?)	円盛院	霊巌寺(東京都)	寛永5年養女となり、池田光政(備前岡山)と婚姻。実父は本多忠刻、生母は秀忠の娘。
3	家光	大姫(亀姫・鶴姫・糸姫・阿智姫)〈養女〉	喜佐(玉宝院)	寛永4~明暦2(30)	清泰院	伝通院(東京都)	寛永9年養女となり、同10年前田光高(加賀金沢)に入輿。享年は31歳ともいう。実父は徳川頼房。
		千代姫	お振(自証院)	寛永14~元禄11(62)	霊仙院	定光寺(愛知県)	寛永16年徳川光友(尾張家)に嫁す。初葬地は増上寺(東京都)。
		家綱	お楽(宝樹院)	寛永18~延宝8(40)	厳有院	寛永寺(東京都)	慶安4年8月18日将軍宣下。
		綱重	お夏(順性院)	正保元~延宝6(35)	清揚院	増上寺(東京都) 能仁寺(埼玉県) 金剛峯寺(和歌山県)	寛文元年甲斐国甲府10万石加増、計25万石拝領。
		亀松	おまさ(成瀬氏)	正保2~同4(3)	月渓院	伝通院(東京都)	生母は光子(桂昌院)ともいう。
		綱吉	光子(桂昌院)	正保3~宝永6(64)	常憲院	寛永寺(東京都)	寛文元年上野国館林10万石加増、計25万石拝領。延宝8年家綱の御養君となる。同年8月23日将軍宣下。

		鶴松	お里佐（定光院）	慶安元年（1歳で死去）	齢真院	谷中霊園（東京都）	初葬地は天徳寺（東京都）。
		鶴姫〈養女〉	勝姫（天崇院）カ	?～寛永11（?）	廉貞院	東福寺（京都府）	寛永8年養女となり、翌年九条通房に嫁す。享年は54歳ともいう。実父は松平忠直。
		通姫（輝姫）〈養女〉	本多忠刻娘	承応元～享保2（66）	靖厳院	東福寺（京都府）	正保4年一条教輔と縁組。慶安2年家光の養女となり、教輔に嫁す。享年は82歳ともいわれる。実父は池田光政。
4	家綱	直姫〈養女〉	千代姫（自証院）	万治元～寛文元（4）	冬晃院	天徳寺（東京都）	実父は徳川光友。
5	綱吉	鶴姫	お伝（瑞春院）	延宝5～宝永元（28）	明信院	増上寺（東京都）	貞享2年徳川綱教（紀伊家）に嫁す。
		徳松	お伝（瑞春院）	延宝7～天和3（5）	浄徳院	増上寺（東京都）	延宝8年西の丸に入り、若君と称する。
		八重姫〈養女〉	未詳	元禄3～延享3（57）	随性院	寛永寺（東京都）	元禄4年江戸へ下向し、同10年綱吉の室信子の養女となる。同11年徳川吉孚（水戸家）に嫁す。実父は鷹司兼凞。
		喜知姫〈養女〉	唐橋（卓然院）	元禄10～同11（2）	智法院	伝通院（東京都）	元禄11年養女となる。実父は徳川綱誠。
		松姫（磯姫）〈養女〉	倉橋（利清院）	元禄12～享保5（22）	光現院	伝通院（東京都）	宝永5年養女となり、前田吉徳（加賀金沢）に嫁す。実父は徳川綱誠。

代数	将軍名	子女名(別称)	生母名(法号)	生歿年(享年)	法号	墓所(墓碑・供養塔・位牌所を含む)	備考
5	綱吉	竹姫〈養女〉	未詳	?～安永元(?)	浄岸院	福昌寺(鹿児島県)	宝永5年保科政邦(陸奥会津)と縁組。政邦の早世により、同7年正仁親王(有栖川宮)と縁組し、享保年中に吉宗の養女となるが、親王の死去により、享保14年島津継豊(薩摩鹿児島)に嫁す。実父は清閑寺熙定。
6	家宣	豊姫	熙子(天英院)	天和元年(1歳で死去)	妙敬日信	常泉寺(東京都)	歿年は天和2年ともいう。
		男子	熙子(天英院)	元禄12年(即日死去)	夢月院	常泉寺(東京都)	
		政姫〈養女〉	未詳	元禄12～宝永元(6)	本乗院	常泉寺(東京都)	元禄16年桜田館に到着。実父は近衛家熙。
		家千代	お古牟(法心院)	宝永4年(1歳で死去)	智幻院	伝通院(東京都)	
		大五郎	お須免(蓮浄院)	宝永5～同7(3)	理岸院	伝通院(東京都)	宝永6年本丸へ移徙。
		家継	輝子(月光院)	宝永6～享保元(8)	有章院	増上寺(東京都)	正徳2年家督相続。同3年4月2日将軍宣下。
		(流産)	斎宮(本光院)	宝永7年(即日死去)	幽夢	常泉寺(東京都)	
		虎吉	お須免(蓮浄院)	正徳元年(1歳で死去)	俊覚院	谷中霊園(東京都)	初葬地は天徳寺(東京都)。

7	家継	なし					
8	吉宗	(流産)	理子(寛徳院)	宝永7年(即日死去)	種縁院	池上本門寺(東京都)	
		家重	お須摩(深徳院)	正徳元~宝暦11(51)	惇信院	増上寺(東京都)	享保元年二の丸に入る。同10年西の丸へ移徙し、延享2年本丸へ移徙。同年11月2日将軍宣下。
		男子	お須摩(深徳院)	正徳3年(1歳で死去)	体幻院	池上本門寺(東京都)	
		竹姫〈養女〉→綱吉養女の項参照					
		宗武	お古牟(本徳院)	正徳5~明和8(57)	悠然院	谷中霊園(東京都)	田安家初代。享保16年田安門内に屋敷拝領。
		源三	お久(深心院)	享保4年(1歳で死去)	涼池院	谷中霊園(東京都)	
		宗尹	お久(深心院)	享保6~明和元(44)	覚了院	谷中霊園(東京都)	一橋家初代。元文5年一橋門内に屋敷拝領。
		芳姫	お久免(覚樹院・教樹院)	享保7年(1歳で死去)	正雲院	伝通院(東京都)	
		利根姫〈養女〉	勝浦(智境院)	享保2~延享2(29)	雲松院	大年寺(宮城県) 東漸寺(東京都)	享保20年養女となり、本丸に入り、伊達宗村(陸奥仙台)に嫁す。墓所は瑞巌寺(宮城県)ともいわれる。実父は徳川宗直。
9	家重	家治	お幸(至心院)	元文2~天明6(50)	浚明院	寛永寺(東京都)	宝暦10年本丸へ移徙。同年9月2日将軍宣下。

代数	将軍名	子女名(別称)	生母名(法号)	生歿年(享年)	法号	墓所(墓碑・供養塔・位牌所を含む)	備考
9	家重	重好	お遊喜(安祥院)	延享2~寛政7(51)	峻徳院	谷中霊園(東京都)	清水家初代。宝暦9年本丸より清水門内屋敷へ移徙。
10	家治	千代姫	倫子(心観院)	宝暦6~同7(2)	華光院	谷中霊園(東京都)	
		万寿姫	倫子(心観院)	宝暦11~安永2(13)	乗台院	谷中霊園(東京都)	明和5年徳川治休(尾張家)に嫁す。
		家基	お知保(蓮光院)	宝暦12~安永8(18)	孝恭院	寛永寺(東京都) 養林寺(群馬県)	明和6年西の丸へ移徙。
		貞次郎	お品(養蓮院)	宝暦12~同13(2)	崇善院	谷中霊園(東京都)	
		聴子《とし》(種姫)〈養女〉	山村氏(香詮院)	明和2~寛政6(30)	貞恭院	長保寺(和歌山県) 増上寺(東京都)	安永4年養女となり、本丸に入る。天明7年徳川治宝(紀伊家)に嫁す。実父は田安宗武。
11	家斉	鎮子《しず》(淑姫)	お万(契真院・勢真院)	寛政元~文化14(29)	清湛院	増上寺(東京都) 定光寺(愛知県)	寛政2年徳川五郎太(尾張家、宗睦の養子治行の子)と縁組。同6年五郎太死去により、同11年徳川斉朝(同家)に嫁す。
		女子	お万(契真院・勢真院)	寛政2年(1歳で死去)	瓊岸院	谷中霊園(東京都)	
		竹千代	お万(契真院・勢真院)	寛政4~同5(2)	孝順院	増上寺(東京都) 天岑寺(埼玉県)	
		家慶	お楽(香琳院)	寛政5~嘉永6(61)	慎徳院	増上寺(東京都)	寛政9年西の丸へ移徙。同年9月2日将軍宣下。天保8年本丸へ移徙。

男子	お梅（真性院）	寛政6年（即日死去）	端正院	谷中霊園（東京都）	
敬之助	お宇多（宝池院）	寛政7～同9（3）	瑞厳院	定光寺（愛知県）	寛政8年徳川宗睦（尾張家）の養子となる。初葬地は伝通院（東京都）。
敦之助	寔子（広大院）	寛政8～同11（4）	体門院	谷中霊園（東京都）	寛政10年清水家相続。
綾姫	お万（契真院・勢真院）	寛政8～同10（3）	麗玉院	増上寺（東京都）	寛政9年伊達周宗（陸奥仙台）と縁組（周宗は同年死去）。
総《ふさ》姫	お志賀（慧明院）	寛政8～同9（2）	棲真院	谷中霊園（東京都）	
（流産）	寔子（広大院）	寛政10年（即日死去）	清雲院	祐天寺（東京都）	
（流産）	お志賀（慧明院）	寛政10年（即日死去）	即幻院	谷中霊園（東京都）	
豊三郎	お宇多（宝池院）	寛政10年（1歳で死去）	良元院	谷中霊園（東京都）	
格姫	お利尾（超操院）	寛政10～同11（2）	冲縁院	谷中霊園（東京都）	
五百姫	お宇多（宝池院）	寛政11～同12（2）	瑩光院	谷中霊園（東京都）	
美《よし》子（峯姫）	お登勢（妙操院）	寛政12～嘉永6（54）	峯寿院	瑞龍山（茨城県）	文化11年徳川斉脩（水戸家）に嫁す。

代数	将軍名	子女名（別称）	生母名（法号）	生歿年（享年）	法号	墓所（墓碑・供養塔・位牌所を含む）	備考
11	家斉	亨姫《みち》	お蝶（速成院）	享和元～同2（2）	唯乗院	谷中霊園（東京都）	
		斉順	お登勢（妙操院）	享和元～弘化3（46）	顕龍院	長保寺（和歌山県） 金剛峯寺（和歌山県）	文化7年清水屋敷へ移徙。同13年徳川治宝（紀伊家）の聟養子となる。
		舒姫《ゆき》	お宇多（宝池院）	享和2～同3（2）	感光院	伝通院（東京都）	
		（流産）	お美尾（芳心院）	享和2年（即日死去）	法如院	谷中霊園（東京都）	
		（血荒）	お登勢（妙操院）	享和3年（即日死去）	真空院	谷中霊園（東京都）	生母はお宇多（宝池院）ともいう。
		時之助	お蝶（速成院）	享和3～文化2（3）	天淵院	谷中霊園（東京都）	
		寿姫《とし》	お登勢（妙操院）	享和3～文化元（2）	蓉香院	伝通院（東京都）	
		[illegible]《すみ》子（浅姫）	お美尾（芳心院）	享和3～安政4（55）	松栄院	海晏寺（東京都）	文化4年伊達周宗（陸奥仙台）と縁組。同9年周宗の死去により、文政2年松平斉承（越前福井）と再縁。初葬地は天徳寺（東京都）。
		晴姫	お登勢（妙操院）	文化2～同4（3）	晃耀院	谷中霊園（東京都）	
		虎千代	お蝶（速成院）	文化3～同7（5）	俊岳院	増上寺（東京都）	文化6年徳川治宝（紀伊家）の聟養子となる。

高姫	お八千(清昇院)	文化3年(1歳で死去)	円琮院	谷中霊園(東京都)	
岸姫(安《しづ》姫)	お袖(本性院)	文化4~同8(5)	精純院	谷中霊園(東京都)	
幸子《さち》(元姫)	お八千(清昇院)	文化5~文政4(14)	貞鑑院	伝通院(東京都)	文政4年松平容衆(陸奥会津)に嫁す。
友松	お蝶(速成院)	文化6~同10(5)	了湛院	谷中霊園(東京都)	
結子《ゆい》(文姫)	お袖(本性院)	文化6~天保8(29)	霊鏡院	伝通院(東京都)	文政9年松平頼胤(讃岐高松)に嫁す。
斉明	お八重(皆善院)	文化6~文政10(19)	寛量院	谷中霊園(東京都)	文化13年清水屋敷に移徙。
斉荘	お蝶(速成院)	文化7~弘化2(36)	大覚院	定光寺(愛知県)	文化10年田安斉匡の聟養子となる。天保10年尾張徳川家相続。初葬地は建中寺(愛知県)。
艶姫	お袖(本性院)	文化8年(1歳で死去)	法量院	谷中霊園(東京都)	
国子(盛姫)	お八重(皆善院)	文化8~弘化4(37)	孝盛院	春日山(佐賀県) 高伝寺(佐賀県)	文政2年鍋島斉正(肥前佐賀)に嫁す。初葬地は増上寺(東京都)。
斉衆	お八重(皆善院)	文化9~文政9(15)	英俊院	奥谷墓地(鳥取県)	文化14年池田斉稷(因幡鳥取)の聟養子となる。初葬地は弘福寺(東京都)。
操子《もち》(和姫)	お蝶(速成院)	文化10~天保元(18)	貞惇院	大照院(山口県)	文政12年毛利斉広(長門萩)に嫁す。初葬地は寛永寺(東京都)。

代数	将軍名	子女名(別称)	生母名(法号)	生歿年(享年)	法号	墓所(墓碑・供養塔・位牌所を含む)	備考
11	家斉	孝姫	お袖(本性院)	文化10~同11(2)	淳脱院	谷中霊園(東京都)	
		諧《とも》子(溶姫)	お美代(専行院)	文化10~明治元(56)	景徳院	野田山(石川県)	文政9年前田斉泰(加賀金沢)に嫁す。初葬地は天徳院(石川県)。
		與五郎	お屋を(智照院)	文化10~同11(2)	常境院	谷中霊園(東京都)	
		斉民	お八重(皆善院)	文化11~明治24(78)	文定院	谷中霊園(東京都)	文化14年松平斉孝(美作津山)の聟養子となる。
		琴姫	お以登(本輪院)	文化12~同13(2)	浄薫院	谷中霊園(東京都)	
		久五郎	お蝶(速成院)	文化12~同14(3)	浄門院	伝通院(東京都)	
		仲姫	お美代(専行院)	文化12~同14(3)	華成院	谷中霊園(東京都)	
		信之進	お八重(皆善院)	文化14年(1歳で死去)	影幻院	伝通院(東京都)	
		貴子(末姫)	お美代(専行院)	文化14~明治5(56)	泰栄院	新庄山(広島県)	天保4年浅野斉粛(安芸広島)に嫁す。初葬地は青松寺(東京都)。
		陽七郎	お袖(本性院)	文政元~同4(4)	正徳院	伝通院(東京都)	

都子《みや》（喜代姫）	お八重（皆善院）	文政元～明治元（51）	晴光院	景福寺（兵庫県） 龍海寺（群馬県）	天保3年酒井忠学（播磨姫路）に嫁す。
賢子《かた》（永姫）	お以登（本輪院）	文政2～明治8（57）	誠順院	谷中霊園（東京都）	天保6年一橋斉位に嫁す。
斉温	お瑠璃（青蓮院）	文政2～天保10（21）	良恭院	定光寺（愛知県）	文政5年徳川斉朝（尾張家）の養子となる。初葬地は建中寺（愛知県）。
斉良	お八重（皆善院）	文政2～天保10（21）	大智院	善性寺（東京都）	文政5年松平武厚（石見浜田）の聟養子となる。
斉彊	お袖（本性院）	文政3～嘉永2（30）	憲章院	長保寺（和歌山県） 金剛峯寺（和歌山県）	文政10年清水家相続。弘化3年紀伊徳川家を養子相続。
斉善	お以登（本輪院）	文政3～天保9（19）	諦観院	海晏寺（東京都）	天保6年松平斉承（越前福井）の養子となる。初葬地は運正寺（福井県）。
斉裕	お八重（皆善院）	文政4～明治元（48）	大龍院	興源寺（徳島県） 万年山（徳島県）	文政10年蜂須賀斉昌（阿波徳島）の養子となる。
富八郎	お袖（本性院）	文政5～同6（2）	春光院	伝通院（東京都）	
斉省	お以登（本輪院）	文政6～天保12（19）	隆章院	寛永寺（東京都） 泰宗寺（東京都）	文政10年松平矩典（斉典、武蔵川越）の聟養子となる。
斉宣	お以登（本輪院）	文政8～弘化元（20）	至徳院	長寿院（兵庫県）	文政10年松平直韶（斉韶、播磨明石）の養子となる。
益子（泰姫）	お瑠璃（青蓮院）	文政10～天保14（17）	泰明院	増上寺（東京都）	天保11年池田斉訓（因幡鳥取）に嫁す。同12年斉訓の死去により、江戸城本丸へ引取られる。

代数	将軍名	子女名(別称)	生母名(法号)	生歿年(享年)	法号	墓所(墓碑・供養塔・位牌所を含む)	備考
12	家慶	(血荒)	喬子(浄観院)	文化9年(即日死去)	明幻院	祐天寺(東京都)	
		(血荒)	喬子(浄観院)	文化9年(即日死去)	浄邦院	祐天寺(東京都)	
		竹千代	喬子(浄観院)	文化10～同11(2)	玉樹院	増上寺(東京都)	
		達姫	お定(清涼院)	文化11～文政元(5)	深珠院	谷中霊園(東京都)	
		儔姫	喬子(浄観院)	文化12年(1歳で死去)	瑞芳院	谷中霊園(東京都)	
		女子	喬子(浄観院)	文化13年(即日死去)	最玄院	谷中霊園(東京都)	
		嘉千代	お定(清涼院)	文政2～同3(2)	璿玉院	増上寺(東京都)	
		男子	お加久(妙華院)	文政5年(1歳で死去)	円常院	谷中霊園(東京都)	
		家祥(家定)	堅子(本寿院)	文政7～安政5(35)	温恭院	寛永寺(東京都)	嘉永6年11月23日将軍宣下。
		米姫	お波奈(香共院カ)	文政7～同12(6)	瑤台院	谷中霊園(東京都)	

慶昌	お定（清涼院）	文政8～天保9（14）	英徳院	谷中霊園（東京都）	天保8年一橋斉位の養子となる。
咸姫	お加久（妙華院）	文政9年（1歳で死去）	諦明院	谷中霊園（東京都）	
春之丞	堅子（本寿院）	文政9～同10（2）	覚性院	谷中霊園（東京都）	
暉姫	お波奈（香共院カ）	文政9～天保11（15）	貞明院	谷中霊園（東京都）	天保10年田安慶頼と縁組。
悦五郎	堅子（本寿院）	文政11～同12（2）	充誠院	谷中霊園（東京都）	
直丸	お筆（殊妙院）	文政12～天保元（2）	詮量院	谷中霊園（東京都）	法号は詮童院・詮董院ともいう。
銀之丞	お筆（殊妙院）	天保3～同4（2）	彩恍院	谷中霊園（東京都）	
里姫	お金（見光院）	天保4～同5（2）	麗娟院	谷中霊園（東京都）	
千恵姫	お筆（殊妙院）	天保6～同7（2）	妙珠院	谷中霊園（東京都）	
吉姫	お金（見光院）	天保7～同8（2）	麗台院	谷中霊園（東京都）	
亀五郎	お筆（殊妙院）	天保9～同10（2）	憲宗院	谷中霊園（東京都）	

代数	将軍名	子女名（別称）	生母名（法号）	生歿年（享年）	法号	墓所（墓碑・供養塔・位牌所を含む）	備考
12	家慶	万釵姫	お金（見光院）	天保10～同11（2）	瓊玉院	谷中霊園（東京都）	
		若姫	お筆（殊妙院）	天保13～同14（2）	蓮玉院	増上寺（東京都） 長命寺（東京都）	
		精姫〈養女〉	未詳	文政8～大正2（89）	未詳	未詳	天保13年江戸へ下向し、養女となる。嘉永2年有馬慶頼（頼咸、筑後久留米）に嫁す。実父は韶仁親王（有栖川宮）。
		男子	お金（見光院）	天保14年（即日死去）	照輝院	増上寺（東京都） 長命寺（東京都）	
		鐐姫	お広（妙音院）	弘化元～同2（2）	玉蓉院	谷中霊園（東京都）	
		田鶴若	お広（妙音院）	弘化2～同3（2）	瑞岳院	増上寺（東京都） 長命寺（東京都）	
		鏞姫	お広（妙音院）	嘉永元年（1歳で死去）	輝光院	増上寺（東京都）	
		男子	お津由（秋月院）	嘉永2年（1歳で死去）	斉信院	谷中霊園（東京都）	
		線姫〈養女〉	未詳	天保6～安政3（22）	線教院	瑞龍山（茨城県）	嘉永3年養女となり、同5年徳川慶篤（水戸家）に嫁す。実父は熾仁親王（有栖川宮）。
		長吉郎	お広（妙音院）	嘉永5～同6（2）	景徳院	伝通院（東京都）	

13	家定	なし					
14	家茂	なし					
15	慶喜	女子	美賀子（貞粛院）	安政5年（1歳で死去）	瓊光院	谷中霊園（東京都）	
		敬事	お信	明治4〜同5（2）	未詳	谷中霊園（東京都）	
		善事	お幸	明治4〜同5（2）	未詳	谷中霊園（東京都）	
		琢磨	お幸	明治5〜同6（2）	未詳	谷中霊園（東京都）	
		鏡子	お信	明治6〜同26（21）	鏡月院	谷中霊園（東京都）	徳川達孝（田安家）に嫁す。
		厚	お幸	明治7〜昭和5（57）	なし	谷中霊園（東京都）	
		金子	お幸	明治8年（1歳で死去）	未詳	谷中霊園（東京都）	
		鉄子	お信	明治8〜大正10（47）	真月院	谷中霊園（東京都）	徳川達道（一橋家）に嫁す。
		筆子	お幸	明治9〜同40（32）	なし	万年山（徳島県）	蜂須賀正韶（因幡鳥取）に嫁す。
		博（仲博）	お信	明治10〜昭和23（72）	なし	大雲院（鳥取県）	明治23年池田輝知（因幡鳥取）の養子となる。

代数	将軍名	子女名（別称）	生母名（法号）	生歿年（享年）	法号	墓所（墓碑・供養塔・位牌所を含む）	備考
15	慶喜	修子	お幸	明治11年（1歳で死去）	未詳	谷中霊園（東京都）	
		斉	お信	明治11年（1歳で死去）	未詳	谷中霊園（東京都）	
		良子	お信	明治13年（1歳で死去）	未詳	谷中霊園（東京都）	
		浪子	お幸	明治13～昭和29（75）	なし	谷中霊園（東京都）	松平斉（津山松平家分家）に嫁す。
		国子	お幸	明治15～昭和17（61）	月庭院	平林寺（埼玉県）	大河内輝耕（上野高崎）に嫁す。
		経子	お信	明治15～昭和14（58）	なし	豊島岡墓地（東京都）	伏見宮博恭王に嫁す。
		糸子	お幸	明治16～昭和38（81）	荘厳院	妙伝寺（京都府）	四条隆愛に嫁す。
		男子	お幸	明治17年（即日死去）	未詳	谷中霊園（東京都）	
		寧	お幸	明治18～同19（2）	未詳	谷中霊園（東京都）	
		久（慶久）	お信	明治17～大正11（39）	なし	谷中霊園（東京都）	徳川慶喜家を相続。

英子	お信	明治20～大正13（38）	貞敏夫人	瑞龍山（茨城県）	徳川圀順（水戸家）に嫁す。
誠	お幸	明治20～昭和43（82）	なし	谷中霊園（東京都）	
精	お信	明治21～昭和7（45）	なし	谷中霊園（東京都）	勝海舟（旧幕臣）の養子となる。
女子	お幸	明治24年（即日死去）	未詳	谷中霊園（東京都）	

本表は、「幕府祚胤伝」（『徳川諸家系譜』所収）を底本に、適宜「江戸幕府日記」（国立公文書館内閣文庫所蔵）、「年録」（国立国会図書館所蔵）、「徳川幕府家譜」（『徳川諸家系譜』所収）、秋元茂陽『徳川将軍家墓碑総覧』（パレード、二〇〇八年）、『徳川実紀』、『続徳川実紀』、『寛政重修諸家譜』、『柳営補任』、『藩史大事典』、竹内誠編『徳川幕府事典』（東京堂出版、二〇〇三年）、「徳川慶喜公子孫系図」、『徳川慶喜家 最後の家令』（松戸市戸定歴史館、二〇一〇年）等を参考に高田綾子が作成し、藤田英昭が確認した。

尾張徳川家妻子一覧

代数	当主名 正室名	子女名（別称）	生母名（別称、法号）	生歿年（享年）	法号	備考
1	義直《よしなお》　徳川家康・お亀（相応院）　慶長5～慶安3（51）　敬公					
	春姫（安芸御前）　浅野幸長・池田信輝娘　慶長7～寛永14（36）　高原院　生年は慶長8年ともいう。					
	お佐井　津田信益・未詳　寛永元～貞享元（61）　貞松院　義直継室。はじめ東福門院に仕える。					
		光友　＊別項参照				
		京姫	お佐井（貞松院）	寛永3～延宝2（49）	普峰院	広幡忠幸に嫁す。
2	光友《みつとも》　徳川義直・お尉（歓喜院）　寛永2～元禄13（76）　正公・瑞龍院					
	千代姫　徳川家光・お振（自証院）　寛永14～元禄11（62）　霊仙院					
		豊姫	千代姫（霊仙院）	明暦元年（1歳で死去）	珠光院	
		義行	千代姫（霊仙院）	明暦2～正徳5（60）	崇巌院	美濃高須松平家初代。
		直姫	千代姫（霊仙院）	万治元～寛文元（4）	冬晃院	
		義昌	勘解由小路（三の丸殿、松寿院）	慶安4～正徳3（63）	得安院	陸奥梁川松平家初代。
		綱誠　＊別項参照				
		友久	大弐（清心院）	寛文元～延宝3（15）	清雲院	松平康久（尾張家家臣）の養子となり、康永と名乗る。
		貴《あて》姫	大弐（清心院）	寛文7～天和3（17）	馨香院	生年は寛文6年ともいう。綱誠の養女となり、浅野綱長（安芸広島）に嫁す。

八郎太郎	新式部(長昌院・長照院)	寛文8~同9(2)	明了院	
友重	新式部(長昌院・長照院)	寛文9~元禄15(34)	源了院	
秀姫	ふせ屋(二の丸殿、宗隆院)	?~延宝元(?)	超勝院	
能《なよ》姫	糸	?~延宝2(?)	自光院	
次郎(仙之助)	大弐(清心院)	?~延宝3(?)	清浄院	
長尊《ちょうそん》	新式部(長昌院・長照院)	延宝3~天和元(7)	恢広院	生母は麗(聚福院)ともいう。
万里之助	お津連(正善院)	?~延宝5(?)	寿正院	
官之助	津知(大橋氏)	?~延宝5(?)	玉樹院	
友著《ともあき》	梅の枝(梅香院)	延宝6~享保11(49)	隆興院	川田久保松平家初代。
元姫	以津(龍峯院)	延宝7~元禄3(12)	信正院	
3				
綱誠《つななり》 徳川光友・千代姫(霊仙院) 承応元~元禄12(48) 誠公・泰心院				
新君《にい》 広幡忠幸・京姫(普峰院) 承応3~元禄5(39) 瑩珠院				
五郎八	礼与(日下氏)	延宝4~同6(3)	円照院	
源之丞	佐野	延宝6年(1歳で死去)	光周院	
悦姫	下総(河野氏)	延宝7~天和元(3)	麗赫院	
鶴丸	梅小路(二の丸殿、梅昌院)	延宝8年(1歳で死去)	松岩院	
松之助	梅小路(二の丸殿、梅昌院)	天和2~同3(2)	靖康院	法号は請康院とも。
未詳	未詳	?~天和3(?)	玉渓院	
初姫	段(遠寿院)	天和3年(1歳で死去)	真乗院	

代数	当主名 正室名	子女名（別称）	生母名（別称、法号）	生歿年（享年）	法号	備考
3		八代姫	津解	貞享元年（1歳で死去）	了寿院	
		清姫	佐子	貞享元年（1歳で死去）	花庭	
		菊姫	梅小路（二の丸殿、梅昌院）	貞享元～同2（2）	智峯院	
		春姫	難波（蓮乗院）	貞享2～同3（2）	臨照院	
		喜太郎	梅小路（二の丸殿、梅昌院）	貞享3～同4（2）	独立院	
		亀太郎	和泉（泉光院）	貞享4～元禄5（6）	幽巌院	
		蔦姫	下総（本寿院）	元禄元年（1歳で死去）	到岸院	
		内膳	難波（蓮乗院）	元禄元～同4（4）	智照院	法号は智性院とも。
		猶《ゆう》姫	阿古（清遊院）	元禄元～同2（2）	宝池院	
		常三郎	和泉（泉光院）	元禄元～同4（4）	迢珠院	
		吉通　＊別項参照				
		勝之丞	阿古（清遊院）	元禄3年（1歳で死去）	徹空	
		光姫	難波（蓮乗院）	元禄3～同4（2）	真如院	
		立姫	下総（本寿院）	元禄4～同9（6）	澄照院	
		通顕→綱友の項参照				
		綾姫	梅小路（二の丸殿、梅昌院）	元禄5～同7（3）	涼雲院	
		石松	阿古（清遊院）	元禄5～同7（3）	離相院	
		伊羅姫	万（心常院）	元禄5～同7（3）	了智院	

男子	梅小路（二の丸殿、梅昌院）	元禄6年（即日死去）	秋光院	
義孝	唐橋（卓然院）	元禄7～享保17（39）	高徳院	松平義行（美濃高須）の養子となる。
城次郎	梅津（宣揚院）	元禄7～同10（4）	桂鏡院	
岩之丞	下総（本寿院）	元禄7～宝永2（12）	法雲院	
政姫	梅小路（二の丸殿、梅昌院）	元禄8年（1歳で死去）	慈月院	
繁之丞	菊山（蓮養院）	元禄8～同9（2）	秋林院	
通温《みちまさ》	唐橋（卓然院）	元禄9～享保15（35）	顕性院	法号は顕照院とも。
通春→宗春の項参照				
千之丞	倉橋（利清院）	元禄9～同10（2）	浄体院	
喜知姫	唐橋（卓然院）	元禄10～同11（2）	知法院	5代将軍徳川綱吉の養女となる。法号は智法院とも。
女子	梅津（宣揚院）	?～元禄11（?）	晴龍院	
副姫《そよ》	倉橋（利清院）	元禄11～同13（3）	艶陽院	
増之丞	おしん（新大夫、西生院）	元禄12年（1歳で死去）	航運院	
磯姫	倉橋（利清院）	元禄12～享保5（22）	光現院	5代将軍徳川綱吉の養女となり、松姫と改め、前田吉徳（加賀金沢）に嫁す。

4	
吉通《よしみち》	徳川綱誠・下総（本寿院）　元禄2～正徳3（25）　立公・円覚院
輔子（輔君）	九条輔実・益子内親王　元禄3～享保16（42）　瑞祥院
五郎太	＊別項参照

代数	当主名・正室名	子女名（別称）	生母名（別称、法号）	生歿年（享年）	法号	備考
4		三千君（徳姫・通姫・千姫）	おさん（随縁院）	宝永3～宝暦7（52）	信受院	6代当主継友の養女となり、九条幸教に嫁す。
		三姫《さん》→宗勝正室の項参照				
5	五郎太《ごろうた》　徳川吉通・輔子（瑞祥院）　正徳元～同3（3）　達公・真巌院					
	正室なし					
6	継友《つぐとも》　徳川綱誠・和泉（泉光院）　元禄5～享保15（39）　曜公・晃禅院					
	安己君《あこ》　近衛家熙・町尻兼量娘（景雲院）　宝永元～享保10（22）　光雲院	八三郎	右京（善良院）	享保7～同8（2）	円善院	
7	宗春《むねはる》　徳川綱誠・梅津（宣揚院）　元禄9～明和元（69）　逞公・章善院					
	正室なし	富姫	梅津（栄昌院）	享保9～同18（10）	理泡院	
		補誦姫《ほじゅ》	民部（瑩光院）	享保11～同20（10）	凜霜院	
		八千姫	梅津（栄昌院）	享保11～同16（6）	曄徳院	
		頼君	伊予（銀昌院）	享保13～宝暦10（33）	霊樹院	8代当主宗勝の養女となり三喜姫と改める。のち伝姫と改め九条稙基と結納を行うが、稙基の死去により近衛内前と再縁。
		国丸	梅津（栄昌院）	享保15～同20（6）	慧運院	

八百姫	民部（瑩光院）	享保15～同16（2）	秋感院	
以津姫	伊予（銀昌院）	享保15～同16（2）	性如院	
龍治代	民部（瑩光院）	元文2年（1歳で死去）	円徳院	
8				
宗勝《むねかつ》　松平友著・お繁（円珠院）　宝永2～宝暦11（57）　戴公・賢隆院				
三姫《さん》　徳川吉通・尾上（清水院）　宝永7～享保15（21）　宝蓮院				
万弥《まんや》	二姫《さん》（宝蓮院）	享保15～同17（3）	玉泡院	
房姫	お嘉代（英巌院）	享保17～寛延元（17）	冷池院	島津宗信（薩摩鹿児島）と縁組。
宗睦　＊別項参照				
義敏	おとせ（清光院）	享保19～明和8（38）	蒼岳院	松平義淳（美濃高須）の養子となる。
類姫	お嘉代（英巌院）	享保19～元文元（3）	法理院	
信之進	おすめ（寿光院）	享保20～元文元（2）	玄時院	
豊姫	おとせ（清光院）	享保20～宝暦7（23）	蔡香院	上杉重定（出羽米沢）に嫁す。
栄之助	おすめ（寿光院）	元文元～延享4（12）	心浄院	
勝長	お嘉代（英巌院）	元文2～文化8（75）	亮諦院	
勝当《かつまさ》	おとせ（清光院）	元文2～享和元（65）	大慈院	松平義裕（美濃高須）の養子となる。
勝綱	おすめ（寿光院）	元文3～享和元（64）	得性院	
勝紀	お津屋（妙観院）	元文3～寛政元（52）	映徳院	竹腰正武（尾張家年寄）の養子となり、勝起と名乗る。
大之丞	おとせ（清光院）	元文4年（1歳で死去）	法清院	

代数	当主名 正室名	子女名（別称）	生母名（別称、法号）	生歿年（享年）	法号	備考
8		勝斯《かつのり》	おすめ（寿光院）	元文4〜寛政3（53）	玄津院	井上正森（下総高岡）の養子となり、正国と名乗る。
		福子（嘉知姫）	おつや（妙観院）	元文5〜明和4（29）	智岳院	はじめ島津宗信（薩摩鹿児島）と縁組、宗信の死去により邦姫と改め、浅野重晟（安芸広島）に再縁。
		峯姫	三保（教性院）	元文5年（1歳で死去）	善光院	
		勝邦	おとせ（清光院）	寛保元〜明和8（31）	至善院	内藤頼由（信濃高遠）の養子となり、頼多と名乗る。
		麻姫	おつや（妙観院）	寛保元〜延享3（6）	瑞光院	
		品姫	留屋（秋光院）	寛保元〜文化11（64）	瓊樹院	はじめ松平重昌（越前福井）と縁組、重昌の死去により松平頼前（常陸府中）に再縁。
		勝鷹	おそよ（仙宥院）	延享元〜宝暦11（18）	随円院	生年は延享2年ともいう。松平資昌（遠江浜松・丹後宮津）の養子となることが決まるが早世。
		長之助	お美予（伊勢氏）	延享4〜寛延2（3）	花香院	
		譲子（季姫・恭《ゆき》君）	およん（得船院）	延享4〜寛政3（45）	光相院	九条道前に嫁す。
		順子（陽姫）	およん（得船院）	宝暦元〜安永2（23）	深広院	はじめ二条重良と縁組、重良の死去により浅野重晟（安芸広島）に再縁。
		睦精	おそよ（仙宥院）	宝暦2〜文化12（64）	尚徳院	内藤政陽（日向延岡）の養子となり、政脩と名乗る。

	皆姫	およん(得船院)	宝暦5～同6(2)	芳樹院	
9	宗睦《むねちか》	徳川宗勝・お嘉代(英巌院)	享保18～寛政11(67)	明公・天祥院	
	周子《ちか》(好《たか》君)	近衛家久・真涼院	享保15～安永7(49)	転陵院	
	治休《はるよし》	周子《ちか》(転陵院)	宝暦3～安永2(21)	紹隆院	
	治興	周子(転陵院)	宝暦6～安永5(21)	天祐院	
10	斉朝《なりとも》	一橋治国・彰君(乗蓮院)	寛政5～嘉永3(58)	順公・天慈院	
	鎮子《しず》(淑《ひで》姫)	徳川家斉・お万(契真院・勢真院)	寛政元～文化14(29)	清湛院	初め五郎太(9代宗睦の養子治行の子)と婚約するが、五郎太早世。
11	斉温《なりはる》	徳川家斉・お瑠璃(青蓮院)	文政2～天保10(21)	僖公・良恭院	
	愛姫	田安斉匡・お花(八木氏)	文政元～天保3(15)	琮樹院	
	定子(福《さち》君・祥君・豊姫)	鷹司政熙・未詳	文政3～天保11(21)	俊恭院	近衛基前の養女。斉温継室。
12	斉荘《なりたか》	徳川家斉・お蝶(速成院)	文化7～弘化2(36)	懿公・大覚院	
	友子(猶《ゆう》姫)	田安斉匡・貞子(無量院)	文化4～明治5(66)	貞慎院	
	勝《かち》姫	登佐(笹本氏)	天保3～同4(2)	瑤理院	
	利姫	やを(法行院)	天保7～明治18(50)		清水斉彊(のち紀伊家12代当主)の養女となり、浅野慶熾(安芸広島)に嫁す。
	邦姫	やを(法行院)	天保10～同11(2)	浄形院	
	釣姫(釧姫)	やを(法行院)	天保14～明治4(29)	清月院	松平乗命(美濃岩村)に嫁す。
	女子	久米(戒光院)	弘化元年(1歳で死去)	幽香院	

代数	当主名 正室名	子女名(別称)	生母名(別称、法号)	生歿年(享年)	法号	備考
12		昌丸	やを(法行院)	弘化3~同4(2)	馨明院	一橋慶寿の養子となるが早世。
13	慶臧《よしつぐ》　田安斉匡・おれい(青松院)　天保7~嘉永2(14)　欽公・顕曜院　利姫(12代当主斉荘の娘)と婚約後死去。					
	正室なし					
14	慶恕《よしくみ》　松平義建・規姫(真證院)　文政7~明治16(60)　文公・賢徳院　17代当主の際は慶勝《よしかつ》と改めている。					
	準子《かね》(お茂・矩姫《かね》)　丹羽長富・未詳　天保2~明治35(72)　貞徳院					
		栄《てる》姫	多満(禎正院)	嘉永5~同6(2)	蕙心院	
		寛《ひろ》之助	多満(禎正院)	安政元~同3(3)	霊珠院	
		女子	準子(貞徳院)	安政2年(即日死去)	良幻院	
		堯之助	辰子(由起、諒正院)	安政2年(1歳で死去)	馨徳院	
		道姫	多満(禎正院)	安政3~明治8(20)	清心院	松平義生(美濃高須)と縁組。
		豊姫	多満(禎正院)	安政4~明治41(52)		18代当主義禮と婚姻。
		義宜　*別項参照				
		茂徳　*別項参照				
		万姫	多満(禎正院)	文久元年(1歳で死去)	蓮池院	
		亀千代	辰子(由起、諒正院)	文久元年(1歳で死去)	華容院	
		岑姫	多満(禎正院)	文久2~元治元(3)	春陽院	
		時千代	竹子(たけ、靖恭院)	文久2~同3(2)	賢明院	

代	当主・正室	子女	母	生没年	院号	備考
		安千代	辰子（由起、諒正院）	元治元～明治2（6）	秋英院	
		知千代	辰子（由起、諒正院）	慶応2～同3（2）	快楽院	
		釟《はつ》千代	竹子（たけ、靖恭院）	慶応2～同3（2）	善明院	
		男子	辰子（由起、諒正院）	慶応3年（1歳で死去）	秋露院	
		盛千代	竹子（たけ、靖恭院）	明治元～同2（2）	霊沼院	
		良《かた》姫	竹子（たけ、靖恭院）	明治2～大正13（56）		稲葉正邦（山城淀）の養女となる。18代当主義禮の後室。
		富姫	竹子（たけ、靖恭院）	明治3～同42（40）		
		英姫	竹子（たけ、靖恭院）	明治5～?（?）		
		義恕	加津（慈光院）	明治11～昭和21（69）		
		義信	加津（慈光院）	明治13年（1歳で死去）		
15	茂徳《もちなが》 松平義建・みさを（陽清院） 天保2～明治17（54） 顕樹院 はじめ高須藩主（義比）、尾張家当主となったのち一橋家の当主（茂栄）となる。					
	政姫 丹羽長富・未詳 天保9～明治42（72） 崇松院					
		義端	政姫（崇松院）	安政5～万延元（3）	泰巌院	
		常千代（常麻呂）	知加（山中氏）	文久2～同3（2）	理性院	
16	義宜《よしのり》 徳川慶恕・多満（禎正院） 安政5～明治8（18） 靖公・隆徳院					
	正室なし					

本表は、「御系譜」・「系譜」（いずれも『名古屋叢書三編　第一巻　尾張徳川家系譜』所収、一九八八年）、「御系譜」（『徳川諸家系譜』二所収）、霞会館華族家系大成編輯委員会編『平成新修旧華族家系大成』（霞会館、一九九六年）等をもとに高田綾子が作成し、藤田英昭が確認した。

尾張徳川家妻子一覧

・当主の欄は、当主名、父・母名（法号）、生歿年（享年）、法号、備考の順に記す。
・正室の欄は、正室名（別称）、父名（宮号）・母名（法号）、生歿年（享年）、法号、備考の順に記す。
・子女については、原則として尾張徳川家当主であった期間の子女を記す。慶恕（慶勝）は14代の当主となったのち17代当主を再承するが、子女については14代の中にまとめて記した。

紀伊徳川家妻子一覧

代数	当主名 / 正室名	子女名（別称）	生母名（別称、院号）	生歿年（享年）	法号	備考
1	頼宣《よりのぶ》　徳川家康・お万（養珠院）　慶長7～寛文11（70）　南龍院					
	あま姫（八十姫）　加藤清正・清浄院　慶長6～寛文6（66）　瑤林院					
		女子	未詳	?～寛永7（?）	了心院	
		光貞　＊別項参照				
		茶々姫（因幡姫）	中川氏（理真院）	寛永8～宝永5（78）	芳心院	池田光仲（因幡鳥取）に嫁す。
		松子（松姫）	山田氏（円住院）	寛永8～延宝6（48）	松寿院	松平信平（旗本）に嫁す。
		修理	武藤氏（長寿院）	寛永10～同13（4）	真空院	
		万姫	一野殿（益心院）	寛永15～同17（3）	鮮容院	
		頼純	越智氏（浄心院）	寛永18～正徳元（71）	源性院	伊予西条松平家初代。
		女子	未詳	?～寛永12（?）	忠善院	
2	光貞《みつさだ》　徳川頼宣・中川氏（理真院）　寛永3～宝永2（80）　清渓院					
	照子（安子、安宮）　貞清親王（伏見宮）・未詳　寛永2～宝永4（83）　天真院					
		なか姫（なな姫）	未詳	?～慶安5（?）	天心院	
		通子（光姫・光君）	岡村氏（神智院）	明暦元～寛文11（17）	台嶺院	一条兼輝に嫁す。
		英子（栄姫・祢為姫）	成等院	万治3～宝永2（46）	円光院	上杉綱憲（出羽山形）に嫁す。
		綱教　＊別項参照				

代数	当主名 正室名	子女名(別称)	生母名(別称、院号)	生歿年(享年)	法号	備考
2		次郎吉	未詳	寛文7～延宝7(13)	高岳院	
		幾子(育《のり》姫)	林光院	延宝3～元禄6(19)	霊岳院	佐竹義苗(出羽秋田)に嫁す。
		頼職 ＊別項参照				
		頼方→吉宗の項参照				
		菅姫	中条氏(聞是院)	元禄4～同6(3)	清心院	
3	綱教《つなのり》 徳川光貞・山田氏(瑞応院) 寛文5～宝永2(41) 高林院					
	鶴姫 徳川綱吉・お伝(瑞春院) 延宝5～宝永元(28) 明信院					
4	頼職《よりもと》 徳川光貞・志隝(真如院) 延宝8～宝永2(26) 深覚院					
	正室なし					
5	吉宗《よしむね》 徳川光貞・お由利(浄円院) 貞享元～宝暦元(68) 有徳院 のち8代将軍となる。					
	理子(真宮《さな》) 貞致親王(伏見宮)・未詳 元禄4～宝永7(20) 寛徳院					
		女子	理子(寛徳院)	宝永7年(即日死去)	種縁院	
		家重	お須摩(深徳院)	正徳元～宝暦11(51)	惇信院	のち9代将軍となる。
		男子	お須摩(深徳院)	正徳3年(即日死去)	体幻院	
		宗武	竹本氏(本徳院)	正徳5～明和8(57)	悠然院	田安家初代。
		源三	お久(深心院)	享保4年(1歳で死去)	涼池院	将軍就任後に生まれる。
		宗尹	お久(深心院)	享保6～明和元(44)	覚了院	将軍就任後に生まれる。一橋家初代。

芳姫	お久免（覚樹院・教樹院）	享保7年（1歳で死去）	正雲院	将軍就任後に生まれる。
6 宗直《むねなお》　松平頼純・太田氏（観樹院）　天和2～宝暦7（76）　大慧院				
正室なし				
阿佐子（朝姫）	下条氏（妙相院）	享保元～同7（7）	真性院	
温子《はる》（利根子・綱子、利根姫）	勝浦（智境院）	享保2～延享2（29）	雲松院	8代将軍徳川吉宗の養女となり、伊達宗村（陸奥仙台）に嫁す。
常姫	下条氏（妙相院）	享保5～同20（16）	芳林院	浅野宗恒（安芸広島）と縁組内約。
宗将　＊別項参照				
当子（喜《よし》姫・友姫）	勝浦（智境院）	享保5～安永9（61）	静澄院	細川宗孝（肥後熊本）に嫁す。
久姫	山本氏（孝晴院）	享保11～寛政12（75）	桂香院	池田宗泰（因幡鳥取）に嫁す。法号ははじめ円泰院。
頼淳→治貞の項参照				
頼央	長谷川氏（涼心院）	享保14～宝暦7（29）	孝順院	生母の涼心院は神谷氏または岸田氏ともいう。
頼香	入江氏（得生院）	享保16～寛政5（63）	松岳院	松平信友（上野矢田）の養子となり、信有と名乗る。
富千代	勝浦（善修院）	享保18～同19（2）	法幻院	
女子	雲紹院	享保19年（1歳で死去）	白道院	
賢《まさ》姫（忠姫）	勝浦（善修院）	元文元～天明元（46）	遠紹院	はじめ前田重靖（加賀金沢）と縁組、重靖の死去により松平頼済（常陸府中）に嫁す。

代数	当主名 正室名	子女名(別称)	生母名(別称、院号)	生歿年(享年)	法号	備考
6		圭姫	森山氏	元文3~同5(3)	佳玄院	生母は勝浦(善修院)ともいう。
		致子(達姫・悦姫)	篤子(心敬院・信敬院)	元文4~宝暦9(21)	龐岳院	丹羽高庸(陸奥二本松)に嫁す。生母の法号ははじめ心静院。
		寿子(相姫・載《とし》姫・相君)	落合氏(慈応院)	寛保3~寛政元(47)	霊光院	公仁親王(京極宮)に嫁す。
		永子(薫《しげ》姫・悦姫)	篤子(心敬院・信敬院)	延享元~天明5(42)	永昌院	松平頼真(讃岐高松)に嫁す。生母を落合氏(慈応院)とする説もある。
		頼章	村井氏(即証院)	延享3~安永7(33)	徳本院	内藤政業(陸奥湯長谷)の養子となり、貞幹と名乗る。
7	宗将《むねのぶ》　徳川宗直・珠子(永隆院・現成院)　享保5~明和2(46)　菩提心院					
	徳子(展子・憲子、順宮《のぶ》・富宮)　今出川公詮・基宮(宝樹院)　享保12~宝暦7(31)　浄眼院　貞建親王(伏見宮)の養女。					
	高子(愛君《ちか》)　一条兼香・榮秀院　元文5~安永8(40)　明脱院　宗将継室。					
		直松	徳子(浄眼院)	寛保3~延享4(5)	宝池院	一条家の姫君と縁組内約。
		延子(勝姫・千間姫・套姫)	徳子(浄眼院)	延享2~享和2(58)	寿光院	前田重教(加賀金沢)に嫁す。
		重倫　*別項参照				
		琴姫(定姫)	徳子(浄眼院)	延享3~宝暦8(13)	円妙院	池田重寛(因幡鳥取)と縁組。
		門之進	徳子(浄眼院)	寛延元~同3(3)	泰良院	
		致《むね》姫	美尾(八重、清信院)	寛延3~寛政6(45)	光安院	松平重富(越前福井)に嫁す。

女子	徳子（浄眼院）	寛延3年（即日死去）	慈縁明智	
政養	美尾（八重、清信院）	宝暦元～寛政6（44）	勇信院	内藤政苗（三河挙母）の養子となり、学《さと》文《ふみ》と名乗る。
頼興	徳子（浄眼院）	宝暦2～文政8（74）	葆光院	
逸《はや》姫	徳子（浄眼院）	宝暦4～同7（4）	慈泉院	
頼謙《よりかた》	お安（普明院）	宝暦5～文化3（52）	寿徳院	松平頼淳（伊予西条）の養子となる（養父頼淳はのち紀伊家9代当主治貞）。
頼久	徳子（浄眼院）	宝暦6～天保元（75）	大乗院	松平忠啓（伊勢桑名）の養子となり、忠功と名乗る。
従《より》姫	美衛（法成院）	宝暦7～文化元（48）	聖聡院	松平義柄（美濃高須、のち尾張家の養子の治行）に嫁す。
為脩	美衛（法成院）	宝暦9～寛政元（31）	厳浄土院	三浦為積（紀伊家家臣）の養子となる。
頼徳《よりやす》	さよ（保福院）	宝暦9～享和2（44）	遊心院	兄である松平忠功（伊勢桑名）の養子となり、忠和と名乗る。
頼融《よりあきら》	美衛（法成院）	宝暦9～文政7（66）	観妙院	生年は宝暦11年ともいう。安藤次猷《なおのぶ》（紀伊家家臣）の養子となり、直矢と名乗る。
頼朴《よりなお》	美衛（法成院）	明和元～文化5（45）	厚徳院	阿部正識（武蔵忍）の養子となり、正由と名乗る。
男子	美尾（八重、清信院）	?～延享2（?）	峯雲院	
男子	お安（普明院）	?～寛延4（?）	即到浄源	
男子	美尾（八重、清信院）	?～宝暦3（?）	覚真春夢	

代数	当主名 正室名	子女名（別称）	生母名（別称、院号）	生歿年（享年）	法号	備考
7		男子	さよ（保福院）	?～宝暦5（?）	遇光真流	
		女子	美衛（法成院）	?～宝暦10（?）	陽雲院	
8	重倫《しげのり》　徳川宗将・美尾（八重、清信院）　延享3～文政12（84）　観自在院　職仁親王（有栖川宮）の息女佐宮と縁組するが、明和6年絶縁。					
	正室なし	福子（懿《よし》姫・懿《よし》君）	お八百（慈譲院）	明和4～天保14（77）	芳樹院	一条輝良に嫁す。
		錯《あや》姫	お多可（袖崎、信受院）	明和4～同8（5）	妙泰院	
		直子（丞《かず》姫・等《とし》姫）	お多可（袖崎、信受院）	明和7～文政9（57）	転心院	はじめ池田治恕（因幡鳥取）と縁組、治恕の死去によりその弟の治道に嫁す。
		鐓《もと》姫	お八百（慈譲院）	明和7～同8（2）	知幻院	
		弥《ひさ》之助	お八百（慈譲院）	明和8年（1歳で死去）	一生院	
		治宝　＊別項参照				
		鋒《とき》姫	お多可（袖崎、信受院）	明和8～安永元（2）	春窓院	
		雅之助	お八百（慈譲院）	安永元～同3（3）	空如院	
		方《みち》姫	お八百（慈譲院）	安永3～寛政6（21）	恭岳院	治貞の養女となり、徳川治紀（水戸家）に嫁す。
		備《のぶ》姫	お八百（慈譲院）	安永4～寛政8（22）	心蓮院	前田斉敬（加賀金沢）と縁組。
		乙之助	未詳	天明元～同2（2）	妙智院	
		丁之助	鎌田氏	寛政8年（1歳で死去）	如幻院	

	未詳	お花（観光院）	?～明和4（?）	如電院	
	男子	瑞応院	寛政6年（即日死去）	縁覚院	
	男子	春台院	寛政10年（即日死去）	青樹院	
	男子	春台院	寛政11年（即日死去）	幻寿院	
9	治貞《はるさだ》	徳川宗直・勝浦（善修院）	享保13～寛政元（62）	香厳院	はじめ松平頼邑（伊予西条）の養子となる。
	定子（千穂君）	今出川誠季・節君	元文3～安永2（36）	寛耀院	法号はじめ寛明院。
10	治宝《はるとみ》	徳川重倫・おふさ（澄清院・光照院・弥利院）	明和8～嘉永6（83）	舜恭院	
	聡子《とし》（種姫）	田安宗武・山村氏（香詮院）	明和2～寛政6（30）	貞恭院	徳川家治養女。
	鍇姫《かた》	おさゐ（せい・さい、栄恭院）	寛政7～文政10（33）	信恭院	伊達斉宗（陸奥仙台）に嫁す。
	喬姫《たか》	おちや（おかや、譲恭院）	寛政10～同12（3）	霊応院	
	男子	おさゐ（せい・さい、栄恭院）	寛政11年（1歳で死去）	観達院	
	佶姫《まさ》	おちや（おかや、譲恭院）	寛政12～享和2（3）	法縁院	
	豊姫→斉順正室の項参照				
	未詳	おちや（おかや、譲恭院）	享和元年（即日死去）	空生院	
	銈姫《のり》（鎗姫《おと》）	おちや（おかや、譲恭院）	享和3～文化2（3）	普現院	一橋備千代と縁組。
	女子	おちや（おかや、譲恭院）	文化4年（即日死去）	乗元院	
	富姫	おちや（おかや、譲恭院）	文化6～同10（5）	清泰院	
	鋒姫《さき》（万須姫）	おちや（おかや、譲恭院）	文化9～同11（3）	示幻院	

代数	当主名 正室名	子女名(別称)	生母名(別称、院号)	生歿年(享年)	法号	備考
11	斉順《なりゆき》　徳川家斉・お登勢(妙操院)　享和元~弘化3(46)　顕竜院　はじめ清水家当主となる。					
	豊子(豊姫)　徳川治宝・おさゑ(栄恭院)　寛政12~弘化2(46)　鶴樹院					
		菊姫	豊子(鶴樹院)	文化14年(1歳で死去)	瓊淳院	
		女子	豊子(鶴樹院)	文政元年(即日死去)	相幻院	
		女子	お留井(三毛氏)	文政8年(1歳で死去)	心浄院	
		庸《つね》姫	お八十(松前氏)	文政11年(1歳で死去)	鬘珠院	
		男子	おこと	文政12年(即日死去)	幻成院	
		女子	お八十(松前氏)	天保3年(即日死去)	清影院	
		女子	おるき	天保7年(即日死去)	明元院	
		伊曽姫	みさ(おみき、実成院)	天保14~同15(2)	神光院	
		慶福　＊別項参照				
12	斉彊《なりかつ》　徳川家斉・お袖(本性院)　文政3~嘉永2(30)　憲章院　はじめ清水家当主となる。					
	豊子(充《みつ》君《たか》)　近衛忠熙・郁君　文政5~嘉永6(32)　観如院					
		延姫	しづ(南条氏)	天保12~同13(2)	麗如院	
		龍千代	しづ(南条氏)	天保13~同14(2)	資成院	
		鈞《かた》姫(珣姫)	しづ(南条氏)	天保14~弘化元(2)	珂月院	
		鋹《なる》姫	しづ(南条氏)	弘化3~同4(2)	琮玉院	

	秋《とき》姫	しづ（南条氏）	弘化4～嘉永5（6）	蕙岑院	
	辰《しん》次郎	てつ（斎藤氏）	弘化4～同5（2）	令孝院	
	男子	てつ（斎藤氏）	嘉永2年（即日死去）	清涼院	
13	慶福《よしとみ》　徳川斉順・みさ（実成院）　弘化3～慶応2（21）　昭徳院　のち14代将軍徳川家茂となる。				
	親子内親王（和宮）　仁孝天皇・橋本経子（新典侍、観行院）　弘化3～明治10（32）　静寛院　慶福の将軍就任後の婚姻。				
14	茂承《もちつぐ》　松平頼学・よし（玉蓮院）　弘化元～明治39（63）　慈承院				
	則子（倫宮）　邦家親王（伏見宮）・鷹司景子（織君）　嘉永3～明治7（25）　貞淑夫人				
	広子　本多忠穆・未詳　安政3～明治19（31）				
	長福丸	則子（倫宮）	明治2～同3（2）	妙幻院	
	孝子	未詳	明治7～昭和35（87）		伊達宗陳（伊予宇和島）に嫁す。
	保子	未詳	明治8～昭和25（76）		松平頼和（伊予西条）に嫁す。

本表は、『南紀徳川史』、「紀州水戸御系譜写」（『徳川諸家系譜二』所収）、『平成新修旧華族家系大成』（霞会館華族家系大成編輯委員会編纂、霞会館、一九九六年）等をもとに高田綾子が作成し、藤田英昭が確認した。

- 当主の欄は、当主名、父名・母名（法号）、生歿年（享年）、法号、備考の順に記す。
- 正室の欄は、正室名（別称、宮号）、父名（宮号）・母名（別称、法号）、生歿年（享年）、法号、備考の順に記す。
- 吉宗・斉彊については、和歌山藩主前後の子女も記載した。茂承については、明治になってからの継室・子女も記載した。

水戸徳川家妻子一覧

代数	当主名 正室名	子女名(別称)	生母名(別称、法号)	生歿年(享年)	法号	備考
1	頼房《よりふさ》 徳川家康・お万(養珠院) 慶長8～寛文元(59) 威公					
	正室なし					
		頼重	久(久昌院)	元和8～元禄8(74)	竜雲院	讃岐高松松平家初代。
		通	勝(円理院)	寛永元～寛文4(41)	恵了院	松殿道昭と縁組するが、婚礼以前に道昭死去。
		亀丸(亀麻呂)	勝(円理院)	寛永2～同5(4)	本妙院	
		万	未詳	?～貞享4(?)	長寿院	
		女子	勝(円理院)	寛永4～元禄2(63)	未詳	太田資政(水戸家家臣)に嫁す。こちらを万とする説もある。
		女子	未詳	(早世)	未詳	
		弃(捨)	耶耶(寿光院)	寛永4～同8(5)	玉露	
		糸(大姫)	喜佐(玉宝院)	寛永4～明暦2(30)	清泰院	3代将軍家光の養女となり、前田光高(加賀金沢)に嫁す。享年は31歳ともいう。
		光圀　＊別項参照				
		貞子(菊)	勝(円理院)	寛永5～宝永3(79)	芳園院	松平康兼(水戸家家臣)に嫁す。
		小良《こやや》	耶耶(寿光院)	寛永5～享保2(90)	玉峰院	鎌倉英勝寺住職となり、清閑(清因)と号す。法号は玉安院とも。

頼元	勝（円理院）	寛永6～元禄6（65）	真源院	陸奥守山藩初代。生年は寛永5年ともいう。
頼隆	耶耶（寿光院）	寛永6～宝永4（79）	長徳院	常陸府中藩初代。生母は耶耶（寿光院）ともいう。
頼利	玉（証真院）	寛永7～延宝2（45）	高性院 簡良	水戸家家臣となる。
頼雄	勝（円理院）	寛永7～元禄10（68）	一法院 融山円公	常陸宍戸藩初代。
頼泰	耶耶（寿光院）	寛永8～享保2（87）	香正院	長倉松平家（水戸家家臣）初代。
頼以	愛（厚善院）	寛永8～寛文4（34）	大空院 懿孝	水戸家家臣となる。
律	耶耶（寿光院）	寛永9～正徳元（80）	光曜院	山野辺義賢（水戸家家臣）に嫁す。
房時	愛（厚善院）	寛永10～天和2（50）	覚林院	水戸家家臣となる。
布利（振）	俊（長松院）	寛永10～寛文7（35）	春松院 青松院	本多政利（播磨明石）に嫁す。歿年は寛文4年ともいう。
重義	耶耶（寿光院）	寛永11～寛文8（35）	釈貞寿	雑賀重次（水戸家家臣）の養子となる。
犬	七（真善院）	寛永11～延宝3（42）	本源院	兄松平頼重の養女となり、細川綱利（肥後熊本）に嫁す。
藤（千）	勝（円理院）	寛永12～天和元（47）	証智院	真木景信（水戸家家臣）に嫁す。
竹	未詳	寛永13～同14（2）	未詳	
梅	未詳	寛永15～元禄13（63）	未詳	宇都宮隆綱（水戸家家臣）に嫁す。

代数	当主名 正室名	子女名(別称)	生母名(別称、法号)	生歿年(享年)	法号	備考
1		市	七(真善院)	寛永16~宝永2(67)	清雲院	酒井忠治(水戸家家臣)に嫁す。元禄3年に52歳で歿したともいう。
		助	幾都(覚心院)	慶安2~宝永6(61)	松寿院	伊藤友次(水戸家家臣)に嫁す。
		松	勝(円理院)	(早世)	未詳	
2	光圀《みつくに》 徳川頼房・久(久昌院) 寛永5~元禄13(73) 義公 尋子(泰姫) 近衛信尋・未詳 寛永15~万治元(21) 法光院・哀文夫人					
		頼常	玉井氏	承応元~宝永元(53)	節公	伯父である松平頼重(讃岐高松)の養子となる。
		女子	未詳	未詳	未詳	鷹司兼熙に嫁す。
3	綱条《つなえだ》 松平頼重・お万(皓月院) 明暦2~享保3(63) 粛公 季君 今出川公規・未詳 万治2~享保17(74) 本清院・荘恵夫人					
		鍋千代	順(了照院)	延宝7~天和3(5)	高雲院	歿年は天和元年ともいう。
		巌麻呂	都礼(禅定院)	貞享元年(1歳で死去)	天岸空心	
		吉孚	都礼(禅定院)	貞享2~宝永6(25)	恭公	
		清姫	順(了照院)	貞享2~同4(3)	空山幼覚	
		豊麻呂	都礼(禅定院)	貞享3~元禄元(3)	如幼院	
		元姫	都礼(禅定院)	元禄元~同2(2)	芳容妙現	
		幸姫	都礼(禅定院)	元禄3~同5(3)	冷松院	

	金松	理璵（井出氏）	元禄5～同9（5）	玉樹清嶽	
	直松	順（了照院）	元禄6～同8（3）	泉入院	
	友千代	順（了照院）	元禄10～宝永2（9）	敬信院	
4	宗堯《むねたか》　松平頼豊・お喜智（湯浅氏）　宝永2～享保15（26）　成公　生母は三上氏ともいう。				
	美代姫　徳川吉孚・八重姫（随性院）　宝永5～延享3（39）　泰受院・純懿夫人				
	宗翰	＊別項参照			
	頼順	岡崎氏	享保12～安永3（48）	貞公	
5	宗翰《むねもと》　徳川宗堯・美代姫（泰受院・純懿夫人）　享保13～明暦3（39）　良公				
	絢君（千代姫）　一条兼香・未詳　享保19～?（?）　浚祥院・俊祥院・瑞懿夫人				
	治保	＊別項参照			
	直之允	中沢氏	宝暦2～同9（8）	未詳	
	勝五郎	榊原氏	宝暦3～同4（2）	未詳	
	時姫（恒）	山本氏	宝暦4～天明6（33）	清徳院	松平義裕（美濃高須）に嫁す。
	直之介	中沢氏	宝暦5～同6（2）	未詳	
	頼図	毛利氏	宝暦5～安永5（22）	禅立院	叔父の松平頼順（徳川宗堯の子）の養子となる。享年は21歳ともいう。
	頼救	未詳	宝暦6～天保元（75）	広正院	松平頼多（常陸宍戸）の養子となる。
	嘉君	大西氏	宝暦7～寛政6（38）	未詳	二条治孝に嫁す。
	国君	大西氏	宝暦9～文化3（48）	未詳	今出川実種に嫁す。

代数	当主名 正室名	子女名(別称)	生母名(別称、法号)	生歿年(享年)	法号	備考
5		嶺姫	大西氏	宝暦10~文政5(63)	宝照院	水戸磐船願入寺瑞華院遍雄に嫁す。
		保受	三宅氏	宝暦11~天明5(25)	未詳	
		保福	三宅氏	宝暦12~天保元(69)	未詳	松平頼脩(水戸家家臣)の養子となる。
		金姫	深津氏	明和元~文化14(54)	未詳	鎌倉英勝寺住職となり、清月と号す。
		信徳	三宅氏	明和元~文政3(57)	魏公	中山政信(水戸家家臣)の養子となり、信敬と名乗る。
6	治保《はるもり》　徳川宗翰・美衛(榊原氏)　宝暦元~文化2(55)　文公					
	溢子(八代君)　一条道香・未詳　宝暦2~天明元(30)　修成院・正礼夫人					
		述姫	前田氏	明和5~天保11(73)	未詳	松平頼起(讃岐高松)に嫁す。
		治紀　＊別項参照				
		雅姫	前田氏	安永2~天保10(67)	松操院	松平頼慎(陸奥守山)に嫁す。
		保右	前田氏	安永5~天保3(57)	泰量院	松平義居(美濃高須)の養子となり、義和と名乗る。
		彦直	石黒氏	寛政10~弘化4(50)	賢相院	土屋寛直(常陸土浦)の養子となる。
		女子	未詳	(早世)	未詳	
		女子	未詳	(早世)	未詳	
7	治紀《はるとし》　徳川治保・八代君(修成院・正礼夫人)　安永2~文化13(44)　武公					
	常子(達子、方姫)　徳川重倫・お八百(慈譲院)　安永3~寛政6(21)　恭穆夫人　徳川治貞の養女。					

	栢姫	未詳	（早世）	未詳	
	綏姫	未詳	（早世）	未詳	
	従子（偉姫・順君）	未詳	寛政8～弘化元（49）	順恭院	生年は寛政6年ともいう。一条斉信に嫁す。
	清子（鄰君）	未詳	寛政8～文久元（66）	未詳	鷹司政通に嫁す。
	斉脩	＊別項参照			
	規姫	未詳	寛政9～嘉永4（55）	真証院	松平義建（美濃高須）に嫁す。
	苞姫（厚姫）	未詳	寛政9～文政6（27）	貞寛院	松平頼誠（陸奥守山）に嫁す。
	紀経	中山氏	寛政10～天保13（45）	慤公	松平頼儀（讃岐高松）の養子となり、頼恕と名乗る。
	紀教→斉昭の項参照				
	頼筠	未詳	享和元～天保10（39）	又玄院	松平頼敬（常陸宍戸）の養子となる。
	申之允	未詳	（早世）	未詳	
8	斉脩《なりのぶ》	徳川治紀・五百（小池氏）	寛政9～文政12（33）	哀公	
	美子（峰姫）	徳川家斉・お登勢（妙操院）	寛政12～嘉永6（54）	峯寿院・孝文夫人	
9	斉昭《なりあき》	徳川治紀・永（外山氏）	寛政12～万延元（61）	烈公	
	吉子（登美宮）	織仁親王（有栖川宮）・未詳	文化元～明治27（91）	文明夫人	
	賢姫（佐加姫）	古与（萩原豊子）	文政5～天保10（18）	未詳	伊達宗城（伊予宇和島）と縁組。
	色許姫	古与（萩原豊子）	文政8～同9（2）	未詳	
	祝姫《ほぎ》	古与（萩原豊子）	文政10～嘉永6（27）	未詳	山野辺義正（水戸家家臣）に嫁す。

代数	当主名 正室名	子女名(別称)	生母名(別称、法号)	生歿年(享年)	法号	備考
9		慶篤　＊別項参照				
		二郎麿	吉子(文明夫人)	天保4～同5(2)	未詳	
		恕姫(比呂姫)	直(山野辺氏)	天保5年(1歳で死去)	未詳	
		唯《いい》姫	吉子(文明夫人)	天保6年(1歳で死去)	未詳	
		三郎麿	春(松波氏)	天保6～同8(3)	未詳	
		三郎麿	直(山野辺氏)	天保6～同7(2)	未詳	
		明子(松姫)	春(松波氏)	天保7～明治36(68)		南部利剛(陸奥盛岡)に嫁す。
		庸姫	直(山野辺氏)	天保8～同14(7)	未詳	
		昭徳	春(松波氏)	天保8～明治10(41)	慶徳命	池田慶栄(因幡鳥取)の養子となり、慶徳と名乗る。
		六郎麿	登聞(柳原氏)	天保8～同9(2)	未詳	
		昭致	吉子(文明夫人)	天保8～大正2(77)		一橋家の養子となり、慶喜と名乗る。のち15代将軍となる。
		昭融	直(山野辺氏)	天保10～文久元(23)	建中院	松平典則(武蔵川越)の養子となり、直侯と名乗る。
		昭休	春(松波氏)	天保10～明治32(61)		はじめ松平忠国(武蔵忍)の養子となるが、病により帰家。その後池田慶政(備前岡山)の養子となり、茂政と名乗る。
		一棄《いき》姫	直(山野辺氏)	天保11～同14(4)	未詳	

孝子（八代姫）	春（松波氏）	天保12～明治2（29）		伊達慶邦（陸奥仙台）に嫁す。
昭音	直（山野辺氏）	天保13～明治15（41）	高徳院	松平武成（石見浜田）の養子となり、武聡と名乗る。
静姫	夏（立原氏）	天保14～弘化元（2）	未詳	
昭縄	夏（立原氏）	弘化元～明治7（31）	竜公院	喜連川宜氏（下野喜連川）の養子となり、縄氏と名乗る。
余二麿	春（松波氏）	弘化元年（1歳で死去）	未詳	
余三麿	直（山野辺氏）	弘化元年（1歳で死去）	未詳	
昭訓	睦《ちか》子（万里小路氏）	嘉永元～元治元（17）	孝順公	
余五麿	徳子（高丘氏）	嘉永2年（1歳で死去）	未詳	
貞子（茂《しげ》姫・繁君）	睦《ちか》子（万里小路氏）	嘉永3～明治5（23）		熾仁親王（有栖川宮）に嫁す。
昭嗣	徳子（高丘氏）	嘉永4～大正6（67）	真龍院	松平忠愛（肥前島原）の養子となり、忠和と名乗る。
昭邦	睦《ちか》子（万里小路氏）	嘉永5～明治25（41）	高林院	土屋寅直（常陸土浦）の養子となり、挙直と名乗る。
愛《あい》子（真子、愛《めで》姫）	徳子（高丘氏）	嘉永5～大正3（63）		井上正順（下総高岡）に嫁す。
久姫	道（庵原氏）	嘉永6年（1歳で死去）	未詳	
昭武　＊別項参照				
昭則	里瀬（高橋氏）	安政2～明治24（37）		はじめ松平容保（陸奥会津）の養子となり、喜徳と名乗るが、のち帰家。明治6年に松平頼之（陸奥守山）の養子となる。

代数	当主名・正室名	子女名（別称）	生母名（別称、法号）	生歿年（享年）	法号	備考
9		廿麿	睦《ちか》子（万里小路氏）	安政3～同5（3）	未詳	
		廿一麿	徳子（高丘氏）	安政3年（1歳で死去）	未詳	
		寧《やす》姫	里瀬（高橋氏）	安政4～同6（3）	未詳	
		昭鄰	睦《ちか》子（万里小路氏）	安政5～明治6（16）		松平頼升（陸奥守山）の養子となり、頼之と名乗る。
		正子（正姫）	里瀬（高橋氏）	安政5～明治6（16）		池田慶徳（因幡鳥取）の養女となり、池田徳澄（因幡鹿野）に嫁す。
10	慶篤《よしあつ》　徳川斉昭・吉子（文明夫人）　天保3～明治元（37）　順公					
	幟《たか》子（線《いと》宮）　幟仁親王（有栖川宮）・未詳　天保6～安政3（22）　順貞夫人　徳川家慶の養女。					
	経子（鋭君）　広幡基豊・未詳　天保8～明治9（40）　恵懿夫人　慶篤継室。					
		随姫	幟子（順貞夫人）	安政元～?（?）		
		篤敬	水谷氏	安政2～明治31（44）		のち昭武の養子となり、水戸徳川家12代当主となる。
		篤守	水谷氏	安政3～大正13（69）		のち清水徳川家7代当主となる。
		信之丞	未詳	（早世）		
		鶴千代麿	経子（恵懿夫人）	万延元年（1歳で死去）	未詳	
		順之丞	未詳	（早世）		
		女子	未詳	（早世）		

11				
昭武《あきたけ》　徳川斉昭・睦子《ちか》（万里小路氏）　嘉永6～明治43（58）　節公　はじめ清水家の養子となる。				
瑛子（盛子《せい》）　中院通富・未詳　文久元～明治16（23）　恭哀夫人				
昭子	瑛子（恭哀夫人）	明治16～昭和51（94）		松平頼壽（讃岐高松）に嫁す。
政子	八重	明治18～昭和52（93）		毛利元雄（長門長府）に嫁す。
武定	八重	明治21～昭和32（70）		明治25年に水戸徳川家より分家。
直子	八重	明治33～平成元（90）		松平斎光（津山松平家分家）に嫁す。
温子	八重	明治34～平成7（95）		京極高修（讃岐丸亀）に嫁す。

本表は、「紀州水戸御系譜写」（『徳川諸家系譜二』所収）、「水戸御家譜」「紀州水戸御系譜写」（いずれも徳川林政史研究所所蔵）、「御続帳」（常陸国土浦土屋家文書、国文学研究資料館所蔵）、「水戸前中納言殿御系記」（『未刊随筆百種』第8巻所収、中央公論社、昭和五二年）、「常陸水戸徳川家譜」（『茨城県史料 近世政治編Ⅰ』所収、茨城県、昭和四五年）、『平成新修旧華族家系大成』（霞会館華族家系大成編輯委員会編纂、霞会館、一九九六年）、吉田俊純「徳川光圀の世子決定事情」（『筑波学院大学紀要』第8集）などをもとに高田綾子が作成し、藤田英昭が確認した。

- 当主の欄は、当主名、父名・母名（氏名、法号）、生歿年（享年）、法号、備考の順に記す。
- 正室の欄は、正室名（別称）、父名（宮号）・母名（氏名、法号）、生歿年（享年）、法号、備考の順に記す。

田安徳川家妻子一覧

代数	当主名 正室名	子女名(別称)	生母名(別称、氏名、法号)	生歿年(享年)	法号	備考
1	宗武《むねたけ》　徳川吉宗・お古牟(本徳院)　正徳5~明和8(57)　悠然院					
	久子(通《みち》姫・知姫・森姫)　近衛家久・桂岩院　享保6~天明6(66)　宝蓮院					
		延姫(誠《のぶ》姫)	久子(宝蓮院)	寛保元~宝暦9(19)	恵覚院	伊達重村(陸奥仙台)と縁組、婚姻前に死去。法号は慧学院ともいう。
		裕《よう》姫	久子(宝蓮院)	寛保3年(1歳で死去)	随縁院	
		淑《すえ》姫	山村氏(香詮院)	延享元~文化12(72)	円諦院	鍋島重茂(肥前佐賀)に嫁す。
		小次郎	久子(宝蓮院)	延享2~宝暦3(9)	孝慈院	
		友菊	山村氏(香詮院)	延享4~宝暦3(7)	本寂院	法号は本淑院ともいう。
		英菊(銕之助)	久子(宝蓮院)	延享4~宝暦2(6)	瑞光院	
		仲姫(貞姫・雅姫)	久子(宝蓮院)	寛延4~安永8(29)	聖諦院	池田重寛(因幡鳥取)に嫁す。
		乙菊	毛利氏	宝暦2~同3(2)	瓊樹院	
		治察　＊別項参照				
		節《とき》姫	久子(宝蓮院)	宝暦6~文化12(60)	邦媛院	毛利治親(長門萩)に嫁す。
		脩姫	林氏	宝暦6~文政3(65)	仙寿院	酒井忠徳(出羽鶴岡)に嫁す。
		定国	山村氏(香詮院)	宝暦7~文化元(48)	瑞龍院	松平定静(伊予松山新田)の養子となる。
		定信	山村氏(香詮院)	宝暦8~文政12(72)	守国院	松平定邦(陸奥白河)の養子となる。

	聴《とし》子（種《ふさ》《たね》姫）	山村氏（香詮院）	明和2～寛政6（30）	貞恭院	安永4年徳川家治の養女となり、江戸城本丸に入る。天明7年徳川治宝（紀伊家）に嫁す。
	定姫	山村氏（香詮院）	明和4～文化10（47）	麗照院	松平治好（越前福井）に嫁す。
2	治察《はるあき》	田安宗武・久子（宝蓮院）	宝暦3～安永3（22）	高尚院	
	正室なし				
3	斉匡《なりまさ》	一橋治済・お喜志（丸山氏、棲賢院）	安永8～嘉永元（70）	惇宗院	天明7年相続。
	貞子（裕《ひろ》宮）	美仁親王（閑院宮）・未詳	天明2～文政8（44）	無量院	享年は45歳ともいう。
	剛之丞	お千世（永井氏・養父筧氏）	寛政11～同12（2）	倫脱院	正室に未だ子がなかったため庶子として松平姓を称す。
	近姫	貞子（無量院）	寛政12～天保元（31）	観光院	一橋斉礼に嫁す。
	包姫	お千世（永井氏・養父筧氏）	寛政12～享和元（2）	瑶温院	
	静姫	貞子（無量院）	享和3年（1歳で死去）	宝光院	
	匡時	お陸（斎藤氏、清窕院）	文化2～天保10（35）	霊明院	虚弱につき退身。
	鑅《より》姫	おしん（八木氏）	文化2～万延元（56）	貞寿院	松平定通（伊予松山）に嫁す。
	女子	お勝（河合氏）	文化4年（即日死去）	理照院	
	鋭《えつ》姫	お陸（斎藤氏、清窕院）	文化4～文政3（14）	縁理院	津軽信順（陸奥弘前）と縁組するが、婚姻前に死去。
	友子（猶姫）→斉荘正室の項参照				
	鐐子（鐐《りょう》姫）	おしん（八木氏）	文化5～明治22（82）		酒井忠発（出羽庄内）に嫁す。

代数	当主名 正室名	子女名(別称)	生母名(別称、氏名、法号)	生歿年(享年)	法号	備考
3		欽姫《やす》(金姫《きん》)	お陸(斎藤氏、清窕院)	文化6～嘉永4(43)	仙桜院	津軽信順(陸奥弘前)に嫁す。
		猗姫《よし》	お里尾(武藤氏・養父篠崎氏)	文化8～同14(7)	浄潭院	松平定和(伊勢桑名)と縁組するが、婚姻前に死去。
		男子	未詳	文化8年(即日死去カ)	即幻院	
		謙三郎	お里(河合氏)	文化11～同14(4)	明智院	
		恒姫《ひさ》(永姫《ひさ》)	おせよ(高月氏、玉林院)	文化12～文政2(5)	麗容院	
		歳姫《せい》	おせよ(高月氏、玉林院)	文化13～文政元(3)	善知院	法号は善地院ともいう。
		三千姫	お利さ(武藤氏・養父篠崎氏)	文政元～同3(3)	耀光院	
		斉位(郁之助・豊之助)	おせよ(高月氏、玉林院)	文政元～天保8(20)	崇雲院	のち一橋家5代当主となる。
		愛姫	お花(八木氏)	文政元～天保3(15)	琮樹院	徳川斉温(尾張家)に嫁す。
		千重姫	お里尾(武藤氏・養父篠崎氏)	文政4～万延元(40)	永寿院	松平武成(石見浜田)に嫁す。
		純姫	おせよ(高月氏、玉林院)	文政7～明治39(88)		立花鑑寛(筑後柳河)に嫁す。生年は文政4年とも。
		慶寿	お花(八木氏)	文政6～弘化4(25)	承休院	のち一橋家7代当主となる。生母はお里尾(武藤氏・養父篠崎氏)ともいう。
		弥姫《いよ》	おせよ(高月氏、玉林院)	文政6～同9(4)	円証院	
		聡之助	お花(八木氏)	文政7～同8(2)	諦境院	

	至姫	おれい（木村氏、青松院）	文政8～同9（2）	寂照院	生年は文政7年ともいう。
	郁之助	おせよ（高月氏、玉林院）	文政8～同9（2）	本量院	
	慶永	おれい（木村氏、青松院）	文政11～明治23（63）		松平斉善（越前福井）の養子となる。
	慶頼　＊別項参照				
	建子《たけ》（筆姫）	おれい（木村氏、青松院）	天保元～明治19（57）		鍋島斉正（直正、肥前佐賀）に嫁す。
	慶臧《よしつぐ》	おれい（木村氏、青松院）	天保7～嘉永2（14）	欽公 顕曜院	利姫（尾張家）と婚約後死去。
4	斉荘《なりたか》	徳川家斉・お蝶（速成院）	文化7～弘化2（36）	懿公・大覚院	文化10年婿養子となり、のち尾張家を継ぐ。
	友子（猶《ゆう》姫）	田安斉匡・貞子（無量院）	文化4～明治5（66）	貞慎院	
	勝姫	お登佐（笹本氏）	天保3～同4（2）	瑶理院	
	利姫	宮田氏	天保7～明治18（50）		天保10年斉荘と共に尾張家屋敷へ移る。
	慶頼　＊別項参照				
5	慶頼《よしより》	田安斉匡・お里尾（武藤氏・養父篠崎氏）	文政11～明治9（48）		はじめ暉姫（徳川家慶娘）と縁組するが、婚姻前に暉姫死去。
	光子《あき》（今君・睦宮・瑩《きよ》宮）	孝仁親王（閑院宮）・未詳	文政2～明治39（88）		生年は文政5年ともいう。
	喜久姫	高井氏	安政3～慶応元（10）	玉操院	
	寿千代　＊別項参照				
	女子	高井氏	文久2年（即日死去）	紫雲院	
	隆麿	沢井氏	文久2年（1歳で死去）	理光院	
	家達　＊別項参照				

代数	当主名 正室名	子女名(別称)	生母名(別称、氏名、法号)	生歿年(享年)	法号	備考
5		達孝	高井氏	慶応元~昭和16(77)		のち9代当主となる。
		鎮姫	沢井氏	慶応2~大正元(47)		酒井忠篤(出羽庄内)に嫁す。
		鏡姫	沢井氏	慶応3~明治元(2)	空閑院	
		春姫	高井氏	明治元年(1歳で死去)	芳春院	
		興丸	高井氏	明治4年(1歳で死去)	整信院	
		頼倫	沢井氏	明治5~大正14(54)		のち紀伊徳川家を継ぐ。
6	寿千代《としちよ》 田安慶頼・高井氏 万延元~慶応元(6) 英樹院					
	正室なし					
7	家達《いえさと》 田安慶頼・高井氏 文久3~昭和15(78) のち徳川宗家を継ぐ。					
	泰子《ひろ》 近衛忠房・未詳 慶応3~昭和19(78)					
		家正《いえまさ》	未詳	明治17~昭和38(80)		
		綾子《あや》	未詳	明治30~昭和54(83)		松平康昌(越前福井)に嫁す。
		綏子《やす》	未詳	明治30~昭和51(80)		鷹司信輔に嫁す。
		繁子《ます》	未詳	明治37~昭和57(79)		松平直国(出雲松江)に嫁す。
8	慶頼《よしより》 *前項参照					

本表は、「田安家御譜」(東京大学史料編纂所所蔵)、「(御三卿家族戒名)」(茨城県立歴史館所蔵一橋家文書)、「田安一橋清水譜」・「田安一橋清水家譜」(「蠹余一得」所収)(いずれも国立公文書館所蔵)、「田安徳川家記系譜」・「系譜」(いずれも『徳川諸家系譜』三所収)、霞会館華族家系大成編輯委員会編『平成新修旧華族家系大成』(霞会館、一九九六年)等をもとに高田綾子が作成し、藤田英昭が確認した。

田安徳川家妻子一覧

・当主の欄は、当主名、父名・母名（氏名、法号）、生歿年（享年）、法号、備考の順に記す。
・正室の欄は、正室名（別称、宮号）、父名（宮号）・母名（法号）、生歿年（享年）、法号、備考の順に記す。

一橋徳川家妻子一覧

代数	当主名 正室名	子女名 (別称)	生母名(別称、氏名、法号)	生歿年(享年)	法号	備考
1	宗尹《むねただ》　徳川吉宗・お久(深心院)　享保6~明和元(44)　覚了院					
	顕子(俊君)　一条兼香・未詳　享保10~寛延2(25)　深達院					
		重昌	顕子(深達院)	寛保3~宝暦8(16)	源隆院	松平宗矩(越前福井)の養子となる。
		保姫	お千瀬(お知嘉、猪飼氏、妙香院)	延享元~明和6(26)	慈照院	島津重豪(薩摩鹿児島)に嫁す。歿年は明和4年ともいう。
		小五郎(仙之助)	お游歌(お遊嘉、細田氏、善修院)	延享4~宝暦2(6)	真性院	
		重富	お游歌(お遊嘉、細田氏、善修院)	寛延元~文化6(62)	隆徳院	兄である松平重昌(越前福井)の養子となる。
		治済　＊別項参照				
		治之	お游歌(お遊嘉、細田氏、善修院)	宝暦2~天明元(30)	鳳陽院	黒田継高(筑前福岡)の聟養子となる。
		鎌三郎	お游歌(お遊嘉、細田氏、善修院)	宝暦7~安永2(17)	信相院	
		金次郎	お房(太田氏、呈声院)	宝暦13~明和4(5)	如雲院	生母は美濃部氏ともいう。
2	治済《はるさだ》　一橋宗尹・お游歌(善修院)　宝暦元~文政10(77)　最樹院					
	在子(寿賀宮・寿嘉宮)　公仁親王(京極宮)・未詳　宝暦4~明和7(17)　桂芳院　生年は宝暦6年、また享年は15歳ともいう。					

家斉	お冨（お英、岩本氏、慈徳院）	安永2～天保12（69）	文恭院	天明元年将軍家の世子となる。同7年将軍宣下。
庸《つね》姫	お喜志（丸山氏、棲賢院）	安永3～天明3（10）	定慧院	法号は定恵院ともいう。
治国《はるくに》	お喜志（丸山氏、棲賢院）	安永5～寛政5（18）	敬宗院	兄豊千代（家斉）が将軍家の養子となるに伴い、一橋家の世子となるが、家督前に死去。
斉隆	お喜志（丸山氏、棲賢院）	安永6～寛政7（19）	敬徳院	黒田治高（筑前福岡）の養子となる。生母は岩本氏（お冨、慈徳院）ともいう。
雄之助	お冨（お英、岩本氏、慈徳院）	安永6～同8（3）	戒光院	
斉匡	お喜志（丸山氏、棲賢院）	安永8～嘉永元（70）	惇宗院	のち田安家3代当主となる。
斉敦　＊別項参照				
満姫	お冨（お英、岩本氏、慈徳院）	天明2～同5（4）	慧雲院	法号は慈雲院・恵雲院ともいう。徳川五郎太（尾張家、徳川宗睦の養子で嫡子であった治行の嫡子）と縁組、婚姻前に死去。
輝姫	お花（米田氏・養父吉松氏、玉容院）	天明5～寛政3（7）	涼光院	生母はのち老女となり花園と称す。
義居	お喜志（丸山氏、棲賢院）	天明5～文化元（20）	広恩院	松平勝当（美濃高須）の聟養子となる。
紀《のり》姫	お町（お満千、中村氏、浄蓉院）	天明5～文久元（77）	蓮性院	細川斉樹（肥後熊本）に嫁す。
久之助	お町（お満千、中村氏、浄蓉院）	寛政10～文化3（9）	元明院	

代数	当主名 正室名	子女名（別称）	生母名（別称、氏名、法号）	生歿年（享年）	法号	備考
2		本之丞	お町（お満千、中村氏、浄蓉院）	寛政12～享和3（4）	容顔院	松平治好（越前福井）の養子となる。
3	斉敦《なりあつ》　一橋治済・お冨（慈徳院）　安永9～文化13（37）　厳恭院					
	保子（脩君《をさ》）　二条治孝・未詳　天明3～享和3（21）　靖安院					
		樹姫	お美須（お美寿、野尻氏、嶺仙院）	寛政10～同11（2）	恍現院	
		幹姫	お美須（お美寿、野尻氏、嶺仙院）	享和元～文政7（24）	智光院	有馬頼徳（筑後久留米）に嫁す。
		備《とも》千代	保子（靖安院）	享和3～文化元（2）	端淳院	銈《のり》姫（紀伊家）と縁組するが、婚姻前に死去。
		斉礼　＊別項参照				
		恒姫（英《ふさ》姫）	お八代（お屋代・八重、遠寿院）	文化2～安政5（54）	芳樹院	島津斉彬（薩摩鹿児島）に嫁す。生母の父は樋口宜康。
		吉姫	お美須（お美寿、野尻氏、嶺仙院）	文化3～同4（2）	彩真院	
		国子（栄姫）	お千衛（お知恵、中川氏、精光院）	文化8～明治19（76）	芳蓮院	奥平昌暢（豊前中津）に嫁す。
		信之助	お千衛（お知恵、中川氏、精光院）	文化10～同11（2）	諦含院	

4	斉礼《なりのり》	一橋斉敦・お美須（嶺仙院）	享和3～天保元（28）	憲徳院	
	蓀子（近姫）	田安斉匡・貞子（無量院）	寛政12～天保元（31）	観光院	
	直姫	お千衛（お知恵、中川氏、精光院）	文化11～同12（2）	浄珠院	
	女子	お津屋（染相院）	文政11年（即日死去）	珖玉院	
	邦吉郎	お国（成島氏）	天保元～同2（2）	宝明院	
5	斉位《なりくら》	田安斉匡・おせよ（玉林院）	文政元～天保8（20）	崇雲院	文政8年養子となる。
	賢子《かた》（永姫）	徳川家斉・お以登（本輪院）	文政2～明治8（57）	誠順院	
6	慶昌《よしまさ》	徳川家慶・お定（清涼院）	文政8～天保9（14）	英徳院	天保8年養子となる。
	正室なし				
7	慶寿《よしとし》	田安斉匡・お花（八木氏）	文政6～弘化4（25）	承休院	天保9年相続。生母はお里尾（武藤氏・養父篠崎氏）ともいう。
	直子《つね》（東明宮《とめ》）	貞敬親王（伏見宮）・未詳	天保元～明治26（64）	徳信院	
8	昌丸《まさまる》	徳川斉荘（尾張家）・やを（法行院）	弘化3～同4（2）	馨明院	
	正室なし				
9	慶喜《よしのぶ》	徳川斉昭（水戸家）・吉子（登美宮、文明夫人）	天保8～大正2（77）		弘化4年に相続したのち、慶応2年に将軍家を継ぐ。
	美賀子《みか》（延君《なが》）	今出川公久・未詳	天保6～明治27（60）	貞粛院	一条忠香の養女。
	＊子女については将軍家の項参照				

代数	当主名 正室名	子女名（別称）	生母名（別称、氏名、法号）	生歿年（享年）	法号	備考
10	茂栄《もちはる》　松平義建・みさを（陽清院）　天保2～明治17（54）　顕樹院　はじめ高須藩主（義比）、安政5年に尾張家を継いだのち（茂徳）、慶応2年に一橋家を継ぐ。					
	政子《まさ》（政姫）　丹羽長富・未詳　天保9～明治42（72）　崇松院					
		義端	政子（崇松院）	安政5～万延元（3）	泰巌院	父の跡を継ぎ美濃高須松平家の当主となる。
		常千代（常麻呂）	知加（山中氏）	文久2～同3（2）	理性院	
		女子	未詳	未詳	未詳	
		女子	未詳	未詳	未詳	
		女子	未詳	未詳	未詳	
		玄之助	山中氏	明治4～同7（4）	超勝院	
		達道《さとみち》	小菅氏	明治5～昭和19（73）		のち11代当主となる。

本表は、「御屋形御方々様御誕生并御忌日附　弘化四年九月」・「御三卿家族戒名」」（いずれも茨城県立歴史館所蔵一橋家文書）、「一橋家御譜」（東京大学史料編纂所所蔵）、「田安一橋清水家譜」（「嚢余一得」所収）・「田安一橋清水譜」（いずれも国立公文書館所蔵）、「一橋徳川系図」・「一橋徳川家記」（いずれも『徳川諸家系譜二』所収）、『平成新修旧華族家系大成』（霞会館華族家系大成編輯委員会編纂、霞会館、一九九六年）等をもとに高田綾子が作成し、藤田英昭が確認した。

- 当主の欄は、当主名、父・母名（法号）、生歿年（享年）、法号、備考の順に記す。
- 正室の欄は、正室名（別称）、父名（宮号）・母名（法号）、生歿年（享年）、法号、備考の順に記す。

清水徳川家妻子一覧

代数	当主名／正室名	子女名（別称）	生母名（別称、氏名、法号）	生歿年（享年）	法号	備考
1	重好《しげよし》　徳川家重・お遊喜（安祥院）　延享2～寛政7（51）　俊徳院　法号は峻徳院とも。					
	貞子（玉姫、田鶴《たづ》宮）　貞建親王（伏見宮）・未詳　寛延3～文政3（71）　貞章院					
2	敦之助《あつのすけ》　徳川家斉・寔子（広大院）　寛政8～同11（4）　体門院　寛政10年相続。					
	正室なし					
3	斉順《なりゆき》　徳川家斉・お登勢（妙操院）　享和元～弘化3（46）　顕竜院　文化13年に徳川治宝（紀伊家）の養嗣となり、のち11代当主となる。					
	豊子（豊姫）　徳川治宝・おさゑ（栄恭院）　寛政12～弘化2（46）　鶴樹院					
		菊姫	豊子（鶴樹院）	文化14年（1歳で死去）	瓊淳院	
		女子	豊子（鶴樹院）	文政元年（即日死去）	相幻院	
		女子	お留井（三毛氏）	文政8年（1歳で死去）	心浄院	
		庸《つね》姫	お八十（松前氏）	文政11年（1歳で死去）	鬘珠院	
		男子	おこと	文政12年（即日死去）	幻成院	
		女子	お八十（松前氏）	天保3年（即日死去）	清影院	
		女子	おるき	天保7年（即日死去）	明元院	
		伊曾姫	みさ（おみき、実成院）	天保14～同15（2）	神光院	
		慶福《よしとみ》	みさ（おみき、実成院）	弘化3～慶応2（21）	昭徳院	紀伊家13代当主となったのち、14代将軍徳川家茂となる。

代数	当主名 正室名	子女名（別称）	生母名（別称、氏名、法号）	生没年（享年）	法号	備考
4	斉明《なりあき》　徳川家斉・お八重（皆善院）　文化6～文政10（19）　寛量院　文化13年相続。					
	英子（教宮）　貞敬親王（伏見宮）・未詳　文化6～安政4（49）　恭真院					
5	斉彊《なりかつ》　徳川家斉・お袖（本性院）　文政3～嘉永2（30）　憲章院　弘化3年に紀伊家を継ぎ、12代当主となる。					
	豊子（充君《みつたか》）　近衛忠熙・郁君　文政5～嘉永6（32）　観如院					
		延姫	しづ（南条氏）	天保12～同13（2）	麗如院	
		龍千代	しづ（南条氏）	天保13～同14（2）	資成院	
		鈎姫《かた》（珂姫）	しづ（南条氏）	天保14～弘化元（2）	珂月院	
		錕姫《なる》	しづ（南条氏）	弘化3～同4（2）	琮玉院	
		秋姫《とき》	しづ（南条氏）	弘化4～嘉永5（6）	蕙岑院	
		辰次郎《しん》	てつ（斎藤氏）	弘化4～同5（2）	令孝院	
		男子	てつ（斎藤氏）	嘉永2年（即日死去）	清涼院	
6	昭武《あきたけ》　徳川斉昭・睦子《ちか》（万里小路氏）　嘉永6～明治43（58）　節公　明治元年に水戸徳川家の11代当主となる。					
	瑛子（盛子《せい》）　中院通富・未詳　文久元～明治16（23）　恭哀夫人					
		昭子	瑛子（恭哀夫人）	明治16～昭和51（94）		松平頼壽（讃岐高松）に嫁す。
		政子	八重	明治18～昭和52（93）		毛利元雄（長門長府）に嫁す。
		武定	八重	明治21～昭和32（70）		明治25年に水戸徳川家より分家。
		直子	八重	明治33～平成元（90）		松平斉光（津山松平家分家）に嫁す。

		温子	八重	明治34～平成7（95）	京極高修（讃岐丸亀）に嫁す。

本表は、「清水篤守家譜」（『徳川諸家系譜』三所収）、「田安一橋清水家譜」（「靏余一得」所収、国立公文書館所蔵）、「（御三卿家族戒名）」（茨城県立歴史館所蔵一橋家文書）、霞会館華族家系大成編輯委員会編『平成新修旧華族家系大成』（霞会館、一九九六年）等をもとに高田綾子が作成し、藤田英昭が確認した。

・当主の欄は、当主名、父・母名（氏名、法号）、生歿年（享年）、法号、備考の順に記す。

・正室の欄は、正室名（別称、宮号）、父名（宮号）・母名（法号）、生歿年（享年）、法号、備考の順に記す。

大奥関係　主要文献一覧

一八九二年（明治二十五）〜一九四三年（昭和十六）

永島今四郎・太田贇雄『千代田城大奥』（朝野新聞社、一八九二年）
池田晃淵『大奥の女中』（冨山房、一八九四年）
大槻如電「上臈姉小路（一）〜（三）」（『名家談叢』三一〜三三、一八九八年）
小笠原毅堂『養珠夫人』（日宗施本伝道会、一九〇一年）
浜口恵璋「桂昌院と良誉上人」（浜口恵璋『女性と宗教』文明堂、一九〇六年）
小杉榲邨『春日局小伝』（春日局頓徳会、一九〇七年）
本多辰次郎「天璋院夫人」（『歴史地理』一四―五、一九〇九年）
岡部精一「静寛院宮親子内親王」（『歴史地理』二八―五、一九一六年）
桑原随旭『和宮御事蹟』（蔵経書院、一九二一年）
増田東洲『女傑阿万の方』（増田磯吉、一九二一年）
赤堀又次郎「春日局」（国史講習会編『烈婦か妖婦か国史上問題の女性』雄山閣、一九二四年）
粟田元次「桂昌院」（前同）
佐藤小吉「和宮小伝」（前同）
花見朔巳「東福門院」（前同）
福本日南「千姫」（前同）
藤井甚太郎「老女村岡」（前同）
本多辰次郎「天璋院」（前同）
井野辺茂雄「和宮の御降嫁に関する研究」（『史苑』一―五、一九二九年）

三田村鳶魚『御殿女中』（春陽堂出版、一九三〇年）
桑田忠親「周清上人の願文と其由来」（『歴史地理』五七―二、一九三一年）
横江勝美「徳川時代に於ける大名の階級的内婚に就いて――特に松平諸大名の婚姻を中心としての考察」（『季刊社会学』三、一九三二年）
樹下快淳『和宮様の御一生』（女子会館建設委員会、一九三三年）
長坂　淵『老女絵島』（長野県高遠尋常高等小学校、一九三五年）
高橋介夫「政略の犠牲に散る天璋院」（雄山閣編輯局編『日本女性史』雄山閣、一九三五年）
橋本　實「武家社会と女性」（前同）
八木東作「桂昌院は淫婦か」（前同）
横江勝美「大名の身分的内婚に関する統計学的考察」（『綜合科学』一―九、一九三五年）
田邊　泰「崇源院霊牌所造営考」（『建築学会論文集』一、一九三六年）
中山栄子『只野真葛』（丸善、一九三六年）
樹下快淳『和宮様の御生涯』（人文書院、一九三六年）
龍居松之助「近世武家社会の女性」（『歴史教育』一二―三、一九三七年）
小田部胤康「英勝院の事蹟と義公」（１）～（３）（『日本及日本人』三八九～三九一、一九四〇年）
前田恒治「祖心尼伝」（前田恒治『山鹿素行とその誕生』培風館、一九四一年）
鈴木　厚『和宮親子内親王』（創造社、一九四三年）
森　銑三「春日局」（『近世人物叢談』大道書房、一九四三年）

一九五一年（昭和二十六）

宮下　功「静寛院宮御日記を読む」（『信濃教育』七七四）

一九五二年（昭和二十七）
塩田昭子「天秀泰尼」（川崎庸之・佐山済編『日本歴史の女性』御茶の水書房）
一九五六年（昭和三十一）
小林克己「和宮の下向について――中山道本山・洗馬・塩尻三宿を中心として」（『信濃』八―一〇）
宮崎英修「天保年間における鼠山感應寺の興廃」（『大崎学報』一〇〇）
一九五八年（昭和三十三）
桑田忠親『淀殿』（吉川弘文館）
山中永之佑「徳川幕府法における『婚姻の成立』――武家と庶民の場合の比較（一）（二）」（『阪大法学』二七・二八）
一九五九年（昭和三十四）
長瀬日還『養珠尼公お萬さま』（本山報恩寺）
一九六一年（昭和三十六）
床次和子「鎌倉英勝寺の祠堂金貸附」（『史論』九）
一九六三年（昭和三十八）
荒川秀俊「『千年山御伝略』に見えたる十一代将軍家斉の子女」（『日本歴史』一七七）
岡田　甫「江戸城大奥の女性秘史」（『国文学　解釈と教材の研究』八―六）
河鰭實英『宮中女官生活史』（風間書房）
友田久美子「松蔭日記と正親町町子」（『香椎潟』九）

一九六四年（昭和三十九）

朝森　要「公武合体――和宮降嫁を中心として」（『歴史評論』一六二）

桑田忠親「徳川家康の女性関係」（『歴史読本』九―二）

斎木一馬「徳川将軍生母並びに妻妾考」（『歴史と人物』吉川弘文館）

千葉　治「将軍・城中役人・大奥女中――川柳江戸職業往来」（『国文学　解釈と教材の研究』九―一一）

徳川美術館編集・発行『世界一の嫁入り道具　初音の調度展』〈展示図録〉

三田村鳶魚『御殿女中』（青蛙房、復刊）

渡辺　実「江戸幕府大奥食膳の不健全性について」（『相摸女子大学紀要』一七）

一九六五年（昭和四十）

武部敏夫『和宮』（吉川弘文館）

中村孝也『千姫シリーズ1　千姫譜』（国民文化研究会）

中村孝也『家康の族葉』（講談社）

中村孝也「家康の娘たち」（『歴史読本』一〇―七）

一九六六年（昭和四十一）

中村孝也『千姫シリーズ2　千姫真実伝』（国民文化研究会）

中村孝也『千姫シリーズ3　淀殿と秀頼』（国民文化研究会）

橋本政次『千姫考』（のじぎく文庫）

一九六七年（昭和四十二）

鈴木尚・矢島恭介・山辺知行編『増上寺　徳川将軍墓とその遺品・遺体』（東京大学出版会）

一九六八年（昭和四十三）
桑田忠親「徳川将軍と大奥の女人たち」（東京宝塚劇場新春特別公演「徳川の夫人たち」図録）
永島今四郎・太田贇雄編『定本江戸城大奥』（人物往来社、『千代田城大奥』を書名変更の上復刊）

一九六九年（昭和四十四）
柴桂子『江戸時代の女たち――封建社会に生きた女性の精神生活』（評論新社）
高柳金芳『江戸城大奥の生活』（雄山閣）
南波和子「静寛院宮御日記について」（大正大学『史』三）
北條秀雄「徳川竹姫の婚礼と嫁入本」（『東海学園女子短期大学紀要』六）

一九七〇年（昭和四十五）
桑田忠親『女性の名書簡』（東京堂出版）

一九七一年（昭和四十六）
荒川秀俊「和宮御通行と諏訪領の助郷」（『日本歴史』二七九）
永島今四郎・太田贇雄編『千代田城大奥　上下』（原書房、復刊）
中村利枝『徳川養珠夫人伝』（私家版）
渡辺俊典『中仙道関係資料から見た皇女和ノ宮の降嫁』（瑞浪市地方史研究会）

一九七二年（昭和四十七）
伊東多三郎「御守殿の生活費」（『日本歴史』二九二）
桑田忠親『桃山時代の女性』（吉川弘文館）

城島正祥「佐賀藩成立期の内儀方知行」(『社会経済史学』三八―三)
山里永吉『首里城内の女たち――初めて公開された首里城大奥の真実』(沖縄文教出版)

一九七三年(昭和四十八)
戸田純蔵『於大の方の一生　徳川家康の生母』(伝通院於大の方顕彰会)

一九七四年(昭和四十九)
斎藤悦子「日本のおんな(6)大奥の権勢―桂昌院殿」(『創』四―六)
藤田貞一郎「天保期和歌山藩下級武士女房の日記」(同志社大学人文科学研究所編『社会科学』五―一)
藤田貞一郎「天保八年和歌山藩下級武士女房の日記」(『同志社商学』二六―一)

一九七五年(昭和五十)
大坂芳一・佐藤要人「江戸城大奥秘話(川柳江戸エロティック・リアリズム)」(『国文学　解釈と鑑賞』四〇―三)
結束信二「皇女和宮の降嫁と家茂」(『歴史と人物』五二)
宮沢民子「幕藩制解体期における一女性の社会批判――只野真葛の『独考』を中心に」(『歴史学研究』四二三)
宮本義己「武家女性の資産相続――毛利氏領国の場合」(『國學院雑誌』七六―七)

一九七六年(昭和五十一)
遠藤幸成『皇女和宮』(新人物往来社)
鈴木和美「将軍生母となる以前の桂昌院について」(『大正史学』六)
谷口繁子「ご殿女中のことども」(『ふるさと阿波』八九)
三田村鳶魚『三田村鳶魚全集　第三巻　御殿女中』(中央公論社、復刊)

一九七七年（昭和五十二）
円地文子監修『人物日本の女性史　四　戦国乱世に生きる』（集英社）
円地文子監修『人物日本の女性史　五　政権を動かした女たち』（集英社）
円地文子監修『人物日本の女性史　八　徳川家の夫人たち』（集英社）
円地文子監修『人物日本の女性史　一〇　江戸期女性の生きかた』（集英社）
北原章男「絵島―大奥醜聞の立役者」（『人物探訪・日本の歴史16（歴史の女性）』暁教育図書）
来水明子「天璋院―大奥最後のまとめ役」（同右）
桑田忠親「春日局―大奥を確立した権勢家」（同右）
桑田忠親「桂昌院」（同右）
桑田忠親「千姫とその時代背景」（中日劇場山田五十鈴舞台生活四十周年記念公演「千姫曼荼羅」図録）
高原三郎「江戸時代の『分知』と『化粧料』」（『大分県地方史』八五）

一九七九年（昭和五十四）
木山恵美子「徳川和子」（『女性史研究』八）
桑田忠親『桑田忠親著作集7　戦国の女性』（秋田書店）
光永洋子「和宮」（『女性史研究』八）
大和　智「麟祥院春日局御霊屋の痕跡調査について――慶長度内裏御亭の復原」（『日本建築学会大会学術講演梗概集（関東）』）

一九八〇年（昭和五十五）
井上靖・児玉幸多監修『図説人物日本の女性史6　大奥の修羅と葛藤』（小学館）
進士慶幹「室町殿の大奥／江戸城の大奥（後宮のすべて）」（『国文学　解釈と教材の研究』二五―一三）

竹内　誠「大奥老女の政治力」（『図説人物日本の女性史6　大奥の修羅と葛藤』小学館）
松尾美恵子「近世武家の婚姻・養子と持参金」（『学習院史学』一六）
松本瑛子「近世武家の女子道徳について」（『平尾道雄追悼記念論文集』高知市民図書館）

一九八一年（昭和五十六）

久木幸男・三田さゆり「一九世紀前半江戸近郊農村における女子教育の一研究――武州生麦村『関口日記』から」（『横浜国立大学教育紀要』二一）
真野恵澂『将軍の女』（中日新聞本社）

一九八二年（昭和五十七）

戸塚武比古「天璋院様御麻疹諸留帳について」（『日本医史学雑誌』二八―一）
長野ひろ子「幕藩法と女性」（女性史総合研究会編『日本女性史　第三巻　近世』東京大学出版会）
西本周子「雁金屋衣裳図案集について」（『美術史』一一三）
脇田　修「幕藩体制と女性」（女性史総合研究会編『日本女性史　第三巻　近世』東京大学出版会）

一九八三年（昭和五十八）

水江漣子『近世史のなかの女たち〈ＮＨＫブックス〉』（日本放送出版協会）

一九八四年（昭和五十九）

林原美術館編集・発行『大名婚礼調度』〈展示図録〉

一九八五年（昭和六十）

菊池勇夫「雑司が谷感応寺の性格と地域住民」（『生活と文化　研究紀要』一）
鈴木　尚『骨は語る　徳川将軍・大名家の人びと』（東京大学出版会）
徳川美術館編集・発行『初音の調度――徳川美術館蔵品抄③』
依田幸人『皇女和宮と中山道』（信毎書籍出版センター）

一九八六年（昭和六十一）

荒川浩和・灰野昭郎・小松大秀「近世大名婚礼調度について（上）（下）」（東京国立博物館『MUSEUM』四一九・四二〇）
菅野則子「幕藩権力と女性――『官刻孝義録』の分析から」（近世女性史研究会編『論集近世女性史』吉川弘文館）
林　英夫「上臈右衛門佐の手紙」（『古文書研究』二六）
読売新聞社編集・発行『「皇女和宮」展』〈展示図録〉

一九八七年（昭和六十二）

小池富雄「千代姫の金器――初音の調度に伴う黄金の婚礼道具の伝来」（徳川黎明会『金鯱叢書』一四）
土田美緒子「竹姫入輿一件」（『尚古集成館紀要』一）
林　英夫「京女の見た元禄『大奥物語』」（『新潮45』六―一一・六七）
真野恵澂『徳川の母と子』（中日新聞本社）
藪田　貫「女性史研究における『近世』――『論集近世女性史』によせて」（『歴史評論』四四三）

一九八八年（昭和六十三）

板井清一「春日局と臼杵――家光の実母説について」（『臼杵史談』七九）

稲垣史生編『春日局のすべて』（新人物往来社）
卜部典子『人物事典　江戸大奥の女たち』（新人物往来社）
遠藤恵美子「幕藩制確立期における徳川家子女の婚姻実態――幕府権力の基礎分析」（『敦賀女子短期大学　敦賀論叢』三）
小和田哲男『春日局 知られざる実像』（講談社）
角川書店編集部『ビジュアル版　春日局』（角川書店）
久保文武「藤堂高虎と徳川和子入内問題」（『三重の古文化』六〇）
久保文武「徳川和子の入内と藤堂高虎」（『奈良史学』六）
小池富雄「菊の白露蒔絵調度について――加賀前田家四代光高夫人亀姫の婚礼調度」（徳川黎明会『金鯱叢書』一五）
千野香織「江戸城本丸等障壁画の調査研究」（『月刊文化財』二九五）
東京国立博物館編集・発行『江戸城障壁画の下絵――大広間・松の廊下から大奥まで　特別展観』〈展示図録〉

一九八九年（平成元）

大石慎三郎「将軍請願と大奥制度」（『歴史研究』三三三）
広論社出版局編『春日局と徳川家』（広論社）
小林計一郎「善光寺大本願と幕府大奥・春日局」（『長野』一四四）
徳川美術館編集・発行『雛ひゐな――徳川美術館蔵品抄⑤』
長野ひろ子「幕藩制成立期の家と女性知行」（津田秀夫編『近世国家と明治維新』三省堂）
望月真澄「江戸城大奥女性の法華信仰――身延山久遠寺の江戸出開帳を中心に」（『大崎学報』一四六）

一九九〇年（平成二）

浅倉有子「武家女性の婚姻に関する統計的研究・試論」（近世女性史研究会編『江戸時代の女性たち』吉川弘文館）

川原尚子「近世史の中の女性　生活史教育の一環として（2）」（『歴史学と歴史教育』四〇）
久能山東照宮博物館編集・発行『資料目録　徳川・松平家ゆかりの女性』〈展示図録〉
桜井芳昭「和宮降嫁と尾張の村々」（『郷土文化』四五―一）
滝沢　博「御殿女中・吉野みちの手紙」（青梅市郷土博物館編『御殿女中・吉野みちの手紙』青梅市教育委員会）
長野ひろ子「幕藩制国家の政治構造と女性」（近世女性史研究会編『江戸時代の女性たち』吉川弘文館）
橋本政治『千姫考』（神戸新聞綜合出版センター）
増田淑美「吉野みちの生涯」（近世女性史研究会編『江戸時代の女性たち』吉川弘文館）
柳谷慶子「近世大名家の女性知行――新庄藩の場合」（『宮城歴史科学研究』三一）
柳谷慶子「近世武家女性の知行と相続――新庄藩の場合」（横山昭男教授還暦記念会編『山形地域史の研究』文献出版）
柳谷慶子「近世大名家の女性知行と相続――新庄藩の場合」（『日本海地域史研究』一一）

一九九一年（平成三）
武部敏夫「板橋宿と『和宮様御留』」（『大正大学学報』六六）
徳川美術館編集・発行『婚礼――徳川美術館蔵品抄⑦』
盛岡市中央公民館編集・発行『南部家の女性たち』〈展示解説〉

一九九二年（平成四）
浅川清栄「高島藩主と妻妾・子女――その藩政との関連」（『信濃』四四―一）
久保貴子「江戸時代における公武婚姻――池田輝子を事例として」（『岡山地方史研究』六八）
佐藤隆一「文久期オランダ人による日本情報――皇女和宮替玉事件情報を中心に」（『青山史学』一三）
松尾美恵子「江戸幕府女中分限帳について」（『学習院女子短期大学紀要』三〇）
森　銑三「楽翁と奥女中」（『森銑三著作集続編　第一巻』中央公論社）

一九九三年（平成五）

大口勇次郎「農村女性の江戸城大奥奉公——生麦村関口千恵の場合」（横浜開港資料館・横浜近世史研究会編『19世紀の世界と横浜』山川出版社）

大塚英二「光友夫人死去に伴う公儀付人の召返しについて」（徳川林政史研究所『研究紀要』二七）

久保貴子「武家社会に生きた公家女性」（林玲子編『日本の近世　第一五巻　女性の近世』中央公論社）

千野香織「『日本的』空間のジェンダー」（『建築雑誌』一〇八）

堂満幸子「御内證様関係資料について」（『尚古集成館紀要』六）

戸田七郎・日蓮宗新聞社出版部編『女心仏心——養珠院お万の方の生涯』（日蓮宗新聞社）

望月真澄「幕末期の社会と法華信仰——江戸城大奥女性の旗曼荼羅信仰を中心に」（『日蓮教学研究所紀要』二〇）

一九九四年（平成六）

小池富雄「『初音の調度』の成立」（『漆工史』一七）

芳　即正「天璋院入輿は本来継嗣問題と無関係——島津斉彬の証言に聞く」（『日本歴史』五五一）

高橋　博「近世中期における大名婚礼交渉の一側面——久保田・松江藩交渉と奥附家臣」（『論集きんせい』一六）

高橋　博「大名佐竹家の婚姻・通婚圏と幕藩関係——婚姻の経緯と本家・分家関係」（『学習院史学』三二）

望月真澄「江戸城大奥女性の稲荷信仰——江戸法養寺の熊谷稲荷を中心に」（『大崎学報』一五〇）

一九九五年（平成七）

岩下哲典「幕末風刺画における政治情報と民衆——歌川国芳『きたいな名医難病療治』にみる民衆の為政者像」（大石慎三郎編『近世日本の社会と文化』雄山閣出版）

大口勇次郎『女性のいる近世』（勁草書房）

鹿児島県歴史資料センター黎明館編『天璋院　薩摩の篤姫から御台所』（鹿児島県）〈展示図録〉

小山譽城「徳川吉宗の母浄円院について」(『和歌山地方史研究』二八)
齋藤悦雄「江戸中期幕藩関係の儀礼について――伊達宗村の結婚」(『宮城県農業短期大学学術報告』四三)
高橋　博「南部氏側妾小考――重信の実母お松を事例に」(『弘前大学国史研究』九九)
深井雅海「江戸城本丸御殿図に見る中奥・表向・大奥(下)」(徳川林政史研究所『研究紀要』二九)
藤田俊雄「八戸藩南部家における婚姻について――親・婚戚関係を通してみるむすびつき」(『八戸市博物館研究紀要』一〇)
渡辺　淳「土佐山内氏豊後国化粧料について」(『大分県地方史』一五九)

一九九六年(平成八)

大石慎三郎「徳川吉宗をめぐる女たち」(『学習院大学経済経営研究所年報』九)
霞会館資料展示委員会編『寛永の華　後水尾帝と東福門院和子』(霞会館)〈展示図録〉
千野香織「日本の障壁画に見るジェンダーの構造――前近代における中国文化圏の中で」(『美術史論壇』四)
深井雅海「江戸城本丸御殿図に見る中奥・表向・大奥(下の二)」(徳川林政史研究所『研究紀要』三〇)
望月真澄「近世武家の法華信仰――江戸城大奥女性の七面信仰と祈禱との関係を中心に」(『印度學佛教學研究』四五―一)
望月真澄「江戸城大奥女性の稲荷信仰――下谷法養寺を中心に」(『印度學佛教學研究』四五―一)
藪田　貫『女性史としての近世』(校倉書房)

一九九七年(平成九)

稲垣知子「近世大名の家格と婚姻――御三家を事例として」(愛知学院大学大学院『法学研究論集』一二―一)
江戸東京博物館編集・発行『皇女和宮――幕末の朝廷と幕府』〈展示図録〉
大石泰史「養珠院お萬の方に関する諸問題」(『勝浦市史研究』三)

大森映子「大名の離婚をめぐって――岡山藩池田継政の場合」（『湘南国際女子短期大学紀要』四）
霞会館資料展示委員会編『女帝明正天皇と将軍家光　松平信綱とその時代』（霞会館）〈展示図録〉
柴　桂子『近世おんな旅日記』（吉川弘文館）
高澤憲治「松平定信の大奥対策――寛政四年金剛院一件を中心に」（『南紀徳川史研究』六）
高野信治「給人多久氏夫妻の知行地入部――武家の妻と主従制・領主制」（『西南地域史研究』一二）
津田知子「萩藩御裏女中と集団」（『山口県地方史研究』七八）
深井雅海『図解・江戸城をよむ』（原書房）

一九九八年（平成十）

浅科村教育委員会編集・発行『和宮の通行』
稲垣知子「近世大名の家格と婚姻　再論――一般大名の場合」（林董一博士古稀記念論文集刊行会編『近世近代の法と社会』清文堂出版）
大口勇次郎「『御殿叔母』関口千恵の生と死」（横浜開港資料館・横浜近世史研究会編『日記が語る19世紀の横浜』山川出版社）
大森映子「岡山藩池田家における婚姻事例――分家との比較を中心として」（『湘南国際女子短期大学紀要』五）
芳　即正「島津斉彬稿『御一条初発より之大意』宛先と時期」（『日本歴史』五九八）
小池富雄「千代姫の形見分け――名古屋大学所蔵大道寺家文書にみる」（徳川黎明会『金鯱叢書』二四）
柴　桂子「徳川慶喜の母貞芳院吉子と奥女中西宮秀」（『江戸期おんな考』九）
清水岩夫『和宮の通行』（浅科村教育委員会）
鳥取近世女性史研究会「書状で見る藩主側室えらび」（『江戸期おんな考』九）
畑　尚子「奥女中奉公について」（『東京都江戸東京博物館研究報告』三）
平山敏治郎「春日局考」（『民俗学研究所紀要』二二）

保科順子『花葵　徳川邸おもいで話』（毎日新聞社）
三田村鳶魚『鳶魚江戸文庫17　御殿女中』（中公文庫、復刊）
村瀬正章『徳川家康の生母於大　その周辺と史跡を訪ねて』（愛知県郷土資料刊行会）
吉水成正「増上寺貞誉了也の活躍について——五代将軍綱吉と桂昌院との親交を中心として」（『大正大学研究論叢』六）

一九九九年（平成十一）

浅野祥子「絵島事件に関する考察——祐天上人関与の噂をめぐって」（『ぐんしょ』八三）
江後迪子「武家の江戸屋敷の生活Ⅱ——鹿児島藩島津家中奥日記から」（『港区立港郷土資料館研究紀要』五）
江戸東京たてもの園編集・発行『多摩の女性の武家奉公』〈展示図録〉
大井多津子「『高原院様御道の記』について」（『江戸期おんな考』一〇）
大阪城天守閣編『特別展　戦国の女たち——それぞれの人生』（大阪城天守閣特別事業委員会）〈展示図録〉
小林幹男「和宮の下向と助郷に関する研究」（『長野女子短期大学研究紀要』七）
花咲一男「江戸城大奥の花簪」（『化粧文化』三九）
柳谷慶子「近世初頭の女性領主——盛岡藩八戸南部氏清心尼の家相続」（ジョン・モリス・白川部達夫・高野信治編『近世社会と知行制』思文閣出版）

二〇〇〇年（平成十二）

稲垣知子「近世大名の婚姻範囲——享保9年・宝暦13年の幕府婚姻奨励法令について」（『法制史研究』五〇）
北村典子「江戸後期松代藩真田家にみる大名の婚礼道具——三千姫・峯姫の事例」（『松代』一三）
仙台市博物館編集・発行『特別展図録　大名家の婚礼——お姫さまの嫁入り道具』〈展示図録〉
総合女性史研究会編「武家女性の地位と思索」（総合女性史研究会編『史料にみる日本女性のあゆみ』吉川弘文館）
辻ミチ子「近衛家老女・村岡——女の幕末社会史」（佐々木克編『それぞれの明治維新—変革期の生き方—』吉川弘

文館）
中江克己『日本史の中の女性逸話事典』（東京堂出版）
野村昭子『大奥の宰相古那局』（叢文社）
畑　尚子「山形藩水野家奥日記」（『東京都江戸東京博物館研究報告』五）
林　董一「高原院春姫断章」（名古屋城管理事務所編『徳川義直』名古屋城特別展開催委員会〈展示図録〉）
堀新・鈴木由子・山尾弘「近世大名の離縁――岡山藩池田家と仙台藩伊達家の場合」（『共立女子大学文学部紀要』四六）
望月真澄「江戸城大奥の代参について――江戸鼠山感応寺の事例を中心に」（『身延論叢』五）

二〇〇一年（平成十三）

浅倉有子「上級家臣家の家と交際――越後国高田藩榊原家の三家老を事例として」（大口勇次郎編『女の社会史――17～20世紀「家」とジェンダーを考える』山川出版社）
アン・ウォルソール（森本恭代訳）「江戸文化における大奥」（『ジェンダー研究』四）
アン・ウォルソール「大奥――政治とジェンダーの比較史的考察」（桜井由幾・菅野則子・長野ひろ子編『ジェンダーで読み解く江戸時代』三省堂）
氏家幹人「人斬りの家・女の家」（桜井由幾・菅野則子・長野ひろ子編『ジェンダーで読み解く江戸時代』三省堂）
大口勇次郎「近世武家相続における異性養子」（大口勇次郎編『女の社会史――17～20世紀「家」とジェンダーを考える』山川出版社）
久保貴子「摩阿姫の流転」（『おまつと利家――加賀百万石を創った人びと』集英社）
渋谷葉子「江戸城北の丸に暮らした女性たち」（『江戸城の考古学』千代田区教育委員会）
瀬川淑子『皇女品宮の日常生活「无上法院殿御日記」を読む』（岩波書店）
畑　尚子『江戸奥女中物語』（講談社現代新書）

馬場まみ「東福門院御用雁金屋注文帳にみる小袖に関する一考察――地色黒紅を中心に」（『風俗史学』一七）
藤田恒春「豊臣・徳川に仕えた一女性――北政所侍女孝蔵主について」（『江戸期おんな考』一二）
松尾美惠子「『江戸の姫君』から『加賀の御前様』へ――珠姫の一生」（『おまつと利家―加賀百万石を創った人びと』集英社）
水原　一「森山孝盛伝　付・娘利佐子『風のしるべ』」（『駒澤國文』三八）
見瀬和雄「成巽閣蔵『今枝民部留帳之内』について――前田利常息女富姫の輿入れ」（『市史かなざわ』七）
望月真澄「江戸城大奥『祈禱所』の機能と性格――江戸法養寺の事例を中心に」（『身延論叢』六）
柳谷慶子「仙台藩伊達家の『奥方』――七代重村の時代を中心に」（大口勇次郎編『女の社会史――17～20世紀「家」とジェンダーを考える』山川出版社）
柳谷慶子「女性による武家の相続――盛岡藩・仙台藩の事例から」（桜井由幾・菅野則子・長野ひろ子編『ジェンダーで読み解く江戸時代』三省堂）

二〇〇二年（平成十四）

江後迪子「大名家と酒――臼杵藩稲葉家の『奥日記』に現われた酒」（『酒史研究』一八）
金子正宏「和宮降嫁と利根沼田の助郷人足について」（『群馬文化』二六九）
兼平賢治「大名の離婚について――佐伯藩主毛利高久とその正室幕子の離婚をとおして」（東北史学会『歴史』九九）
久保貴子「江戸時代――武家社会のはざまに生きた皇女」（服藤早苗編『歴史のなかの皇女たち』小学館）
田端泰子「春日局に見る乳母役割の変質」（京都橘大学『女性歴史文化研究所紀要』一〇）
都守基一「日奥自筆の養珠院宛書状をめぐって――不受不施論争史の一側面」（立正大学日蓮教学研究所『日蓮教学研究所紀要』三〇）
徳川義宣「保科正之の子女の入輿」（徳川黎明会『金鯱叢書』二九）
長野ひろ子「幕末維新期の奥女中――一橋徳川家の場合」（『茨城県史研究』八六）

尾西市歴史民俗資料館編集・発行『特別展　福君様と起宿』〈展示図録〉
宮川葉子「正親町町子の生母」(『ぐんしょ』九二)
吉川美穂「新出の『東福門院入内図屏風』について」(徳川黎明会『金鯱叢書』二九)

二〇〇三年（平成十五）

氏家幹人「嘉永四年、妻からの手紙――『川路高子日記』を読む」(熊倉功夫編『遊芸文化と伝統』吉川弘文館)
北村典子「近世大名真田家における婚姻――江戸後期の一事例を中心に」(『信濃』五五―四)
柴　桂子「おんなの旅日記――小田宅子・内藤充真院繁子」(後藤祥子・今関敏子・宮川葉子・平舘英子編著『はじめて学ぶ日本女性文学史 古典編』ミネルヴァ書房)
高柳金芳『徳川妻妾記』(雄山閣『江戸城大奥の生活』改題)
辻ミチ子『女たちの幕末京都』(中公新書)
外池　昇「和宮降嫁と文久の修陵――文久二年七月二十三日の勅使大原重徳と慶喜・慶永の会談」(田園調布学園大学短期大学部『人間文化研究』一)
長野ひろ子「明治前期におけるジェンダーの再構築と語り――江戸の女性権力者『春日局』をめぐって」(氏家幹人・桜井由幾・谷本雅之・長野ひろ子編『日本近代国家の成立とジェンダー』柏書房)
長野ひろ子『日本近世ジェンダー論――「家」経営体・身分・国家』(吉川弘文館)
柳谷慶子「武家社会と女性」(大石学編『日本の時代史16　享保改革と社会変容』吉川弘文館)
由良弥生『大奥よろず草紙』(原書房)

二〇〇四年（平成十六）

氏家幹人『江戸の女の底力――大奥随筆』(世界文化社)
遠藤ゆり子「中近世移行期の平和維持と女性」(西村汎子編『戦争・暴力と女性1　戦の中の女たち』吉川弘文館)

小池富雄「寛永十五年千代姫婚約の情勢――千代姫はなぜ2歳で光友と結婚したか」（徳川美術館論集『尾陽』八）
皿海ふみ「若君の宮参りと井伊家御成――井伊家奥向との関係を中心に」（朝尾直弘編『譜代大名井伊家の儀礼』彦根城博物館）
杉森玲子「江戸二葉町沽券図と大奥女中の町屋敷拝領」（『日本歴史』六七二）
長野ひろ子「明治前期のジェンダー再構築と絵島――江戸の女性権力者のゆくえ」（歴史学研究会編『性と権力関係の歴史』青木書店）
畑　尚子「資料紹介　水野家奥女中かもりの手紙」（『東京都江戸東京博物館研究報告』一〇）
畑　尚子「将軍代替りにおける大奥女中の人事異動」（『国史学』一八三）
深沢秋男『井関隆子の研究』（和泉書院）
松崎瑠美「近世武家社会のジェンダー・システムと女性の役割――近世中期の仙台藩伊達家を事例として」（東北史学会『歴史』一〇三）
松崎瑠美「天下統一・幕藩制確立期における武家女性の役割――仙台藩伊達家を事例として」（『国史談話会雑誌』四五）
柳谷慶子「女性名――ジェンダーの視点からみる名前の不思議」（鵜飼政志編『歴史をよむ』東京大学出版会）

二〇〇五年（平成十七）

井上勲・藤實久美子・渋谷葉子「川路高子『上総日記』解題・翻刻」（『学習院大学史料館紀要』一三）
伊能秀明「幕末東海道おんな道中記『五十三次ねむりの合の手』――日向国延岡藩主夫人内藤充真院旅日記の可笑しさについて」（『明治大学博物館研究報告』一〇）
小粥祐子「江戸城本丸御殿表・中奥の弘化度から万延度への平面等の変更とその理由」（『昭和女子大学大学院生活機構研究科紀要』一四）
小野妙恭「護国寺の由来と桂昌院について」（黄檗山萬福寺文華殿『黄檗文華』一二六）

香取俊光「江戸幕府鍼科医員の治療の一断面――『天璋院様御麻疹諸留帳』を中心として」(『漢方の臨床』五二―一二)
柴　桂子『近世の女旅日記事典』(東京堂出版)
関口すみ子『御一新とジェンダー　荻生徂徠から教育勅語まで』(東京大学出版会)
関口すみ子『大江戸の姫さま――ペットからお輿入れまで』(角川学芸出版)
田端泰子『乳母の力――歴史を支えた女たち』(吉川弘文館)
氷室史子「大名藩邸における御守殿の構造と機能――綱吉養女松姫を中心に」(『お茶の水史学』四九)
福江　充「江戸城をめぐる立山信仰と立山曼荼羅――『宝泉坊本』と『吉祥坊本』の成立背景」(真鍋俊照編『真鍋俊照博士還暦記念論文集　仏教美術と歴史文化』法藏館)
福田千鶴「近世中期における彦根井伊家の奥向」(村井康彦編『武家の生活と教養』彦根城博物館)
宮川葉子「正親町町子の実父」(『ぐんしょ』一〇五)
村田忠一「江戸城の緒方洪庵――『勤仕向日記』とその背景」(『適塾』三八)
山本博文「幕府大奥と薩摩藩奥の交際について――『薩摩藩奥女中文書』の考察」(『東京大学史料編纂所研究紀要』一五)
山本博文『徳川将軍家の結婚』(文春新書)

二〇〇六年(平成十八)

稲垣知子「江戸幕府の婚姻政策――大名の場合(一)(二)」(『愛知学院大学論叢　法学研究』四七―三・四)
北村典子「真田家の奥女中たち」(『真田宝物館だより 六連銭』)
倉石　梓『和宮様御下向「御固出役留記」を読む』(むげん出版)
西條耕一「江戸城大奥に出入りした将棋家元」(『電気通信』六九)
柴　桂子「江戸と領地の往還――内藤充真院の旅日記から」(『国文学 解釈と鑑賞』七一―八)

末木文美士「祖心尼」（圭室文雄編『日本人の宗教と庶民信仰』吉川弘文館）
鈴木由紀子『大奥の奥』（新潮新書）
高橋　博「大名家の奥附に関する一試論――久保田藩・盛岡藩を事例に」（『学習院史学』四四）
高橋みゆき「近世大名家の婚姻――熊本藩と福井藩の婚姻・勇姫の事例を中心に」（『熊本史学』八五・八六）
鳥取県立博物館編集・発行『女ならでは世は明けぬ――江戸・鳥取の女性たち』〈展示図録〉
長野ひろ子「女中と明治維新――敗者復活戦から外された人々」（『経済学論纂』四六―三・四）
畑　尚子「尾張徳川家の奥女中――十二代藩主斉荘御簾中・貞慎院と御付女中を中心に」（徳川林政史研究所『研究紀要』四〇）
畑　尚子「初代井上貫流左衛門の娘・春風の大奥奉公」（東京都江戸東京博物館編『幕臣井上貫流左衛門の世界』東京都）
林　　匡「近世初期島津氏の家督と女性――血筋・名跡・家格形成をめぐって」（『黎明』二四―二）
福田千鶴「水野家文書の奥向関係史料について　その（一）」（東京都立大学『人文学報』三六八）
真栄平房昭「首里城の女たち――大台所で働く『あねべ』たち」（『首里城研究』八）

二〇〇七年（平成十九）

安藤優一郎『江戸城・大奥の秘密』（文春新書）
稲垣知子「江戸幕府の婚姻政策――大名の場合（三）（四）」（『愛知学院大学論叢　法学研究』四八―一・二）
芳　即正編『天璋院篤姫のすべて』（新人物往来社）
小宮山千佐「上田藩主松平家の妻妾（上）」（『信濃』五九―一〇）
小宮山千佐「上田藩主松平家の妻妾（下）」（『信濃』五九―一一）
清水善仁「江戸下向後の和宮待遇問題」（『風俗史学』三六）
白根孝胤「御三家における縁戚関係の形成と江戸屋敷――尾張家を中心として」（徳川林政史研究所『研究紀要』四一）

寺尾美保『天璋院篤姫』（高城書房）
徳川美術館編『徳川家の姫君――華麗なる世界』（徳川美術館名品展実行委員会）〈展示図録〉
徳永和喜『天璋院篤姫』（新人物往来社）
長崎　巌「色と模様と裂地の世界（39）大奥女性の着物」（『茶道の研究』五二一―三）
畑　尚子『幕末の大奥――天璋院と薩摩藩』（岩波新書）
深沢秋男『旗本夫人が見た江戸のたそがれ』（文春新書）
福田千鶴「水野家文書の奥向関係史料について　その（二）」（東京都立大学『人文学報』三八五）
福田千鶴『淀殿――われ太閤の妻となりて』（ミネルヴァ書房）
福田正秀・水野勝之『加藤清正「妻子」の研究』（ブイツーソリューション）
松尾千歳「お遊羅騒動――事件の首謀者は誰か？」（福田千鶴編『新選御家騒動』下、新人物往来社）
松尾美恵子「江戸城『大奥』の空間構造」（『東京人』二四二）
松崎瑠美「中近世移行期における女性の役割と奥向――薩摩藩島津家を事例として」（『比較家族史研究』二二）
望月誠一『富士川舟運遺聞――養珠院お万の方をめぐる人びと』（文芸社）
柳谷慶子『近世の女性相続と介護』（吉川弘文館）
山本博文『将軍と大奥――江戸城の「事件と暮らし」』（小学館）
山本博文『面白いほどよくわかる大奥のすべて』（中経出版）

二〇〇八年（平成二十）

浅倉有子「近世における武家女性と儀礼」（『近世日本における女性のライフサイクルと地域社会』平成十七年度～十九年度科学研究費補助金研究成果報告書）
今野春樹「最近の発掘から　開いた大奥の『タイムカプセル』――東京都寛永寺谷中徳川家近世墓所」（『季刊考古学』一〇五）

江戸東京博物館編集・発行『特別展　珠玉の輿～江戸と乗物～』〈展示図録〉
ＮＨＫプロモーション編『天璋院篤姫展』（ＮＨＫ）〈展示図録〉
大藤　修「秋田藩佐竹家子女の人生儀礼と名前――徳川将軍家と比較して」（『国立歴史民俗博物館研究報告』一四一）
小粥祐子「幕末期江戸城本丸御殿大奥対面所の室内意匠」（『學苑』八〇八）
小粥祐子「幕末期江戸城本丸御殿大奥御小座敷の室内意匠」（『學苑』八〇九）
小粥祐子「幕末期江戸城本丸御殿大奥御座之間の室内意匠」（『學苑』八一四）
小粥祐子「幕末期江戸城本丸御殿大奥新御殿の室内意匠」（『學苑』八一六）
神崎直美「日向国延岡藩内藤充真院の好奇心――『色々見聞したる事を笑ひに書』を素材として（一）」（『城西経済学会誌』三四）
久我なつみ「きものにまつわる物語（12）皇女和宮と御所解文・江戸解文」（『茶道雑誌』七二―一二）
久保貴子『徳川和子』（吉川弘文館）
桑原　恵「蜂須賀家家臣団成立書の『乳人』『老女』関係史料について」（『徳島大学総合科学部人間社会文化研究』一五）
酒入陽子「徳川四代将軍家綱生母宝樹院と富士山御師三浦家――小山周辺地域との関わりを中心にして」（『小山工業高等専門学校研究紀要』四〇）
崎山健文「幾島と天璋院」（古閑章『新薩摩学　天璋院篤姫』南方新社）
柴　桂子「『石原記』にみる大名夫人の日常生活」（『江戸期おんな史料集一「石原記」「言の葉草」―大名夫人の日記』桂文庫）
菅野則子「武家女性の社会を捉える眼――『塵塚日記』の検討から」（『帝京史学』二三）
関　民子『只野真葛』（吉川弘文館）
辻ミチ子『和宮　後生まで清き名を残したく候』（ミネルヴァ書房）
寺尾美保「江戸開城と天璋院」（古閑章『新薩摩学　天璋院篤姫』南方新社）

徳川記念財団編集・発行『企画展　徳川将軍家ゆかりの女性』〈展示図録〉
長野ひろ子「江戸幕府の財政システムとジェンダー」（『中央大学経済学研究所年報』三九）
根津寿夫「徳島藩蜂須賀家の『奥』――正室・こども・奥女中」（『史窓』三八）
服部佐智子・篠野志郎「大奥御殿向における殿舎の空間構成――近世における女性の生活空間としての江戸城本丸御殿大奥にみる空間構成の変遷と実態　その１」（『日本建築学会関東支部研究報告集Ⅱ』七八）
服部佐智子・篠野志郎「ジェンダーによる大奥御殿向における殿舎の空間構成――近世における女性の生活空間としての江戸城本丸御殿大奥にみる空間構成の変遷と実態　その２」（『日本建築学会関東支部研究報告集Ⅱ』七八）
原口　泉『篤姫　わたくしこと一命にかけ』（グラフ社）
日高真吾『女乗物――その発生経緯と装飾性』（東海大学出版会）
深井雅海『江戸城――本丸御殿と幕府政治』（中公新書）
福田千鶴「真田家の交流――寛政期を中心にして」（『松代』二一）
福田千鶴『近世武家社会における奥向史料に関する基盤的研究』（平成十六年度〜平成十九年度科学研究費補助金研究成果報告書）
松尾千歳「篤姫が見た鹿児島」（古閑章『新薩摩学　天璋院篤姫』南方新社）
松尾美恵子「江戸城の女の空間〈大奥〉」（『歴博』一五一）
松尾美恵子「将軍家奥向きの経済――御用取次見習の記録から」（『東京都江戸東京博物館研究報告』一四）
松尾美恵子「大奥史料研究最前線『女中帳』を読む」（『歴史読本』五三―七）
松崎瑠美「近世前期から中期における薩摩藩島津家の女性と奥向」（『歴史』一一〇）
熟美保子「『篤姫』と琉球・奄美」（『歴史地理教育』七三四）
山城彰子「『王代記』にみる王（世子）と婚姻した女性をめぐる諸状況――婚姻・出産を中心に」（『首里城研究』一〇）
山本博文『大奥学事始め――女のネットワークと力』（日本放送協会出版）
山本博文『大奥列伝――ヒロインたちの「しきたり」と「おきて」』（世界文化社）

二〇〇九年（平成二十一）

浅倉有子「慶祝・儀礼関係史料と家族」（上越市立総合博物館編集・発行『高田藩　榊原家史料目録・研究』）
大石　学「篤姫と大奥」（大石学編『時代考証の窓から――篤姫とその世界』東京堂出版）
大石　学「篤姫と江戸城大奥――徳川家定の将軍的資質をめぐって」（大石学編『時代考証の窓から――篤姫とその世界』東京堂出版）
大石　学「大奥の『内政』と『外交』」（大石学編『時代考証の窓から――篤姫とその世界』東京堂出版）
大石泰史「養珠院お萬の方――紀州・水戸徳川家初代の生母となった正木氏の娘」（『千葉史学』五四）
小粥祐子「万延度本丸御殿大奥における室内意匠の構成」（『學苑』八二〇）
小粥祐子「万延度江戸城本丸御殿大奥主要御殿に用いられた唐紙について」（『學苑』八二八）
神崎直美「日向国延岡藩内藤充真院の好奇心――『色々見聞したる事を笑ひに書』を素材として（二・完）」（城西大学『経済経営紀要』二七）
神崎直美「日向国延岡藩内藤充真院の鎌倉旅行――光明寺廟所参拝と名所めぐり」（『城西人文研究』三〇）
神崎直美「奥方の蔵書――日向国延岡藩内藤充真院の場合」（『日本歴史』七三〇号）
北上真生「女房日記にみる和宮親子内親王降嫁の一側面――宰相典侍・庭田嗣子とその記録について」（京都橘大学『女性歴史文化研究所紀要』一七）
佐藤宏之「『お由羅騒動』という記憶」（大石学編『時代考証の窓から――篤姫とその世界』東京堂出版）
渋谷葉子「江戸城北の丸の土地利用――17世紀の東縁部を中心に」（東京都埋蔵文化財センター調査報告第二三四集『千代田区　江戸城跡――北の丸公園地区の調査』）
高橋　博『近世の朝廷と女官制度』（吉川弘文館）
竹村　誠「将軍家の結婚式」（大石学編『時代考証の窓から――篤姫とその世界』東京堂出版）
長倉信祐「天璋院篤姫と法華信仰」（『印度學佛教學研究』五七―二）
長倉信祐「天璋院篤姫の法華信仰をめぐって――島津斉彬と南部信順の関係（交渉）を中心に」（『印度哲学仏教学』

二四）
長沢利明「裸回りと大奥の新参舞」（『西郊民俗』二〇八）
長野市教育委員会文化財課・松代文化施設等管理事務所編集・発行『お殿様、お姫様の江戸暮し』〈展示図録〉
長野市立博物館編集・発行『女たちと善光寺』〈展示図録〉
丹羽謙治「越前島津家奥祐筆日記について――玉里文庫蔵『誠忠武鑑』裏打ち紙文書」（『指宿市考古博物館 時遊館COCCOはしむれ年報・紀要』八）
野本禎司「留守居からみる大奥の世界」（大石学編『時代考証の窓から――篤姫とその世界』東京堂出版）
畑 尚子「奥向の贈答における菓子の役割――将軍の息子と江戸城大奥との関係を中心に」（『和菓子』一六）
畑 尚子『徳川政権下の大奥と奥女中』（岩波書店）
服部佐智子・篠野志郎「江戸城本丸御殿大奥御殿向における殿舎校正の変遷と空間構成について」（『日本建築学会計画系論文集』七四）
服部佐智子・篠野志郎「江戸城本丸御殿大奥御殿向における殿舎の室内意匠からみた殿舎機能――近世における女性の生活空間としての江戸城本丸御殿大奥にみる空間構成の変遷と実態　その3」（『第七〇回日本建築学会関東支部二〇〇八年度研究報告』）
花園大学歴史博物館編『春日局ゆかりの寺 麟祥院展』
林 匡「近世前期の島津氏系譜と武家相続・女子名跡」（『九州史学』一五二）
福井市立郷土歴史博物館編集・発行『平成21年春季特別展　大奥』〈展示図録〉
福江 充「芦峅寺宝泉坊の江戸での檀那場形成と『立山信仰』の展開（二）――江戸時代後期の江戸城大奥および諸大名家をめぐる立山信仰」（富山県立山博物館『研究紀要』一六）
藤田英昭『天璋院篤姫とその時代（講演記録）』（調布市）
藤田英昭「慶応四年の徳川宗家――田安慶頼と天璋院の動向を通じて」（『日本歴史』七二九）
松尾静華「降嫁後の和宮」（『五浦論叢』一六）

三野行徳「天璋院の旗本――江戸城大奥御広敷の幕府役人」（大石学編『時代考証の窓から――篤姫とその世界』東京堂出版）
吉成香澄「将軍姫君の婚礼の変遷と文化期御守殿入用――尾張藩淑姫御守殿を事例として」（『学習院史学』四七）

二〇一〇年（平成二十二）

アン・ウォルソール「楊州周延と千代田城の女中たち」（『季刊日本思想史』七七）
安藤優一郎『江と徳川三代』（アスキー新書）
石川県立歴史博物館編集・発行『徳川将軍家と加賀藩――姫君たちの輝き』〈展示図録〉
氏家幹人『江戸の女子力――大奥猛女列伝』（新潮文庫、『江戸の女の底力――大奥随筆』改題）
小粥祐子「嘉永度江戸城西丸御殿大奥主要御殿2種類の平面と室内意匠の関係」（『學苑』八四〇）
河野結美「周延の浮世絵版画にみる近代とノスタルジア――『真美人』を中心に」（『季刊日本思想史』七七）
鬼頭勝之『女たちの徳川――伊勢上人・熱田上人・千姫・お亀の方』（ブックショップマイタウン）
小宮山千佐「上田藩主松平忠済の手紙――おのぶ召し出一件」（『信濃』六二―三）
小山譽城「徳川頼宣の母養珠院について」（『南紀徳川史』九）
崎山健文「史料紹介『嘉永六年　表方御右筆間　日記』～篤姫養女一件寸考～」（『黎明館調査研究報告』二三）
下重清『「仕置き」としての縁組み――稲葉正則と伊達綱村』（『小田原地方史研究』二五）
鈴木理生『お世継ぎのつくりかた――大奥から長屋まで江戸の性と統治システム』（ちくま学芸文庫）
畑　尚子「姉小路と徳川斉昭――内願の構図について」（『茨城県史研究』九四）
服部佐智子・篠野志郎「享保期から万延期に至る江戸城本丸御殿大奥御殿向内の御用場からみた将軍家における生活空間の変容」（『日本建築学会計画系論文集』七五）
服部佐智子・篠野志郎「江戸城本丸御殿大奥御殿向における御湯殿からみた将軍家の生活空間――近世における女性の生活空間としての江戸城本丸御殿大奥にみる空間構成の変遷と実態　その4」（『日本建築学会関東支部研究報告

集』八〇―Ⅱ）
福江　充「江戸城大奥・諸大名家と布橋大灌頂会」（『富山史壇』一六〇）
福江　充「幕末期の江戸城大奥や諸大名家をめぐる立山信仰」（『山岳修験』四五）
福田千鶴「加藤清正の娘古屋と榊原平十郎勝政」（『九州産業大学国際文化学部紀要』四六）
福田千鶴「徳川秀忠の遺産配分をうけた女性たち」（『九州産業大学国際文化学部紀要』四七）
福田千鶴「奥女中の世界」（藪田貫・柳谷慶子編『〈江戸〉の人と身分4　身分のなかの女性』吉川弘文館）
福田千鶴『江の生涯――徳川将軍家御台所の役割』（中公新書）
柳谷慶子「武家権力と女性――正室と側室」（藪田貫・柳谷慶子編『〈江戸〉の人と身分4　身分のなかの女性』吉川弘文館）
山本博文『徳川幕府の礎を築いた夫婦 お江と秀忠』（グラフ社）
山本博文『大奥学』（新潮文庫）
吉成香澄「将軍姫君の公儀付人・女中について――尾張藩主徳川斉朝夫人淑姫の事例から」（徳川林政史研究所『研究紀要』四四）
和歌山市立博物館編『特別展　紀州徳川家のお姫さま』（和歌山市教育委員会）〈展示図録〉

二〇一一（平成二十三）年

石田　俊「霊元天皇の奥と東福門院」（『史林』九四―三）
揖斐高ほか「国立国会図書館蔵『川路高子日記』――翻刻と解題および人名索引」（『成蹊人文研究』一九）
江戸東京たてもの園編集・発行『武家屋敷の表と奥』〈展示図録〉
NHKプロモーション編『江～姫たちの戦国～』（NHK）〈展示図録〉
菅野和郎「徳川斉昭著『武家女誡』の翻刻」（『玉川大学教育博物館紀要』八）
木下はるか「将軍姫君の絵画稽古と御絵師の役割――将軍権威表出の一側面」（『早稲田大学大学院文学研究科紀要』

四）
久保貴子「天皇の後宮と大奥のつながり」（『歴史読本』八六一）
国立歴史民俗博物館編集・発行『和宮ゆかりの雛かざり』〈展示図録〉
埼玉県立歴史と民俗の博物館編集・発行『皇女和宮と中山道』〈展示図録〉
柴　桂子「真田幸弘の賀集から見た交流――女性の歌を中心に」（『松代』二五）
志村有弘編『戦国残照――お江とその時代』（勉誠出版）
辻ミチ子「幕末維新の朝・幕の女性――和宮と九条夙子をめぐって」（『女性歴史文化研究所紀要』一九）
豊橋市二川宿本陣資料館編集・発行『歴史の道　姫街道展』〈展示図録〉
畑　尚子「江戸城大奥の基礎はいつつくられたのか」（『歴史読本』八六一）
服部佐智子・篠野志郎「弘化期以降の記述資史料からみた江戸城本丸御殿大奥御殿向における女中の役務空間――近世における女性の生活空間としての江戸城本丸御殿大奥にみる空間構成の変遷と実態5」（『日本建築学会関東支部研究報告集』八一―Ⅱ）
姫路文学館編集・発行『開館二十周年記念特別展　江の娘千姫』〈展示図録〉
福江　充『江戸城大奥と立山信仰』（法藏館）
本門寺『鼠山感應寺――八年で消えた幻の大寺院』（池上本門寺霊宝殿）〈展示図録〉
三宅智志「大名の婚姻に関する一考察――幕末期外様国持の海防動員に関連して」（『佛教大学大学院紀要』文学研究科篇三九）
妻鹿淳子『武家に嫁いだ女性の手紙――貧乏旗本の江戸暮らし』（吉川弘文館）
山口美和「伊達宗城の家庭生活――愛妾栄を中心に」（『霊山歴史館紀要』二〇）
山下奈津子「近世後期、紀州徳川家の女中の特質について」（『和歌山市立博物館研究紀要』二六）
山本順也「穀屋文書（長命寺文書のうち）について」（『滋賀県立安土城考古博物館紀要』一九）

二〇一二年（平成二十四）

伊能秀明・小倉葉子・永田香利・桑原理恵「現代訳『東海道五十三次ねむりの合の手』のおかしみ――幕末期大名夫人の気ままな旅日記の世界」（『図書の譜 明治大学図書館紀要』一六）
江後迪子「宇和島伊達家の婚礼記録――食の記録を中心に」（港区立港郷土資料館『研究紀要』一四）
大森映子「大名相続における女性」（『歴史評論』七四七）
小粥祐子「明治期における江戸城大奥の伝えられ方――朝野新聞の連載と『朝野叢書　千代田城大奥』から」（昭和女子大学女性文化研究所編『昭和女子大学女性文化研究叢書　第八集　女性と情報』御茶の水書房）
亀尾美香「島津家奥右筆となった多摩の女性・瀧尾――奥女中のアーカイブ」（松尾正人編『多摩の近世・近代史』中央大学出版部）
寛永寺谷中徳川家近世墓所調査団編『東叡山寛永寺　徳川将軍御裏方霊廟』全三冊（吉川弘文館）
神崎直美「日向国延岡藩内藤充真院の蔵書――蔵書の分野と関心事項について」（『城西人文研究』三一）
神崎直美「日向国延岡藩内藤充真院の旅日記から見る関心と人物像――『五十三次ねむりの合の手』を素材として（一）」（城西大学『経済経営紀要』三〇）
木下はるか「将軍家『奥』における絵画稽古と御筆画の贈答」（『歴史評論』七四七）
崎山健文「史料紹介『嘉永六年　表方御右筆間　日記』～篤姫養女一件寸考～」（『黎明館調査研究報告』二四）
上越市立総合博物館編集・発行『楊洲周延＝橋本直義――高田藩士が歩んだ浮世絵師の道』（上越市）〈展示図録〉
高橋あけみ「『御奥方格式』について――美術工芸的アプローチ」（『仙台市博物館調査研究報告書』三二・三三合併号）
坪内淳仁「山城国八幡正法寺と尾張藩　相応院と竹腰正信との関係から」（岸野俊彦編『尾張藩社会の総合研究五』清文堂）
畑　尚子「史料紹介『大奥御年寄瀧山日記』上」（『国史学』二〇六・二〇七）
畑　尚子「史料紹介『大奥御年寄瀧山日記』下」（『国史学』二〇八）
服部佐智子「享保期から万延期に至る江戸城本丸御殿大奥御殿向の座敷飾による各殿舎の格」（『日本建築学会計画系

論文集』七七）
服部佐智子「江戸城本丸御殿大奥御殿向における上段による各殿舎の位置付け――近世における女性の生活空間としての江戸城本丸御殿大奥にみる空間構成の変遷と実態6」（『日本建築学会関東支部研究報告』八二―二）
福田千鶴「一夫一婦制と世襲制――大名の妻の存在形態をめぐって」（『歴史評論』七四七）
福田千鶴『日本近世武家社会における奥向構造に関する基礎的研究』（平成二十一年度～二十三年度科学研究費補助金研究成果報告書）
福田正秀・水野勝之『続加藤清正「妻子」の研究』（ブイツーソリューション）
前田土佐守資料館編集・発行『芳春院まつの書状』〈展示図録〉
松尾美惠子「将軍御台所近衛熙子（天英院）の立場と行動」（『歴史評論』七四七）
松崎瑠美「大名家の正室の役割と奥向の儀礼――近世後期の薩摩藩島津家を事例として」（『歴史評論』七四七）
水沼尚子「幕末期江戸藩邸の奥向――前橋藩松平家記録『朝夕申継帳』を素材に」（京都橘女子大学『女性歴史文化研究所紀要』二〇）
山口美和「伊達宗城の家庭生活――正室猶姫を中心にして」（『西南四国歴史文化論叢 よど』一三）
山本順也「長命寺穀屋の近世的展開」（『宗教民俗研究』二一・二二）
山本博文編『図説大奥の世界』（河出書房新社）
湯淺　隆「江戸城大奥を介在した寺院建物修復用費用の調達――江戸西郊牛込の濟松寺の場合」（『駒沢史学』七七）

二〇一三年（平成二十五）

石田　俊「綱吉政権期の江戸城大奥――公家出身女中を中心に」（『総合女性史研究』三〇）
磯部孝明「宣寿院の一関下向にみる奥女中の役割」（『一関博物館研究報告』一六）
井上卓朗「ていぱーく資料紹介（19）皇女和宮降嫁関連資料」（『郵便史研究』三五）
江戸東京たてもの園編集・発行『大奥女中とゆかりの寺院』〈展示図録〉

加藤芳典「最後の将軍夫人」（『徳川慶喜　生誕と終焉の地ぶんきょう』徳川慶喜没後一〇〇年記念フォーラム文京）
神崎直美「日向国延岡藩内藤充真院の旅日記から見る関心と人物像――『五十三次ねむりの合の手』を素材として（二・完）」（城西大学『経済経営紀要』三二）
木下はるか「徳川将軍家における母としての正室の位置づけ」（『史観』一六八）
久保貴子「禁裏女房の人事と職務」（総合女性史学会編『女性官僚の歴史』吉川弘文館）
坂詰秀一監修・今野春樹『徳川家の墓制――将軍家・御三卿の墓所構造』（北隆館）
笹目礼子「一橋家の諸家交際にみる奥向の役割――初世宗尹期を中心として」（『茨城県立歴史館報』四〇）
高橋あけみ「『御奥方格式』について」（『仙台市博物館調査研究報告』32・33合併号）
徳川記念財団・東京都江戸東京博物館編『幕末の江戸城大奥』（徳川記念財団）〈展示図録〉
野村晋作「降嫁後の和宮　朝幕関係上の役割を中心に」（京都橘女子大学『女性歴史文化研究所紀要』二二）
福島雅子「雁金屋関係資料にみる近世初期の武家服飾に関する一考察――徳川将軍家の服飾類を中心に」（『東京藝術大学美術学部論叢』九）
藤田英昭「『森川家文書』所収の江戸城『御本丸御奥方御絵図』について」（『千葉県の文書館』一八）
松島由佳「『附込帳』にみる奥女中御役替について」（『和歌山県立文書館紀要』一六）
柳谷慶子「大名家『女使』の任務――仙台藩伊達家を中心に」（総合女性史学会編『女性官僚の歴史』吉川弘文館）
山口美和「伊達宗城の家庭生活――愛妾和を中心に」（『霊山歴史館紀要』二一）
山下奈津子「幕末維新期の紀州徳川家『女中日記』について」（『和歌山市立博物館研究紀要』二七）

二〇一四年（平成二十六）

石田　俊「近世朝廷における意思決定の構造と展開――『表』と『奥』の関係を中心に」（『日本史研究』六一八）
加澤昌人「直江兼続後室（おせん）と上杉定勝」（『佛教大学大学院紀要』文学研究科篇四二）
菊池慶子「大名正室の領国下向と奥向――一関藩田村家宣寿院の事例を中心に」（『東北学院大学論集　歴史と文化』

五二）
佐々木久雄「和宮の下向と当分助郷」（『須高』七九）
清水翔太郎「近世中期大名家における正室と側室――秋田藩佐竹家を事例に」（『歴史』一二二）
杉山正司「皇女和宮と姫君の通行」（『埼玉の文化財』五四）
田中正弘「名主岡田家姉妹の「御殿奉公」について――大名家奥への見習奉公から江戸城大奥の部屋方へ」（『栃木市史料叢書第一集　栃木の在村記録　幕末維新期の胎動と展開　第二巻　岡田親之日記㈡』栃木市教育委員会）
谷口啓子『武家の女性・村の女性』（鳥取県史ブックレット一四）
畑　尚子「寺院が所持する大奥関係資料」（『東京都江戸東京博物館紀要』四）
林　匡「島津氏の縁組――重豪・斉宣・斉興を中心に」（『黎明館調査研究報告』二六）
松尾美恵子「天文台が描かれた『江戸城吹上御庭図』」（『日本歴史』七九三）
村　和明「近世朝廷の制度化と幕府――東福門院和子の御所を中心に」（『日本史研究』六一八）
柳谷慶子「武家のジェンダー」（大口勇次郎・成田龍一・服藤早苗編『新体系日本史9　ジェンダー史』山川出版社）

二〇一五年（平成二十七）

神崎直美「日向国延岡藩内藤充真院の大坂寺社参詣」（『城西人文研究』三二）
菊池慶子『近世武家女性のライフサイクルと奥奉公に関する基盤的研究』（平成二十三年度～平成二十六年度科学研究費助成事業・学術研究助成基金研究成果報告書）
崎山健文「島津重豪従三位昇進にみる島津斉宣と御台所茂姫」（鈴木彰・林匡『島津重豪と薩摩の学問・文化』勉誠出版）
白嵜顕成・田中祥雄・小川雄『阿茶局』（文芸社）
白根孝胤「将軍養女をめぐる尾張徳川家と幕藩関係」（岸野俊彦編『尾張藩社会の総合研究　六』清文堂出版）
畑　尚子「二条城二丸御殿」（『東京都江戸東京博物館紀要』五）

松島由佳「『附込帳』にみる大奥女中の役替えについて その2」（『和歌山県立文書館紀要』一七）
山﨑美和子「徳川将軍家の『側室』における呼称と格式」（『聖心女子大学大学院論集』三七）

二〇一六年（平成二十八）

入江康太「「萩原御姫様」の江戸行――寛永二年の松平忠直娘の居所と移動」（『大分縣地方史』二二六）
大口勇次郎『江戸城大奥をめざす村の娘――生麦村関口千恵の生涯』（山川出版社）
門脇朋裕「徳川家康の兄弟姉妹とその血縁関係――家康の姉妹を中心に」（笠谷和比古編『徳川家康――その政治と文化・芸能』宮帯出版社）
神崎直美『幕末大名夫人の知的好奇心――日向国延岡藩内藤充真院』（岩田書院）
小林　元「武家の婚礼（前編）――『鸚鵡籠中記』の記述から」（名古屋郷土文化会『郷土文化』七一―一）
長島淳子「武家女性の行列におけるジェンダー――溶姫の婚礼行列を中心に」（『総合女性史研究』三三）
長野ひろ子『明治維新とジェンダー――変革期のジェンダー再構築と女性たち』（明石書店）
鍋本由徳「慶長期の争論事例からみる取成依頼――寺院争論での「奥」、大名家争論の事例」（『日本大学通信教育部研究紀要』二九）
花園大学歴史博物館編『湯島麟祥院 春日局と峨山慈棹』
福田千鶴「藩主生母の格式をめぐる意思決定の史料空間――九代藩主真田幸教生母心戒の事例を中心に」（国文学研究資料館編『近世大名のアーカイブズ資源研究』思文閣出版）
前田一郎「綱吉政権における桂昌院の位置と役割――『国母』言説の可能性」（『歴史の広場』一八）
松尾美惠子「将軍生母月光院をめぐって」（『金鯱叢書』四三）
松島由佳「『附込帳』にみる大奥女中の役替えについて その3」（『和歌山県立文書館紀要』一八）
妻鹿淳子「奥女中の参勤交代――津山藩の場合」（『津山市史だより』七）

二〇一七年（平成二十九）

今堀太逸「徳川家の女性と総本山知恩院」（佛教大学歴史学部『歴史学部論集』七）
小林　元「武家の婚礼（後編）――『鸚鵡籠中記』の記述から」（名古屋郷土文化会『郷土文化』七一―二）
島津登志子「光蘭院貞姫の近衛家入輿と島津久光」（『放送大学日本史学論叢』四）
高田綾子「尾張徳川家初代義直正室高原院（春姫）に関する一考察」（『金鯱叢書』四四）
寺島隆史「真田信之の三人の妻――最初からの妻清音院を中心に」（『千曲』一六二）
徳川記念財団・東京都江戸東京博物館編『徳川将軍家の婚礼』（徳川記念財団）〈展示図録〉
徳川美術館編集・発行『天璋院篤姫と皇女和宮』〈展示図録〉
根岸茂夫「加賀藩正室の行列と格式」（東四柳史明編『地域社会の文化と史料』同成社）
畑　尚子「薩摩藩士仙波市左衛門の対幕府交渉と篤姫の動向――江戸東京博物館所蔵『薩摩藩士仙波家文書』」（『東京都江戸東京博物館』八）
福田千鶴『春日局――今日は火宅を遁れぬるかな』（ミネルヴァ書房）
藤本清二郎「徳川吉宗の母浄円院の家族――幕臣巨勢氏の始原」（和歌山大学『紀州経済史文化史研究所紀要』三八）
堀内秀樹・西秋良宏編『赤門――溶姫御殿から東京大学へ』（東京大学総合研究博物館）
松島由佳「『附込帳』にみる大奥女中の役替えについて　その4」（『和歌山県立文書館紀要』一九）
森本幾子「徳川将軍家と広島浅野家――大奥から大名家へのお輿入れ」（『尾道市立大学地域総合センター叢書』九）

二〇一八年（平成三十）

石田　俊「松平宣維室天岳院の立場と役割」（『松江市史研究』九）
岡田眞理子「講演録Ⅰ　蕨宿と皇女和宮」（『蕨市立歴史民俗資料館研究紀要』一五）
金羅榮「佐賀藩における藩主室の葬送儀礼に関する基礎的検討――藩主室の実家との関係を中心に」（『公益財団法人鍋島報效会研究助成研究報告書』八）

櫛田良道「元禄期における護国寺住持の役割――快意による桂昌院への取成しを通して」（『豊山学報』六一）
西沢淳男「大奥の煤払・豆囃子と胴揚――御年男留守居を中心に」（『法政史学』八九）
西中村暁子「越後屋史料にみる幕末大奥の女性服飾――天璋院、和宮の注文衣服を中心に」（『服飾美学』六四）
畑　尚子『島津家の内願と大奥――「風のしるへ」翻刻』（同成社）
畑　尚子「静寛院宮・天璋院の行動と江戸城大奥の消滅」（奈倉哲三・保谷徹・箱石大編『戊辰戦争の新視点』上、吉川弘文館）
畑　尚子「薩摩藩士仙波市左衛門の対幕府交渉と篤姫の動向――江戸東京博物館所蔵『薩摩藩士仙波家文書』の紹介」（『東京都江戸東京博物館紀要』八）
福田千鶴『近世武家社会の奥向構造』（吉川弘文館）
山城彰子「家譜資料にあらわれる家と女性――それぞれの婚姻・出産・離別」（『比較家族史研究』三三）

二〇一九年（平成三十一・令和元）

久保貴子「江戸に生きた公家女性――朝幕関係史の一側面」（朝幕研究会編『論集 近世の天皇と朝廷』岩田書院）
佐藤雄介「近世後期・幕末の鷹司家貸付所名目金と心観院」（朝幕研究会編『論集 近世の天皇と朝廷』岩田書院）
米沢市上杉博物館『上杉家 葵と姫のものがたり』〈展示図録〉

（作成　塚田沙也加・高田綾子・藤田英昭）

【執筆者一覧】（執筆順）

小宮山敏和（こみやま としかず）
1976年生まれ。国立公文書館上席公文書専門官。

崎山健文（さきやま たけふみ）
1969年生まれ。鹿児島県歴史資料センター黎明館学芸専門員。

吉川美穂（よしかわ みほ）
1971年生まれ。徳川美術館学芸員。

深井雅海　別掲

高田綾子（たかだ あやこ）
1983年生まれ。徳川林政史研究所非常勤研究生・東京大学史料編纂所学術支援職員。

浅倉有子（あさくら ゆうこ）
1956年生まれ。上越教育大学大学院学校教育研究科教授。

久保貴子（くぼ たかこ）
1960年生まれ。早稲田大学非常勤講師。

神崎直美（かんざき なおみ）
1963年生まれ。城西大学経済学部教授。

渋谷葉子（しぶや ようこ）
1967年生まれ。徳川林政史研究所非常勤研究員・学習院大学非常勤講師。

竹内　誠　別掲

松尾美惠子　別掲

大口勇次郎（おおぐち ゆうじろう）
1935年生まれ。お茶の水女子大学名誉教授。

石田　俊（いしだ しゅん）
1980年生まれ。山口大学人文学部准教授。

畑　尚子（はた ひさこ）
1961年生まれ。國學院大學非常勤講師。

藤田英昭　別掲

【編者】
竹内　誠（たけうち まこと）
1933年生まれ。
徳川林政史研究所所長。
東京都江戸東京博物館名誉館長。

深井雅海（ふかい まさうみ）
1948年生まれ。
徳川林政史研究所副所長。

松尾美恵子（まつお みえこ）
1942年生まれ。
徳川林政史研究所参与。
学習院女子大学名誉教授。

藤田英昭（ふじた ひであき）
1973年生まれ。
徳川林政史研究所研究員。

論集《ろんしゅう》 大奥《おおおく》人物《じんぶつ》研究《けんきゅう》

2019年10月10日　初版印刷
2019年10月20日　初版発行

編　者　　竹内誠・深井雅海・松尾美恵子・藤田英昭
発行者　　金田　功
発行所　　株式会社 東京堂出版
〒101-0051　東京都千代田区神田神保町1-17
電話　03-3233-3741
http://www.tokyodoshuppan.com/

装　丁　　鈴木正道（Suzuki Design）
組　版　　有限会社一企画
印刷・製本　　中央精版印刷株式会社

ISBN978-4-490-21020-0　C3021

東京堂出版の本

[価格税別]

徳川「大奥」事典

竹内誠・深井雅海・松尾美恵子［編］

●A5判上製／444頁（口絵32頁）／5800円

錦絵解析　天皇が東京にやって来た！

奈倉哲三［著］

●A5判並製オールカラー／224頁／2800円

徳川日本の個性を考える

ピーター・ノスコ［著］　大野ロベルト［訳］

●A5判上製／328頁／4500円